Über die Verfasser

Peter Garnsey ist Fellow des Jesus College der Universität Cambridge. Richard Saller ist außerordentlicher Professor der Geschichte an der Universität Chicago. Ihre wichtigsten Veröffentlichungen sind in dem Literaturverzeichnis am Schluß des Bandes angeführt.

Peter Garnsey
Richard Saller

DAS RÖMISCHE KAISERREICH

Wirtschaft, Gesellschaft, Kultur

Aus dem Englischen
von Hans-Joachim Maass

ro
ro
ro

rowohlts enzyklopädie

rowohlts enzyklopädie
Herausgegeben von Burghard König

Deutsche Erstausgabe
Veröffentlicht im Rowohlt Taschenbuch Verlag GmbH,
Reinbek bei Hamburg, September 1989

Die Originalausgabe erschien 1987 unter dem Titel
«The Roman Empire. Economy, Society and Culture»
im Verlag Duckworth, London

Umschlaggestaltung Jens Kreitmeyer
Satz Sabon (Linotron 202)
Gesamtherstellung Clausen & Bosse, Leck
Printed in Germany
2280-ISBN 3 499 55501 8

Inhalt

Zum Gedenken an Moses Finley

Einführung

Auf dem Höhepunkt seiner Macht umfaßte das Römische Imperium der Kaiserzeit (etwa von 27 v. Chr. bis 235 n. Chr.) ausgedehnte Teile der drei Kontinente Europa, Afrika und Asien. Innerhalb seiner Grenzen fanden sich ungezählte Kulturen, Sprachen, Klima- und Ernährungsformen. In ihm lebten Nomaden und seßhafte Bauern, primitive Stämme und kultivierte Stadtbewohner, Banditen und an Plato geschulte Philosophen. Wie wurde dieses riesige Reich regiert? Welche Kräfte hielten es zusammen? Wie wirkte sich die Konfrontation imperialer und lokaler Institutionen, Sitten und Wertvorstellungen in dem heterogenen Umfeld der vielen Provinzen aus? Wie paßten sich Gesellschaft und Kultur der Hauptstadt Rom an die überwiegend griechischen und orientalischen Einflüsse sowie an die Forderungen der Kaiser an? Wie wirkte es sich für Römer, Italiker und die Bewohner der Provinzen aus, daß die Monarchie die Oligarchie ersetzt hatte?

Das vorliegende Buch ist keine herkömmliche Geschichte des Römischen Imperiums. Es ist thematisch und nicht chronologisch gegliedert, und die Standardthemen der römischen Geschichte (Politik und Verfassung, zentrale Verwaltung und Militär) stehen hier nicht im Mittelpunkt, sondern sind in eine Studie der römischen Gesellschaft insgesamt integriert. In unserem Sprachgebrauch umfaßt der Begriff «römische Gesellschaft» Politik, Wirtschaft, Religion, Kultur und gesellschaftliches Leben sowie die Lebensperspektiven der Bewohner des Römischen Reichs.

Die Untersuchung des römischen Imperialismus sowie der Umwandlung von Kultur und Gesellschaft des Reiches beginnt aus einleuchtenden Gründen in der Metropole Rom, aber die Herausforderung liegt dabei in der Beschreibung und der Analyse der Romanisierung sowie der Herausarbeitung ihrer Grenzen angesichts des Umfelds so zahlreicher heterogener Provinzen. Dieses Thema verlangt nach einer breitangelegten Untersuchung. Unser Buch hat jedoch eine begrenztere Zielsetzung und liefert nur eine allgemeine Einführung in die Hauptfragen.

Zu vielen der hier behandelten Themen liegt keine übergreifende Analyse vor. Vor allem die Kulturgeschichte wird oft nur fragmentarisch behandelt – eine Folge der Sonderinteressen vieler Kunsthistoriker. «Wirtschaft und Gesellschaft» – auch das ist kein jungfräulicher Boden, und wir beschränken uns hier darauf, die gegenwärtige Diskussion zusammenzufassen und zu kommentieren. Wir betreten aber auch unvertrautes Gelände. So sind etwa die Themenkomplexe Familie und Haushalt, persönliche Beziehungen sowie materielle Folgen der römischen Herrschaft für die unterworfenen Völker bislang keiner systematischen Betrachtung unterzogen worden. Andererseits erhebt diese Untersuchung keinerlei Anspruch auf Vollständigkeit. Wir gehen insofern eigene Wege, als Themenauswahl wie Dokumentation sowohl durch unsere Interessen als auch durch unsere Fachbereiche beeinflußt werden. Wir werden unsere Aufgabe als erfüllt ansehen, wenn es uns gelungen ist, die herkömmlichen Grenzen der römischen Geschichte zu sprengen, und den Leser dabei angeregt haben, auf eigene Faust weiterzudenken.

Dieses Buch wäre ohne Bezugnahme auf die jüngsten Arbeiten zahlreicher Wissenschaftler nicht entstanden. Dabei möchten wir zwei besonders kenntnisreiche und einflußreiche Autoren hervorheben: Fergus Millar, dessen Arbeiten über ein breites Spektrum von Themen und historischen Perioden von besonderer Bedeutung ist, sowie Moses Finley, den anregenden Autor, Lehrer und Ratgeber der Jugend, dessen Andenken dieses Buch gewidmet ist. Wesentliche Teile wurden in der Entstehungsphase außer von Moses Finley und Fergus Millar von Keith Hopkins, Dominic Rathbone und Dick Whittaker durchgesehen und durch kritische Anmerkungen bereichert. Unter den vielen anderen, die uns mit Rat und Tat zur Seite gestanden haben, sind wir vor allem Graeme Clarke, Ian DuQuesnay, Janet Fairweather, Richard Gordon, Richard Hunter, Henry Hurst, Janet Huskinson, Simon Price, Joyce Reynolds, André Tchernia, Andrew Wallace-Hadrill und Gregory Woolf zu Dank verpflichtet.

Peter Garnsey
Richard Saller

ERSTER TEIL

1
Ein mediterranes Reich

Der historische Hintergrund

Zeitgenossen erklärten den Aufstieg Roms mit dem moralischen Charakter, den politischen Institutionen, dem militärischen Talent sowie reinem Glück des römischen Volkes.[1] Schriftsteller aus der Zeit des Augustus (31 v. Chr.–14. n. Chr.) nannten als weitere Gründe das topographische Umfeld Roms und Italiens. Livius, der Historiker aus Padua, hob die zentrale Lage Roms in Italien mit seinem schiffbaren Fluß, dem Tiber, sowie dem nahe gelegenen Mittelmeer (5.54.4) hervor, während Strabo, der Historiker und Geograph aus Anaseia nahe der Südküste des Schwarzen Meeres, von der Lage Italiens im Herzen der bewohnten Welt sprach: «Da Rom einmal zwischen den größten Völkerschaften angesiedelt ist und andererseits zwischen Griechenland und dem größten Teil Libyens, ist es nicht nur von Natur aus bestens für eine hegemoniale Stellung geeignet, weil es die umliegenden Länder an Größe und an Tapferkeit seiner Menschen übertrifft, sondern kann sich deren Dienste auch wegen der geographischen Nähe leicht nutzbar machen» (286). Plinius der Ältere lobte die Produktivität der italienischen Halbinsel Mitte des ersten Jahrhunderts n. Chr. ebenso wie Varro hundert Jahre zuvor (Varro 1.2; Plinius, *HN* 37.201–2, 3.39–42).

In den Augen Strabos waren diese natürlichen Vorzüge keine Besonderheit Italiens, sondern etwas, was der gesamten Mittelmeerregion gemeinsam war: «Unser Binnenmeer bietet insofern einen großen Vorteil (gegenüber dem äußeren Meer); und folglich muß ich meine Beschreibung damit beginnen. Und hier ist der bekannte Teil weit größer als dort, ebenso der Teil mit einem gemäßigten Klima, in dem wir gut regierte Städte und Nationen vorfinden. Wir wollen nämlich etwas über die Teile der Welt erfahren, in denen man traditionsgemäß mehr Tatkraft findet, mehr politische Verfassungen, Künste und alles andere, das einen Beitrag zur praktischen Weisheit leistet; und das sind die Orte, die einer Verwaltung oder vielmehr einer guten Verwaltung unterstehen» (122). Für Strabo besaß tatsächlich weniger die Mittelmeerregion insgesamt als vielmehr deren europäischer Teil entscheidende Qualitäten: «Ich werde aber mit Europa beginnen, da es das meiste aus seinem Vorrat an guten Dingen den anderen Kontinenten abgegeben hat; zudem ist es größtenteils bewohnbar, mit Ausnahme einer kleinen Region, die wegen der Kälte unbewohnt ist» (126). Strabos Botschaft stimmt mit der politischen Ideologie des Augusteischen Zeitalters überein, bei der der kulturellen Einheit Griechenlands und Roms besondere Bedeutung zukam.

Mit seiner Betonung der Überlegenheit der mediterranen oder südeuropäischen Zivilisation redet Strabo jedoch keinem umweltmäßigen Determinismus das Wort. Insofern ist er anderer Ansicht als seine Hauptquelle Posidonius und eine Reihe weiterer Autoren bis zurück zum hippokratischen Werk des 5. Jahrhunderts v. Chr.[2] Während Strabos Zeitgenosse Vitruvius von dem ausgeglichenen Temperament der italischen Völker spricht, die «im wahren Mittelpunkt des bekannten Erdkreises lebten» (6.1.10), interessiert sich Strabo selbst für die «unterschiedlichen Einzelheiten, mit denen unsere Landkarte gefüllt ist». Dazu gehöre die günstige Lage von Städten und Halbinseln sowie die zerklüftete Küstenlinie (120 ff). Im Fall Italiens weist er auf die Länge der Halbinsel hin, auf die Ausdehnung des Apennins, der sich fast über die gesamte Länge des Landes erstreckt, und die damit in Zusammenhang stehende klimatische Vielfalt, die ein breites und umfassendes Nahrungsmittelangebot sichert.

Diese Bemerkungen weisen Strabo als scharfen Beobachter aus. Regionale Klimaunterschiede sind ein beherrschendes Kennzeichen der Landschaft Italiens und des nördlichen Mittelmeerraums insgesamt, bei dem sich zahlreiche Abweichungen von der «reinen» mediterranen Klimaform feststellen lassen.[3] Das bedeutet, daß einzelne sowie ganze Familien und Gemeinden angesichts der guten Verbindungswege und der hochentwickelten Wirtschaftsbeziehungen, die sich im Mittelmeerraum leicht herstellen ließen, so gut wie immer überleben konnten, wenn man von den schlimmsten Naturkatastrophen absieht. Allerdings dürfen wir von keiner antiken Quelle einen ausgewogenen Bericht über die Lebensbedingungen im Mittelmeerraum erwarten. So hören wir beispielsweise von Strabo nichts über die endemischen Schwächen des italienischen und mediterranen Klimas. Dazu gehören die regional unterschiedlichen Niederschlagsmengen, die etwa das sommerliche Wachstum von Wurzelgemüse und Knollenfrüchten verhindern; die Unzuverlässigkeit des Herbstregens, der die Trockenperiode beendet, was Aussaat und Keimung gefährdet; die unterschiedlichen Niederschlagsmengen während der Wachstumsperiode der Pflanzen; der geringe Niederschlag in bestimmten Regionen (etwa im nördlichen Mittelmeerraum in Apulien, in einem großen Teil Siziliens und des südöstlichen Griechenland), der zudem regional höchst unterschiedlich ausfallen kann. Mehr noch, Strabo verkennt die Tatsache, daß das augusteische und frühkaiserliche Italien in wirtschaftlicher Hinsicht nicht autark war, es angesichts der Bevölkerungsverteilung (und vielleicht auch der absoluten Bevölkerungszahl nach) auch gar nicht sein konnte. Es gibt aus der Antike keine verläßlichen demographischen Daten; aber wir können annehmen, daß Rom und die Städte Italiens vielleicht dreißig Prozent der Gesamtbevölkerung der Halbinsel beherbergten, etwa zwei Millionen Menschen, von denen die Hälfte in der Hauptstadt lebte.[4] Die Aufgabe, so viele nichtproduzierende Verbraucher zu ernähren, überstieg die Möglichkeiten der unterentwickelten Landwirtschaft Italiens in der römischen Periode, obwohl Rom sich den Zugriff auf äußere Nahrungsmittelquellen im Mittelmeerraum schon zwei Jahrhunderte vor der Einführung des Prinzipats gesichert hatte und diesen immer mehr festigte. Es blieb Augustus überlassen, die Fühler Roms nach Gebieten weit jenseits des Mittelmeerbekkens und vor allem nach dem europäischen Hinterland auszustrecken.

Das Römische Imperium auf dem Gipfel seiner Macht im frühen dritten Jahrhundert umfaßte nicht nur die Halbinseln, Inseln und Küsten des Mittelmeers, sondern auch beträchtliche Teile der angrenzenden Gebiete (bis zum Rand der Sahara und bis zum Tigris) sowie Europa bis zum Süden Schottlands und bis an Rhein und Donau (in Süddeutschland sogar einige Gebiete jenseits des Rheins und Teile Dakiens jenseits des Mittellaufs der Donau). Die größten Landgewinne während des Kaisertums wurden in Europa während der Herrschaft des ersten Kaisers Augustus erzielt. Seine Generäle verschoben die Nordgrenzen des Reiches von den Alpen bis zur Donau und befriedeten schließlich auch die Iberische Halbinsel.[5]

Dabei erreichte Augustus weit weniger, als er beabsichtigt hatte. So scheint er den grandiosen Ehrgeiz genährt zu haben, über den Rhein bis zum Chinesischen Meer vorzustoßen, das heißt bis zum Weltmeer im Osten. Eine von seinem engsten Ratgeber Agrippa begonnene Weltkarte, die unter Oberaufsicht des Kaisers vollendet und von diesem in einem Säulengang ausgestellt wurde, läßt diese Distanz auf das Dreieinhalbfache der Breite Galliens von Ost nach West schrumpfen.[6] Wäre es je über die Elbe hinaus zu einer Expedition nach China gekommen, hätte sie vermutlich sogar in einem noch größeren Desaster geendet als der Vorstoß des Aelius Gallus (des Präfekten Augustus' in Ägypten) nach Arabien, da beide nur höchst lückenhafte Geographiekenntnisse besaßen (Strabo 780–2; Plinius, *HN* 6.159–62). Tatsächlich kam der militärische Vorstoß zwischen Rhein und Elbe zum Stillstand; die Germanen, ohnehin sehr ernstzunehmende Gegner, konnten sich die mangelnde Geländekenntnis der Römer zunutze machen.

Jenseits des reinen Eroberungsdrangs schienen bei der Planung der Feldzüge militärisch aktiver Kaiser strategische und manchmal auch wirtschaftliche Überlegungen eine Rolle gespielt zu haben.[7] Im Fall Augustus' liefern diese Motive einerseits eine Erklärung für die Eroberung der bislang ungezähmten kantabrischen und asturischen Volksstämme im Inneren der Iberischen Halbinsel, die den Zugang zu den Mineralien der Berge sowie die Küstenebenen und Flußtäler sichern sollte, sowie andererseits für das Ausbleiben eines Feldzugs in Britannien, von dem die Römer meinten, es habe nur wenig zu bieten und stelle keine große Bedrohung Galliens dar (Strabo 115–16). Die Annexion Britanniens im Jahr 43 n. Chr. war eher so etwas wie eine Ablenkung von den politischen Wirren zur Zeit von Claudius' Thronbesteigung und seiner ersten Regierungsjahre; dieser Feldzug war nicht etwa darauf zurückzuführen, daß in Rom weise Männer plötzlich den Wert dieses Landes entdeckt hätten. Die Überzeugung, Britannien sei für Rom nicht viel wert, hielt sich auch weiterhin (Appian, *BC*, Vorwort 5).

Im übrigen war die Ostgrenze des Imperiums der Hauptkriegsschauplatz. Persien übte auf die eher militärisch ehrgeizigen Kaiser eine verhängnisvolle Anziehungskraft aus wie schon in den letzten Jahrzehnten der Republik, als vor allem Crassus, Cäsar und Antonius begehrliche Blicke auf Persien warfen, weil sie es Alexander dem Großen nachtun wollten. Trajan (96 n. Chr. – 117) ließ seinen zwei Dakischen Kriegen und der späteren Annexion Dakiens einen kraftvoll vorgetragenen Feldzug östlich des Euphrat folgen, der vorübergehend zur Gründung der Provinzen Armenien, Parthien und Assyrien führte (er kam bis Adiabene jenseits des Tigris). Wenn wir dem Historiker Cassius Dion

(68.17.1) glauben dürfen, war dabei Ruhmsucht sein Hauptmotiv. Der Vorstoß des Lucius Verus im Jahre 167 n. Chr., der ihn tief in parthisches Land führte, war eher eine Strafexpedition als der Versuch einer Annexion; aber Septimius Severus gelang es Ende der 190er Jahre, jenseits des Euphrat die Provinzen Mesopotamien und Osrhoene zu errichten. Cassius Dion, ein Zeitgenosse, war von der Dauerhaftigkeit dieser Eroberungen nicht überzeugt: «Severus... pflegte zu sagen, er habe ein großes Territorium hinzugewonnen und es zu einem Bollwerk Syriens gemacht. Die Tatsachen zeigen aber, daß es für uns eine Quelle ständiger Kriege und großer Ausgaben ist. Denn es bringt nur sehr wenig ein und verursacht große Kosten; und da wir unsere Grenzen zu den Nachbarn der Meder und Parther ausgedehnt haben, befinden wir uns zu deren Verteidigung sozusagen ständig im Krieg» (75.3.2–3). Dions Worte erwiesen sich als prophetisch; denn schon nach wenigen Jahren marschierte Alexander, der letzte der Severer, nach Osten, um einen anscheinend nie enden wollenden Zyklus bewaffneter Zusammenstöße mit den aggressiven Sassaniden zu beginnen, die sich vor kurzem aus der Asche der Parther-Dynastie erhoben hatten und entschlossen waren, das alte Perserreich in seiner früheren Größe wiederherzustellen. Persien/Parthien war jedoch ein Fall für sich. Die meisten Kaiser schätzten Konsolidierung und Stabilität höher als eine Ausdehnung des Reiches und die damit verbundene Unsicherheit, was immer sie öffentlich dazu äußern mochten. Der *limes*, ein strategischer Grenzwall mit klaren Grenzziehungen, legt mit seinen charakteristischen Festungen, Mauern, Palisaden, Zäunen und Straßen davon Zeugnis ab, daß man in Rom Sicherheit höher schätzte als Abenteuer.

Das Römische Imperium erstreckte sich inzwischen weit über die Grenzen der mediterranen Welt hinaus. Zur Zeit des Prinzipats jedoch, etwa von 27. n. Chr. bis 235 n. Chr., lagen die politische Achse und der kulturelle Schwerpunkt des Reiches im Mittelmeerraum.

Rom, Italien und die politische Elite

Im Zeitalter des Augustus war Rom Sitz der Kaiser, des Hofs, der Regierung sowie Wohnort von fast einer Million Menschen. Die Stadt führte ein parasitäres Dasein. Sie lebte von der Arbeitskraft und dem Reichtum Italiens und der zahlreichen Provinzen des Imperiums. Das dramatische Wachstum der Hauptstadt in den zwei Jahrhunderten vor Augustus, in deren Verlauf die Bevölkerung sich möglicherweise verfünffacht hatte, war die Folge eines großen Zuwanderungsstroms landloser italischer Bauern und versklavter Bewohner der Provinzen. Während des Prinzipats hielt sich der Zustrom, vor allem aus den Provinzen; wenn die Bevölkerungszahl auf dem Stand der Augusteischen Ära gehalten werden sollte, mußte sie sich fast auf dem Niveau der voraugusteischen Zeit halten. Die kostspieligen Getreideverteilungen, die Programme für öffentliche Einrichtungen und die Ausgaben für Kultus und Spiele in der Stadt Rom wurden durch kaiserliche Steuern sowie Einnahmen staatlicher Domänen und Güter finanziert, die man aus dem Territorium anderer Staaten herausgeschnitten hatte.

Diese Einkünfte stammten großenteils aus den Provinzen. Italien hingegen war keine Provinz und folglich von der direkten Besteuerung von Grund und Boden sowie Personen befreit. Dieser privilegierte Status wurde bis zum Ende des dritten Jahrhunderts aufrechterhalten, als Diokletian in Italien eine Provinzverwaltung einführte und dem Land Grund- und Kopfsteuern auferlegte.

Der Sonderstatus Italiens wurde jedoch im Verlauf des Prinzipats zunehmend ausgehöhlt, als immer mehr Provinzialen aus der Oberschicht in den Senat und in die zweite Kategorie der römischen Aristokratie aufgenommen wurden, den Ritterstand.[8] Anfang des dritten Jahrhunderts hatten die Italiker in beiden Ständen ihre absolute Mehrheit verloren. Überdies gelangten seit Ende des ersten Jahrhunderts nur noch Provinzialen und keine Italiker mehr auf den Kaiserthron. Trajan, Hadrian und Marc Aurel waren spanischer Herkunft, die Familie von Antoninus Pius stammte aus Gallien, und die Dynastie der Severer entstammte dem Adel von Lepcis Magna an der Küste Libyens. Die Italiker behielten gleichwohl ihren Anteil an wichtigen Posten während des von uns untersuchten Zeitraums. Mehr noch, es waren die Mittelmeerregionen und nicht die nördlichen Provinzen, die sich mit Italien die Führung des Reiches teilten.

Die Elite Roms und Italiens nahm Provinzialen nur sehr langsam und zögernd in ihre Reihen auf und blieb auch bei der Vergabe öffentlicher Ämter sehr zurückhaltend. So wurden erst Ende des ersten Jahrhunderts nur lateinischsprechende westliche Provinzialen in den Senat aufgenommen; danach wurden einzelne griechischsprechende Bürger, hauptsächlich aus den Küstenregionen und Flußtälern Griechenlands und Kleinasiens, zugelassen; aber die meisten provinzialen Senatoren kamen aus dem Westen, vor allem aus den Mittelmeerregionen der Iberischen Halbinsel, Frankreichs sowie der nordafrikanischen Provinzen.

Der fortschrittliche, aber auch exzentrische Kaiser Claudius ermutigte die ehrgeizigen Führer der Aedui von Autun, sich politisch zu betätigen. Die Aedui waren traditionell der loyalste der Stämme innerhalb der Drei Gallien (jenes Teils von Gallien, der in den 50er Jahren v. Chr. von Julius Cäsar erobert worden war, im Gegensatz zu der gallischen Provinz, die in den 120er Jahren v. Chr. aus der Provence und dem Rhônetal gebildet worden war). Claudius verfügte, daß die Aedui und ihre Landsleute für die Mitgliedschaft im römischen Senat wählbar seien, und setzte seinen Willen in diesem Gremium durch. Wenn man so will, war Claudius der erste, der die Idee von der Einheit der römischen Welt entwickelte, einer Welt, in der die Eroberten von der *pax romana* ebensosehr profitierten wie die Eroberer, welcher Rasse und welchem Volksstamm die Unterworfenen auch angehören mochten. Es ist allerdings nicht leicht, diese Vision der übermäßig vorsichtigen und liebenswert pedantischen Rede zu entnehmen, die sich in Teilen auf der sogenannten Lyoner Tafel und in summarischer Form auch bei Tacitus erhalten hat (*ILS* 212; Tacitus, *Ann.* 11.24–5.1). Claudius' Vorstellungen waren gewiß weit kühner als die der Mehrheit der Senatoren, die – was man der Rede entnehmen kann – keine Neigung zeigten, irgendwelche Nicht-Italiker in ihre Reihen aufzunehmen. Claudius' Intervention hatte jedoch nur geringen Einfluß auf die Zusammensetzung des Senatorenstandes. Abgesehen von Iulius Vindex, der 68 n. Chr. als Gouverneur von Gallia Lugdunensis gegen Nero rebellierte, und vielleicht auch von seinem Vater, sind uns aus der julisch-claudischen Ära (Augustus bis Nero) keine Senatoren aus den Drei Gallien bekannt.

Aus dieser Zeit wissen wir auch von einigen wenigen gallischen Häuptlingen, daß sie in oder in der Nachbarschaft ihrer Heimatprovinz als Armeeoffiziere im Ritterrang dienten, etwa C. Iulius Victor, der seine keltische Herkunft auf Inschriften kundtat: Sohn des Congonnetodunus, Enkel des Acedomopas. Aus römischer Sicht war das eine knapp gehaltene Belohnung für Loyalität. Solche Männer hatten meist auch den Posten des Provinz-Hohepriesters des Kaiserkults inne.[9] Ihre Beschäftigung in führenden Positionen der Armee wurde in Rom offensichtlich als relativ sicher angesehen. Es muß den Römern logisch erschienen sein, Gallier nicht nur als einfache Soldaten in den «Auxiliar»-Regimentern der Provinzen einzusetzen, sondern auch als Offiziere. In den Legionen jedoch, den römischen Elitetruppen, gab es keine Gallier in führenden Positionen. Armeeoffiziere hatten auch keinen Zugang zu Stellungen in der kaiserlichen Verwaltung; der gallische Finanzbeamte (Prokurator) C. Iulius Alpinus Classicianus ist in der julisch-claudischen Periode eine Ausnahmeerscheinung. Die Einschätzung, daß «dem gallischen Landadel der Zugang zur römischen Verwaltungsklasse bis zum Jahre 69 n. Chr. im Regelfall offenstand», ist nicht gerechtfertigt.[10] In dieser Hinsicht erreichten weder Gallien noch die nördlichen Provinzen insgesamt in den folgenden hundert Jahren einen Durchbruch.[11] Neben einer immer mehr zunehmenden Zahl von Senatoren, Finanzbeamten und Armeeoffizieren aus den Mittelmeerprovinzen findet sich nur eine Handvoll von Senatoren und Offizieren aus dem Ritterstand – und diesen war es in der kaiserlichen Armee nicht möglich, bis zu den höchsten Positionen vorzudringen.

Angesichts dieses Musters ist es schwierig, die Karriere eines gewissen Marcus Valerius Maximianus aus Ptuj in Jugoslawien einzuschätzen, der trajanischen Kolonie Poetovio in der Provinz Pannonia Inferior.[12] Wir wissen nichts über seine Ausbildung, können aber davon ausgehen, daß sie bei seiner schnellen Beförderung zunächst zum Ritter und dann zum Senator durch Ernennung von Kaiser Marc Aurel nur eine geringe Rolle spielte. Es dürften seine Leistungen als Soldat und Führungsgestalt gewesen sein, wie sie sich in einer Reihe besonderer militärischer Missionen gezeigt hatten, die den Kaiser für ihn einnahmen. Während der Herrschaft Marc Aurels (161–180 n. Chr.) erhielt die römische Welt eine Vorahnung davon, was die Volksstämme jenseits der Nordgrenze erreichen konnten, wenn sie sich vereinigten. Eine Koalition germanischer Stämme überquerte den Rhein und drang bis nach Norditalien vor. Damit wurde nicht nur die Brüchigkeit der Verteidigungslinie, sondern zweifellos auch die Schwäche des römischen Oberkommandos enthüllt. Möglicherweise ist Maximianus (der weder Gallier noch Brite war, sondern aus dem Donautal stammte) eine Ausnahmeerscheinung; es gibt nur wenige bekannte Parallelfälle.[13] Es wäre ungerechtfertigt zu sagen, daß es zur gewohnten Strategie des Marc Aurel gehörte, Militärs aus den Grenzprovinzen zu Senatoren zu befördern, um ihnen so hohe Armeeposten zuzuschanzen, ohne gegen die Regel zu verstoßen, daß solche Führungspositionen Senatoren vorbehalten waren.

Man nimmt an, daß Septimius Severus als erster den radikalen Schritt wagte, Präfekten aus dem Ritterstand zu Kommandeuren seiner neugeschaffenen Legionen zu machen. Das war der Beginn einer neuen Entwicklung, die Ende des dritten Jahrhunderts dazu führte, daß Senatoren von hohen Kommandoposten in der Armee ausgeschlossen wurden. Man nimmt an, daß Septimius Severus auch das Beförderungsmuster änderte, demzufolge es einfachen Soldaten leichter gemacht wurde, nach und nach befördert und Offizier zu werden. Wie bei Marc Aurel ist jedoch auch bei Septimius Severus Vorsicht angebracht: Man sollte den Umfang seiner Neuerungen oder auch nur deren innovativen Charakter nicht überschätzen.[14] Zu entscheidenden Veränderungen kam es erst nach dem Zusammenbruch der Severer-Dynastie im Jahre 235. In dem darauffolgenden Jahrhundert lag die Führung des Römischen Reiches fest in den Händen von Militärs aus den Balkanprovinzen. In dem von uns untersuchten Zeitraum jedoch blieb die Vorherrschaft der Regierungskaste aus dem Mittelmeerraum unangetastet.

Es gibt dafür eine Vielzahl von Gründen, die nicht immer bestimmbar sind. So waren etwa örtliche Loyalitäten, die sich auch im Mittelmeerraum bemerkbar machten, ein wesentlicher Faktor. Es wäre absurd, die zahlreichen Lokalpolitiker, die keinerlei Karriere außerhalb ihrer Städte und Provinzen suchten, als Versager zu bezeichnen – dazu gehören immerhin so hervorragende Männer wie Dion aus Prusa in Kleinasien, Plutarch aus dem griechischen Chaeronea und Apuleius aus Madaurus in Afrika.[15] Das hieße, die Stärke des Lokalpatriotismus und die Bereitschaft führender Männer zu unterschätzen, ihren Ehrgeiz in der Heimat zu befriedigen. Neben diesen Überlegungen lassen sich noch – mit unterschiedlichen Graden der Anwendbarkeit – die Entfernung von Rom, mangelnde finanzielle Mittel sowie bei den besser Informierten ein Gefühl für die Ungewißheiten und Gefahren der Politik in der Hauptstadt nennen. In den nördlichen Provinzen sind aber die sozialen und kulturellen Überlegungen von entscheidender Bedeutung: die relativ geringe Urbanisierung und die mangelnde Durchsetzungskraft der damit zusammenhängenden Wertvorstellungen und infolgedessen die Aufrechterhaltung traditioneller Strukturen und Lebensformen. Diese Faktoren wirkten sich in beiden Richtungen aus: Sie dienten dazu, diejenigen fernzuhalten, die in kaiserlichen Diensten Karriere zu machen suchten, und die zu ermutigen, die für eine solche Karriere grundsätzlich in Betracht kamen.

Die historischen Quellen sagen nichts über die Unterdrückung des Ehrgeizes von Anfang an oder dessen Ablehnung durch die Kaiser und deren Berater aus. Die zeitgenössische Literatur jedoch – die Schöpfung von Sprechern der politischen und kulturellen Elite des Reiches – enthüllt uns Verhaltensweisen, die verständlich machen, warum während des Prinzipats Nordländer in hohen Ämtern nicht zu finden waren und warum das Imperium in dieser Zeit eher mediterran orientiert war.

Die Zivilisation und ihre Grenzen

Zwei von Augustus' strategischen Zielen, die Eroberung des Nordens und die Aussöhnung der hellenistischen Welt mit Rom, stehen in scharfem Gegensatz zueinander. Noch vor weniger als zwei Generationen hatte die römische Herrschaft im östlichen Mittelmeerraum mit knapper Not den Aufstand von Mithridates VI. aus Pontus und seiner griechischsprechenden Verbündeten überstanden. Die furchbare Rache der Römer sowie die Reihe von Bürgerkriegen, die sie später noch auf griechischem Boden auskämpften, waren nicht dazu angetan, die griechische Feindseligkeit gegenüber der Herrschaft Roms zu mindern. Diese Krisenperiode der griechisch-römischen Beziehungen ergab jedoch auch zwei damit zusammenhängende positive Entwicklungen: Erstens erkannten gebildete Römer immer mehr die Überlegenheit der griechischen Kultur an, und zweitens kam es aufgrund beiderseitiger Interessen zu immer engeren Bindungen zwischen einzelnen römischen und griechischen Adelsfamilien. Augustus' Ziel und Leistung war es, die wechselseitige Abhängigkeit von Römern und Griechen zu fördern, um so das Imperium zu sichern und ihm eine breitere Grundlage zu geben. Dabei wurde er auch von gebildeten Männern aus den griechischsprechenden Teilen des Imperiums unterstützt. Unter denen, die in dieser Zeit nach Rom gingen, ist unter anderem Dionysius aus Halicarnassos zu nennen, der die Ansicht vertrat, die Römer seien ihrer Herkunft wie ihrer Natur nach im Grunde Griechen. Das vollständigste Bild von der Einheit der griechisch-römischen Welt sowie die profundeste Erforschung ihrer kulturellen Grenzen stammt von Strabo, einem Mann aus dem Pontus, dessen Vorfahren aktive Mitstreiter des Mithridates gewesen waren.[16]

Die Unterscheidung zwischen zivilisierten und unzivilisierten Regionen ist ein bei Strabo ständig wiederkehrendes Motiv. Diese Unterscheidung umfaßt an erster Stelle die Teilung zwischen Ebene und Bergland. Die Zivilisation war ein städtisches Phänomen, in deren

Mittelpunkt die *polis* stand, die sich selbst verwaltende Stadt (oder Stadtstaat); und das städtische Leben in Südeuropa und Kleinasien, das Strabo vertraut war, konzentrierte sich auf einen schmalen Küstenstreifen, der durch eindrucksvolle und abschreckende Gebirgsketten vom Hinterland getrennt war. (Im Süden und Südosten verhinderte die Wüste ein weiteres Vordringen der städtischen Zivilisation.) Strabo stellt Europa als einen Kontinent dar, in dem Ebene und Gebirge koexistieren und in dem sich die Bewohner der Ebene mit Hilfe der politischen Autoritäten eine beherrschende Rolle bewahren: «Und das Ganze mit einer Vielfalt von Ebenen und Bergen, so daß in seiner ganzen Ausdehnung das landwirtschaftliche und zivilisierte Element Seite an Seite mit dem kriegerischen wohnt; von den zwei Elementen ist jedoch das friedliebende zahlreicher und behält daher die Kontrolle über den gesamten Kontinent; aber auch die führenden Nationen – früher die Griechen und später die Makedonier und Römer – haben ebenfalls Fuß gefaßt und mitgeholfen» (127).

An anderer Stelle erfahren wir, wie die Römer nicht nur durch die Zähmung der wilden Bergbewohner «halfen», sondern auch dadurch, daß sie sie in die Täler herunterbrachten und zu seßhaften Bauern machten. Als die Römer folglich unter der Herrschaft Augustus' bis ins Innere der Iberischen Halbinsel vordrangen, galt es als Symbol ihres Erfolgs, daß die besiegten Stämme ihre Zufluchtsstätten in den Bergen aufgaben und sich in Gruppen als Bauern in der Ebene seßhaft machen ließen, vorzugsweise im Einflußbereich und unter der rechtlichen wie steuerlichen Kontrolle eines städtischen Zentrums. Bei den Turdetani aus Baetica, der südspanischen Provinz (151), erwies sich diese Strategie offensichtlich als erfolgreich, weniger jedoch bei den Lusitani und den nördlichen Stämmen, die auch nach der Eroberung noch von Ziegenmilch lebten, zwei Drittel des Jahres Eichelbrot aßen sowie Bier und nicht Wein tranken, Butter und nicht Olivenöl verwendeten sowie Tauschhandel trieben (154). Strabo war bekannt, daß zwischen den Bergen und der Ebene Güter ausgetauscht wurden, daß etwa die Ligurier Viehherden, Felle, Honig und Holz nach Genua herunterbrachten und mit Olivenöl und Wein in die Berge zurückkehrten (ihre Lieblingsgetränke jedoch waren Milch sowie ein Gerstengetränk). Strabo war aber überzeugt, daß die Bergvölker durch die Armut ihres Territoriums zu einem solchen Austausch gezwungen wurden, sie ihren Instinkten nach jedoch eher zum Plündern neigten (202). Während der gesamten Antike standen die Berge bei der kultivierten städtischen Elite in dem

Ruf, die Bewohner der Ebene zu bedrohen – aus den Bergen kamen Räuber, Barbaren und Wilde, die Bergbewohner waren Bestien.

Außer den Bergen galt der weit vom Mittelmeer entfernt gelegene Norden als unzivilisiert, aber auch die Wüste im Süden, deren nomadische Bewohner «durch Armut, karge Böden oder das Klima zu dieser Art Leben getrieben werden... sie essen öfter Knollenfrüchte als Fleisch und verwenden Milch und Käse als Nahrungsmittel» (833 sowie 839). Dazu ein typischer Kommentar des Sizilianers Diodorus über die Kelten Galliens: «Da das gemäßigte Klima durch die übermäßige Kälte zerstört wird, bringt das Land weder Wein noch Öl hervor, und folglich stellen die Gallier, die dieser Früchte beraubt sind, ein Getränk aus Gerste her, das sie *zythos* oder Bier nennen. Sie trinken auch das Wasser, mit dem sie ihre Honigwaben reinigen. Die Gallier sind dem Weingenuß übermäßig verfallen und lassen sich mit dem Wein vollaufen, der von Händlern in ihr Land gebracht wird. Sie trinken ihn ohne Wasser, und da sie dieses Getränk ohne jedes Maß zu sich nehmen – so stark ist ihre Gier danach –, verfallen sie in einen Zustand des Wahnsinns oder der Benommenheit, wenn sie betrunken sind. Viele der italischen Händler, die durch ihre Liebe zum Geld, die sie auszeichnet, ins Land gelockt werden, glauben folglich, daß die Liebe dieser Gallier zum Wein für sie selbst so etwas wie ein Göttergeschenk sei» (5.26.2–3).[17]

Diodorus schrieb dies kurz vor der großen Zeit der Expansion unter Augustus. Strabo war ein Zeitgenosse dieser Periode: «Gegenwärtig tragen die Römer von keltischen Regionen aus einen Krieg gegen die Germanen vor... und haben dem Vaterland schon mit einigen Triumphen über sie Ruhm gebracht» (287). Strabos Worte lassen vermuten, daß Roms Mission im Norden eher der Eroberung diente als der Verbreitung der hellenistisch-römischen Zivilisation.[18] In einer anderen Passage wird der Einfluß Roms auf die Lebensform der eroberten Barbaren stillschweigend bestätigt: «Die Römer unterwarfen auch viele Völker, die wegen der von ihnen bewohnten Gegenden von Natur aus wild waren, weil diese Regionen entweder felsig oder ohne natürliche Häfen oder kalt oder aus irgendeinem anderen Grund für nennenswerte Zahlen von Menschen kaum bewohnbar waren. Folglich stellten die Römer nicht nur Verbindungen unter Völkern her, die bis dahin isoliert gelebt hatten, sondern brachten auch den wilderen unter ihnen bei, unter einer Art Verwaltung zu leben» (127). Dabei ging die römische Regierung im wesentlichen pragmatisch vor, ihre kulturelle Zielsetzung war begrenzt. Die Grenzvölker sollten gezähmt, neutralisiert und ausgebeutet werden. Daß man den eroberten Barbaren eine überlegene Lebensform nahebringen wollte, war zwar ein Bestandteil dieser Politik, jedoch nur ein Mittel zu diesem Ziel und kein Ziel in sich.

Strabos kulturelles Vorurteil entspricht seiner Unwissenheit. Er wußte, daß die Expansion Roms (und nicht etwa die zielstrebige Forschung von Geographen) das Wissen um den Norden beträchtlich erweitert hatte (14; 117–18)[19], machte sich diese neuen Informationsquellen aber nicht zunutze. So scheint Strabo bei seiner Erörterung der Geographie Galliens mehr daran interessiert zu sein, auf Kosten des Geographen Pytheas aus Marseille aus dem 4. Jahrhundert v. Chr. zu glänzen, als von Cäsar zu lernen. Bei der Einschätzung von Geographen der Antike muß man allerdings behutsam vorgehen, um keine anachronistischen Urteile zu fällen. Die Menschen der Antike besaßen selbst von dem Teil der Welt, der ihnen vertraut war, nur ein begrenztes Wissen. Schätzungen der Länge und Breite des Mittelmeers sowie anderer Entfernungen im Mittelmeerraum variierten stark. Selbst Plinius verschätzte sich bei der Länge seines Heimatlandes Italien um etwa 400 römische Meilen (*HN* 343). In der Antike wurde die Entfernung in Reisezeit gemessen, die alles andere als konstant war, vor allem auf See. Strabos offenkundiges Desinteresse am Erwerb und an der Weitergabe präziser Informationen dürfte damals niemanden überrascht oder gar schockiert haben. Ein Beispiel ist die folgende Passage: «Ein Land ist also gut beschrieben, wenn es möglich ist, es anhand seiner Flüsse, Berge oder seiner Lage am Meer zu beschreiben; aber auch durch einen Stamm oder Stämme, durch eine bestimmte Größe und, wo dies möglich ist, durch seine Gestalt. Statt einer geometrischen Bestimmung genügt aber in jedem Fall eine einfache und grob umrissene Beschreibung. Was also die Größe eines Landes betrifft, so genügt es, dessen größte Länge und Breite zu nennen; und was die Gestalt betrifft, reicht es aus, ein Land mit einer geometrischen Figur zu vergleichen (Sizilien etwa mit einem Dreieck) oder einer der anderen wohlbekannten Formen (Iberien etwa mit einer Ochsenhaut oder den Peloponnes mit einem Platanenblatt)» (83). Die römische Armee stellte eine Art von Ordnung her, indem sie ein Fernstraßensystem entwickelte und in römischen Meilen oder einer örtlichen Entsprechung maß und indem sie über örtliche Besonderheiten halbwegs zuverlässige Informationen zusammentrug. Außerhalb des Militärs herrschte jedoch ein ziemliches Durcheinander, das allgemein toleriert wurde.

Strabos Unkenntnis der grundlegenden Geographie des nicht-mediterranen Europa, die er mit den meisten seiner Zeitgenossen gemeinsam hatte, war ein Ergebnis seines Desinteresses, das ohne Zweifel ein Nebenprodukt seiner kulturellen Einseitigkeit war. So begleitete Strabo seinen Herrn, Aelius Gallus, den Präfekten von Ägypten, auf dessen Forschungsreise auf dem Nil, bereiste aber nie die Regionen nördlich oder westlich von Italien.

Wer wissen will, wie ein Provinziale das Imperium in dessen goldenem Zeitalter einschätzte, der Mitte des zweiten Jahrhunderts nach Chr., hält sich meist an Aelius Aristides, den Sophisten und Rhetor aus der Stadt Hadrianoutherae, die in Kleinasien landeinwärts von Pergamon lag. Aristides pries die Erfüllung von Claudius' Traum vom *orbis Romanus*, von Rom als der *communis patria* der Welt. «Du hast erreicht, daß das Wort ‹römisch› nicht einer Stadt gehört, sondern daß es der Name einer Art gemeinsamer Rasse ist, und zwar nicht einer unter allen Rassen, sondern daß es etwas ist, was allen noch verbleibenden Rassen gemeinsam ist. Du teilst die Rassen nicht in Griechen und Barbaren ein... du unterscheidest die Völker danach, ob sie römisch oder nicht-römisch sind. Und dennoch gibt es in deinem Reich keinen Feind. Du warst nämlich selbst der erste, der niemandem etwas mißgönnte, da du alles für jeden verfügbar machtest und fähigen Männern das Recht gewährtest, nicht Untertanen, sondern vielmehr Herrscher zu sein» (26.63, 65).

Der überzeugendste Aspekt von Aristides' Ansprache «An Rom» ist ihre feste hellenistische Grundeinstellung. In den Augen der griechischen Welt und deren Vertreter Aristides bestand Roms große Leistung darin, eine Renaissance der hellenischen Stadtkultur und ihrer Zivilisation zu fördern: «Heute blühen alle griechischen Städte unter deiner Herrschaft, und all das, was sie zu bieten haben, die Künste, all ihre Verschönerungen, gereichen dir zur Ehre wie ein schönes Gebäude in einem Vorort» (26.94). «Du sorgst ständig für die Griechen, als wären sie deine Ziehväter, du beschützt sie, hast sie sozusagen zu neuem Leben erweckt und den Besten unter ihnen Freiheit und Selbstbestimmung geschenkt» (26.96). Die Einheit der Welt unter Rom, wie sie durch die Ausbreitung der römischen Staatsbürgerschaft symbolisiert wurde, war eine zweitrangige Überlegung. Aristides' Lobpreisung der Unterscheidung römisch/nicht-römisch ist ein reines Lippenbekenntnis. Er fällt immer wieder leicht in die traditionelle Einteilung der Welt in Griechen und Barbaren zurück. Die römische Staatsbürgerschaft wurde im griechischen Osten nur selten gewährt, selbst in den provinzialen Oberschichten. Der Provinz Lycia/Pamphylia im südwestlichen Kleinasien hatte man am Ende des zweiten Jahrhunderts n. Chr. das höchste lokale Amt, die Hohepriesterschaft, nur etwa hundert Männern gewährt. Caracalla, der ältere Sohn von Septimius Severus, änderte dies mit einem Schlag, als er im Jahre 212 n. Chr. allen freien Bewohnern des Imperiums mit einem Edikt die Staatsbürgerschaft gewährte. Die nicht-mediterrane Welt wird von Aelius Aristides so gut wie ignoriert. Ihre Existenz wird nur durch einen kurzen Hinweis auf Grenzkriege sowie die ständige Betonung der kulturellen Kluft zwischen Griechen und Barbaren anerkannt. Deren Ausbildung von römischen Gnaden wird mit Pferdedressur verglichen (26.70, 96).[20]

Besonders bedeutsam sind die Ansichten Cassius Dions aus Nicaea im nordwestlichen Kleinasien (nicht weit von Strabos Amaseia in der Nähe der südlichen Schwarzmeerküste, unweit der im Binnenland gelegenen Geburtsstadt Aristides', Hadrianoutherae).[21] Dion war Senator und gehörte der herrschenden Klasse Roms an; er lebte am Ende des von uns untersuchten Zeitraums, so daß von ihm erwartet werden durfte, daß er sich über zwei Jahrhunderte sozialen Wandels in den Grenzregionen Gedanken machte. Nebenbei seien seine totale Unkenntnis der Geographie Britanniens erwähnt, das in den Jahren 208 bis 211 zum Schauplatz eines von Septimius Severus ausgelösten Krieges wurde (76.12.5; vgl. 39.50.2), und seine seltsam einseitige Ethnographie, die sich ausschließlich mit den wilden und interessanten Kaledoniern und Macatae beschäftigt, gegen die der Angriff gerichtet war. Die nicht feindselig gestimmte, ja sogar freundschaftlich gesinnte Provinz Britannien, von der aus Severus seine Expedition unternahm, wird kaum erwähnt (76.12.1–13.4). Dions Bemerkungen über die Pannonier verdienen jedoch die meiste Beachtung. Dion hatte als Legat der Donauprovinz Pannonia Superior gedient und schrieb daher, wie er selbst betont, aus eigener Kenntnis (49.36.4). Die Donauarmee mit ihren zehn Legionen sowie Hilfsregimentern war die größte Konzentration von Grenztruppen des Imperiums. In instabilen Zeiten hatte diese Armee großes politisches Gewicht. Im Jahre 193 war Septimius Severus Statthalter von Pannonia Superior und gelangte mit Hilfe der Donaulegionen an die Macht. Es dauerte nicht lange, da beförderte die Armee, die sich aus der Region rekrutierte, Männer aus der Provinz, die beim Militär Karriere gemacht hatten. Maximinus, ein Hüne von Mann und heldenhafter Soldat aus der Provinz Moesia Inferior, der dem letzten der Severer, Severus Alexander, auf den Kaiserthron folgte, war nur der erste einer Reihe von Kaisern vom Balkan, deren hervorragendster Vertreter der große konservative Reformer Diokletian war.

Cassius Dion sagt kein Wort über das Konsulat (etwa um 187) oder die frühere Karriere des Soldaten Maximianus aus Ptuj oder deren Implikationen für die Zukunft, zeigt aber Interesse an der irregulären Beförderung eines gewissen Aelius Triccianus. Falls Dions Bericht über dessen Karriere vollständig ist, wurde dieser einfache Soldat der pannonischen Armee zunächst Türhüter des Legats von Pannonien, dann Präfekt einer der neuen Parther-Legionen (unter Caracalla, 198–217 n. Chr.), Präfekt der in den Albaner Bergen stationierten Legion (unter dem nur kurz regierenden Kaiser Macrinus 217–218 n. Chr.), Senator durch besonderen Erlaß sowie Statthalter von Pannonia Inferior, bevor er auf Befehl des Kaisers Elagabal (218–222) umgebracht wurde. Dion bezeichnet Aelius Triccianus als Emporkömmling und läßt durchblicken, daß dessen Beförderung auf Kritik gestoßen sei. Es wird jedoch auch Gutes über ihn gesagt: Er starb, weil er die Männer der Albaner Legion mit seiner rigorosen Disziplin verärgert hatte.[22] Rund zehn Jahre später dürstete es ehemalige Legionäre nach dem Blut eines weiteren Ex-Gouverneurs einer pannonischen Provinz – aus dem genau gleichen Grund. Es werden sogar die gleichen Worte verwendet. Der fragliche Mann – es war Dion selbst – hatte im Jahre 229 n. Chr. ein zweites Mal als Konsul gedient und anschließend Rom und Italien für immer verlassen, um in seine Heimatprovinz zurückzukehren. Das hatte ihm Kaiser Severus Alexander geraten, der ihn zwar mit Ehren überhäufen, jedoch nicht schützen konnte (80.4.2 ff). Die Gefahr kam von den Soldaten der Prätorianergarde, die einst aus Männern aus Italien, Spanien, Makedonien und Noricum bestanden hatte. Es waren «Männer von recht eindrucksvoller Erscheinung und einfachen Gewohnheiten», aber seit dem triumphalen Einzug des Septimius Severus in Rom im Jahr 193 bestand die Prätorianergarde vorwiegend aus Anwohnern der Donau: «Sie waren höchst wilde Erscheinungen und pflegten eine schreckliche und rüpelhafte Sprache» (75.2.4–5). Während Dion in Bithynien ein krankes Bein auskurierte und seine Würde zu bewahren suchte, brachte er diese wohlüberlegte Ansicht über die Pannonier als Rasse hervor: «Die Pannonier leben in der Nähe Dalmatiens am Ufer der Donau von Noricum bis Moesia und führen von allen Menschen das erbärmlichste Leben. Sowohl Land wie Klima sind ärmlich; sie kennen keine Olivenbäume und erzeugen nur geringe Mengen Wein von sehr schlechter Qualität, da das Klima äußerst rauh ist. Sie essen nicht nur Gerste und Hirse, sondern trinken auch daraus hergestellte Getränke. Da sie nichts besitzen, was ein zivilisiertes Leben erstrebenswert erscheinen läßt, sind sie äußerst gewalttätig und blutrünstig» (49.36.4).[23]

Unter den Autoren aus dem westlichen Mittelmeerraum ist Tacitus (der vielleicht aus der alten gallischen Provinz Narbonensis stammt) über Germanien, Gallien und Britannien die wichtigste Quelle.[24] In seinem Interessengebiet jedoch war er sehr wählerisch. Die Gegner Roms übten eine starke Faszination auf ihn aus, vor allem die Germanen, deren Sitten und Institutionen in einer Monographie ausführlich behandelt werden. Er besaß einen Blick für heldenhafte Führergestalten und fand eine ironische Freude daran, den gefährlichsten Gegnern Roms, ob nun dem Germanen Arminius, dem Gallier Civilis oder dem Briten Boudicca, Tugenden zuzuschreiben, von denen er glaubte, daß die Römer als Volk sie aufgegeben hätten – vor allem Freiheitsliebe. Wenn jedoch einstige Feinde Untertanen Roms geworden waren, verlor Tacitus jedes Interesse an ihnen. Er hat den unbesiegten und vielleicht auch unbesiegbaren Germanen Schriften gewidmet, nicht aber den unterworfenen Galliern.

In einer wohlbekannten, einzigartigen Passage (*Agr.* 19–21) skizziert Tacitus die Romanisierungspolitik seines Schwiegervaters Agricola in der Provinz Britannien, deren Statthalter er 78 bis 84 n. Chr. war. Agricola sah es als seine Aufgabe an, britische Stammeshäuptlinge und deren Söhne zu einem städtischen Leben zu erziehen, ihnen eine römische Bildung angedeihen zu lassen sowie ihnen römische Sitten und Gebräuche anzugewöhnen. Das Motiv ist klar – er wollte ein Volk von Kriegern in friedfertige Untertanen verwandeln. Er äußert sich herabsetzend über die britische Stammesaristokratie, die er als Menschen «ohne feste Siedlungen oder Kultur» bezeichnet, die sich leicht zu kriegerischen Handlungen hinreißen ließen. Nachdem sie das Stadtleben kennengelernt hatten, erlagen sie dessen niedrigeren Lockungen und stellten sich in ihrer Unschuld und Unwissenheit vor, die Zivilisation gefunden zu haben. In Wahrheit hatten sie ihre Freiheit gegen die Sklaverei eingetauscht, und das unter der sorgfältigen Regie der römischen Machthaber.

Dieselbe Textpassage bestätigt indirekt, daß sich der gleiche Vorgang in Gallien abgespielt hatte. Agricola wird die Ansicht zugeschrieben, die natürliche Intelligenz der Briten wiege schwerer als die gallische

Geschultheit. Dabei kommt einem ein beiläufiges Detail in den *Annalen* des Tacitus aus dem Jahr 21 n. Chr. in den Sinn: Einige Söhne gallischer Häuptlinge, die in Autun (Augustodunum) eine römische Erziehung genossen, wurden von den Rebellen C. Iulius Florus und C. Iulius Sacrovir (3.41.3) als Geiseln genommen. Dieser Hinweis liefert uns eine Vorstellung von den Grenzen der Romanisierung. Hier hatte die Sache der gallischen Freiheit einen symbolischen Sieg über die Sklaverei der Romanisierung errungen. Die Rebellen waren Stammeshäuptlinge, Nutznießer Roms (sie trugen die Namen Cäsars) und hatten vermutlich selbst eine der in den Provinzen üblichen Spielarten des römischen Erziehungssystems kennengelernt. Über einige gefährlichere Feinde Roms hieß es, sie «besäßen nicht nur eine Kenntnis der römischen Disziplin, sondern auch der römischen Zunge, und viele hätten auch ein gewisses Maß an literarischer Kultur. Die Übung des Intellekts sei bei ihnen nicht ungewöhnlich.» Dieses Lob für die pannonischen Rebellen des Jahres 6 n. Chr. aus der Feder des unterschätzten zeitgenössischen Historikers Velleius Paterculus (2.110.4) hat heutige Kommentatoren verwirrt, aber Tacitus hätte verstanden (und die Übertreibung ignoriert).[25]

Die Rebellen des Jahres 21 n. Chr. wurden relativ schnell niedergeworfen. Die Römer müssen sich aber gefragt haben, ob es je gelingen würde, den gallischen Freiheitsdrang auf Dauer niederzuhalten. Ihre Zweifel wären durch die Ereignisse der Jahre 68 bis 70 bestätigt worden, als erst Iulius Vindex und dann Iulius Civilis das Banner der Rebellion erhoben. Iulius Vindex war ein Provinzstatthalter. In dem Bericht Tacitus' heißt es, der römische General Petillius Cerialis, der Iulius Civilis später besiegte, habe vor den versammelten Treviri und Lingones erklärt, die Kluft zwischen Römern und Galliern sei jetzt überbrückt. Die Gallier stünden an der Spitze von Legionen, und so seien Eroberer und Eroberte Partner des Imperiums. Diese Behauptungen klingen hohl und hätten wohl nur auf wenige Römer einen überzeugenden und attraktiven Eindruck gemacht.

Der Befriedungsprozeß in den britischen und gallischen Provinzen war zu Lebzeiten Tacitus' noch nicht beendet (er starb in den 120er Jahren). «Erinnert eher an Italien denn an eine Provinz», lautete das Urteil des älteren Plinius über die alte gallische Provinz Narbonensis, die fast den ganzen Süden Frankreichs umfaßte (*HN* 3.31). Die Ungewißheit über Tacitus' Herkunft (Südfrankreich oder Norditalien) ist symbolhaft. Fast zwei Jahrhunderte der Besetzung und Befriedung, der

Kolonisierung und Einwanderung hatten eine bemerkenswerte Ähnlichkeit der Institutionen wie der Kultur hervorgebracht, die durch die klimatischen Ähnlichkeiten und die geographische Nähe noch begünstigt worden waren. Der Rest Galliens jedoch sowie Britannien blieben im wesentlichen unverändert. Ihre soziale Gliederung war im Kern stammesmäßig und nicht städtisch. Ohne durchgreifende Urbanisierung jedoch gab es keinerlei Aussicht auf eine integrierte griechisch-römisch-keltische Gesellschaft.

Wie sah es hingegen bei den Bewohnern Illyricums aus, der großen zentralen Landmasse auf dem Balkan? Wir müssen eineinhalb Jahrhunderte warten, um die Männer beurteilen zu können, die das Imperium im dritten Jahrhundert retteten. Der Afrikaner Aurelius Victor, ein Gouverneur Pannoniens Mitte des vierten Jahrhunderts, schrieb: «Ihr Vaterland war Illyricum; und obwohl sie mit liberaler Kultur nur wenig im Sinn hatten, waren sie durch die Härten des Land- wie des Soldatenlebens gestählt und erwiesen sich für den Staat als die Geeignetsten» (*Caes.* 39.26). Aus den gebildeten Rebellen des Velleius waren die ungebildeten Helden Victors geworden.[26]

Wir könnten uns zusammenfassend vorstellen, daß sich die Perspektive von Kommentatoren und Beobachtern verändert hätte, einmal wegen der zunehmenden und immer mehr verbreiteten Informationen über den Norden, zum andern, weil Rom bei den nördlichen Völkern sichtlich Spuren hinterließ. In Wahrheit ist es unmöglich, in der Literatur auch nur einen Hinweis darauf zu finden, daß sich in dem Gebiet vom nordwestlichen Gallien und Britannien bis zum unteren Donauraum eine Aufweichung der Haltung oder irgendeine positive Reaktion auf kulturelle und politische Veränderungen ergeben hätte. Von Strabo bis Cassius Dion, von Anfang bis Ende des von uns untersuchten Zeitraums, zog die kulturelle Elite des Imperiums eine feste Trennungslinie zwischen dem, was sie als mediterranes Herzstück des Reiches ansah, sowie dessen barbarischer Peripherie. In ihren Augen hatte vor allem die Eroberung des Nordens keine breitere kulturelle Einheit mit sich gebracht. Rom hatte zwar seinen Herrschaftsbereich und seine kulturelle Basis verbreitert, es aber nicht geschafft, den Norden zu assimilieren.

1 Strabo 286; vgl. 1.2. Zu Italien auch Plinius, *HN* 37.201–2; 3.39–42. Brunt (1978), 164 ff trägt die Texte vor allem von Livius, Cicero und Polybius zu nichtgeographischen kausalen Faktoren zusammen.
2 Thomson (1948), 106 ff.
3 Siehe Walker (1965), Teil I; Braudel (1975), Bd. I, Teil 1–4. Mit besonderem Bezug auf die Antike Semple (1932); Cary (1949).
4 Einer Schätzung von Hopkins zufolge (1978 a, 68–9) waren 32 Prozent der sechs Millionen Bewohner Italiens Städter.
5 Siehe *CAH* X Kap. 9, 12; XI Kap. 4, 6 zu Standardberichten über Eroberungen und die Entwicklung an den Grenzen. Auch Luttwak (1976); G. B. D. Jones (1978).
6 Klotz (1931); Dilke (1985), Kap. 3.
7 Das Motiv der (weltweiten) Eroberung wird von Brunt betont, *JRS* 53 (1963), 170–6, Wells (1972). Zur kaiserlichen Entscheidungsfindung in strategischen Fragen siehe Millar (1982).
8 Siehe Sherwin-White (1973), 259 ff mit Bibliographie; Saller (1982), Kap. 5.
9 Victor: *CIL* XIII 1042–5, 1037; vgl. *AE* 1888, 51, 170. Vgl. Devijver (1976–1980), Bd. 3, Geographica A 1143 ff, C 1153 ff, etc.
10 Sherwin-White (1967), 55. Classicianus: Tacitus, *Ann.* 14.38.
11 Pflaum (1950), 183 ff, 186, 190 ff; Devijver (n.9); Millar (1964), 184 ff; Sasel (1982); Burnand (1982) sowie Beiträge von A. R. Birley und W. Eck im selben Band; Alföldy (1978); Drinkwater (1979) und ausführlicher bei Drinkwater (1983).
12 *AE* 1956, 124 mit Pflaum (1960), Nr. 181 bis + add.; Mócsy, *PW* Suppl. s. v. ‹Pannonia› IX. 2.713–4.
13 «Im Lauf der nächsten sechzig Jahre sind Senatoren aus dem Donauraum eine Seltenheit»: Syme (1971), 180. Vgl. den kometenhaften Aufstieg und plötzlichen Fall des Aelius Triccianus in der nächsten Generation, PIR^2 A 271.
14 Campbell (1984), 408–9 mit Bibliographie.
15 A. H. M. Jones (1974), Kap. 5; C. P. Jones (1971) (1978); d'Escurac (1974).
16 Bowercock (1965); Crawford (1978).
17 Vgl. Strabo 155, 186, 197 über die Kelten Nord-Galliens. Cicero, *pro Font.* 27–36 kritisierte die Gallier, hegte aber zugleich eine Abneigung gegen alle Provinzialen. Siehe Brunt (1978), 185 ff. Die Römer haben den *terror Gallicus* und die Plünderung Roms um 386 v. Chr. nicht vergessen. Siehe Peyre (1970).
18 Siehe Anm. 7 oben.
19 Siehe Thomson (1948), 192 ff; Pédech (1976), 150 ff; vgl. Lasserre (1982).
20 Siehe den Kommentar zu *Oratio* 26 von J. H. Oliver, ‹The Ruling Power›, *Trans. Amer. Phil. Soc.* 43 (1953). Griechen und Barbaren *Or.* 26.96, 100; vgl. 35.20, 36 (Autorenschaft und Datum sind ungewiß). Vielleicht wird angedeutet, daß die Römer als Griechen «ehrenhalber» anzusehen seien. Eine ausführliche Darlegung dieses Themas findet sich bei Dion. Hal. 1.89.1–2. Über lyrische Priester

siehe Magie (1950), Anhang II E. 1609–12. Etwa 25 bis 30 Prozent der asiatischen Priester (*archiereis* und Asiarchen) sind Fremde oder Aurelii.

21 Über Cassius Dion siehe Millar (1964). Syme (1971), Kap. 11–12 mit der besten Darstellung des Maximinus, seiner Nachfolger sowie der strategischen Bedeutung des Balkans.

22 Cassius Dion 78.13.3–4; 79.4.3. Vollständige Hinweise in *PIR*[2] A 271.

23 Vgl. Herodian 2.9.11; 4.7.3; 7.1.1 ff.

24 Syme (1958), bes. 453 ff; Sherwin-White (1967), Kap. 2; Thomson (1948), 242 ff.

25 Siehe Mócsy (1983).

26 Den Boer (1972), z. B. 87 ff; Bird (1984), Kap. 5–6.

2
Herrschaft ohne Bürokratie

Einführung

Die Römer beherrschten ein ausgedehntes Imperium, welche historischen Maßstäbe man auch anlegt. Sie schafften es aber nicht, eine Verwaltung des Reiches zu entwickeln, die dessen Dimensionen entsprochen hätte: Ein rudimentärer Beamtenapparat genügte einer Regierung, der es vor allem um Kernfragen ging. Die Regierung verfolgte zwei Grundziele: die Aufrechterhaltung von Recht und Ordnung sowie die Eintreibung von Steuern. Steuern waren nötig, um Löhne, Militärausgaben und Spiele zu bezahlen, ferner für Bauten sowie die Verteilung von Lebensmitteln oder Bargeld in der Hauptstadt. Zur Durchsetzung dieser sehr begrenzten Ziele übernahmen die frühen Kaiser das republikanische System der Senatsverwaltung und erweiterten es. Sie schufen mehr Senatorenposten, übertrugen zum erstenmal nicht-wählbaren Beamten verantwortliche Posten, Männern aus dem Ritterstand oder dem niederen Adel, daneben aber auch, was eine umstrittenere Entscheidung war, Sklaven und Freigelassenen ihres eigenen Haushalts.[1]

Stellenvermehrung und Verbreiterung des gesellschaftlichen Hintergrunds von Beamten haben jedoch nicht unbedingt ein rationelleres oder bürokratischeres Verwaltungssystem zur Folge. Die Regierungsfunktionen blieben im wesentlichen die gleichen. Die Kaiser brachten keine durchgreifenden sozialen und ökonomischen Reformen und hatten kein Interesse daran, sich spürbar in das Leben ihrer Untertanen einzumischen. Folglich gab es keinen dramatischen Anstieg der Zahl zentral ernannter Beamter. So blieb die Verwaltung des Römischen Reiches unterbesetzt, vor allem bei einem Vergleich mit dem chinesischen Reich, das proportional vielleicht zwanzigmal so viele Beamte beschäftigte.[2] Bei der Ernennung und Beförderung von Verwaltungsbeamten ging man nach Patronatsgrundsätzen vor. Es gab keine formalen Einstellungsrichtlinien, die Ernannten waren keine «Berufsbeamten» und wurden es auch später nie.

Auch in der Verwaltungspraxis gab es eine beträchtliche Kontinuität. Die begrenzten finanziellen Ziele der Regierung wurden ohne Rückgriff auf ökonomischen Dirigismus erreicht. Der Staat wollte keine Kontrolle über die Produktion und Verteilung von Gütern gewinnen. Es gab keine staatlichen Manufakturen, keine staatlichen Handelsflotten, und obwohl sich das Grundeigentum des Kaisers ständig vergrößerte, da immer mehr Grund und Boden konfisziert, geerbt oder einfach aufgegeben wurde, stammten die vom Staat geforderten Mittel in der Hauptsache nicht aus den kaiserlichen Domänen, sondern aus den Steuern, die man den Bewohnern der Provinzen auferlegte.

Eine staatliche Steuerpolitik war zwar nötig, mußte aber nicht hochentwickelt sein. Das Steuersystem, das sich in der frühen Kaiserzeit herausbildete, spiegelte die begrenzten Zwecke wider, denen es dienen sollte: Es war uneinheitlich, wurde nur mangelhaft überwacht und war nur geringen Veränderungen unterworfen.[3] Die lokale Vielfalt von Besteuerungsmethoden blieb während des Prinzipats erhalten. So wurde etwa die direkte Hauptsteuer *(tributum)* von den Spaniern in Form eines Pauschalbetrags gezahlt und von den Sizilianern in Gestalt eines Anteils der landwirtschaftlichen Produkte (der Zehnte). Wo es möglich war, behielten die Römer die von den früheren Herrschern eingeführten Praktiken in jedem Gebiet bei, ob es sich nun um Karthager, Seleukiden oder Ptolemäer handelte. Die Kaiser ließen in den Provinzen regelmäßig Schätzungen vornehmen und beendeten nach und nach das republikanische System, privaten Unternehmen die Eintreibung direkter (und später auch indirekter) Steuern zu überlassen. Allgemein läßt sich sagen, daß das kaiserliche Steuersystem weit effizienter war als unter irgendeiner republikanischen Regierung; dazu kamen die Gelder aus einem wesentlich größeren Imperium. Diese Entwicklungen strebten jedoch nicht nach einer Verwaltungseinheit, wie es vielleicht bei einer bürokratischen Verwaltungsform naheliegt.

Da schon die Steuerpolitik der Regierung unterentwickelt war, läßt sich auch nicht mit letzter Klarheit sagen, daß sie überhaupt eine geregelte Geldpolitik betrieb.[4] Wenn ein finanzieller Notstand eintrat oder die Regierung einfach nur dringend Bargeld brauchte, ließ sie sich meist eine andere Lösung einfallen, nämlich Münzverschlechterung. Es ist kaum vorstellbar, daß die Kaiser und ihre Beamten die langfristigen Konsequenzen eines solchen Handelns bedachten, da sie ihre Aufmerksamkeit nur auf die kurzfristigen Vorteile der Geldverschlechterung richteten. Sie besaßen ein begrenztes empirisches Verständnis wirtschaftlicher Zusammenhänge und davon, wie wirtschaftliche Prozesse ablaufen.

Zentral- und Provinzverwaltung

Das Römische Reich umfaßte etwa vierzig Provinzen, die von einer nur kleinen Schicht zentral ernannter Beamter regiert wurden. Der Prokonsul Afrikas stand einem riesigen Territorium vor, das einen großen Teil des heutigen Libyen sowie Tunesien und Ostalgerien umfaßte, während sein Kollege in der Provinz Asien über die Westküste der Türkei sowie einen wesentlichen Teil des Landesinneren herrschte. Jedem Beamten wurde ein jüngerer Magistrat des Senats mit finanzieller Verantwortung an die Seite gestellt (Quaestor). Der Prokonsul nahm meist einen Beraterstab von Freunden oder Schützlingen mit, zu denen auch einer oder mehrere Senats-Legaten als mögliche Stellvertreter gehörten, sowie einen kleineren Stab von Beamten niedrigen Rangs (Freigelassene oder Sklaven).

In der Zeit der Republik war die Regierungsgewalt von Prokonsuln, Ex-Magistraten höheren Rangs (Prätoren oder Konsuln), ausgeübt worden, die der Senat insgesamt ernannt hatte. Augustus hingegen kümmerte sich selbst um die Provinzen, in denen eine ständige militärische Präsenz erforderlich war, und vertraute sie von ihm selbst ernannten Beamten an, von denen die wichtigsten ebenfalls Senatorenrang hatten *(legati Augusti)*.

Die Personalorganisation in den Provinzen, die dem Kaiser direkt unterstanden, wich ein wenig von dem üblichen Muster ab, aber auch hier finden sich keine größeren Beamtenzahlen. In den größeren Provinzen – mit Ausnahme Ägyptens – ernannte der Kaiser aus dem Kreis ehemaliger Prätoren und Konsuln einen Legaten, der an seiner Statt herrschte, während die Finanzen eher in die Zuständigkeit eines Prokurators und nicht eines Quaestors fielen, eher eines Ritters denn eines Senators. Eine andere Gruppe von Provinzen wurde von ernannten Beamten aus dem Ritterstand regiert, die wiederum dem Kaiser direkt verantwortlich waren. An erster Stelle ist hier Ägypten zu nennen, das von einem Präfekten und niederen Beamten aus dem Ritterstand regiert wurde. Ägypten war auch die einzige Provinz mit Legionen, der ständig ein Ritter vorstand.[5] Die anderen Ritterprovinzen waren so klein, daß sie von einem Prokurator verwaltet werden konnten. Dieser entschied über Gerichtsverfahren, verwaltete die Finanzen und befehligte die Hilfseinheiten der Armee, falls welche der Provinz zugeteilt wurden.

Die Zahl der Beamten im Senatorenrang in den Provinzen wurde in der Kaiserzeit nicht wesentlich erhöht. Erst Ende des ersten und Anfang des zweiten Jahrhunderts hören wir von Beamten mit Justizvollmachten, aber dies war offenkundig weder eine reichsweite noch eine permanente Einrichtung. Von zwei Juristen wissen wir, daß sie in den letzten Jahrzehnten des ersten Jahrhunderts in Britannien den Posten eines *iuridicus* innehatten, und in einer der spanischen Provinzen war der künftige Kaiser Septimius Severus etwa um 177 n. Chr. offenkundig ebenfalls *iuridicus*. Hadrian soll für Italien vier *iudices* im Rang von Konsuln ernannt haben. Unter späteren Kaisern wurden diese umbenannt oder *iuridici* unterstellt. Italien, das offiziell keine Provinz war, wurde traditionsgemäß von den Konsuln und dem Senat beherrscht; aber im späten zweiten Jahrhundert war die Rechtsprechung in Italien wie in Rom von anderen Beamten übernommen worden, die zur engeren Umgebung des Kaisers gehörten. Die Gerichtsgewalt des Stadtpräfekten von Rom, eines hochrangigen Senators, erstreckte sich bis zum einhundertsten Meilenstein von der Stadtmitte aus, jenseits davon war der Präfekt der Prätorianer zuständig, ein hochgestellter Beamter aus dem Ritterstand. Die *iuridici* passen als untergeordnete Gerichts-Magistrate ins Bild; ihr Aufkommen in Italien ist eines von mehreren Anzeichen dafür, daß das Land seinen Sonderstatus verlor und den anderen Provinzen nach und nach gleichgestellt wurde.[6]

Von dieser Periode an, dem späten ersten Jahrhundert n. Chr., werden in einigen Städten Stadtkuratoren *(curatores rei publicae)* mit Verantwortung für die Finanzen ernannt. Man scheint sich der Kuratoren jedoch auch nur in begrenztem Umfang bedient zu haben, und das Amt war nicht ausschließlich Senatoren vorbehalten.[7]

Die größten Veränderungen fanden im Ritterstand statt, der nicht nur immer mehr anschwoll, sondern in seiner Hierarchie auch disparate Elemente vereinigte. Im Imperium insgesamt zeichnete sich einmal die Entwicklung ab, daß man zur Verwaltung Ägyptens und mehrerer kleinerer Provinzen Ritter einsetzte. Dort hatten solche Beamte zunächst einen militärischen Titel, nämlich den des Präfekten, und vorwiegend militärische Aufgaben. Ihre Ernennung und ihre Aufgabenstellung bezeugt die Entschlossenheit der Kaiser, bislang unbesiegte Völker innerhalb des Reiches gefügig zu machen (etwa in den Alpen, Mittel-Sardinien oder Judaea). Unter der Herrschaft Claudius' wurde der Präfekt durch einen Prokurator ersetzt, einen zivilen Beamten, was den Erfolg des Befriedungsprozesses in den fraglichen Regionen belegen sollte (obwohl dieser Erfolg, wie in Judaea, manchmal noch weit von der Realität entfernt war). Zweitens vertrauten die Kaiser die Finanzverwaltung Rittern (manchmal auch Freigelassenen) mit dem Titel Prokurator des Augustus an. Sie hatten die Aufgabe, die kaiserlichen Domänen zu verwalten. Drittens erscheinen jetzt in den Provinzen auch Prokuratoren als Steuerbeamte, die Zölle, Erbschaftssteuern und andere indirekte Steuern eintreiben. Diese beiden letztgenannten Beamtenkategorien besaßen ein großes Einflußpotential und dienten manchmal als Gegengewicht gegen Beamte im Senatorenrang, aber man kann nicht behaupten, daß sie die administrative Belastung der Städte erhöht hätten.

Schließlich sollte noch die militärische Funktion des Ritterstands betont werden. Alljährlich standen etwa 360 Posten für höhere Beamte aus dem Ritterstand bereit: Präfekturen von Kohorten, Militärtribunate sowie Präfekturen von *alae* (Kavallerieeinheiten). Wer in der zivilen Verwaltung einen Posten erhalten wollte, mußte zunächst diese Reihe von Positionen durchlaufen, die schon zur Zeit von Augustus' Nachfolger Tiberius (Velleius Paterculus 2.111) *militiae* genannt wurden und ausschließlich Rittern offenstanden. Weiter reichten die Karrieremöglichkeiten vieler Ritter nicht – und wegen der höheren Sterblichkeitsrate beim Militär hatten sie auch kein langes Leben zu erwarten. Die Militärlaufbahn muß als die Karrieregrundlage eines Ritters angesehen werden.[8]

Entwicklungen in Rom und am kaiserlichen Hof hatten auf die Laufbahnen von Rittern wie Senatoren Einfluß. Die Kaiser gaben der Stadt Rom zum erstenmal eine ständige Verwaltung. Gegen Ende seiner Herrschaftszeit installierte Augustus in Rom eine militärisch organisierte Polizei, die auch für das Feuerlöschwesen zuständig war, sowie ein Amt für die Getreideverteilung. Diese Präfekturen fielen an einen ranghohen Senator und zwei Ritter *(praefectus vigilum, praefectus annonae)*. Ein weiterer führender Ritter wurde zum Präfekten der Prätorianer ernannt, zum Kommandeur der kaiserlichen Leibwache, der

Prätorianergarde. Wegen seiner Nähe zum Kaiser und seiner Oberhoheit über die Truppen im Umland der Hauptstadt besaß der Präfekt der Prätorianer erhebliche Macht; so ernannte man meist zwei Präfekten, um einen Machtmißbrauch zu verhindern.[9]

Die Struktur der zentralen Finanzverwaltung ist Gegenstand zahlreicher Diskussionen gewesen, nicht zuletzt wegen der verschiedenen möglichen Bedeutungen des Worts *fiscus*. Das Hauptschatzamt, das *aerarium*, in das die Steuergelder aus den Provinzen strömten, wurde von zwei Präfekten geleitet, die der Kaiser aus den Reihen früherer Prätoren auswählte. Vergleichbare Beamte standen dem Militärschatzamt vor *(aerarium militare)*, das Augustus geschaffen hatte, um den Lebensunterhalt von Veteranen zu sichern. Ein großer Teil der fiskalischen Verantwortung lag jedoch nicht in den Händen dieser Männer, sondern bei Freigelassenen des Kaisers und später, etwa von der Mitte des ersten Jahrhunderts an, in der Hand eines hochrangigen Kurators aus dem Ritterstand *(a rationibus)*, der mit einem Stab aus kaiserlichen Freigelassenen und Sklaven Einnahmen und Ausgaben des Imperiums verwaltete.[10] Die Tatsache, daß diese Konten von Sklaven und Freigelassenen des Kaisers verwaltet wurden, läßt jedoch nicht den Schluß zu, daß es keinen Unterschied zwischen Staatsfinanzen und denen des kaiserlichen Haushalts gab.[11] Aber letztlich dürfte die Unterscheidung der beiden keine große praktische Bedeutung gehabt haben, da der Kaiser die Staatskasse mit seinem ständig wachsenden privaten Reichtum subventionierte und die Macht besaß, die Verwaltung seiner Provinzen aus der Staatskasse zu finanzieren.

Bleibt noch die Frage nach den Rollen von Kaiser, seinen Beratern und seines persönlichen Stabes in der Verwaltung.[12] Der Kaiser war letzte Instanz in Fragen der Politik und bei der Ernennung kaiserlicher Beamter, ließ sich bei seinen Entscheidungen aber von seiner Umgebung beraten. In den Augen der Aristokratie fand der «gute» Kaiser seine Berater in seinem *consilium principis*, einer Gruppe von Freunden aus führenden Senatoren und Rittern.

Dieses Gremium beriet den Kaiser auch in seiner Eigenschaft als Gerichtsherr, der in der ersten Instanz wie bei Appellationen einschritt und neue Gesetze formulierte.[13] Manche Kaiser, vor allem Claudius (aber auch Nero und Commodus), erregten den Zorn des Adels, weil sie sich von kaiserlichen Freigelassenen, Sklaven oder Ehefrauen beeinflussen ließen. Im Fall von Freigelassenen und Sklaven war deren Macht ein natürliches Ergebnis der räumlichen Nähe zum Kaiser, die durch die tagtägliche Zusammenarbeit gegeben war. Sie nahmen etwa die Berichte von Provinzbeamten in Empfang, verfaßten Antwortschreiben und reagierten auf Petitionen, in denen es um Gunstbeweise oder um Gerichtsentscheide ging. Solche Petitionen wurden nicht nur von einzelnen Städten an den kaiserlichen Hof gerichtet, sondern auch von einzelnen Untertanen. Allerdings kümmerte sich der Kaiser um viele Briefe und Bittschriften persönlich.

Die Kernpunkte dieses Verwaltungssystems werden schon unter Augustus erkennbar: die Besetzung neuer Verwaltungsposten mit Senatoren durch den Kaiser, was die Senatorenlaufbahn erweiterte und stärker unter kaiserliche Kontrolle brachte[14]; die Einsetzung von Rittern und Freigelassenen als Beamte und Bevollmächtigte, in Ämter also, in die man nicht gewählt werden konnte und in denen man vom Kaiser abhängig war; der Einsatz des kaiserlichen Haushalts, das heißt der Diener des Kaisers als Hilfsstab. Unter späteren Kaisern wurde eine strengere Ordnung in die nicht mit Senatoren besetzten Teile der Verwaltung gebracht. Anfang des zweiten Jahrhunderts wurden die Verwaltungsposten der Prokuratoren (damals etwa sechzig an der Zahl) je nach Gehalt des Amtsträgers in drei Kategorien aufgeteilt. Man darf davon ausgehen, daß eine Laufbahnstruktur wie etwa bei den Senatoren entstand, wobei die großen Präfekturen die Spitze bildeten und die niedrigsten Prokuratoren die Basis.[15] In ähnlicher Weise läßt sich eine klar definierte Hierarchie im kaiserlichen Haushalt *(familia Caesaris)* erkennen. Ein Sklave, der etwa als Schreiber arbeitete, konnte auf Freilassung und Beförderung in die Position eines Buchhalters *(tabularius)* und schließlich auf ein Prokurat als Freigelassener hoffen.[16] Kaiserliche Freigelassene und Sklaven stellten auch weiterhin die Hilfskräfte des Verwaltungssystems.

Die Funktionsweise dieser Verwaltungsorganisation sowie ein Verständnis dafür, wo die Macht lag, setzt eine Kenntnis dessen voraus, wie die Amtsträger ernannt wurden. Sämtliche oben genannten Beamten wurden in höchster Instanz vom Kaiser ernannt, mit Ausnahme der Prokonsuln und Quaestoren; aber dann bleibt immer noch die Frage, wie er zu seinen Entscheidungen kam. Das ist eine wichtige Frage, denn nur die Antwort darauf kann klären, wie bürokratisch die Verwaltung unter dem Prinzipat wurde. Zahlreiche Wissenschaftler haben immer wieder behauptet, im zweiten und frühen dritten Jahrhundert hätten bürokratische Regeln Ernennungen und Beförderungen bestimmt, bis daraus ein fast automatischer Vorgang geworden sei, der dem Kaiser nur geringe Wahlmöglichkeiten gelassen habe.[17] Die Laufbahnen von Senatoren verraten tatsächlich bestimmte Grundmuster: Ehemalige Prätoren auf wichtigen Posten in Diensten des Kaisers wurden meist zu Konsuln befördert, was ihren Zeitgenossen im Senat gewöhnlich versagt blieb; überdies zog der Kaiser es vor, Männer ohne konsulare Vorfahren als Legaten in die Provinzen zu schicken. Diese Regelmäßigkeit jedoch läßt nicht auf automatische Beförderungen schließen: Die Vielfalt nach Zahl und Natur der gehaltenen Ämter ebenso wie die jeweils geringere Zahl an höheren Posten legt den Schluß nahe, daß die Kaiser bei der Ernennung von Senatoren und Rittern ihren Ermessensspielraum genutzt haben müssen. Überdies sprechen unsere literarischen Quellen aus dem ersten und zweiten Jahrhundert nicht von Regeln, sondern von persönlichen Faktoren, etwa dem Patronat, als entscheidenden Voraussetzungen für eine Ernennung durch den Kaiser.[18]

Was Beförderungen, aber auch andere Aspekte betrifft, stellt die Zentralregierung der Kaiserzeit einen verwaltungsmäßigen Fortschritt gegenüber der Republik dar, obwohl man das Ausmaß dieses Fortschritts nicht überbewerten sollte. Die Verwaltungsspitze arbeitete auch weiterhin laienhaft. Senatoren und Ritter verbrachten nur einen geringen Teil ihres Arbeitslebens im Amt, wurden für ihre Aufgaben nicht besonders ausgebildet und erwarben im Lauf ihres Berufslebens kein besonderes Fachwissen.[19] Falls es unter den Verwaltungsbeamten überhaupt «Berufsbeamte» gab, waren es Freigelassene und Sklaven des Kaisers. Überdies darf nicht vergessen werden, daß auch die Anzahl von Spitzenbeamten relativ klein blieb (etwa 350 Spitzenbeamte in Rom, Italien und den Provinzen zur Zeit der Severer), so daß es nicht notwendig war, eine Verantwortungshierarchie zu entwickeln: Meist war jeder Senator oder Ritter dem Kaiser direkt verantwortlich.

Die Städte

Das Geheimnis der unbürokratischen Regierung war das römische System sich selbst verwaltender Städte, die daneben für die Bedürfnisse des Imperiums aufkamen. Die Periode der Kaiserzeit erlebte eine auffallende Vervielfachung und Erweiterung autonomer städtischer Einheiten, vor allem in den Teilen des Reiches, in denen es zuvor nur wenige Städte gegeben hatte. Hinter dieser Entwicklung stand jedoch eher römischer Pragmatismus als der kulturelle Idealismus Griechenlands. Es war eine charakteristische griechische Ansicht, höhere Zivilisation lasse sich nur im Rahmen der *polis* erreichen. So weit gingen die Römer selbst dann nicht, als sie unter den Einfluß der hellenistischen Kultur gerieten. Kein lateinisches Wort für Stadt *(civitas, municipium, colonia, res publica)* besitzt die ideologische Potenz des Begriffs *polis*, und überdies kann man aus der lateinischen Literatur leicht den Eindruck gewinnen, daß die Stadt eher als Nährboden der Unmoral denn als Sitz der Zivilisation galt.[20] Als Baumeister des Imperiums schätzten die Römer die Verwaltungsfunktion der Stadt am höchsten, ohne jedoch dabei ihre potentielle Rolle als Zentrum der Romanisierung in neu eroberten und noch nicht vollständig befriedeten Regionen aus dem Auge zu verlieren. Wir werden gleich auf die Mechanismen zu sprechen kommen, mit deren Hilfe die Städte ihren Verwaltungsaufgaben nachkamen. Zunächst müssen wir einerseits den unterschiedlichen Status der Städte untersuchen und andererseits die Gemeinsamkeiten festhalten, welche die Städte von den zahllosen subalternen Gemeinden des Reiches unterschieden.

Die städtische Organisation

Die verschiedenen Statusformen und Privilegien von Städten waren eine Erbschaft der Republik. *Colonia* und *municipium* waren die üblichen Stadtformen im Westen, im Osten allerdings selten, vor allem das *municipium*. Die *colonia* war im Kern so etwas wie eine Außenstelle Roms. Sie war eine Gemeinschaft römischer Bürger, gegründet mit einer standardisierten Verfassung nach dem Vorbild Roms. Außerhalb Italiens waren Kolonien meist Siedlungen pensionierter Soldaten; doch als man die Veteranenkolonien zu Beginn der Kaiserzeit aufgab, wurde *colonia* zu einem Ehrentitel, der vom Kaiser gewährt wurde und eine Stadt in ihrem Namen mit einem Kaiser verband, sonst aber nicht mit wesentlichen Privilegien ausgestattet wurde.[21]

Ein *municipium* besaß theoretisch größere Freiheit als eine *colonia*, da es eigene Gesetze und Magistrate besaß. Das zeigt sich etwa in der «überraschten» Reaktion des Kaisers Hadrian zu Beginn des zweiten Jahrhunderts, als die Bewohner Italicas in Südspanien (seiner Heimatstadt) um die «Beförderung» von *municipium* zu *colonia* baten (A. Gellius, *NA* 16.13.4–5). Italica stand mit diesem Ehrgeiz nicht allein: Mindestens 120 italische Städte, mehr als ein Viertel aller städtischen Gemeinwesen, waren frühere *municipia*, die am Ende des dritten

Jahrhunderts zu Kolonien geworden waren.[22] Hadrian war als übermäßiger Pedant bekannt. Der Miszellen-Autor Aulus Gellius, der Hadrians Bemerkungen in einer Rede an den Römischen Senat festgehalten hat, ist keineswegs ungewöhnlich scharfsichtig, wenn er bemerkt, die beiden Stadt-Kategorien seien kaum voneinander zu unterscheiden, die *colonia* habe aber den höheren Status. Der Kernpunkt ist, daß im Italien der Republik *municipia* wuchsen und sich verbreiteten und während der Kaiserzeit unter ganz anderen historischen Umständen nach Übersee exportiert wurden. Einfach ausgedrückt: Der Status des *municipium* wurde Rom mit Hilfe eines blutigen «Bürger»-Kriegs abgerungen (des sogenannten Bundesgenossenkriegs von 91–89 v. Chr.); aber anders als in Italien wurde diese Stadtform den westlichen Provinzen als übliche römische Verfassungsform zum Zweck der Konsolidierung der römischen Herrschaft auferlegt. Aus diesem Grund stand in italischen *municipia* allen freien Bürgern die römische Staatsbürgerschaft zu, doch in den entsprechenden Provinzstädten wurde das römische Bürgerrecht nur besonders bevorzugten Provinzialen gewährt: in manchen Gemeindemagistraten und ehemaligen Magistraten, in anderen lokalen Gemeinderäten (von denen einige kein Magistrat innegehabt hatten).

Abgesehen von den Lebenschancen, die man prominenten Einzelpersonen bot, besaßen diese «konzessionierten» Städte, ob Kolonien oder *municipia*, keine besonderen materiellen Privilegien, es sei denn, sie wurden per Dekret mit allen italischen Städten durch die Verleihung der «italischen Rechte» *(ius Italicum)* gleichgestellt, was etwa eine Befreiung von der Grundsteuer bedeutete. So belohnte Septimius Severus seine Geburtsstadt Lepcis Magna, Karthago und Utica in Afrika sowie die Bürgerkriegsteilnehmer Tyros, Heliopolis und Laodicea in Syrien (neben anderen Städten); andere Kaiser waren jedoch weit weniger großzügig (*Digesten* 50.15.1).

Die Verfassungen der übrigen Städte des Imperiums waren so unterschiedlich wie die Städte selbst. Die Bandbreite reichte von der griechischen *polis* mit ihrer ausgefeilten und altehrwürdigen Verfassung bis zur Stammeshauptstadt Galliens und Britanniens, die dazu neigte, römische Verfassungspraktiken nachzuäffen. Unter den Städten gab es auch eine Reihe privilegierter Kategorien. Bundesstädte, verbündete Städte *(civitates foederatae)*, wurden so genannt, weil sie mit Rom Verträge geschlossen hatten, die ihre Stadtrechte begründeten. Freie Städte *(civitates liberae)* waren theoretisch von jeder Einflußnahme durch den

Provinzstatthalter ausgenommen. Freie und immune Städte *(civitates liberae et immunes)* besaßen das zusätzliche Privileg der Steuerfreiheit. Steuerfreie Städte waren immer eine große Seltenheit, während die Zahl der freien Städte im Lauf der späten Republik und der frühen Kaiserzeit abnahm. Insgesamt genoß kaum mehr als eine Handvoll westlicher Städte je den Status einer freien oder verbündeten Stadt. Das läßt sich auf die Tatsache zurückführen, daß das Aufkommen von Städten im Westen eine späte und weitgehend unspontane Entwicklung war, wenn man einmal von den Gebieten absieht, in denen sich etruskischer, griechischer und phönizischer Einfluß stark bemerkbar machte. Hinzu kam die zeitgleiche Ausbreitung der römischen Herrschaft. Die meisten Provinzstädte des Westens waren entweder Neugründungen oder wuchsen in der Nähe früherer Gemeinden von geringerer Bedeutung empor. So war die typische Stadt des Westens grundsätzlich immer der Einflußnahme von außen durch Rom unterworfen. Im Gegensatz dazu mußten die Römer im Osten mit zahlreichen Stadtstaaten, die auf eine stolze und weit zurückreichende Tradition der Unabhängigkeit zurückblicken konnten, zu einem *Modus vivendi* kommen. Gleichwohl wurden Privilegien im Osten nur sehr sparsam gewährt. Privilegien waren normalerweise die Belohnung für hervorragende Dienste auf seiten der Sieger in den während des ersten Jahrhunderts v. Chr. im östlichen Mittelmeerraum von römischen Generälen angezettelten Bürgerkriegen. So wurde beispielsweise Aphrodisias im Jahre 39 v. Chr. für seine loyale Unterstützung der julischen Sache nach dem Tod Caesars von Octavian (Augustus) mit Freiheit und Immunität belohnt.[23]

Städte und Dörfer

Städte, wie unterschiedlich sie nach Tradition und Charakter auch sein mochten, hatten etwas gemein, was sie von Gemeinden niedrigeren Rangs trennte. Eine Stadt war im wesentlichen eine sich selbst regierende städtische Gemeinde mit einer Verfassung, welche die Arbeit eines Stadtrats und Magistrats regelte. Ferner gehörte meist ein ländliches Territorium dazu, das der Herrschaft und Gerichtsgewalt der Stadt unterstand. Dies ist eine politisch/administrative Definition, die sich mit der Einstellung der Zentralregierung deckt, wenn auch nicht mit der von Vertretern der griechischsprechenden oder hellenistischen Elite, bei denen kulturelle Einrichtungen, Versorgungseinrichtungen und öffentliche Gebäude eingeschlossen wären, welchen Zwecken diese auch gedient hätten, entweder rein dekorativen oder gemeinnützigen. Wann immer die römischen Behörden jedoch über den Status einer bestimmten Gemeinde entschieden, traten praktische Überlegungen in den Vordergrund, besonders die mögliche Rentabilität der Gemeinde in ökonomischen und demographischen Begriffen. Das Wechselspiel formaler und materieller Erfordernisse läßt sich in den geschichtlichen Dokumenten verfolgen.

In einer Inschrift in Orcistus, einer an den Grenzen Galatiens im zentralen Kleinasien gelegenen Stadt, sieht man, wie die Bürger die durch Kaiser Konstantin ausgesprochene Aufwertung vom Dorf zur Stadt erlebten (*ILS* 6099). Dies war eine abtrünnige Stadt; zum Beweis ihres früheren Status wurde darauf verwiesen, daß sie einst alljährlich Magistrate gewählt, einen Stadtrat sowie eine volle Stadtbevölkerung besessen habe; ferner wurde darauf hingewiesen, daß sie immer noch Bäder, Statuen und Aquädukte besitze. Die Stadtoberen hielten es auch für angezeigt, Konstantin darüber zu informieren, daß Orcistus eine christliche Gemeinde sei. Entscheidend war aber der Nachweis, daß eine Stadt an dieser Stelle ein praktischer Vorschlag war. Man setzte den Kaiser davon in Kenntnis, daß es reichlich Wasser gebe und die Gemeinde im Schnittpunkt von vier Straßen liege. Die Entfernung von den Nachbarstädten wird genau angegeben, vielleicht in der Absicht zu zeigen, daß es in dieser Region noch Raum für eine weitere Stadt mit einem angemessenen Territorium gebe. Orcistus war von einer dieser Städte, Nacola, abhängig und beurteilte deren Herrschaft als drükkend. Damals war es bei den Städten üblich, von unterworfenen Gemeinden finanzielle Kontributionen, Dienstleistungen und Arbeitskräfte zum eigenen Nutzen zu fordern.[24] Wie Strabo über Nîmes (Nemausus) in Gallien schrieb: «Seiner Herrschaft sind 24 Dörfer unterworfen, die durch ihr Angebot an starken Männern auffallen, an Vieh, das dem der Stadt ähnelt, und die zudem zu den Ausgaben beitragen» (186). Hier gewinnen wir einen Eindruck davon, wie die Städte vorgingen, um die kaiserliche Regierung mit Einnahmen zu versorgen.

Eine zweite Inschrift aus Galatien betrifft die Stadt Tymandus, die einen unbekannten Kaiser um die Gewährung der Stadtrechte bat (*ILS* 6090). Die Inschrift selbst hat sich nicht erhalten, dagegen ein kaiserlicher Brief an einen Beamten. In diesem Schreiben wird ausdrücklich festgehalten, daß die Zusage der Tymandener, sie könnten eine genügende Zahl von Ratsherren aufbieten, die Angelegenheit zu ihren Gunsten entschieden habe.

Eine dritte Inschrift aus dem Jahre 158 n. Chr. zeigt eine Korrespondenz des Antoninus Pius mit einer neu gegründeten Stadt im makedonischen Strymon-Tal (*IGBulg.* IV 2263). Der Stadt wurde erlaubt, ihre finanzielle Grundlage auf zweierlei Art zu stärken, nämlich durch Einführung einer Kopfsteuer auf freie Bürger ihres Territoriums sowie durch Erweiterung ihres Stadtrats *(boulê)* von 80 Männern, die sämtlich mit einer Aufnahmegebühr belegt wurden. Ein Stadtrat von 80 einigermaßen wohlhabenden Männern läßt eine recht beträchtliche Bevölkerungsgrundlage vermuten und stellt in einem abgelegenen thrakischen Dorf durchaus eine Überraschung dar. Pius hatte die vorhandene Bevölkerung vermutlich durch Einbeziehung reicher und armer Siedlungen erweitert, um so eine Gemeinde zu schaffen, die an Bevölkerungszahl und an Mitteln besser ausgestattet war als jede vorher existierende. Ähnlich mußten neun Dörfer Bewohner an die Stadt Pizos im thrakischen Sektor der *via Egnatia* «abgeben», als sie im Jahre 202 n. Chr. von Septimius Severus und Caracalla gegründet wurde (*IGBulg.* III/2 1690). Unter ganz anderen Umständen hatte Augustus Achäer in Patrae zusammengepfercht und Aetolier in Nicopolis (Pausanias 7.18.7–8, 10.38.4). Stadtgründungen gingen bei den Römern schon sehr früh nicht ohne Zwangsmaßnahmen ab.

Das soll jedoch nicht heißen, daß Gemeinden, wie sie in Makedonien und Thrakien gegründet wurden, immer Erfolg hatten. Nach dem Jahr 238 n. Chr. ist keinerlei Inschrift vom Standort der Stadt im Strymontal bekannt. Es ist durchaus möglich, daß unsere anonyme Stadt schon kurz nach diesem Datum in ihren früheren Zustand als anonymes Dorf zurückfiel. Einige Städte in ländlichen Gebieten von Provinzen wie Moesia Superior und Dalmatien haben ein solches Schicksal gehabt.[25] Es kann sein, daß solche Gemeinden nie die äußere Form von Städten annahmen oder zu Verwaltungszentren bzw. Mittelpunkten des gesellschaftlichen Lebens wurden. Das lag zum Teil zweifellos daran, daß die Ratsherren es vorzogen, in ihren Dörfern oder auf ihren Gütern zu leben, statt wie beabsichtigt zum Rückgrat der Neugründungen zu werden. Diese Ortschaften hatten zwar den Namen und den Status einer Stadt, waren sonst aber nicht von den unabhängigen Dörfern zu unterscheiden, die sich überall dort hielten, wo das Stadtleben unterentwickelt war wie im Inneren Syriens oder im zentralen Kleinasien.[26]

Soziale und kulturelle Überlegungen spielten daher bei der Entscheidung über Erfolg oder Mißerfolg einer Stadt eine Rolle. Die Inschriften lassen aber auch erkennen, daß die Entscheidung eines römischen Kaisers über den Status einer Gemeinde eng mit seiner Einschätzung zusammenhing, ob sie eine angemessene ökonomische und demographische Grundlage besitzt.

Gleichwohl wurden solche Kriterien nicht überall im Imperium oder zu allen Zeiten zugrunde gelegt. So gab es etwa Dörfer auf dem beachtlichen Territorium Triers in Gallien, die größer waren als die kleineren Städte Italiens oder Britanniens.[27] Ähnlich behielten in Griechenland einige Städte ihren Status bei, weil sie sich auf Bündnisse stützen konnten, wenn sie nicht durch ihren vergangenen Ruhm vor Degradierung gerettet wurden.[28] Zu diesen Städten gehörte Theben in Boeotien. Nach Strabos Ansicht war es nicht einmal ein bedeutendes Dorf: Theben war unterbevölkert, seine Gebäude waren verfallen oder ruiniert, seine Wirtschaft und seine Kultur lagen darnieder (402). Daß Theben offiziell tatsächlich eine Stadt war, wird durch Strabos Bericht angedeutet, der vereinzelte Hinweise auf Siedlungen und geographische Besonderheiten auf dessen Territorium enthält. Als Pausanias Theben Mitte des zweiten Jahrhunderts sah, hatte es nur wenige hundert Einwohner, die sich zum Cadmeia zurückgezogen hatten, aber es war immer noch eine Stadt (8.33.2). Derselbe Autor wußte, daß Panopeus in Phocis eine Stadt war, war sich aber nicht sicher, ob es den Titel verdiente oder nicht. Es hatte ein Territorium und Magistrate oder zumindest Persönlichkeiten, welche die Stadt in der Phocier-Versammlung vertraten; andererseits fehlten ihm Magistratsbüros, ein Gymnasium, ein Marktplatz, Springbrunnen und ansehnliche Häuser (10.4.1. ff).

Die politische Unterscheidung zwischen Stadt und Dorf hatte in Ägypten auffällig wenig mit den wirtschaftlichen und kulturellen Realitäten zu tun. Die Hauptstädte der Verwaltungsbezirke *(nomi)* erhielten erst spät städtische Einrichtungen, eine beschränkte Selbstverwaltung und eine Art Gerichtsgewalt über ihr Hinterland, als ihnen Septimius Severus zu Beginn des dritten Jahrhunderts all diese Rechte gewährte. Alexandria, eines der größten Bevölkerungszentren des gesamten Imperiums, besaß zu dieser Zeit nicht mal einen Stadtrat. Das läßt sich nur mit politischen und fiskalischen Gründen erklären. Alexandria stand wegen seiner dauernden Unruhen, an denen vor allem die jüdischen und griechischen Bevölkerungsteile beteiligt waren, in einem sehr schlechten Ruf. Überdies hatten die Römer von den Ptolemäern eine komplizierte, die Bevölkerung unterdrückende Verwaltungsstruktur geerbt, die es nur in Ägypten gab und welche die Römer wegen der ungeheuren landwirtschaftlichen Ressourcen der Provinz unangetastet ließen. Eine städtische oder quasistädtische Regierung wurde in Ägypten erst dann eingeführt, als die Severer es für sich als vorteilhaft erkannten, die Last der Verwaltung unter den wohlhabenderen Angehörigen der unterworfenen Bevölkerung breiter zu verteilen.[29]

Vor den Severern kamen im Kernland von Africa Proconsularis Städte mit Selbstverwaltung ebenfalls erst langsam auf. Africa Proconsularis war das zweite große Getreideüberschußgebiet des Imperiums.[30] Haupterklärung ist der Umfang kaiserlicher Interessen und seiner Präsenz in dieser Region, zu der das Medjerdatal hinter Karthago gehörte, wo ausgedehnte kaiserliche Domänen lagen. Verwaltung und Kontrolle, traditionelle Funktionen solcher Gemeinden, wurden in dieser Region weitgehend von den kaiserlichen Behörden in Karthago und auf den Domänen ausgeübt. Als später das Bürgerrecht gewährt wurde, stellten die Größe der kaiserlichen Güter, die Zahl der Gemeinden und ihre Nähe zueinander sicher, daß die Gemeinden mit neuem Stadtrecht nur winzige Territorien und damit kaum eine Möglichkeit zum Wachstum besaßen.

Andere Faktoren, da vor allem der Einfluß mächtiger Männer aus den Provinzen, die in Rom lebten, haben vielleicht verhindert, daß die Zerschlagung des riesigen Territoriums von Karthago oder von dessen Gegenstück Cirta in Numidien verschoben wurde. Der Einfluß des Patronats arbeitete jedoch manchmal auch gegen die Interessen der großen Städte. So wurden vier Gemeinden auf Karthagos ausgedehntem Territorium, nämlich Avitta Bibba, Bisica, Thuburbo Maius und Abthugni, unter der Herrschaft Hadrians *municipia*. Damit ließen sie andere Gemeinden von gleicher Bedeutungslosigkeit hinter sich. Diese mußten erst auf die Zeit der Severer oder noch länger warten, bis sie eine Stadtverfassung erhielten. Wir dürfen auch annehmen, daß Hadrian sich von den Bitten mächtiger *patroni* der Gemeinden oder anderer wichtiger Einzelpersonen erweichen ließ, etwa Pius, als er Gigthis im Süden Tunesiens das Stadtrecht gewährte. Die Kaiser brauchten jedoch nicht immer angestoßen zu werden. Byzanz, Antiochia und Neapolis in Palästina unterstützten in dem Bürgerkrieg, der Septimius Severus an die Macht brachte, zufällig die falsche Seite und verloren anschließend ihre Bürgerrechte. Um die gleiche Zeit erhielten andere Städte wie Tyrios und Laodicea, der Nachbar und Rivale Antiochias, «italische Rechte» und damit Steuerfreiheit. Das Dorf im syrischen Auranitis, das den Kaiser Philipp hervorbrachte, erhielt 244 n. Chr. den neuen Namen Philippopolis, als es den Status einer Kolonie erhielt. Kurz, eher als eine erklärte Politik Roms trugen öfter die Initiativen von

Einzelpersonen, kaiserliche Launen oder andere zufällige Faktoren dazu bei, auf welcher Seite der Trennungslinie eine Gemeinde landete oder – in den folgenden Fällen galt dies noch mehr – ob eine Gemeinde ihren Sonderstatus und ihre Privilegien behielt, falls sie welche besaß.[31]

Zusammmenfassend läßt sich sagen, daß die Unterscheidung zwischen Städten und Gemeinden niederen Rangs in Rom letztlich eine Frage der politischen Verfassung und der Beziehung zum umgebenden Territorium ist. In dem griechischen Osten, wo sich die politische Landschaft auf den Inseln, an den Küsten und in den Flußtälern schon längst voll entwickelt hatte, wirkten sich römische Interventionen nur in Form kleinerer Veränderungen der vorhandenen Siedlungshierarchien aus sowie bei der Förderung von Neugründungen in dem wenig urbanisierten Hinterland. Im Gegensatz dazu erlebte der Westen (vor allem in Nordafrika und auf der Iberischen Halbinsel) – in weit geringerem Umfang der Norden – eine bemerkenswerte Ausbreitung römischer Städte. Hier mußte in regelmäßigen Abständen immer wieder entschieden werden, welchen Status einzelne Gemeinden und welche Gestalt und welches Ausmaß ihre ländlichen Territorien haben sollten. Hierbei kam es hinter den Kulissen oft zu einer hektischen diplomatischen Tätigkeit der örtlichen Eliten. Die Gemeinden waren nicht passiv, konnten sich das auch gar nicht leisten. Ihr Wohl und Wehe hing von der Fähigkeit ihrer Führung ab, höheren Orts Hilfe zu mobilisieren oder, falls nötig, die Sache ihrer Gemeinde persönlich vor einem Statthalter oder einem Kaiser zu vertreten. Die oben zitierten Dokumente aus dem Osten lassen die Art von Argumenten erkennen, die bei den römischen Machthabern zählten. Im Westen hielten die Römer bei den befriedeten barbarischen Stammesgemeinden überdies nach konkreten Beweisen für eine Neuorientierung ihrer politischen Loyalität und Kultur Ausschau. Wenn man das Imperium insgesamt betrachtet, war das allgemeine Ziel das gleiche, nämlich ein System von Zentren örtlicher Verwaltung aufzubauen, das der kaiserlichen Macht praktische Dienste leistete.

Die Aufgaben der Städte

Die Hauptziele der kaiserlichen Verwaltung waren die Beitreibung von Steuern, die Aushebung von Soldaten und die Aufrechterhaltung von Recht und Ordnung. Daneben wurde von den Städten immer wieder verlangt, zusätzliche Bitten um Lasttiere zu erfüllen, zu Besuch weilende Beamte aufzunehmen sowie Ausrüstung und Obdach für Soldaten bereitzustellen. Neben diesen staatlichen Lasten mußten die örtlichen Machthaber die normalen Aufgaben einer Stadtverwaltung erfüllen: die Überwachung von Aquädukten, die Instandhaltung von Gebäuden, die Lieferung von Brennstoff für öffentliche Bäder, die Aufrechterhaltung der öffentlichen Ordnung (von besonderer Bedeutung in Provinzen, in denen keine Soldaten stationiert waren), die Abhaltung religiöser Feste und von Spielen sowie die Versorgung von Botschaften und Rechtsvertretungen.[32]

Die wichtigste Institution, welche die Städte in die Lage versetzte, ihren Aufgaben und Bedürfnissen gerecht zu werden, war das liturgische System. Mit diesem System ermöglichten die wohlhabenderen Angehörigen einer Gemeinde die Erbringung wesentlicher Dienstleistungen und Verpflichtungen, indem sie entweder Barzahlungen an die Stadtkasse leisteten, in Naturalien zahlten oder mit persönlichen Dienstleistungen. Die Reichen stellten auch Zeit und Geld zur Verfügung, indem sie die ständigen Magistrate ihrer Stadt stellten, und manche – eine kleine Minderheit – spendeten noch mehr als das, was von ihnen als Liturgisten und Magistraten erwartet wurde.

Das Phänomen, daß Privatpersonen öffentliche Aufgaben bestreiten, hat ökonomische, politische und soziale Implikationen.[33] Bei leerer Staatskasse war private Großzügigkeit gefordert. Andererseits diente es den Interessen der Reichen, wenn die städtischen Finanzen schwach waren. Die Alternative, nämlich regelmäßige Besteuerung, war unattraktiv, da sie weder politische noch soziale oder ökonomische Gegenleistungen mit sich brachte. Das liturgische System legitimierte die Beherrschung der örtlichen Gesellschaft und Politik durch die Reichen: Wenn von Lokalpolitikern Wohltätigkeit verlangt wird, ob durch Gesetz oder Gewohnheitsrecht, bleiben öffentliche Ämter wirksam den Reichen vorbehalten. Auf einer anderen Ebene erlaubte dieses System den Reichen, miteinander um Prestige, Ehren und Ämter zu wetteifern. Anders ausgedrückt, zwischen dem liturgischen System und der öffentlichen Wohlfahrt im allgemeinen und der gesellschaftlichen Differenzierung innerhalb der örtlichen Aristokratie bestand eine enge Wechselwirkung. Die Rechtsquellen des zweiten Jahrhunderts n. Chr. enthüllen die Existenz von Männern, deren Reichtum und gesellschaftliches Ansehen sie anderen Aristokraten als Führern des Gemeinwesens überlegen machte. Mehr noch, die damit verbundene soziale Ungleichheit innerhalb der herrschenden Klasse wird manchmal im Kontext von Liturgien* erwähnt. So hören wir etwa in einem Erlaß Hadrians an die Stadt Klazomenai in der Provinz Asien von Botschaften, die als wichtiger eingestuft werden und für die nur die hervorragendsten Männer ausgewählt werden dürften *(primores viri)* und nicht die von geringerem Ansehen *(inferiores)* (*Digesten* 50.7.5.5). Ehrende Inschriften vermitteln uns die gleiche Botschaft, nämlich daß eine kleine Gruppe mächtiger Familien ein Monopol auf diese Ämter und Liturgien hatte, die in sich wichtig waren und überdies größere Möglichkeiten für das eigene Fortkommen boten. Die Ironie liegt darin, daß das zunehmende Interesse an und die zunehmende Einmischung in die städtischen Finanzen der Zentralregierung die Wirkung hatte, daß die schon vorhandenen Unterschiede an Reichtum und Status in der städtischen Oberschicht noch zunahmen und die Fähigkeit der Klasse insgesamt verringerte, ihren liturgischen Verpflichtungen nachzukommen.

Kaiser, Statthalter, Städte

Die Aufgabe, die Überschüsse der Provinzen der Zentralgewalt zuzuleiten, wurde von den Städten erfüllt. Konnte sich aber eine monarchische Regierung darauf verlassen, daß die Städte die Steuern eintrieben und ihren sonstigen Verpflichtungen nachkamen? Durfte sie einfach darauf bauen? Man könnte annehmen, daß eine Zentralverwaltung der von uns beschriebenen Art, die zentral organisiert und kontrolliert wurde und bereit war, über eine bescheidene Ausdehnung und Verfeinerung dieses Systems nachzudenken, nämlich dort, wo wichtige Bedürfnisse des Staates entweder gar nicht oder nur ineffizient erfüllt wurden, ein aktiveres Interesse daran nahm als ihr republikanischer Vorgänger, ein Auge auf lokale Verwaltungen und da vor allem auf die Eintreibung von Steuern zu halten.

Wir haben schon erwähnt, daß vom späten ersten Jahrhundert an Stadtkuratoren ernannt wurden, die sich vor allem aus dem Senatoren- oder Ritterstand sowie aus der lokalen Elite rekrutierten. Ihr Aufgabengebiet war vorrangig die Finanzverwaltung, den Einsatz städtischer Mittel zu kontrollieren, städtische Ländereien zu verwalten, Außen-

* Liturgie – unentgeltliche Dienstleistung für das Gemeinwesen (Anmerkung des Übersetzers).

stände der Stadt einzutreiben oder auf die Einhaltung finanzieller Zusicherung zu achten (*Digesten* 22.1.33, 50.10.5 etc.). Die Quellen zeigen uns nur selten, wie Kuratoren dabei vorgingen. Wir wissen nur wenig über ihr Tun und Lassen, und vermutlich hat man sich ihrer während des Prinzipats nur in begrenztem Umgang bedient. Ihr Aufkommen ist gleichwohl ein Zeichen dafür, daß sich die Zentralregierung über den Zustand der Stadtfinanzen Gedanken machte.

Andere Quellen lassen aber darauf schließen, daß der Kaiser und seine Ratgaber diese Sorge nicht durch eine Ausweitung des Beamtenapparats in den Provinzen zeigten, sondern durch schärfere Überwachung der dort bereits tätigen Amtsträger. Damit sind in erster Linie der Provinzstatthalter und zweitens die örtlichen Verwaltungsbeamten gemeint.

Statthalter im Rang eines Konsuls oder Prätors besaßen *imperium*, Befehlsgewalt. Ein *imperium*-Träger hatte traditionsgemäß die Macht, eine Armee zu befehligen, sowie volle Gerichtsgewalt. Das System war jedoch nicht klar definiert, was durchaus beabsichtigt war. Die Römer neigten dazu, ihren hohen Beamten einen breiten Ermessungsspielraum zu überlassen und diesen bei bestimmten privilegierten Personenkreisen durch Sicherheitsvorkehrungen einzugrenzen. Zu den Privilegierten gehörten in erster Linie römische Bürger. Eine genaue Definition ihrer Macht hätte ihre Flexibilität und den Umfang ihrer Befugnisse einengen können. Diese Ungenauigkeit wurde jedoch von manchen Kaisern in umgekehrter Richtung genutzt, da sie weit weniger als die Senatoren-Oligarchie der Republik daran interessiert waren, die Eigeninitiative von Magistraten zu bewahren. Unter dem Prinzipat durfte ein Statthalter nur so viel Macht und Unabhängigkeit erwarten, wie ihm von seinem Kaiser zugestanden wurden.

Macht und Unabhängigkeit von Statthaltern wurden dann unter dem Prinzipat beschnitten; die entscheidenden Schritte dazu unternahm Augustus. Die untergeordnete Stellung von Statthaltern gegenüber dem Kaiser wurde schon früh in der Regierungszeit des Augustus institutionalisiert, als ihm Senat und das römische Volk im Jahre 23 v. Chr. gegenüber anderen Provinzbeamten höhere Macht zugestanden (*maius imperium*) (Cassius Dion 51.32.5.). Dieser Beschluß klärte unter anderem die Frage, ob ein Statthalter eine von dem Kaiser unabhängige militärische Macht besitze. Danach konnte niemand mehr ohne Bevollmächtigung durch den Kaiser eine Armee befehligen. Die Kontrolle der Armeen durch Prokonsuln (im Gegensatz zu der durch kaiserliche Legaten) lief allmählich aus, und der Lohn für militärischen Erfolg war von da an ein Monopol des Kaisers, etwa die Anerkennung als «Imperator» sowie die Belohnung und Huldigung in Form eines Triumphzugs.

Die Entstehung des Imperiums wirkte sich auch auf die Gerichtsgewalt des Statthalters aus.[34] Während der Republik war die Macht eines Magistrats oder Pro-Magistrats mit *imperium*, die volle Härte des Strafrechts anzuwenden, davon abhängig, ob jemand römischer Bürger war oder nicht. Vor allem das Einspruchsrecht, *provocatio*, war ein Vorrecht römischer Bürger. Der erste Kaiser zeigte jedoch keinerlei Neigung, nur Römern Vorrechte zuzugestehen, und seine Nachfolger zeigten sich gleichfalls nicht geneigt, Nicht-Römer zu diskriminieren. Die Unterscheidung zwischen *honestiores* und *humiliores*, die sich Anfang des zweiten Jahrhunderts zum erstenmal in Gesetzestexten findet, ist eine Statusunterscheidung, die auf die herkömmliche Trennungslinie zwischen Römern und Nicht-Römern keine Rücksicht mehr nimmt: Es gibt auf beiden Seiten der Trennungslinie Bürger und Nicht-Bürger. Die unterschiedliche Behandlung der beiden großen Statusgruppen wirkt sich am deutlichsten auf dem Gebiet des Strafrechts aus; aber wir dürfen vermuten, daß sie sich auch auf allen anderen Gebieten der Rechtspflege bemerkbar machte. Manchen Nicht-Römern, nämlich denen von hohem gesellschaftlichem Rang, ist es vielleicht sogar möglich gewesen, ihre Verfahren vor eine höhere Instanz als den Statthalter zu bringen, nämlich vor den Kaiser oder einen seiner Stellvertreter. Römische Bürger scheinen das Recht gehabt zu haben, ihre Verfahren schon in erster Instanz vor ein römisches Gericht zu bringen oder aber in Rom nach einer Verurteilung Berufung einzulegen. Die Annahme, die sich bei manchen Autoren zeigt, römische Bürger hätten etwa vom Ende des ersten Jahrhunderts n. Chr. an ein automatisches Recht besessen, ihre Verfahren vom Gericht des Statthalters nach Rom überweisen zu lassen, scheint nicht begründet zu sein. Der Statthalter verlor jetzt sein Recht, solche Bürger anzuklagen, zumindest bei Kapitalverbrechen. Andererseits zeigt sich in den Rechtsdokumenten deutlich, daß die Statthalter zur Zeit der Severer das Recht, einen gesellschaftlich hochstehenden Mann hinrichten zu lassen, sogar bei römischen Bürgern überhaupt verloren hatten. Alle Verfahren, bei denen es um die Verhängung der Todesstrafe ging, mußten an Rom abgegeben werden.

Ein weiterer Aspekt der kaiserlichen Oberhoheit und Kontrolle von hohen Verwaltungsbeamten in der Provinz betrifft den Erlaß von Anweisungen, *mandata*, an Statthalter, Prokonsuln sowie an Legaten des Kaisers. Diese Praxis scheint von Augustus eingeführt worden zu sein und zeigt, daß er seine Oberhoheit nicht nur von Fall zu Fall gesichert sehen wollte.[35] Bedauerlicherweise wissen wir nur von einem Fall detailliert über den Inhalt von *mandata*, nämlich von der untypischen Erfahrung des jüngeren Plinius als Sonderemissär des Kaisers Trajan im Rang eines Legaten in der normalerweise prokonsularischen Provinz Bithynien/Pontus etwa im Jahr 109 n. Chr. (*ILS* 2927; Plinius, *Ep.* 10). Wenn wir Plinius als einen «Modell»-Statthalter ansähen, könnte es uns leicht fallen zu glauben, daß die Kaiser das Tun und Lassen von Statthaltern in der Regel eng im Auge behielten. Seine Hauptaufgabe[36]: Er sollte versuchen, eine Provinz gefügig zu machen, die wegen ihrer mangelhaften Verwaltung, ihrer Korruption und ihres zivilen Ungehorsams in Verruf geraten war. Daneben erhielt er einige spezifische Anweisungen, die er in einem Erlaß zusammenfaßte: Sie reichten von der Prüfung städtischer Finanzen bis hin zur Unterdrückung potentiell subversiver Bünde; so war etwa eine kleinere Christenverfolgung eine unbeabsichtigte Folge dieses Passus (*Ep.* 10.96–7). Ein «normaler» Statthalter jedoch, vor allem ein Prokonsul, hätte wohl kaum derart detaillierte Anweisungen erhalten, noch hätte er so regelmäßig an seinen Kaiser berichtet, um Rat, Zustimmung oder Vollmachten für sein Handeln zu erbitten. Mehr noch, obwohl Plinius' Nachfolger Cornutus Tertullus den gleichen Status und die gleichen Verpflichtungen hatte (*ILS* 1024), findet sich keinerlei Hinweis darauf, daß es in den prokonsularischen Provinzen des zweiten Jahrhunderts zu einer signifikanten Zunahme der Sonderlegaten kam, was auch gar nicht wahrscheinlich wäre.

Gleichwohl wurde während des Prinzipats nicht nur die äußere Macht des Statthalters kräftig beschnitten, sondern auch sein Ermessensspielraum. Eine Anekdote aus der Zeit Hadrians legt die Vermutung nahe, daß ein Teil der Verantwortung beim Statthalter lag. Bei einem Trinkgelage in Spanien wurde ein junger Mann von anderen Soldaten in die Luft geworfen, stürzte und starb an den Verletzungen, die er sich im Fallen zugezogen hatte. Der Statthalter bestrafte die Übeltäter nur leicht, bat aber trotzdem – und, wie es scheint, durchaus überflüssigerweise – den Kaiser um dessen Meinung. So erhielt Hadrian Gelegenheit, die Entscheidung des Statthalters aufzuheben (was er nicht tat) und den Rechtsgrundsatz zu prägen: «...selbst im Fall schwerwiegenderer Gesetzesverstöße kommt es darauf an, ob die Tat beabsichtigt oder zufällig war» (*Mos. Rom. Leg. Coll.* 1.11.1–3). Es wäre jedoch müßig, den Statthaltern die Schuld an der Erosion ihrer Macht zu geben. Der Hauptgrund ist das Aufkommen der Monarchie, die den Senat seiner zentralen Machtstellung im Staat beraubte, dessen unabhängige Mitglieder zum Schweigen brachte und sie durch eine neue Rasse willfährigerer Senatoren unklarer Herkunft ersetzte, für die Plinius als Beispiel gelten kann.[37]

Genauso schwierig ist es, in den Beziehungen Statthalter/Stadt oder Kaiser/Stadt einheitliche Muster oder allgemeine Entwicklungslinien auszumachen. Plinius' Kontakte mit den Städten der Provinz Bithynien/Pontus dürften genauso untypisch gewesen sein wie seine Beziehungen zu Trajan. Seine *Briefe* halten fest, daß der Statthalter sich ungewöhnlich stark in die Verwaltung der Städte einmischte sowohl bei den wenigen Gemeinwesen, die Sonderrechte besaßen, als auch bei der Mehrheit, die solche nicht besaß. Plinius war angewiesen worden, die Finanzen aller Städte seiner Provinz zu untersuchen, auch jene privilegierten Städte wie die «freien und verbündeten» Chalkis und Amisus, die einer solchen Intervention normalerweise entronnen wären. Nichts deutet darauf hin, daß dieses Vorgehen ungewöhnlich war.[38]

Ebenso untypisch ging Plinius mit den gewöhnlichen, Rom unterworfenen Städten um. Gewissenhaftere Statthalter aller Perioden hätten es sich zur Aufgabe gemacht, sich um die städtischen Finanzen zu kümmern, was immer in ihrem Ermessen lag. Mehr als eineinhalb Jahrhunderte zuvor hatte Cicero die Finanzen der Städte Kilikiens einer sorgfältigen Prüfung unterzogen.[39] Aber weder Cicero noch der während des Prinzipats übliche Prokonsul (einschließlich der Vorgänger des Plinius in Bithynien) hätten wie Plinius Anweisungen erhalten, die Finanzen sämtlicher Städte einer Provinz gründlich zu prüfen und das auch noch zu seiner Hauptaufgabe zu machen. Überdies wurde es den Städten nie zur Vorschrift gemacht, ihre Finanzen den Statthaltern regelmäßig offenzulegen.

Die Eigenständigkeit der Städte in finanziellen Dingen wurde in mindestens zweierlei Hinsicht durch die kaiserliche Oberhoheit eingeschränkt. So war es keiner Stadt erlaubt, ohne besondere Genehmigung des Kaisers neue Steuern einzuführen (*Cod. Iust.* 4.62.1); und öffentliche Gebäude durften ohne Einwilligung des Kaisers nicht auf Kosten der Staatskasse errichtet werden (z. B. *Digesten* 50.10.3. pr–1). Die erstgenannte Vorschrift wurde vermutlich in der Frühzeit des Imperiums erlassen, vielleicht unter Augustus. Das läßt jedenfalls eine Antwort von Kaiser Vespasian an die Stadt Sabora in der südspanischen Provinz Baetica vermuten, die um einen neuen Standort sowie um Ergänzungen der örtlichen Steuervorschriften nachgesucht hatte. Vespasian bestätigte die Gültigkeit der von Augustus zugestandenen Steuern, befahl der Gemeinde aber, sich an den Prokonsul zu wenden, falls sie neue Steuern wünsche, «denn ich kann ohne Rat in dieser Angelegenheit keine Entscheidung treffen» (*ILS* 6092). Die zweite Vorschrift bildete sich Ende des ersten und Anfang des zweiten Jahrhunderts heraus. Schon vor Plinius' Ankunft in seiner Provinz war es üblich und vielleicht auch schon Vorschrift geworden, sich vor Beginn eines Bauvorhabens an den Prokonsul zu wenden (Dion Chrysostomos, *Or.* 49.6, 45.5–6). Unter Antonius Pius, eine Generation, nachdem Plinius Legat gewesen war, wurde eine Vorschrift erlassen, derzufolge die kaiserliche Genehmigung eine Vorbedingung war.

Die römischen Behörden interessierten sich nicht nur für geplante Bauvorhaben, sondern auch für deren Verwirklichung. In Claudiopolis in Bithynien mußte Plinius von einigen neu ernannten Stadträten Aufnahmegebühren erheben, um den Baubeginn eines großen öffentlichen Bades zu ermöglichen (*Ep.* 10.39). Es konnte aber vorkommen, daß ein Vorhaben sich verzögerte, weil freiwillig zugesagte Zuwendungen zurückgehalten wurden, etwa im Fall des von dem Philosophen und Politiker Dion Chrysostomos wenige Jahre vor der Ankunft des Plinius in Prusa geförderten Sanierungsplans (Dion Chrysostomos, *Or.* 47.13–16.19). Hier war die Rechtslage weniger klar, weil es eher um private als um öffentliche Gelder ging, bis Trajan bestimmte, daß finanzielle Zusagen von Privatpersonen gegenüber ihren Städten erfüllt werden müßten, und wenn sie selbst dazu nicht in der Lage seien, dann von ihren Erben (*Digesten* 50.12.14). Nach diesem Erlaß mußte ein ehrgeiziger Politiker, der sich ein Amt mit der Zusage einer großzügigen Spende erkaufen wollte, sein Wort halten. Zwei Inschriften aus den frühen 160er Jahren aus Cuicul in Nordafrika verraten uns, wie zwei Spendenzusagen unerfüllt geblieben sind: Einmal ging es um eine Statue, zum anderen um eine Halle mit einem Standbild und Säulen. Beide Spendenzusagen wurden auf Befehl eines Legats von Numidien eingetrieben.[40] Solche Bestimmungen und weitere, bei denen es um Spiele, Jagden und andere Belustigungen ging, die aus Nachlässen finanziert wurden[41], zeigen uns, daß die Wohltätigkeit wie auch die Zwangsbeiträge der örtlichen Aristokratie allmählich mehr ins Augenmerk des

Kaisers und zumindest teilweise unter dessen Kontrolle gerieten. Diese Entwicklung setzte etwa in der Zeit ein, von der wir schon gesagt haben, daß sich die kaiserliche Besorgnis über den Zustand örtlicher Finanzen durch gelegentliche Interventionen äußerte. Eine parallele, etwa gleichzeitige und weit bedeutsamere Entwicklung ist die zunehmende Regulierung des gesamten liturgischen Systems durch die Zentralregierung und deren Vertreter. Die Verpflichtung zum Staatsdienst, die Befreiung davon sowie die Verteilung von Liturgien unter den Berechtigten werden sämtlich durch einen Strom kaiserlicher Reskripte belegt, die dort, wo früher nichts geregelt gewesen war oder einfach nur Verwirrung geherrscht hatte, genaue Vorschriften erließen.[42]

Die Gefahr einer Fehldeutung dieser Interventionen und einer Übertreibung des Umfangs der Einmischung wird geringer, wenn man sich zweierlei merkt. Erstens wurden solche kaiserlichen Vorschriften unfehlbar von interessierten Gruppen und Einzelpersonen erwirkt. Ähnlich war es, wenn Statthalter mit Ernennungen zu tun bekamen, was gelegentlich vorkam. Sie wurden nur nach Erhalt von Berufungsersuchen gekränkter Kandidaten oder von Stadträten tätig, die ihre Kandidaten durchzusetzen suchten. Statthalter oder gar Kaiser wurden während des gesamten Prinzipats nur gelegentlich, in begrenztem Umfang und von Fall zu Fall tätig, wenn es um Angelegenheiten der Städte ging.[43] Es kann keine Rede davon sein, daß die Zentralregierung den Versuch unternahm, regionale Verwaltungen einer direkten und ständigen Kontrolle zu unterstellen. Dafür war der Statthalter am besten geeignet; andererseits waren seine Amtszeit (ein Jahr oder drei Jahre) zu kurz, sein Verantwortungsbereich zu groß und sein Mitarbeiterstab zu klein.

Zweitens waren die kaiserlichen Vorschriften alles andere als allgemeine Verordnungen, welche die Autonomie der regionalen Behörden drastisch untergraben hätten. Die Kaiser versäumten es vor allem, neue Institutionen und Ämter zu schaffen. (Der Stadtkurator, den man aber beileibe nicht überall findet, ist eine Ausnahmeerscheinung.) Außerdem schafften sie es nicht, alte Einrichtungen und Ämter zu reformieren. Die Umwandlung der traditionellen griechischen Stadträte mit wechselnden Angehörigen in die permanenten Stadträte Roms war ein allmählicher Prozeß und ging nicht auf einen Erlaß der Zentralregierung zurück.[44] Ganz allgemein machten römische Regierungen keinerlei Versuch, die vielen Unterschiede zwischen den Stadtverfassungen in der griechischen Welt auszulöschen. Wenn ein römischer Beamter in eine lokale Verfassung eingriff (wenn wir einmal von der Unterdrükkung oder Aufhebung der Volksversammlungen absehen, der letzten Rudimente der griechischen Demokratie, denen man zutiefst mißtraute), dann nur nach Aufforderung. Die Intervention des Marc Aurel bei der Zusammensetzung des Athener Areopags hat hier ihren Ursprung. Es ist interessant festzustellen, daß sich Marc Aurel an die traditionelle Verordnung hielt, nach der nur Männer aus guter Familie zugelassen werden durften. Damit verteidigte er sie gegen Versuche der Athener, sie durch die Zulassung von Freigelassenen zu freigewordenen Ämtern zu untergraben.[45]

Die Behandlung privilegierter Städte vermittelt den gleichen Eindruck. Was in Bithynien/Pontus unter Plinius geschah, als die Finanzen von Apamea und Sinope (Kolonien) sowie von Chalkis und Amisus (freien und verbündeten Städten) auf Befehl des Kaisers geprüft wurden, bedeutete lediglich die vorübergehende Aussetzung von Privilegien, denn diese Städte waren traditionsgemäß von Inspektionen befreit. Wie Trajan in einem Antwortschreiben an seinen Legaten ausdrücklich festhält, ging es nicht um einen Verlust von Privilegien (Plinius, *Ep.* 10.48, 93). Falls Aphrodisias als ein Beispiel gelten darf, waren es nicht die Kaiser, die den Sonderstatus einer Stadt bedrohten – denn die Kaiser bestätigten immer wieder traditionelle Privilegien, wenn sich eine Stadt loyal erwies –, sondern Steuereintreiber, die aus eigenem Antrieb handelten, oder rivalisierende Gemeinwesen innerhalb der Provinz. In der Praxis war eine wahre Autonomie innerhalb des Römischen Reiches natürlich unerreichbar. Aus diesem Grund hielt Aphrodisias auch nichts davon, die Kaiser um Entsendung von Kuratoren zu bitten, welche die «vernachlässigten» Finanzen einer Stadt untersuchen oder gar Hilfsmaßnahmen nach Erdbeben gewähren sollten. Das Höchste, worauf eine Stadt hoffen durfte, war der begünstigte Status eines Verbündeten, und Privilegien ließen sich nur dann bei jedem neuen Kaiser halten, wenn man die Beziehungen zu ihm sorgsam pflegte. Das einzigartig informative Dossier des Aphrodisias zeigt, daß sich fast drei Jahrhunderte lang, von Augustus bis Decius, nichts an dieser Situation änderte.[46]

Fassen wir zusammen: Kein Kaiser zeigte sich daran interessiert, eine erheblich größere und durchorganisiertere Bürokratie einzuführen, auf welcher Ebene auch immer, oder daran, die regionale Verwaltung systematisch neu zu ordnen. Dazu bestand auch keine Notwendigkeit. Trotz der mehr oder weniger endemischen Korruption in den Gemeinwesen reichten die aus den Städten nach Rom strömenden Einkünfte für die begrenzten Ziele der Zentralregierung durchaus aus. Öffentliche Ämter waren nach wie vor nur für die Reichen attraktiv[47]: Lokalpatriotismus, regionale Autonomie sowie das Steuersystem, das auf ihnen beruhte, fielen später der Unsicherheit der nachseverischen Ära zum Opfer sowie der Vervielfachung von Steuern und Abgaben für militärische Zwecke, die besondere Kennzeichen jenes Zeitalters waren. Der Wandel, der die Stadt ereilt hatte, zeigt sich symptomatisch darin, daß in ehrenden Inschriften der Periode nach 250 n. Chr. der Statthalter den lokalen Aristokraten ersetzt hatte. Der Statthalter war zum «Herrn und Retter ihres Schicksals» geworden.[48]

Anmerkungen

1 Millar (1967) bietet nach wie vor die beste Einführung zum Thema Regierung und Verwaltung.
2 Hopkins (1983 b), 186.
3 A.H.M. Jones (1974), Kap. 8 mit den Ergänzungen Brunts.
4 Gegensätzliche Ansichten bei Crawford (1970), Hopkins (1980), Lo Cascio (1981).
5 Brunt (1975 a).
6 *Iuridici: ILS* 1015, *CIL* IX 5533, *SHA Sev.* 3.4, *Hadr.* 22, *Ant. Pius* 2, *Marcus* 11; Appian, *BC* 1.38, *CIL* V 1874 etc., mit Eck (1979), 247 ff.
7 Über Stadtkuratoren siehe Burton (1979), Duthoy (1979), Jacques (1984).
8 Siehe vor allem Nicolet (1984). Über frühe Ämter siehe Sherwin-White (1940), A.H.M. Jones (1960), 115–25. Über Gerichtsgewalt der Kuratoren seit Claudius siehe Brunt (1966 b). Über die politische Bedeutung der Beteiligung der Ritter an der Verwaltung siehe Brunt (1983).
9 Vitucci (1956), mit Rezension von Cadoux, *JRS* 49 (1959), 152–60, Baillie-Reynolds (1929); d'Escurac (1977); Durry (1938).
10 Boulvert (1970); Weaver (1972), Teil III.
11 So machten die Kaiser beispielsweise gewöhnliche private Testamente; darin wurden öffentliche Einrichtungen nicht bedacht. Zum Stand der wissenschaftlichen Diskussion siehe A.H.M. Jones (1960), 99–114; Millar (1963), Brunt (1966 a).
12 Millar (1977), Kap. 3.
13 Crook (1955); Millar (1977), 110 ff, 507 ff.
14 Morris (1964), (1965).
15 Vgl. jedoch Millars Rezension von Pflaums Arbeit in *JRS* 53 (1963), 194–203.
16 Weaver (1972), 224 ff; Boulvert (1974), 111–98, besprochen von P.R.C. Weaver, *Antichthon* 13 (1979), 70–102 und G.P. Burton, *JRS* 67 (1977), 163 ff.

17 Siehe etwa Birley (1953); Pflaum (1950); Eck (1974).
18 Saller (1982), Kap. 3; de Ste. Croix (1954).
19 Campbell (1975), (1984), 325–47; Saller (1980).
20 Über das griechische Bild von der *polis* siehe Martin (1984), Kap. 1. Im Gegensatz dazu Varro, Vorw. S. 2/3.
21 Über den Rechtsstatus von Städten siehe Sherwin-White (1973); A. H. M. Jones (1940), 113–46; Magie (1950), z. B. 966 Anm. 85, 967 Anm. 88; Nörr (1966); Millar (1977), 394–410 und Anm. 23. Über alte Kolonien siehe Mann (1983); Keppie (1983).
22 Keppie (1983), 211; Salmon (1971), 161–3.
23 Reynolds (1982), Dok. 6–13. Über freie und mit Immunität ausgestattete Städte siehe auch Bernhardt (1971).
24 Über die Beziehung Stadt/Territorium siehe Frederiksen (1976).
25 Mócsy (1970), 164, Wilkes (1969), 356–7.
26 Jones (1940), 285 ff; Harper (1928).
27 Über Trier Wightman (1970), 128 ff.; zu Britannien Frere (1978), 292.
28 Über den Verfall Thebens siehe Strabo 180, Dion Chysostomos, *Or.* 7.121, Pausanias 9.7.6.; als Modell für Größe siehe Plutarch *Mor.* 811 BC. Sowohl die Bundesstaaten der Böoter wie der Phoker waren gegen Ende von Tiberius' Herrschaft zu Bestandteilen des größeren Panachäischen oder Panhellenischen Bundes nach dem Vorbild von Patrae geworden. Siehe Bowersock (1965), 87 ff.
29 Über Ägypten Bowman (1971); A. H. M. Jones (1971).
30 Über das Territorium Karthagos Pflaum (1970 a), S. 109–10; Gascou (1972), 226 ff; Garnsey (1978), 244 ff.
31 Herodian 3.6.9; vgl. Cassius Dion 74.14.3–5 (zur Wiedereinsetzung von Byzanz in seine früheren Rechte etwa um 201), Pflaum (1970 a) über Avitta Bibba etc.; *ILS* 6780 (Gigthis).
32 Zu allen diesen Themen sind Liebenam (1900) und A. H. M. Jones (1940) immer noch grundlegend. Was den Westen betrifft, siehe auch Langhammer (1973) sowie über Italien Eck (1979).
33 Die klassische Darstellung stammt von Veyne (1976). Über die hellenistische Periode siehe auch Gauthier (1985).
34 Zu Beschränkungen der Befugnisse von Statthaltern sowie Privilegien von Bürgern und *honestiores* siehe Garnsey (1968 b), (1970).
35 Zu *mandata* an einen augusteischen Prokonsul siehe Burton (1976). Die Unterschiede zwischen «staatlichen» und «kaiserlichen» Provinzen werden bei Millar (1966) als geringfügig dargestellt.
36 Siehe Sherwin-White, *Commentary*, 526 ff.
37 Syme (1958), Kap. 6–8. Siehe auch Tacitus' «idealen Senator» in *Agr.* 42.4.
38 Über einen Sonderbeauftragten für freie Städte in Griechenland siehe Plinius, *Ep.* 8,24. Finanzinspektion in allen Städten durch einen Sonderbeauftragten ist einmal für Syrien belegt (*IL Alg.* usw.) und einmal für die «Drei Gallien» (*AE*, 1920), 43. Siehe Auch *Forsch. Eph.* II 24; vgl. *JOAI* 27 (1932), Beiblatt 21 ff. (Ephesos, Asia).
39 Cicero, *Att.* 6.2.5.

40 *CIL* VIII 2353, 20122 und Leglay; Texte und Erörterungen bei Garnsey (1971), 119 ff. *Pollicitatio* wird in den *Digesten* mit einem eigenen Kapitel erörtert (50.12).

41 *ILS* 5058, 5186, 5377, 5878; *AE* 1888, 126; *Digesten* 50.8.6.

42 Siehe Millar (1983 a); Nutton (1971).

43 Die Statthalter wurden unter höchst unterschiedlichen Umständen in lokale Angelegenheiten verwickelt. Dazu gehörten Ernährungskrisen und andere Notstände. Siehe 5. Kapitel.

44 Hier weichen wir von der anerkannten Darstellung Jones' ab (1970), Kap. XI, 170–91, der die Entwicklung für schneller hält und den römischen Beamten eine aktive Rolle zuschreibt: «In Asien hatte sich der Stadrat schon zu Ciceros Zeit grundlegend gewandelt: Seine Angehörigen hielten das Amt jetzt lebenslang inne... Den letzten Schritt dazu unternahm Pompejus» (S. 171).

45 Oliver (1970).

46 Reynolds (1982).

47 Garnsey (1974).

48 Nutton (1978), S. 221. Brown (1978), Kap. 1, liefert eine glänzende Darstellung des Wandels der regionalen Verwaltung.

ZWEITER TEIL

3
Eine unterentwickelte Wirtschaft

Über die Wirtschaft der römischen Welt besitzen wir nur geringe Detailkenntnisse. Es gibt keine Regierungsakten, keine offiziellen Statistiken über Produktion, Handel, Arbeitsmarktverhältnisse und Besteuerung. Darum liegt eine systematische Darstellung der römischen Wirtschaft jenseits unserer Möglichkeiten. Wirtschaftshistoriker müssen sich mehr noch als Historiker mit traditionellen Interessengebieten begrenzte Ziele setzen und bei deren Verfolgung einfallsreich und kritisch vorgehen.[1]

Wir beginnen mit einem einfachen Modell der römischen Volkswirtschaft, das wir erhalten, indem wir sie vor dem Hintergrund anderer und besser bekannter vorindustrieller Volkswirtschaften betrachten. Der nächste Schritt besteht darin zu fragen, inwieweit es möglich ist, über eine allgemeine Einstufung der römischen Volkswirtschaft als unterentwickelte zu einer Darstellung der spezifisch römischen Form (oder der Formen) der Unterentwicklung vorzustoßen und mit welchen der verfügbaren methodologischen Ansätze dies zu erreichen ist. In einem Schlußabschnitt werden die Wachstumsmöglichkeiten der Volkswirtschaft während des Prinzipats untersucht.

Ein einfaches Modell

Die römische Volkswirtschaft war unterentwickelt. Dies bedeutet im wesentlichen, daß die Masse der Bevölkerung kaum mehr hatte, als zum bloßen Überleben nötig war. In einer typisch unterentwickelten, vorindustriellen Volkswirtschaft wird ein großer Teil der Arbeitskräfte in der Landwirtschaft beschäftigt, in die die meisten Investitionen fließen und die eine Hauptquelle des Reichtums ist. In Manufukturen wird nur wenig investiert. Ressourcen, die theoretisch wachstumsfördernden Investitionen zufließen könnten, werden in den Konsum, in unproduktive Spekulation und in Geldwucher abgeleitet. Die Nachfrage nach Manufakturwaren ist vergleichsweise gering, und der größte Teil der Bedürfnisse wird regional durch Güter befriedigt, die entweder von kleinen Handwerkern oder im eigenen Haus hergestellt werden. Rückständige Technologie ist ein weiteres Hindernis für gesteigerte Produktivität. Schließlich gibt es keine Klasse von Unternehmern, die einerseits fähig sind, Gewinnmöglichkeiten in einer Massenherstellung von Gütern zu erkennen, und zum anderen bereit sind, die mit den notwendigen Investitionen verbundenen Risiken auf sich zu nehmen. Im antiken Rom herrschte das Kleinhandwerk vor. Manche Güter wurden in Mengen hergestellt, vor allem Töpferwaren und Textilien. Für deren Herstellung war jedoch nur geringes technisches Wissen und nur wenig Kapital nötig. Es waren grundlegende und preiswerte Konsumgüter, nach denen ständige Nachfrage herrschte. Jedoch konnte kein einzelner Produzent oder keine Gruppe von Produzenten eines beständigen oder expandierenden übergreifenden Markts sicher sein.

In Rom wie in anderen vorindustriellen Volkswirtschaften strömte ein Teil des Kapitals, dem sich im Manufakturwesen keine Möglichkeiten bot, in den Handel. Der Handel war jedoch mit hohen Risiken behaftet, was potentielle Investoren abschreckte. Zudem war das Transportwesen rückständig. Der Transport über Land war langsam und kostspielig wie in der nachrömischen Zeit, als die eiserne Rüstung und genagelte Schuhe erfunden wurden. Der Transport zu Wasser war insgesamt billiger und schneller, obwohl Güter bis zur Erfindung des Dampfschiffes im neunzehnten Jahrhundert nicht zu allen Jahreszeiten schnell und effizient transportiert werden konnten. So war es unvermeidlich, daß die meisten landwirtschaftlichen Regionen eher eine Subsistenzwirtschaft anstrebten als die Erzeugung eines Überschusses für den Export. Auch für Manufakturen war die Nähe zu den Märkten oder der leichte Zugang zu ihnen eine wesentliche Voraussetzung für den Erfolg. Daß Pisa und später Lyon als Produktionszentren für feines Tafelgeschirr immer mehr an Bedeutung gewannen, zeigt, welchen Problemen sich die Töpfer von Arezzo in den ersten Jahrzehnten des ersten Jahrhunderts n. Chr. beim Verkauf ihrer Produkte an den Nordgrenzen gegenübersahen, wo die römische Armee einen aufnahmebereiten Absatzmarkt bildete. Allgemein läßt sich sagen, daß die Rückständigkeit und Kostspieligkeit des Transportwesens sowie die relativ geringe Nachfrage lohnenden Handelsinvestitionen enge Grenzen setzten.

Gewinne aus dem Handel flossen vorwiegend in Grund und Boden und in den Geldverleih. Der Geldverleih brachte die höhere Rendite. Wo die Risiken groß waren, waren die Zinssätze besonders hoch, etwa bei Darlehen an Reeder oder ins Ausland (man darf nicht vergessen, daß ein Weltreich Ausbeutungsmöglichkeiten bietet). Der Geldverleih war überdies unproduktiv: Darlehen an Adlige beispielsweise flossen eher in den Konsum als in die Verbesserung der ländlichen Infrastruktur oder in eine Produktivitätssteigerung.

Investitionen in Grund und Boden boten Sicherheit und ein beständiges Einkommen. Werfen wir einen Blick auf moderne Entwicklungsländer: Der Umfang der Bodenspekulation läßt vermuten, daß viele von deren wohlhabenden Bewohnern nur wenige alternative Investitionsmöglichkeiten finden oder der Meinung sind, Investitionen in den Handel (oder in die Industrie) seien weitgehend unsicher oder unattraktiv. In solchen Gesellschaften – zu denen wir auch das vorindustrielle Europa zählen müssen – werden Grund und Boden auch als eine Quelle von Prestige und politischer Macht angesehen und geschätzt. Die Umleitung von Handelsgewinnen in Grundbesitz kündigt oft die Ankunft einer neuen Familie in den Reihen der Aristokratie an. In solchen Fällen folgen dem Landerwerb häufig der Kauf eines Amts und die Einheirat in die Oberschicht. Dieser Prozeß der Assimilation in die Aristokratie dauert vielleicht eine Generation oder mehr. Was Rom betrifft, ist das bekannteste Beispiel des Kaufmanns, der zum Grundbesitzer wird, eine literarische Gestalt, nämlich der freigelassene Trimalchio in Petronius' Roman «Das Gastmahl des Trimalchio», der Mitte des ersten Jahrhunderts n. Chr. entstand; Petronius selbst gelang es nie, eine Familie zu gründen, die ihm den Status hätte sichern können, der auch seinem Helden Trimalchio verweigert wurde. Freigelassene waren von politischen Ämtern ausgeschlossen; jedoch belegen zahlreiche Inschriften in Italien und anderswo, daß Söhne von Freigelassenen Stadträte und Magistrate sowie Priester werden konnten, nämlich mit Hilfe des Reichtums und der Großzügigkeit ihrer Väter. Die Quelle dieses Reichtums wird in diesen Inschriften, die dem ehrenden Andenken gewidmet sind, im allgemeinen nicht genannt; es wird auch nicht gesagt, wie das Geld investiert wurde.

Das vorherrschende Wertsystem in vorindustriellen Gesellschaften ist das des Landadels. Erst eine wohlhabende Klasse von Händlern und

Kaufleuten, die ihren Wohlstand nicht dem Grundbesitz verdanken und deren Erfolg eher ihrem Unternehmungsgeist und ihrer Tüchtigkeit zuzuschreiben ist als herkömmlichen Grundsätzen und Verhaltensweisen, stellt für aristokratische Wertvorstellungen eine potentielle Bedrohung dar. Erfolgreiche Kaufleute fallen der herrschenden Ideologie jedoch leicht zum Opfer: Sie sichern sich den Einstieg in den Adel durch Kauf oder Heirat und bemühen sich dann um politische Ämter. Erst der Aufstieg einer Klasse von Industriellen, die als Kapitalisten und Arbeitgeber unabhängiges Sozialprestige und wirtschaftliche Macht besitzen, gefährdet die herkömmliche Gesellschaftsordnung.

Im antiken Rom war das Aufkommen einer solchen Klasse nicht zu erwarten. Überdies schlossen die ökonomischen Realitäten, vor allem die Enge des Markts, eine Möglichkeit zur Bildung einer konkurrierenden gesellschaftlichen Hierarchie, deren Wohlstand auf dem Handel beruhte, nahezu aus. Gleichwohl empfand der Landadel den zunehmenden Handel, der der Ausdehung des republikanischen Rom über Italien hinaus folgte, als Bedrohung seiner Vorherrschaft. Dies ist eine Erklärung für den reaktionären und abwehrenden Unterton, der mit Beginn des zweiten Jahrhunderts v. Chr., als die lateinische Literatur entstand, die gesellschaftlichen Verhaltensweisen in Rom zu beeinflussen beginnt. Abhandlungen über Landwirtschaft und Moral verteidigen den Grundbesitz als den sichersten Beruf (von dem daher am wenigsten zu erwarten ist, daß er den Adel verarmen läßt und seine gesellschaftliche Stellung schwächt) und als den ehrenvollsten dazu (der auch am ehesten dazu führt, den einem Senator angemessenen Lebensstil zu sichern), und ferner zeigt sich eine manifeste, wenn auch unterschiedliche Feindseligkeit gegenüber dem Handel als Einkommensquelle. Das Thema kommt zum erstenmal in Catos «Vom Landbau» Mitte des zweiten Jahrhunderts v. Chr. zur Sprache und wird mehr als ein Jahrhundert später in Ciceros «Über die Pflichten» sowie anschließend, wenn auch etwas kursorischer, in Varros «Drei Büchern von der Landwirtschaft» erneut aufgegriffen. Dies ist jedoch kein rein republikanisches Phänomen; Mitte des ersten Jahrhunderts n. Chr. bestätigt Columella mit noch stärkeren Worten als jeder frühere Autor die Überlegenheit der Landwirtschaft über den Handel.

Die Grenzen einer Analyse, wie wir sie soeben versucht haben, liegen auf der Hand. Wenn man Ähnlichkeiten verschiedener Gesellschaftssysteme zu finden sucht, gleichzeitig aber dazu neigt, die Unterschiede sowohl zwischen wie innerhalb dieser Systeme zu ignorieren, erhält man ein allzu stark vereinfachtes Bild – von welcher Gesellschaft auch immer. Die Argumente werden meist zu allgemein bleiben. So steht beispielsweise fest, daß die Landwirtschaft anderen Investitionsformen überlegen war, aber das läßt sich eben nur sehr allgemein sagen. Ein Skeptiker könnte vielleicht fragen, ob eine gründlichere Analyse der Rolle der Landwirtschaft überhaupt möglich ist und ob man deren Bedeutung in bezug auf andere Wirtschaftszweige auf der Grundlage der vorhandenen, nichtquantitativen Quellen feststellen kann. Eine Diskussion einiger jüngerer Beiträge zur Debatte um dieses zentrale Thema wird uns in die Lage versetzen, die von Historikern der Antike (die mit wenigen Ausnahnen eher zum Optimismus als zum Pessimismus neigten) verwendeten Methoden zu beurteilen, um dieses Problem so zu umgehen.

Methodik und wissenschaftliche Debatte

In der durchgesehenen Neuauflage seines Buches *Ancient Economy* hat Moses Finley in der für ihn typischen kompromißlosen Manier herkömmliche historiographische Methoden und Annahmen herausgefordert: «Jede Analyse der antiken Wirtschaft, die mehr zu sein vorgibt als eine bloße Aneinanderreihung abstrakter Daten, muß notgedrungen zu Modellen greifen (Webers Idealtypen).» In seinem vor kurzem erschienenen Buch *Ancient History: Evidence and Models* wird diese Aussage noch durch eine detaillierte Analyse der Schwächen antiker Literaturbelege bestätigt. «Die Erfindungsgabe der Menschen der Antike und ihre Glaubensfähigkeit werden beharrlich unterschätzt... die Unzulänglichkeit literarischer Primärquellen ist ein ewiger Fluch.» Geschriebene Dokumente «stellen sowohl in bezug auf Ort und Zeit eine zufällige Auswahl dar, und ihnen fehlt oft ein sinnvoller Kontext». So könne die Archäologie weder «die Wirtschaftsstruktur» noch «die gesellschaftliche Produktionsweise» bloßlegen und werde allzuoft dazu benutzt, der literarischen Tradition Beweise zu liefern. Damit schließt sich der Kreis. Finleys Kritik an den antiken Quellen darf nicht als Verdammung in Bausch und Bogen mißverstanden werden, wohingegen seine Modelle schon *qua definitionem* vereinfacht und verfeinerungssowie verbesserungsfähig sind, vor allem durch Bezugnahme auf die Primärquellen. Bei der vorhandenen historischen Methodik sind die

Kontraste ebenso auffallend und die Fragwürdigkeit eines großen Teils der herkömmlichen Geschichtsschreibung so echt, wie er gesagt hat.[2]

Wir beginnen mit der Erörterung einer These, die mit der Natur der römischen Volkswirtschaft zu tun hat, die trotz der offenkundigen Schwäche ihrer empirischen Grundlage sehr einflußreich gewesen ist. A. H. M. Jones hat gemeint, in der späten römischen Kaiserzeit seien die Steuereinnahmen aus der Landwirtschaft «etwa zwanzigmal so hoch gewesen» wie die Steuern aus Handel und Manufaktur. Im folgenden bekräftigt er, daß diese Aufteilung etwa auch der Wirtschaftsstruktur des Römischen Reiches entsprochen habe.[3]

Jones hat errechnet, daß Handel und Manufakturwesen mit etwa fünf Prozent zu den kaiserlichen Einnahmen und dem gesamten Volksvermögen beitrugen. Jones errechnete diese Zahl durch einen Vergleich der im späten fünften Jahrhundert geleisteten Beiträge der nordmesopotamischen Stadt Edesse zum *collatio lustralis*, den man oft eine Handelssteuer genannt hat, mit den Steuereinnahmen aus den ägyptischen Bezirken Heracleopolis und Oxyrhynos im sechsten Jahrhundert. Abgesehen davon, ob dieser Vergleich überhaupt zulässig ist (Jones schneidet diese Frage selbst behutsam an), könnte man auch den Wert einer Gleichstellung in Frage stellen, die zu den Einkünften aus «Handel und Manufakturwesen» auch Abgaben von Wucherern und Prostituierten zählt, die dem *collatio* unterworfen waren, während sie Gebühren, Verkaufssteuern und vor allem Zolleinnahmen, die getrennt beigetrieben wurden, ausschließt. Es gibt jedoch noch grundsätzlichere Einwände. Jede Schätzung, die den Wert der Landwirtschaft einerseits und von Handel und Manufakturwesen andererseits für den Staat quantifizieren will, nämlich in Gestalt ihrer relativen Beiträge zu den Steuereinnahmen, wird erst dann sinnvoll, wenn wir erstens den Steuersatz und zweitens den Umfang des Staatseigentums und damit den Umfang eines besteuerbaren privaten Sektors in allen Wirtschaftsbereichen miteinander vergleichen können. Solche Informationen liegen jedoch weder für die frühe noch für die späte Kaiserzeit vor.

Jones' These stellt einen Versuch dar, das Problem der nicht vorhandenen quantitativen Daten zu umgehen, indem er vereinzelte Texte von besonderer Bedeutung zu Mutmaßungen benutzt. Es gibt einige wenige solche Texte über den Handel, etwa die Wiener Papyrusrolle, die den außerordentlich hohen Wert einer aus Indien nach Ägypten importierten Schiffsladung aus Lavendelöl, Elfenbein und Tuch belegt und die zu Schlußfolgerungen über Investitionen in den Handel mit Luxusgütern und dessen Rentabilität auffordert.[4] Ein weiteres wertvolles Dokument, das einer sorgfältigen Deutung bedarf, ist das Preisedikt von Kaiser Diokletian aus dem Jahr 301 n. Chr.[5]

Im Gegensatz dazu würde jeder Versuch, die Bedeutung von Texten festzustellen, die sich angeblich mit der wirtschaftlichen Tätigkeit der Oberschicht beschäftigen, durch qualitativ wie quantitativ mangelhafte Daten im Wert wesentlich gemindert. Das geduldige Zusammentragen vereinzelter Daten aus verschiedenen Quellen könnte nur dann einigermaßen gerechtfertigt sein, wenn die einzelnen Quellen in sich wertvoll sind. Man darf aber nicht – um einen typischen Fall zu nennen–, als gesichert ansehen, daß ein bestimmter römischer Senator durch einen Ex-Sklaven oder Sklaven Geld in den Handel investiert hat, solange wir nicht genau wissen, welcher wirtschaftlichen Tätigkeit der angebliche Mittelsmann nachging, und solange wir keine festen vertraglichen Bindungen zwischen den Parteien feststellen und nachweisen können, daß Risiken und Gewinne geteilt wurden.[6]

Solche Informationen finden sich jedoch in keinem bis heute bekanntgewordenen antiken Text, und ebensowenig gibt es dokumentarische Belege dafür, daß Senatoren Handel trieben. Auf der Grundlage verschiedener, vorwiegend nichtliterarischer Quellen läßt sich nur sagen, daß einzelne Aristokraten (und Kaiser) Eigentümer großer Lagerhäuser, Ziegeleien und Töpfereien waren oder daß sie Kapital, das von dritten Parteien etwa in die Schiffahrt investiert wurde, als Darlehen zur Verfügung stellten. Sie waren eher Eigentümer als Ausbeuter, eher Darlehensgeber zu festen Zinsen als direkt Beteiligte und gingen allen Risiken und der Schmach, die mit direkten und öffentlichen Investitionen in Handel und Manufakturwesen verbunden waren, sorgfältig aus dem Weg.[7]

Solche Belege rechtfertigen die umgekehrte Annahme, daß sich nicht alle Angehörigen der Elite vollständig von Handel oder Manufakturwesen fernhielten. Diese Erkenntnis bietet jedoch nichts wesentlich Neues, und es bleiben die Hauptfragen: Wie viele Einzelpersonen investierten und welchen Anteil ihres Vermögens? Allzu optimistische Antworten würden an der Realität scheitern, daß Senatoren und andere reiche Römer erhebliche Gelder in Grund und Boden investierten und daß Gesetze und Konvention auch weiterhin verhinderten, daß Senatoren Handel trieben.

Es gibt noch einen weiteren entscheidenden Gesichtspunkt. Bisher galt es als gesicherte Erkenntnis, daß wir die Einnahmequellen des Reiches insgesamt rekonstruieren können, wenn es uns gelingt, die Einnahmequellen der Reichen aufzulisten. Polanyi und vor kurzem erst Finley haben jedoch darauf hingewiesen, daß nicht immer von Handel im Sinn einer Marktwirtschaft gesprochen werden kann, wenn wir es in der Antike mit der Bewegung von Rohstoffen zu tun haben. Vor allem der Transport von Waren auf Befehl oder unter Kontrolle des Staates, «Umverteilung» oder «staatlich angeordneter Handel», war in der Zeit des Römischen Kaiserreiches von einzigartiger Bedeutung. Wenn wir etwa feststellen, daß sich reiche Investoren am Transport großer Warenmengen nach Rom oder an die römischen Armeen beteiligt haben, vor allem am Transport von Getreidekontributionen, sagt dies allein noch wenig über die Bedeutung des Handels in der römischen Welt aus.[8]

Die These von der Wirtschaftstätigkeit reicher Römer spiegelt sich in der Debatte über die Natur des Wirtschaftslebens der Städte wider, dem Wohnsitz der meisten wohlhabenden Männer im Römischen Weltreich, und hängt eng mit ihr zusammen. Auch hier wird wieder unterstellt, daß die Frage nach dem Wesen der römischen Volkswirtschaft insgesamt erhellt werde, und auch hier wieder ist es möglich, mit Hilfe einer konventionellen Methodik weiterzukommen, nämlich der Sammlung von Informationen über das Wirtschaftsleben bestimmter Städte. Wenn es gelingt, ein relativ gut dokumentiertes Gebiet zu finden, besteht das Problem darin, zweifelsfrei zu belegen, daß die Ergebnisse von allgemeiner Bedeutung sind. So ist etwa unbestritten, daß die Wirtschaft mancher Städte eher auf Handel denn auf Landwirtschaft beruhte. Dabei stellt sich aber die Frage, ob diese Städte eine Ausnahme waren oder nicht.

An dieser Stelle scheint es ratsam, uns einer Erörterung weniger konventioneller Ansätze und vor allem der Konstruktion erklärender Modelle zuzuwenden, mögen sie quantitativer oder nicht-quantitativer Art sein. Das vielleicht vertrauteste und einflußreichste Modell betrifft die städtische Wirtschaft. Wir haben es hier mit der «Verbraucherstadt» zu tun, die schon vor langer Zeit von Sombart und Weber skizziert worden ist und die Finley in späteren Publikationen eingesetzt hat. Diesem Modell zufolge war die Stadt der Antike in erster Linie ein Zentrum des Konsums, im Gegensatz zur mittelalterlichen Stadt, die vorrangig ein Produktionszentrum war. Unter einer «Verbraucherstadt» ist «eine Stadt» zu verstehen, «die für ihren Unterhalt... nicht mit eigenen Produkten zahlt, da sie das nicht nötig hat. Ihre Versorgung beruht vielmehr auf gesetzlichen Forderungen, wie etwa Steuern oder Zinsen, ohne daß sie einen Gegenwert liefern müßte»[9].

Daß dieses Modell von der Verbraucherstadt im Kern zutrifft, sei gern zugegeben; ebenso sei zugestanden, daß dieses Modell die Vormachtstellung der Landwirtschaft in der Ökonomie bestätigt. Die Stadt war Wohnsitz der Großgrundbesitzer, die auch deren reichste Bewohner waren, sowie Zentrum und Mittelpunkt ihrer Ausgaben, die großenteils aus ihren Landgütern bestritten wurden. Ob dieses Modell allerdings die Behauptung bestätigt, Handel und Manufakturwesen hätten in der Stadt keine große Rolle gespielt, ist eine andere Frage. Dieses Modell (ja jedes Modell) ist keine Aussage über die Wirklichkeit, die weit komplexer und problematischer ist. Die Ansicht von der untergeordneten Bedeutung von Handel und Manufakturwesen ist eine solche Aussage, und sie muß sich an anderen messen lassen. Tatsächlich bieten die Grenzen des Modells einigen Bewegungsspielraum. So läßt sich beispielsweise mit Hilfe bekannter Quellen sagen, daß die Stadteliten nicht nur Grundeigentümer waren, sondern in erheblichem Umfang auch in städtischen Grundbesitz investierten. Ohne verkennen zu wollen, daß der Geldstrom vom Land für die meisten antiken Städte von entscheidender Bedeutung war, möchten wir darauf aufmerksam machen, daß es in der «internen» städtischen Wirtschaft eine geldschöpfende Wirtschaftstätigkeit gab, hinter der Grundeigentümer vom Land standen, die zu dieser innerstädtischen Wirtschaft nicht nur Zugang hatten, sondern diese oft sogar kontrollierten.[10]

Diese letzte Behauptung ist insofern lehrreich, als sie den Gedanken impliziert, daß die «Entwicklung von Modellen» sowie die Sammlung «empirischer» Daten und deren Analyse eher ergänzende als widerstreitende Methodologien sein können. Ein gedankliches Modell wird erst dann überzeugen, wenn es den Nachweis führt, daß es mit der historischen Wirklichkeit in Einklang zu bringen ist. Dies vorausgeschickt, können wir uns der Erörterung einiger weiterer Behauptungen zuwenden, die für die These von der «minimalen» Bedeutung von Handel und Manufakturwesen negative Implikationen enthalten.

Eine Behauptung von Hopkins[11] lautet wie folgt: Durch Belegvergleich lasse sich errechnen, daß der Bau eines Schiffes von 400 Tonnen 250 000 bis 400 000 Sesterzen gekostet habe. Die Beladung mit Weizen schlage mit weiteren 185 000 Sesterzen zu Buche. Es sei bekannt, daß die Römer seit dem ersten Jahrhundert v. Chr. Schiffe von 250 bis 450 Tonnen gebaut hätten. Nur die Reichen hätten es sich leisten können, solche

Schiffe zu bauen und zu bereedern. Man müsse annehmen, daß sich unter den Investoren die reichsten Männer des Reiches befunden hätten, die Elite Roms. Soweit, in knapper Form, die These.

Während der Kaiserzeit wurden Schiffe dieser Größe (die meisten römischen Schiffe waren kleiner) für den Transport von Waren, in der Hauptsache von Weizen, aus Ägypten und Nordafrika nach Rom eingesetzt. Rom war ein Sonderfall. Die Kaiser machten den Reedern die Beteiligung an der Lebensmittelverteilung (*annona*) mit Erleichterungen bei Steuern und Versicherungen schmackhaft, Erleichterungen allerdings, die nur Großlieferanten gewährt wurden. Wir dürfen annehmen, daß der größte Teil des so importierten Getreides dem Staat gehörte und daß in dieser Form Steuern oder Zinszahlungen geleistet wurden. Der (einem Unbekannten) über den vertragsgemäß bestimmten Anteil hinaus gewährte Gewinn muß von dem Umfang des (subventionierten) Handels abhängig gewesen sein, den ein Reeder neben seiner Funktion als Spediteur staatlicher Waren bewältigen konnte. Was die Beteiligung von Angehörigen der Oberschicht betrifft, so können auch Senatoren darunter gewesen sein, obwohl die Schicht der Männer, die über die Mittel verfügten, als Einzelpersonen oder als Gruppen zu investieren, weit größer war als der Senatorenstand. Wie dem auch sei, die Beteiligung reicher Investoren, welchen gesellschaftlichen Rang sie auch gehabt haben mochten, würden uns mehr über die Bedeutung und die Natur des «staatlich verwalteten Handels» (wie wir ihn zuvor definiert haben) verraten als der Umfang des Handels im Sinn eines kommerziellen Austauschs in der römischen Welt. Zusammenfassend läßt sich sagen, daß die Implikationen von Hopkins' These eine weitere Untersuchung erforderlich machen. Anders jedoch als die herkömmliche Methode der vergleichenden Textanalyse ist Hopkins' Darstellung geeignet, Niveau und Tempo der Debatte zu steigern.

In einer zweiten ausführlicher entwickelten These bestätigt Hopkins für die Zeit des Prinzipats, daß die Beitreibung von Geldsteuern in zentralen Provinzen des Reiches, die für Ausgaben an den Grenzen bestimmt waren, zu einem umfangreichen Handel über große Entfernungen hinweg führte, da die Steuerzahler landwirtschaftliche Produkte verkauften, um zu Bargeld zu kommen. Dies, die Festsetzung von Geldsteuern, ist einer der Mechanismen, mit dem sich die Geldwirtschaft des römischen Italien in andere Regionen des Reiches ausbreitete, wie Crawford kürzlich dargelegt hat; Crawford nennt zusätzlich noch die Kaufkraft von Soldaten, die in Geld bezahlt wurden, sowie die Notwendigkeit für ehrgeizige lokale Aristokraten, zu Geld zu kommen, das sie in Rom ausgeben konnten. Diese Hypothesen erzwingen eine Untersuchung der relativen Bedeutung von Geldsteuern im Gegensatz zu Steuern in Naturalien, des Nachschubsystems der Armee und deren Bezahlung sowie der politischen Horizonte örtlicher Aristokraten und ihrer Strategien als Grundherren. Anders als beim Modell von Hopkins/Crawford gehen wir davon aus, daß Steuern und Naturalabgaben beim Nachschub für die Armee eine bedeutendere Rolle spielten. Wir halten auch die Kaufkraft der Soldaten für niedriger, die nur einen geringen Teil ihres Solds in bar erhielten (siehe 5. Kapitel). Ferner gehen wir davon aus, daß der politische Horizont bei lokalen Adligen niedriger (mit entsprechend geringerer Anpassung ihres ökonomischen Verhaltens) und die Monetarisierung regionaler Ökonomien weniger fortgeschritten war als weithin angenommen.[12]

Eine dritte These[13] betrifft das Kernthema der Nachfrage. Der Massentransport von wichtigen Grund- und Rohstoffen über den lokalen Markt hinaus, ob es sich dabei um Grundnahrungsmittel wie Getreide, Wein, Olivenöl und Salz oder um weitere lebensnotwendige Dinge handelte wie Metalle, Brenn- und Bauholz, anderes Baumaterial und Kleidung, wurde durch Mangel ausgelöst, mochte dieser natürlich oder vom Menschen geschaffen, permanent oder periodisch sein. Die ungleiche Verteilung von Rohstoffen in den einzelnen Regionen, die regelmäßig wiederkehrenden, jedoch nicht genau verhersagbaren Mißernten, zerstörerische oder störende Handlungen von Männern und Staaten – all das erzeugte Handel. Diese These führt jedoch ebenfalls zu weiterführenden Fragen: nämlich wie man einen eng definierten Handel als kommerziellen Austausch mit anderen Formen des Warenaustauschs in Einklang bringen (Staatshandel, Tauschhandel), wie man Eigenerzeugung (etwa von Textilien) gegenüber lokalem und nicht-lokalem Handel in seinen verschiedenen Formen bewerten soll. Wenn wir hierbei weiterkommen wollen, müssen wir zu Modellen greifen, bei denen es um Kernfragen dieser Art geht, und sie, soweit möglich, anhand der vorhandenen Literatur prüfen.

Das Wachstum und seine Grenzen

Bisher haben wir mit einem im Kern statischen Modell der römischen Volkswirtschaft gearbeitet. Es bleibt die Frage, ob man in diesem Modell einen Maßstab für Wirtschaftswachstum unterbringen kann.

Eine allgemeine These für ein Wirtschaftswachstum unter dem Prinzipat könnte etwa wie folgt lauten: Mit dem Amtsantritt des Augustus begann eine Ära einer relativ stabilen Regierung, einer Grundbedingung für wirtschaftliche Erholung und Expansion. Das neue Regime hatte sich dem inneren Frieden verschrieben sowie der Befriedung der Feinde Roms. Der Erfolg dieser Politik förderte die innere Wirtschaftsentwicklung, und mit zunehmender Ausdehnung des Territoriums unter römischer Herrschaft wurden auch die wirtschaftlichen Möglichkeiten des Imperiums erweitert. Die Ansiedlung zahlreicher italischer Söldner/Siedler in Norditalien und in den Provinzen förderte die wirtschaftliche Erholung von Mittel- und Süditalien, wo jetzt der Bevölkerungsdruck und der entsprechende Andrang nach Ackerland nachließen, und beschleunigte die Entwicklung dichter bevölkerter Regionen des Reiches, vor allem im Westen. Augustus mangelte es zwar an einer klaren und schlüssigen Politik zur Anregung des Wirtschaftswachstums, aber er schuf die Bedingungen, unter denen das Wirtschaftsleben aufblühen konnte. Nach dem Ende seiner Herrschaft blieb die *pax Romana* im großen und ganzen erhalten. Abgesehen von den Bürgerkriegen der Jahre 68/69 und 192/193 und der Seuche zur Zeit des Marc Aurel – über deren Natur und Wirkungen wir wenig wissen, die aber nicht so katastrophal war wie die Beulenpest zur Zeit Justinians –, hatte das Reich bis Mitte des dritten Jahrhunderts nur unter wenigen größeren Katastrophen zu leiden. Schließlich löste die *pax Romana* ein bescheidenes Bevölkerungswachstum aus, das die Nachfrage steigerte und zu einem bescheidenen Wirtschaftsaufschwung führte. Die wachsende Bevölkerung war in relativ unterbevölkerten Territorien wie Nordafrika, der Iberischen Halbinsel und Gallien durch Einwanderung und Kolonisierung leicht unterzubringen.

Andererseits läßt sich das Potential für ein Wirtschaftswachstum durchaus in Frage stellen. Wir haben gesehen, daß die römische Volkswirtschaft noch unterentwickelt und der größte Teil der Arbeitskräfte in der Landwirtschaft beschäftigt war, wo er gerade genug zum Leben hatte. Antike wie heutige Beobachter haben das erste und mehr noch das zweite Jahrhundert für die Zeit eines gewissen Wohlstands gehalten, und bei den wenigen Reichen war dies zweifellos der Fall: Sie wurden damals immer reicher. Bei der überwiegenden Mehrheit der Bevölkerung sah es jedoch anders aus. Nehmen wir etwa die Landwirtschaft, die Grundlage der Ökonomie: Bei den Bauern, die Subsistenzwirtschaft trieben, blieben nur geringe Überschüsse, die zudem weitgehend von den kaiserlichen Behörden und den Grundherren in den Städten in Form von Steuern und Zinsen beansprucht wurden. Die Landarbeiter auf den größeren Gütern, mochten sie Sklaven oder freie Bürger sein, konnten von dem Lebensstandard der Grundherren nur träumen und hatten auch keinen Anteil an den Gewinnen. Die Reichen wiederum waren eher Konsumenten als Investoren, die zu einem wachsenden Wohlstand hätten anregen können. Der Stand der Technik – eine wichtige Determinante der Volkswirtschaft insgesamt – blieb rückständig, was in der Landwirtschaft wie bei der Produktivität größere Fortschritte verhinderte. Die technische Rückständigkeit stand auch einer Ausweitung von Handel und Manufakturwesen im Weg.[14] Wenden wir uns dem Faktor Energie zu: Hier war die römische Welt noch immer weitgehend von Tieren und menschlicher Arbeitskraft abhängig. Die Windmühle kam auf dem Land erst im elften Jahrhundert in Gebrauch. Zugpferde waren bei der Landarbeit unbekannt, da es noch kein zufriedenstellendes Geschirr gab; Ochsen und Maultiere sind langsamer und besitzen zudem weniger Zugkraft. Das wirkte sich auch bei Landtransporten aus. Es war kostspielig, schwere Güter, zu denen wir auch Weizen zählen müssen, über Land zu transportieren, obwohl man die vitale Bedeutung von schiffbaren Flüssen für kleine Lastkähne nicht vergessen darf. Der Schiffstransport war zwar billiger, dafür aber unsicher und blieb zudem auf den Zeitraum von April bis Oktober beschränkt. Die Primitivität kaufmännischer Einrichtungen sowie des Handelsrechts paßt zu diesem Bild von einem relativ kleinen und unterentwikkelten «Handelssektor».[15] Industrielle Fertigungstechniken erlebten keinerlei größeren Fortschritt, wenn wir einmal davon absehen, daß die Phönizier im ersten Jahrhundert n. Chr. die Glasbläserei erfanden. Es blieb bei traditionellen Fertigungstechniken. Produziert wurde in kleinen Einheiten, Methoden und Werkzeuge waren einfach, die Betriebskosten gering. Die Armut der Massen begrenzte die Nachfrage.

Man sollte sich allerdings hüten, ein zu düsteres Bild zu zeichnen. Die Römer waren nicht die einzigen, die das Ziel einer Produktivitätssteigerung in Manufakturwesen oder Landwirtschaft trotz massiven Kapitaleinsatzes und beträchtlicher Sparmaßnahmen verfehlten. Aus dem gleichen Grund ist es von nur begrenztem Interesse, daß die Römer kein ausgeprägtes System von Handelsvertretungen hatten, daß ihnen die doppelte Buchführung ebenso unbekannt war wie ein hochentwickeltes Kredit- und Bankwesen. Die bloße Feststellung dieser Mängel ist bei der Herausarbeitung von Merkmalen der römischen Unterentwicklung jedoch wenig hilfreich. Wir sind der Meinung, daß die römische Volkswirtschaft in der Zeit des Prinzipats zu einer gewissen Expansion fähig war und diese wohl auch erreichte. Das ist eine recht zurückhaltende Annahme. So konnte beispielsweise das Manufakturwesen seinen Ausstoß (den man nicht mit höherer Produktivität verwechseln darf) nur durch die Vervielfachung der Zahl der Kleinproduzenten steigern, die getrennt oder in integrierten Unternehmungen arbeiteten. Wo Sklaven beschäftigt wurden (wie typischerweise in Unternehmen, die größer waren als die Familie), etwa in der italischen Töpferindustrie, ist zu vermuten, daß die Eigentümer sich bemühten, ihre Gewinne durch eine größere Ausbeutung der Arbeitskräfte zu steigern, um so einen Ausgleich für die nicht unerhebliche Investition zu erhalten, die Sklaven nun mal darstellten. Wir würden jedoch nicht so weit gehen zu behaupten, daß ein solches Wachstum der Volkswirtschaft als Nebenprodukt von Sklavenarbeit oder sonstwie aus sich heraus weiter – und zu einem Strukturwandel führte. Die überkommenen Rahmenbedingungen des Wirtschaftslebens blieben weitgehend intakt.

Gerade beim Handel ist es besonders schwierig, das Wirtschaftswachstum zu dokumentieren und seine Bedeutung zu messen. Hopkins hat einen einfallsreichen Versuch unternommen, eine Ausweitung des Handels darzustellen (siehe Seite 74). Er stützt sich auf vier Thesen: Erstens habe die Einführung von Geldsteuern in den Provinzen durch die römische Regierung das Handelsvolumen des Reiches erheblich gesteigert; das Konsumniveau sei ferner in der römischen Periode erheblich höher gewesen als in der vorrömischen Zeit, zumindest im Westen, was durch Funde von Artefakten «illustriert, jedoch nicht bewiesen» werde, drittens deute eine gestiegene Zahl von Schiffbrüchen darauf hin, daß der Handel zur See größer gewesen ist als je zuvor; viertens sei auch die Geldmenge gestiegen, etwa um den zunehmenden interregionalen Handel zu finanzieren. Insgesamt scheinen diese vier Thesen durchaus stichhaltig zu sein, obwohl sie einzeln unbegründet bleiben, was Hopkins mit entwaffnender Offenheit zugibt. Sie belegen bestenfalls (etwa die Thesen zwei und vier), daß sich der Handel eher schon in der späten Republik als in der frühen Kaiserzeit ausweitete.[16]

Ein alternativer Ansatz, dem wir zuneigen, besteht darin, die Möglichkeit von Veränderungen in der Infrastruktur des Handels zu untersuchen, ferner in der Technik und in den kommerziellen Einrichtungen, womit man auf eine gesteigerte Handelstätigkeit hinweisen könnte. Hier gab es in der Zeit des Prinzipats nur wenige bedeutsame Entwicklungen. So sind in der zentralen Frage des Schiffbaus die späte Republik und das späte Kaiserreich die Hauptzeiten der Innovation.[17] Erstens konstruierten Schiffbauer des Mittelmeers schon im ersten Jahrhundert v. Chr. große Schiffe von 250 bis 400 Tonnen für Massentransport von Nahrungsmitteln und anderen Grundstoffen. Zweitens scheinen sie während des ganzen Prinzipats, ja sogar bis etwa 400 n. Chr. Handelsschiffe von außen nach innen gebaut zu haben, daß heißt die Außenhaut zuerst, eine mühsame und kostspielige Methode, statt sie in der sogenannten Skelettbauweise von innen nach außen zu bauen. Dies ist besonders angesichts der Tatsache bedeutsam, daß die Skelettbauweise schon bekannt war und etwa in den keltischen Provinzen praktiziert wurde.

Die Weiterentwicklung von Behältern, in denen Primärprodukte transportiert wurden, Wein vor allem, hat Archäologen seit langem fasziniert. Ein entwicklungsmäßiges Gedankenmodell, demzufolge jede Veränderung eine Verbesserung des Verhältnisses Inhalt/Behälter darstellte und somit als technischer Fortschritt mit kommerziellen Implikationen gesehen werden kann, ist allzu optimistisch. Gewicht, Festigkeit und Volumen von Amphoren waren für die Römer von mehr als nur akademischem Interesse (vgl. Plinius, *HN* 35.161).[18] Wir wissen aber nicht genau, ob technische und kommerzielle Überlegungen dazu führten, daß eine bestimmte griechisch-italische Amphore (ein Tonkrug) als wichtigster Behälter von Wein (die sogenannte Dressel 1) in den letzten drei oder vier Jahrzehnten am Ende des ersten Jahrhunderts v. Chr. zugunsten einer anderen, leichteren Amphore aufgegeben wurde, die den Amphoren von Kos (den sogenannten Dressel 2–4) nachgebildet worden war. Obwohl man das Aufkommen von Schiffen, die Wein in massiven Krügen (*dolia*) transportierten, welche man in der Schiffsmitte verankert hatte (wir kennen sie aus der augustinischen Periode), als technische Innovation angesehen werden kann, wurde diese Praxis nach einer kurzen Zeit, die man als Experimentierphase ansehen kann, wieder aufgegeben. Schließlich ist es noch zu früh zu sagen, ob das Aufkommen des Holzfasses gegen Ende der Kaiserzeit eine Umwälzung darstellte oder ob es gar den Tonkrug ersetzte. Wie die

Skelettbauweise im Schiffbau war dies eine Innovation, die den Mittelmeerraum schon viel früher hätte erreichen können, als es tatsächlich der Fall war, nämlich anscheinend gegen Ende des zweiten Jahrhunderts: In dem fraglichen Zeitraum war das Holzfaß in den nordwestlichen Provinzen bereits der übliche Behälter für Wein und andere landwirtschaftliche Produkte.[19]

Veränderungen im Gesellschafts- und Handelsvertretungsrecht sind auch für die Geschichte des Handels von Bedeutung.[20] Bei Handelspartnern lautet die Kernfrage, ob ein Prinzipal in einem Unternehmen mit mehreren Partnern (*societas*) beim Vertragsschluß mit einer dritten Partei als unabhängiger Handelsvertreter gilt oder auch im Namen seiner Partner agiert. Anders als im heutigen englischen Recht verpflichtet er sich nach römischem Gesetz nur persönlich: Er konnte sich zwar auf die Partnerschaft berufen, aber bei einem solchen Handeln wäre sie automatisch beendet. Es braucht kaum betont zu werden, daß diese Regeln dem Geschäftsverkehr nicht gerade förderlich waren. In der Zeit der späteren Republik kam es im Recht der Handelsgesellschaften zu Veränderungen bei zwei Gesellschaftsformen – was deren gestiegene Bedeutung zeigt. Ein Zusammenschluß von Staatspächtern (*publicani*) galt als Quasi-Firma; er besaß gemeinsames Eigentum und eine gemeinsame Kasse, gegen die Forderungen einer dritten Partei gerichtet werden konnten. Ebenso konnte jeder Teilhaber einer Bankfirma wegen eines Vertrags verklagt werden, den einer der Geschäftspartner geschlossen hatte. Während des Prinzipats wurden jedoch nur geringe Entwicklungsschritte auf die Verallgemeinerung des Gedankens hin unternommen, daß die Verträge eines Teilhabers auch seine Partner binden (siehe z. B. *Digesten* 14.3.13.2, Ulpian).

Bei der Frage der Handelsvertretung sieht die Leistung der kaiserlichen Juristen schon etwas eindrucksvoller aus. Die Institution der Handelsvertretung hat eine klare ökonomische Bedeutung. Wo Handelsgeschäfte von Mittelsmännern überwacht werden, nehmen Schnelligkeit und Umfang des Handelsaustauschs zu. Ohne gesetzliche Vorschriften jedoch, die zwischen einem Prinzipal und einer dritten Partei vertragliche Verpflichtungen festlegen, kann keine Klasse von Handelsvertretern entstehen. Es herrschte auch weiterhin die strikte Rechtsauffassung, daß jemand, der einem nicht unterstand, nichts erwerben durfte. Diese Regelung enthielt jedoch eine wichtige Einschränkung; sie ließ die Möglichkeit der Beschäftigung von Quasi-Handelsvertretern in Gestalt von Familienabhängigen zu, vor allem von Sklaven und Söhnen, die keine eigene Rechts- und Geschäftsfähigkeit besaßen. In der juristischen Literatur der Zeit gibt es zahlreiche Belege für den Einsatz von Sklaven, die im Geschäftsleben im Namen ihrer Herren tätig werden. Mit der Einführung zusätzlicher Rechtsmittel (*actiones adjecticiae qualitatis*), die einen Prinzipal für die Schulden seines Geschäftsführers oder Schiffskapitäns haftbar machten, wenn dieser im Rahmen seines Auftrags handelte, wurde die Bandbreite von Handelsgeschäften erweitert. Die sogenannten «Geschäftsführer-» und «Reederei-»Geschäfte, mit denen Geschäfte zu Lande und zur See gemeint waren, waren vermutlich Innovationen der späten Republik und deuten ebenso wie andere Indizien auf die Ausweitung des Handels in jener Zeit hin. Die kaiserlichen Juristen erweiterten aber noch den Begriff der «indirekten» Handelsvertretung und beseitigten weitere Handelsrestriktionen, indem sie etwa den «Geschäftsführungs»-Begriff erweiterten (*Digesten* 14.3.5.7, Labeo) und jeden haftbar machten, der einen Vertreter bevollmächtigte, ein bestimmtes Geschäft abzuschließen (*Digesten* 14.3.19 Vorwort; 19.1.13.25, Papinian).

Das römische Bankenrecht erhielt während des Prinzipats jedoch keine wichtigen Impulse zur Weiterentwicklung. Der einzige Hinweis darauf, die Juristen hätten ihre Einstellung den kaufmännischen Realitäten angepaßt, liegt in der eher zögernden Anerkennung des Einlagengeschäfts als besonderer Institution. Ein *Depositum* erfolgte traditionell ohne Gegenleistung; der Empfänger nahm das ihm anvertraute Geld in Verwahrung und gab es auf Verlangen zurück. Texte von Juristen aus der Zeit von Antoninus und der Severer erkennen ein Einlagekonto in einer Bank jedoch als eine Art *Depositum* an und bestätigen die Zahlung von Zinsen an den Einleger (*Digesten* 16.3.28, 24.26.11).

Diese kurze Untersuchung einiger Aspekte des Handelsrechts läßt erkennen, daß das römische Recht erstens fähig war, Vorschriften zu verändern, die Geschäftsleben und Handel behinderten, jedoch nicht bereit war, wichtige Grundsätze zu opfern; und zweitens, daß die auffallenderen Entwicklungen, so wie sie erkennbar sind, nicht in der Zeit des Prinzipats stattfanden. Die Kaiserzeit war eher eine Periode, in der frühere Entwicklungen absorbiert, ausgelegt und in bescheidenem Umfang erweitert wurden. Der Gesetzgeber stand überdies nicht unter großem Druck der «Geschäftswelt», mit etablierten Traditionen wirtschaftlichen Handelns zu brechen. Diese Schlußfolgerungen lassen sich auch mit der Hypothese vereinbaren, daß Handel und Wirtschaftsleben während des Prinzipats ein bescheidenes, aber nicht sonderlich auffallendes Wachstum erlebten.

Die Landwirtschaft verdient besondere Beachtung, weil sie den größten Beitrag zum Wohlstand des Reiches leistete. Argumente für den Fortschritt in der Landwirtschaft finden sich vorwiegend im Westen des Imperiums, wenn wir etwa an die Ausbreitung von Weinbergen in Gallien denken, an die Erweiterung von Olivenhainen in Nordafrika und an die Weizenerzeugung im nördlichen Gallien, im Süden Britanniens und in Nordafrika. Neuland wurde urbar gemacht, altes Land neuer Nutzung zugeführt: vor allem bei der Bewässerung gab es Verbesserungen (in Gallien) oder eine weitere Verbreitung (etwa in Britannien), besonders bei den arbeitsintensiven Vorgängen des Erntens und Pflügens. Die Sklaverei in der Landwirtschaft wurde zumindest in einigen Regionen eingeführt, was durch eine rigorosere Ausbeutung der Arbeitskräfte die Möglichkeit zu höheren Erträgen schuf. Ausländische Investionen sowie Einwanderung ließen die Agrarwirtschaft der westlichen Provinzen aufblühen.

Eine zusätzliche Anregung ging von den Steuerforderungen der Zentralregierung aus, die einer weiteren Expansion aber auch entscheidende Grenzen setzte. Die römische Regierung hatte nur wenige Interessen und Bedürfnisse. Neben den Kosten für Kriege und diplomatische Vertretungen lag ihre Hauptsorge darin, das Militär, die Verwaltung und den kaiserlichen Hof zu unterhalten und zu finanzieren. Sie ernährte die Plebs der Stadt Rom, was eine ständige Verpflichtung war, kam daneben für öffentliche Bauten und Einrichtungen in der Hauptstadt auf und gewährte in Krisenzeiten notleidenden Gemeinden gelegentlich materielle Hilfe. Der überwiegende Teil all dieser Ausgaben wurde aus der Besteuerung landwirtschaftlich nutzbaren Landes in sämtlichen Provinzen mit Ausnahme Italiens bestritten, und zwar so gravierend, daß eine neue Nachfrage erzeugt oder die Steuern und Abgaben früherer (römischer wie vorrömischer) Behörden übertroffen wurden. Folglich mußte der Überschuß gesteigert werden, damit die erhöhten Steuerforderungen bezahlt werden konnten. Zusätzlich wurde den Bauern eine Nutzungsänderung des Landes aufgezwungen, da sie die Armee mit Proviant zu versorgen hatten. In Gebieten mit geringer militärischer Präsenz mußten die Landwirte verkäufliche Produkte erzeugen, um die Geldsteuern aufbringen zu können. Das war schiere Ausbeutung, die alles überstieg, was man zuvor in der mediterranen Welt erlebt hatte. Der wichtigste Faktor, der dieser Entwicklung gegensteuerte, waren die Gewinnmöglichkeiten, die große und stabile Verbrauchergruppen boten, nämlich die Bewohner Roms sowie die Grenzlegionen, zu denen einige Bauern und Händler direkten Zugang hatten. Von all den Grundnahrungsmitteln, welche die Bewohner Roms brauchten, wurde in der Zeit des Prinzipats meist nur Getreide vom Staat zur Verfügung gestellt und verteilt, allerdings in Mengen, die nicht genügten, die Gesamtbevölkerung der Stadt zu ernähren. Mehr noch, die Grenzarmee wurde nicht ausschließlich mit Hilfe von Steuern oder Requisitionen unterhalten, ob es sich nun um Zwangsmaßnahmen oder unbezahlte Leistungen handelte, ob sie in weiter Ferne oder in der Nähe eingefordert wurden.[21]

Die Stadtbewohner im gesamten Imperium bildeten zusätzliche Brennpunkte der Verbrauchernachfrage. Die Zeit des Prinzipats erlebte einen Aufschwung der Städte, etwa in den spanischen und afrikanischen Provinzen, und dies mag als Beleg für die wirtschaftliche Entwicklung des flachen Landes gelten. Eine große Zahl unproduktiver Verbraucher wurde durch die gesteigerte Nahrungsmittelproduktion ernährt. Die Stadt war der Sitz sozialer, rechtlicher und religiöser Einrichtungen, das Zentrum der Verarbeitung von Primärprodukten, des Handwerks sowie der Markt für Verkauf und Verteilung regional erzeugter wie importierter Grundstoffe und Nahrungsmittel. Diesen konstruktiven Aufgaben der Stadt muß man ihre im Grunde ausbeuterische Rolle entgegenstellen. Die Stadt als Vertreter der Zentralregierung überwachte die Einhaltung des Steuersystems und auferlegte der Landbevölkerung in Form finanzieller Forderungen und persönlicher Dienstleistungen weitere Bürden. In die Stadt als Wohnsitz und Konsumzentrum der Großgrundbesitzer floß das auf dem Land verdiente Geld. Die städtischen Eliten hielten auch weiterhin an ihren traditionellen Zielen eines auffälligen Luxuskonsums, ihres gesellschaftlichen Status und politischer Ehren fest, statt sich radikal umzuorientieren und profitablen Investitionen zuzuwenden.[22]

Die Ansprüche der Zentral- und der lokalen Verwaltung sowie die Produktions- und Verkaufsmöglichkeiten auf einem Markt von ansehnlicher Größe variierten räumlich wie zeitlich und dem Umfang wie der Natur nach. Die Landbevölkerung reagierte ähnlich vielfältig. Die Landbewohner intensivierten die Landwirtschaft (etwa durch Ausweitung der Anbauflächen, Verkürzung der Brachzeiten und zusätzliche Arbeitskräfte) und spezialisierten sich (vor allem durch höhere Investitionen in leichtverkäufliche Produkte). Technische Innovationen zur

Anpassung an äußere Anforderungen und Marktbedingungen waren schon seltener. Die Römer in Nordafrika verließen sich auf althergebrachte Anbautechniken, auch auf dem lebenswichtigen Gebiet der Bewahrung und Nutzung von Wasser.[23] Das Britannien des Prinzipats erlebte nach heutigem Wissensstand schlimmstenfalls eine Stagnation und bestenfalls die Ausbreitung von Techniken, die ihre erste Bewährungsprobe in der Landwirtschaft schon bestanden hatten.[24] Die großen Kornspeicher, mechanischen Getreidemühlen und exotischen Pflanzen, die in dieser Zeit in Britannien auftauchten, wirkten sich eher auf Verteilung und Konsum als auf die landwirtschaftliche Produktivität aus. Sie kamen von draußen ins Land und wurden nicht in Britannien entwickelt. Ganz anders Gallien, jedenfalls bei flüchtiger Betrachtung. Plinius verbindet mit Gallien drei Innovationen: einen geräderten Pflug, eine «verbesserte» gallische Sense zum Schlagen von Heu und eine Erntemaschine für Getreide (die man auch von Reliefs sowie aus einer Beschreibung des Schriftstellers Palladius kennt, der in der späten Kaiserzeit lebte).[25] Es ist verführerisch, diese Entwicklungen, deren Auswirkungen man nicht genau einschätzen kann, mit der verwaltungsmäßigen Neuordnung der gallischen Provinzen durch Augustus, der Stationierung einer Garnison mit mehreren Legionen im Norden sowie der zunehmenden Urbanisierung in Verbindung zu bringen. Ebenso könnte man das Auftauchen von Pflug-Vorschneidern und asymmetrischen Pflugscharen im Britannien des dritten Jahrhunderts als Beleg dafür deuten, daß Rom die Provinz von dieser Zeit an als Kornkammer für die Rheinarmeen benutzte. Mit dieser Annahme wäre auch vereinbar, daß man die verhältnismäßig schwerfällige Entwicklung der britischen Landwirtschaft in den ersten beiden Jahrhunderten des Imperiums den geringeren Ansprüchen an die Landwirte in jener Provinz durch die dort stationierte Armee, die Zivilverwaltung sowie die wenigen und bescheidenen urbanen Zentren zuschreibt. Angesichts der Qualität der historischen Quellen scheint es jedoch ratsam, den darniederliegenden Zustand der britischen Landwirtschaft wie auch die Auswirkungen technischer Innovationen in Gallien nicht überzubewerten.

Bleibt noch die Untersuchung der Frage, welche Wirkung Rom selbst auf die landwirtschaftliche Produktion ausübte. Eine Stadt von einer Million Menschen konnte nur dadurch so groß geworden und so groß geblieben sein, daß sie die Ressourcen des gesamten Reiches anzapfte. In der Literatur herrscht die korrekte Ansicht vor, daß die westlichen Provinzen als Hauptlieferanten Roms anzusehen seien (wenn man einmal von der Kornkammer Ägypten absieht): In Rom wurden afrikanisches und sizilianisches Getreide, Wein aus Gallien, afrikanisches Olivenöl, spanischer Wein und vor allem spanisches Olivenöl in erheblichen Mengen verbraucht. Allein an spanischem Öl kamen jährlich rund vier Millionen Kilo in etwa 55 000 Amphoren in die Stadt, wovon der Monte Testaccio, ein Hügel aus zerbrochenen Töpferwaren, noch heute Zeugnis ablegt. Die westlichen Provinzen lagen räumlich näher und hatten in der Landwirtschaft größere Produktionssteigerungen erlebt als die östlichen, die bereits mehr oder weniger voll entwickelt waren, in denen nur wenige Truppen stationiert waren und in denen man auf keine auffällige Verbreitung von Städten stieß.[26] Der Beitrag Italiens wird meist übersehen oder in seiner Bedeutung heruntergespielt. Schlimmer noch, Italien wird meist so dargestellt, als wäre es einem allmählichen und unaufhaltsamen Verfall anheimgefallen, als wäre es zum Opfer des Wettbewerbs mit den Provinzen geworden. Dabei wäre eher zu erwarten gewesen, daß Italien in der frühen Kaiserzeit aufblühte, zumindest diejenigen Regionen, deren geographische Nähe zu Rom ihre Belieferung der Hauptstadt begünstigte, nachdem Bürgerkriege und ähnliche Anlässe zu großen Bevölkerungsbewegungen (vor allem die Ansiedlung einer großen Zahl von Veteranen) geführt hatten und als sich das Land der Befreiung von der Grundsteuer, des Fehlens einer Armee, die weder versorgt noch mit Soldaten beliefert werden mußte, sowie eines Bevölkerungsrückgangs auf dem Land erfreuen konnte. Diese Erwartungen werden zum Teil erfüllt, wenn man sich die Leistung Italiens ansieht. Dabei geht es nicht so sehr um die Getreideproduktion, obwohl in der Kaiserzeit vielleicht bis zu zehn Prozent des in Rom verbrauchten Getreides aus der Toskana, aus Umbrien, Kampanien und Apulien stammten, sondern vielmehr um die Produkte, welche die Bewohner Roms mit dem Geld kaufen konnten, das sie nicht für Getreide ausgeben mußten, da sie sich auf die Dauerhaftigkeit und Großzügigkeit des Getreideverteilungssystems verlassen konnten.

Unter diesen Produkten ist als wichtigstes Wein zu nennen. Unter Augustus brauchte Rom mehr Wein als je zuvor. Die Winzer Italiens reagierten darauf auf zweierlei Weise, einmal durch die Entwicklung von Tafelweinen, vor allem in Kampanien und in der nördlichen Adriaregion von Veneto bis Piceno, und zweitens durch die Entwicklung zahlreicher großer Gewächse. Die frühe Kaiserzeit war eine Periode bescheidener Innovationen in der Landwirtschaftstechnik, wenn man den recht lückenhaften Berichten Columellas und des älteren Plinius –

vor allem diesen – glauben darf. Plinius etwa beschreibt die Bewässerung eines großflächigen Gemüseanbaus und weist dabei auf einige griechische Erfindungen zur Grundwassergewinnung hin, etwa das Wasserrad und die Wasserpumpe; ferner beschreibt er recht ausführlich einzelne Schritte bei der Entwicklung der Hebelpresse, wobei er auch auf die Chronologie achtet.[27] Columellas Stärke waren die Baumzucht und vor allem der Weinbau. Er selbst verbesserte einige bekannte Techniken (beispielsweise entwickelte er einen verfeinerten Handbohrer für die Veredelung durch Pfropfung). Er gehörte zu einem neuen Typus von provinzialen Bauern, die in Italien Höfe aufkauften. Ein früherer Vertreter dieses Typus war Julius Graecinus, Vater Agricolas und Verfasser einer Abhandlung über die Landwirtschaft. Columella kannte sich im Import und in der Akklimatisierung ergiebiger fremder Rebsorten und von Obstbäumen aus und hatte vielleicht selbst einige Sorten in Italien eingeführt.[28]

Dieses Bild steht in einem klaren Widerspruch zur These vom Verfall Italiens, welche die moderne Literatur beherrscht und etwas eingehender erörtert werden muß. Die klassische Formulierung stammt von Rostovtzeff.[29] Der Wettbewerb mit den Provinzen habe den Zusammenbruch mittelgroßer Güter herbeigeführt, die den größten Teil des Weins und des Olivenöls für den freien Markt erzeugt hätten. Diese Güter sowie die kleinen freien Bauernstellen, deren Enteignung in der Zeit der Kaiserzeit weiterging, seien von wenigen reichen Großgrundbesitzern geschluckt worden, die sich mit einer sicheren, wenn auch kleinen Verzinsung begnügt und die direkte Ausbeutung durch Sklaven unter einem Verwalter für die indirekte Verwaltung durch Pächter aufgegeben hätten. Ferner hätten sie Weinbau und Olivenölproduktion mit «wissenschaftlichen» Methoden zugunsten des Getreideanbaus aufgegeben, der im wesentlichen nach herkömmlichen Grundsätzen betrieben worden sei. Dieses eindrucksvolle Gedankengebäude basiert auf einer Reihe vereinzelter, meist literarischer Texte aus der Zeit Neros und Trajans. Zu nennen ist dabei etwa das Bild, das Columella von einer bedrängten oder darniederliegenden Weinindustrie zeichnet; das Wein-Edikt Domitians, das die Anpflanzung von Rebstöcken in Italien verbot und die Vernichtung sämtlicher oder einiger Rebsorten aus den Provinzen anordnete; die Klagen des jüngeren Plinius über den Mangel an geeigneten Pächtern; der Notstand auf dem Land in Italien, wie er durch das Versorgungsprogramm Trajans enthüllt wird.

All das ist recht nichtssagend. Etwa um die Augusteische Periode herum kam es zu einer Wende, als italische Winzer, die ihren Großexport nach Gallien nicht mehr aufrechterhalten konnten, sich nach anderen Absatzmöglichkeiten umsahen. Columellas Abhandlung beschäftigt sich, wie wir gesehen haben, mit diesen positiven Entwicklungen ebenso wie mit der gewohnten, immer wiederkehrenden Kritik am Weinbau. Als spekulativste Form der Landwirtschaft war der Weinbau von den vorsichtigeren und konservativeren Grundbesitzern schon von jeher mißtrauisch beäugt worden. Diesen traditionellen Gegnern schlossen sich jetzt vielleicht jene Bauern an, die sich nicht an die veränderten Bedingungen hatten anpassen können und die an alten, unproduktiven Rebsorten festgehalten hatten, als es schon neuere und fruchtbarere Sorten aus den Provinzen gab. Falls der Wettbewerb der Provinzen die italische Weinindustrie in dieser Zeit tatsächlich beeinträchtigte, dann nur in dieser sehr begrenzten Form. Es kann keine Rede davon sein, daß italischer Wein von dem mehr oder weniger unersättlichen römischen Markt verschwand.

Auch das Edikt des Domitian (oder vielmehr die Edikte, da ein späterer Autor auf ein zweites Edikt anspielt, welches die Anpflanzung von Rebstöcken innerhalb von Stadtgrenzen verbot) enthält keinerlei Hinweis auf einen Verfall des italischen Weinbaus.[30] Sueton liefert eine Erklärung für den ungewöhnlich heftigen Angriff Domitians auf die Weinproduktion: Es gab zu jener Zeit eine Getreideknappheit, die zeitlich mit einer Rekordernte von Wein zusammenfiel. Das ist alles, was man nach einem ersten Lesen der Quellen folgern darf, wenn wir einmal von der Tatsache absehen, daß Domitians Edikt die Winzer in den Provinzen diskriminierte; allerdings hätte Italiens nach wie vor privilegierte Rolle im Imperium auch nichts anderes vermuten lassen. Es ist eine ganz andere und überdies nicht plausible Behauptung, daß dieses Edikt eine protektionistische Maßnahme zum Schutz der kränkelnden Weinindustrie gewesen sei. Eine brillante Schlußfolgerung des führenden Historikers des italischen Weinbaus lädt dazu ein, die Analyse zu vertiefen. In den letzten Jahren des ersten Jahrhunderts gab es eine kurzfristige Krise im Weinbau der am Tyrrhenischen Meer gelegenen Regionen. Es war eine Krise der Überproduktion, die einer Zeit der Unterproduktion folgte. Der Ausbruch des Vesuv am 24. August 79 hatte die Weinberge, die sich vom Fuß des Vesuv bis nach Pompeji, Stabiae und Nuceria erstreckten, mit einem Schlag vernichtet. Wie aber Amphorenfunde belegen, befriedigte gerade diese italische Weinregion einen erheblichen Anteil der Bedürfnisse Roms, vor allem bei einfachen

Tafelweinen. Die Anpflanzung neuer Rebsorten (auch innerhalb von Stadtmauern, wie Domitian wußte oder bald herausfand) verlief erfolgreich, unterlag aber keiner Kontrolle; es war Pech für die Winzer, daß ein hervorragendes Weinjahr mit einer Getreidemißernte zusammenfiel. Das Edikt ist so etwas wie die impulsive Reaktion eines Kaisers, der aus Erfahrungen aller seiner Vorgänger, wenn auch nicht aus eigener Erfahrung, um die politischen Gefahren wußte, die es mit sich brachte, wenn er seine Untertanen hungern ließ, vor allem die Plebs Roms. Neben dem Druck der Straße kann aber auch eine Rolle gespielt haben, daß Domitian den Einflüsterungen interessierter Kreise erlag, nämlich der Großgrundbesitzer, denen die Aussicht, sie könnten ihren Anteil an den städtischen Märkten an die neuen Lieferanten verlieren, Kopfschmerzen bereitete.

Bislang haben wir keinerlei Beleg für eine Strukturkrise im Weinbau oder der italischen Landwirtschaft insgesamt gefunden. Die fehlenden Beweise werden auch nicht durch die Klagen eines Grundbesitzers über seine Pächter geliefert (siehe etwa Plinius, *Ep.* 9.37), die aus jeder beliebigen Zeit stammen können, auch nicht durch das Ernährungsprogramm für Kinder in Landstädten Italiens, das der paternalistische Kaiser Trajan eingeführt hatte. Beide Beispiele sind für sich genommen kein Beleg für die Verschlechterung der Lebensbedingungen auf dem Land oder für den Bevölkerungsrückgang, der vor kurzem eingesetzt hatte.

Die These vom Bevölkerungsrückgang ist von einer Gruppe italienischer Wissenschaftler unter Führung Carandinis mit großer Energie und neuen Argumenten wiederbelebt worden.[31] In dieser Version ist sie eine Krisenthese, zu der auch der Zusammenbruch der «Sklavenwirtschaft» gehört, wie sie vor allem auf den großen Villenbesitzungen Mittel- und Süditaliens praktiziert wurde. Da sich diese Güter hauptsächlich auf die Weinproduktion spezialisiert hatten, kreist die Debatte noch immer um die historische Entwicklung der italischen Weinindustrie. Aber während die klassische Formulierung der Verfallsthese in den Begriffen vorwiegend literarischer Quellen erfolgt – und eine frühere Formulierung der Krisenthese durch den russischen Wissenschaftler Staerman literarischen, juristischen und epigraphischen Quellen folgt –, verwendet man heute auch Erkenntnisse der Archäologie. Eine These befaßt sich mit dem plötzlichen Niedergang von Amphoren der Typen Dressel 2–4, der im ersten Jahrhundert in Italien hauptsächlich verwendeten Weingefäße, zur Zeit Trajans. Der Niedergang wird als

Beweis für den Zusammenbruch des italischen Weinbaus gewertet. Eine weitere These sieht ihre Bestätigung im Verfall der großen Domänen und der Preisgabe des Weinbaus in dem Gebiet, das früher das Zentrum der spekulativen Weinproduktion und der «Sklavenwirtschaft» war, nämlich Mittelitalien von Etrurien bis Kampanien.

Ein Problem besteht darin, daß die beiden Phänomene nur in begrenztem Umfang miteinander zu tun haben. Nur in dem am Meer gelegenen Etrurien, in dem Gebiet zwischen Monte Argentario und Pyrgi, findet sich ein zeitliches Zusammentreffen des Verfalls der Villen mit dem Verschwinden von Dressel 2–4. Das Dilemma wird auch nicht dadurch gelöst, daß man die Krisenzeit erweitert. Abgesehen davon, daß dieses Vorgehen die Korrektheit des Begriffs «Krise» zweifelhaft erscheinen läßt, stiftet es auch Verwirrung: Wie lange währte die Krise? Von der Mitte des zweiten Jahrhunderts bis zur Mitte des dritten (Staerman), oder umfaßte sie das zweite Jahrhundert von Trajan bis Commodus (Carandini) oder den gesamten Zeitraum von Augustus bis Severus (wieder Carandini)?

Die archäologisch begründeten Argumente lassen auch hier wieder Zweifel aufkommen. Die plötzliche Abnahme der Zahlen von Dressel 2–4 könnten einfach bedeuten, daß diese Amphorentypen durch andere Behälter ersetzt worden sind, die es noch zu identifizieren gilt, so wie etwa Dressel 2–4 die schwerere Amphore Dressel 1 in den letzten Jahrzehnten des ersten Jahrhunderts v. Chr. verdrängt hatten. Diese Behauptung ist nicht ganz aus der Luft gegriffen. Manche literarische Quellen deuten darauf hin, daß sich die besseren italischen Weine in Rom und anderswo auch weiterhin gut verkaufen ließen und immer noch in (bislang unidentifizierten) Amphoren transportiert wurden. An dieser Stelle ist der Hinweis angebracht, daß italische Produkte, die nicht über Ostia gingen, weil sie auf dem Land- oder Flußweg nach Rom gelangten, in keiner Zeit archäologische Spuren hinterlassen haben. Zweitens verfielen die großen Villenbesitzungen nicht gleichzeitig oder überall. (Im spanischen Tarraconensis gab es sie übrigens auch weiterhin, denn diese Region hatte in dem gallischen Behälter Nummer 5 anscheinend einen angemessenen Ersatz für Dressel 2–4 gefunden.) Im südlichen Etrurien, das am Meer lag, gab es schon zur Zeit des Antoninus keine großen Villenbesitzungen mehr, aber weiter landeinwärts verschwanden sie erst Anfang des dritten Jahrhunderts; ähnlich waren diese Großbetriebe in Latium in der Nähe von Rom noch im dritten Jahrhundert in Betrieb, ferner im *ager Falernus*, an der Adriaküste und in Süditalien (wo sie in kleinen Zahlen wie von jeher mindestens bis zum vierten Jahrhundert überlebten). Der Zyklus aus Wachstum, Prosperität und Verfall, der nicht nur die mittelgroßen, von Sklaven bewirtschafteten Güter traf, sondern auch andere Formen der Ausbeutung in der Landwirtschaft, ging nicht nur von Region zu Region unterschiedlich schnell vonstatten, sondern auch innerhalb einzelner Gebiete.

Der heutige Quellenstand läßt daher nur den Schluß zu, daß sich für den Strukturwandel der Art, wie er postuliert worden ist, kein fester chronologischer Rahmen oder überzeugender sozioökonomischer Kontext herstellen läßt. Die Weinindustrie war unseres Wissens zwischen der Thronbesteigung des ersten Kaisers und der Mitte des dritten Jahrhunderts nur einmal gezwungen, eine größere Umorientierung vorzunehmen. Man darf nicht vergessen, daß dies eine Zeit ausgedehnter politischer Unstabilität, ständiger Bürgerkriege und Feldzüge in den Provinzen war und infolgedessen Handel und Wandel zurückgingen. Diese Entwicklung setzte gleich zu Beginn der Periode ein, als die großen Villenbesitzungen, die Sklavenwirtschaft trieben und vor allem in den zentralen Regionen Italiens am Tyrrhenischen Meer von dem beachtlichen Weinexport nach Gallien gelebt hatten, nach dem Zusammenbruch dieses Handels andere Absatzmärkte finden mußten.

Rom, von dem sich kaum sagen läßt, daß es in der späten Republik, einer Periode raschen Bevölkerungswachstums, von den italischen Winzern vernachlässigt worden sei, war zu Beginn des Prinzipats ein noch besserer Großkunde.

Soviel wir wissen, blieb Rom mindestens bis zur zweiten Hälfte des zweiten Jahrhunderts eine Stadt mit rund einer Million Einwohnern. Produkte aus allen Provinzen strömten in die Stadt. Lobbyisten der Landwirtschaft führten den Chor der ritualisierten Klagen an; aber es muß schon damals allen klargewesen sein, daß Italien mit Rom in der Mitte bei den wichtigen Landwirtschaftsprodukten keineswegs autark sein konnte, ganz zu schweigen von den Luxusgütern, welche die Oberschicht für sich in Anspruch nahm. Andererseits ist kaum vorstellbar, daß italische Bauern, die auf dem Fluß-, See- oder Landweg leichten Zugang nach Rom hatten, je ihren Anteil an dem riesigen Markt verloren haben sollen, den die Hauptstadt darstellte, welche Qualität ihre Produkte auch gehabt haben mögen. Rom muß schon immer den größten Teil der etwa verbliebenen Überschüsse aufgenommen haben, entweder an Wein oder anderen Produkten, nachdem lokale und regionale Bedürfnisse befriedigt worden waren.

Der Zeitraum des Prinzipats erlebte also in erster Line die Expansion der Landwirtschaft vor allem in den westlichen Provinzen. Dies war natürlich zum Teil eine Konsequenz der römischen Politik, deren Früchte von einer ganzen Folge römischer Regierungen in Form von Steuern und Zinsen sowie direkter durch die Ausweitung der kaiserlichen Landgüter außerhalb Italiens geerntet wurden. Zweitens erlebte das Italien des Prinzipats eine Zeit der wirtschaftlichen Erholung, der eine bescheidene Prosperität folgte, etwa in den nördlichen Provinzen von der Lombardei bis nach Histrian (Istrien), in den zentraler gelegenen Regionen Umbriens, der Toskana und in Kampanien sowie Teilen Latiums. Sichere Quellen über den Zustand der Landwirtschaft in den Provinzen sind natürlich sehr selten, und die Archäologie ist nicht imstande, die von der Literatur hinterlassenen Wissenslücken zu füllen. Die einzige Abhandlung über die Landwirtschaft, die aus dieser Zeit überlebt hat, die von Columella, konzentriert sich auf Italien, liefert aber gleichwohl kein vollständiges und genaues Bild vom Zustand der Landwirtschaft im Italien der Mitte des ersten Jahrhunderts. Die Quellen, die uns zu Gebote stehen, sind jedoch mit der Hypothese vereinbar, daß es zumindest auf manchen Gebieten der Landwirtschaft Italiens und der Provinzen zu vereinzelten Fortschritten kam, was Techniken und Produktionsweisen betrifft, daß Fruchtfolge und Fruchtkombinationen sowie Auswahl des Saatguts verbessert, daß Ertragssteigerungen pro Produktionseinheit erreicht und die Arbeitskraft effizienter genutzt wurden. Solche Veränderungen stellten einen Fortschritt dar, freilich nur innerhalb bestimmter Grenzen: Sie lassen eine Produktivitätssteigerung vermuten, die allerdings nur bescheiden gewesen sein dürfte. Im Vergleichsmaßstab, also vor dem Hintergrund geschichtlicher Perioden, die wichtige technische Durchbrüche erlebten, kann die Zeit des Prinzipats nur als eine Periode relativer Stagnation bezeichnet werden.

1 Zur Einführung in das Thema siehe Finley (1985 a) und, kürzer, Hopkins (1983 a). Über Quellen und Methodik siehe Finley (1985 b).
2 Finley (1985 a), S. 182; Finley (1985 b), Kap. 1 und an verschiedenen anderen Stellen. Eine orthodoxe Deutung der Quellen, allerdings nicht in bezug auf Wirtschaftsgeschichte, findet sich bei Crawford (1983).
3 Jones (1964), 465.
4 Harrauer und Sijpesteijn (1985).
5 Giacchero (1974); vgl. Hopkins (1983 b), 102 ff.
6 Siehe D'Arms (1981); Pleket (1983); vgl. Garnsey (1981).
7 Rickman (1971); Helen (1975), Setala (1977) mit Champlin (1983); Andreau (1983) (1985), mit Rougé (1980), S. 293, und Tchernia (1985), S. 8–9.
8 Polanyi (1957) (1968), mit Humphreys (1978), 31–75; Finley (1985 a).
9 Siehe Finley (1981), Kap. 1 (S. 13 mit Zitat aus Sombart); Hopkins (1978 b), 68 ff; Goudineau (1980), 66 ff; Leveau (1983) mit Entgegnung Goudineaus, S. 283–287; Leveau (Hrsg.) (1985).
10 Garnsey (1976).
11 Hopkins (1983 b).
12 Hopkins (1980), Crawford (1985), S. 279; vgl. Crawford (1986), 65–6.
13 Garnsey (1983 b), 1–2; skizziert von Hopkins (1980), 103. Über den Handel mit Textilien siehe Hopkins (1978 b), 52 ff.
14 Finley (1981), Kap. 11; Landels (1978); White (1984).
15 Über Buchführung in der Antike siehe de Ste. Croix (1956); Macve (1985).
16 Hopkins (1980).
17 Pomey und Tchernia (1978); Hopkins (1983 b). Über keltische Schiffe siehe Casson (1971), 338–9; Marsden (1977).
18 Tchernia (1986 b).
19 Zu diesen Entwicklungen sowie einer Interpretation siehe Tchernia (1986 a).
20 Kurze Einführung in das Thema etwa bei Nicholas (1962), 185 ff, 201 ff; Kaser (1971–5); Crook (1967 a), 189 ff, 229 ff, 241 ff. Über Handelsrecht im allgemeinen siehe Huvelin (1929) sowie über Seehandelsrecht Rougé (1966), 3. Teil.
21 Hopkins (1980): Produktionssteigerung durch Steuern; vgl. Whittaker (1978), Shaw (1983), 149 ff: Steuern könnten auch eine Produktionsminderung bewirkt haben.
22 Finley (1981), 3–23; Hopkins (1978 b).
23 Shaw (1984 a).
24 Jones (1981) und (1982), behutsam korrigiert von Fulford (1984), 137.
25 Plinius, *HN* 18.172 (Pflugrad); 261 (Sense); 296, vgl. Palladius 7.2.2–4 (mechanische Schnittvorrichtung). Sämtliche Geräte werden Gallien zugeschrieben und sollen arbeitssparend gewesen sein. Siehe Kolendo (1980); White (1967 a) und (1984).
26 Jones (1940), Kap. 4. Über den Monte Testaccio, Rodriguez-Almeida (1984).

27 Plinius, *HN* 19.60; Columella 2.16, cf. 11.10; Plinius, *HN* 18.317; siehe auch 18.97 (aber der Text ist mißverständlich).

28 Die Literatur hat sich auf Columellas Pessimismus und seine Buchführungspraktiken konzentriert. Zum letzten Thema siehe Duncan-Jones (1982), 2. Kap.; Carandini (1983); Kommentar von Finley (1985 a), 181–2.

29 Rostovtzeff (1957, 19–22, 30–6, 54–75, 91–105, 165–75, 192–204; Sirago (1958), 250–74; Martin (1971), 257–310, 370–5. Unsere Darstellung lehnt sich an Tchernia an (1986 a). Siehe auch die kürzere, aber nützliche Kritik Purcells (1985), der für die frühe Kaiserzeit von einem «Boom» im italischen Weinbau spricht.

30 Sueton, *Dom.* 7.2, vgl. 14.2; Statius, *Silv.* 4.3.11–12; Philostratus, *v.* Ap. 6.42; Eusebius, *Chron.* (Hrsg. Fotheringham), S. 273; Tchernia (1986 a) IV,3; auch Levick (1982), 67 ff.

31 Carandini (1980) (1981), in Anlehnung an Staermann (1964) (1975); siehe Kommentare von Rathbone (1183), Tchernia (1986 a), Kap. 5; vgl. Tchernia (1980), über das Ende von Dressel 2–4 und über die weitere Produktion von Amphoren (und Wein).

4
Grund und Boden

Plinius der Jüngere, ein römischer Senator aus dem norditalischen Como, schrieb einem Freund, er investiere fast ausschließlich in ländlichen Grundbesitz (*Ep.* 3.19). Bei vielen oder gar den meisten Senatoren dürfte es ähnlich gewesen sein, vor allem bei denen, die wie Plinius nicht zu den Wohlhabendsten gehörten und nicht aus Rom oder seiner Umgebung stammten. Plinius soll ein Vermögen von etwa zwanzig Millionen Sesterzen besessen haben, doch aus der frühen Kaiserzeit sind zwanzigmal so große Vermögen bekannt. Plinius' Vermögen überstieg das für die Zulassung zum römischen Senat erforderliche Mindestvermögen von einer Million Sesterzen um das Zwanzigfache. Es muß in Italien und den Provinzen zahlreiche Männer gegeben haben, die die Grundvoraussetzung für die Zulassung zum Senat erfüllten, aber nie in dieses Gremium aufgenommen wurden.[1]

Dieses Kapitel geht von der Prämisse aus, daß Grund und Boden die Basis des persönlichen Vermögens der Reichen sowie des Wohlstandes des Reiches waren; es behandelt die verschiedenen Formen des Grundeigentums, die räumliche Verteilung von Gütern und Domänen, ihre innere Struktur, ferner die verschiedenen Formen der Verwaltung und des Einsatzes von Arbeitskräften, die Mentalität der Großgrundbesitzer, die Existenz und Lebensfähigkeit von kleinen Höfen, die nur der Subsistenzwirtschaft dienten, sowie die Produktivität in der Landwirtschaft. Wir beschränken diese Erörterung auf Italien, weil es hinsichtlich der Landwirtschaft in den Provinzen an detaillierten Quellen fehlt; Trends wie etwa die Erweiterung anbaubaren Landes sowie die Verbreitung von Getreidesorten, Rebsorten und Oliven werden in einem anderen Abschnitt behandelt (siehe 3. Kapitel).

Die geographische Verteilung des Grundeigentums

Wir stellen uns drei breite Formen von Grundeigentum bei den Reichen vor, die in etwa mit den drei oben genannten Kategorien von Grundeigentümern übereinstimmen:

1. Der örtliche Kleinadel besaß mehr oder weniger ausschließlich in der Heimatregion Grund und Boden.
2. Senatoren mittleren Ranges sowie Ritter mit städtischem Hintergrund besaßen neben ihren lokalen Gütern noch an mindestens einem weiteren Ort großen Grundbesitz.
3. Die reichsten Mitglieder der römischen Oberschicht besaßen ganze Komplexe von Gütern und Domänen in Italien wie in den Provinzen.

Das für die Zulassung zum Senatorenamt erforderliche Mindestvermögen ließ sich aufbauen, indem man einfach in der Nähe seines Geburtsorts Land aufkaufte, was viele Männer mit begrenztem Ehrgeiz auch taten. Zwei Beispiele mögen genügen, eins aus der späten Republik, das andere aus der frühen Kaiserzeit. Das erste ist Sextus Roscius, dessen Sohn ein Klient Ciceros war und der zur Zeit Sullas bei Ameria im Tiber-Tal Land im Wert von sechs Millionen Sesterzen besaß. Das zweite ist die sogenannte Lebensmittelspenden-Inschrift, die das knappe Armenhilfeprogramm des Kaisers Trajan für Veleia dokumentiert, eine Stadt in den Hügeln oberhalb von Piacenza (Placentia) in der Emilia. Die Inschrift spricht von drei Landgütern auf dem Territorium der Stadt, die in etwa die Mindestanforderungen für die Zulassung zum Senatorenamt erfüllen.[2] Es mag noch andere Güter dieser Art gegeben haben, von denen wir nichts wissen, nämlich zusätzlich zu Gütern in dem geforderten Wert, die sich auch auf die Territorien der angrenzenden Städte Piacenza, Parma und Lucca erstreckten. Veleia war zwar nur eine unbedeutende kleine Stadt in den Bergen, zog aber dennoch Kapital der Reichen der Nachbarschaft an, hauptsächlich aus Piacenza, vor allem wegen seiner üppigen Weidegründe (*saltus*). Nur wenige der örtlichen Honoratioren dürften weiter entfernt gelegenes Grundeigentum besessen haben, wenn sie tatsächlich nichts weiter waren als lokale Größen.[3]

Im Gegensatz dazu kam Plinius in den Besitz eines Landguts bei Tifernum Tiberinum in Umbrien, das recht weit von Como entfernt lag und etwa sieben Millionen Sesterzen wert war. Ein Brief (*Ep.* 3.19) zeigt, daß er gerade dabei war, einen Hof, der vermutlich an sein Landgut angrenzte, für drei Millionen Sesterzen zu kaufen (nachdem er den ursprünglich geforderten Preis von fünf Millionen Sesterzen heruntergehandelt hatte). All das zusätzlich zu Landgütern, die er von beiden Eltern geerbt hatte, sowie anderem Grundbesitz in Como und verschiedenen nicht-produktiven Immobilien, das heißt Häusern am Comer See, in Laurentium in der Nähe Roms und auch in Rom selbst auf dem Esquilin. Unter den Männern aus Como, die dem Ritterstand angehörten und außerhalb von dessen Territorium Grund und Boden erwarben, können wir auch Plinius den Älteren nennen, den Onkel des jüngeren Plinius, falls, was durchaus wahrscheinlich ist, er es war, der das umbrische Landgut erwarb und es später seinem Neffen und Erben überschrieb; ferner Calpurnius Fabatus, den Vater von Plinius' dritter Frau, einen Gutsbesitzer, der nicht nur in Kampanien und Ameria, sondern auch in Como Land besaß. Das bewirtschaftete Landgut von Pompeia Celerina, der Mutter von Plinius' zweiter Frau, verteilte sich auf drei Städte an der Via Flaminia (Ocriculum, Narnia, Carsulae) sowie auf das weiter nördlich gelegene Perusia und war vielleicht Teil einer ausgedehnteren Senatoren-Domäne, deren Kernstück irgendwo in der Toskana oder in Umbrien gelegen hat.[4]

Die Erweiterung von Landgütern früherer Stadthonoratioren war eine natürliche Folge ihres gesellschaftlichen und politischen Aufstiegs. In dieser Hinsicht unterschied sich ein Mann wie Plinius, der aus einem abgelegenen Teil Italiens stammte, kaum von einem Mann aus irgendeiner Provinz, der den Aufstieg in die römische Oberschicht geschafft hatte. Es war unvermeidlich, daß Senatoren aus den Provinzen Land in Italien kauften, zunächst in relativ geringem Umfang und dort, wo sich das Kapital leicht anlegen ließ. Trajan brachte sie dazu, ein Drittel ihres Vermögens in Italien anzulegen, aber ein halbes Jahrhundert später beschränkte Marc Aurel diesen Anteil auf ein Viertel.[5]

Der Wohlstand Plinius' und seines Kreises war relativ bescheiden wie bei den meisten Senatoren aus der Provinz. Die geographische Ausdehnung ihrer Investionen bleibt gleichfalls begrenzt. Einen Reichtum ganz anderer Größenordnung, der geographisch breit gestreut war, lernen wir bei Plinius dem Älteren kennen, der von den sechs Männern spricht, die «halb Afrika» besaßen und deren Güter den Grundstock des riesigen kaiserlichen *saltus* in jener Region bildeten, nachdem Nero sie beschlagnahmt hatte (*HN* 18.35); und bei Seneca lesen wir von dem archetypisch reichen Mann, der unter anderem «in sämtlichen Provinzen Land anbaut» (*Ep.* 87.7). Als ein Mann, der 300 Millionen Sesterzen besaß, wußte Seneca, wovon er schrieb. Detaillierte Informationen stehen uns nicht zur Verfügung; aber man kann davon ausgehen, daß sich die Geldanlagen der Senatoren in den Provinzen auf den westlichen Teil des Reiches konzentrierten, der in der Frühzeit des Prinzipats zu einer leichten Beute ausländischen Kapitals wurde, ganz anders als der wirtschaftlich entwickelte, urbanisierte und kultivierte Osten. Dennoch wissen wir aus einigen Quellen, daß römische Senatoren auch im Osten Grundeigentum hatten, beispielsweise in Makedonien und Asien, wo. Q. Pompeius und Rubellius Plautus Güter besaßen. Die «Römer», die eine Inschrift aus Messene als Grundsteuerzahler nennt und die in der frühen Kaiserzeit gelebt haben dürften, sind vielleicht keine hochgestellten Persönlichkeiten gewesen, obwohl sie erhebliche Gelder investiert haben müssen. Sie dürften zu der recht zahlreichen Gruppe unternehmungsfreudiger Italiker gehört haben, die zwar einen relativ geringen gesellschaftlichen Rang besaßen, seit der späten Republik aber in den östlichen wie in den westlichen Provinzen wirtschaftlich aktiv gewesen waren. Ägypten als private Domäne des Kaisers war ein Sonderfall, wo sich weder römische Senatoren noch andere hohe Beamte einkaufen durften. Angehörige der kaiserlichen Familie und die engsten Vertrauten mancher Kaiser (wie Maecenas, Palla und Seneca) erhielten zwar eine Rente von einzelnen Gütern, aber es blieb ihnen verwehrt, sie zu kaufen.[6]

Ausdehnung von Gütern und Domänen

Seneca, Plinius und Columella beklagen die Existenz riesiger Landgüter. Der Begriff *latifundium* erscheint nämlich genau zu ihrer Zeit, um die Mitte des ersten Jahrhunderts n. Chr., in der Literatur. Etwas grundlegend Neues war damit jedoch nicht erreicht: Varro schrieb hundert Jahre zuvor in neutralem Tonfall von dem großen Gut *(latus fundus)* eines reichen Mannes (1.16.4). Für die späteren Autoren waren *latifundia* jedoch ein Symbol für die Degeneration Italiens oder reicher Römer. Sie mißbilligten diesen Reichtum aus moralischen Gründen. In ihren Arbeiten werden *latifundia* mit Gruppen von Kettensklaven in Verbindung gebracht, die oft eine kriminelle Vergangenheit hatten, und bei Columella findet sich der Hinweis, daß freie Bürger in einen Stand der Abhängigkeit herabgewürdigt würden, die der Schuldenknechtschaft nahekomme (obwohl er den Begriff *latifundium* nicht verwendet).[7]

Aber was war ein *latifundium*? Es hat sich weder eine Definition noch eine genaue Beschreibung ergeben. Die Großgrundbesitzer selbst mieden den Begriff und schienen sich nicht einmal klargemacht zu haben, daß es Domänen dieser Größe bislang noch nicht gegeben hatte. Außer im Vorwort von Columella finden wir nirgends einen Hinweis darauf. Plinius der Ältere schrieb, daß ein *latifundium* für 1 300 000 Sesterzen zu haben sei (*HN* 13.92), aber diese Zahl wird eher beiläufig genannt und trägt nicht dazu bei, die Frage zu klären. Nach diesem Kriterium war selbst Plinius der Jüngere – von dem Älteren ganz zu schweigen, der seinem Neffen einen großen Teil seines Vermögens vermachte – mehrfacher Großgrundbesitzer. Es kann also kaum überraschen, daß dem Begriff mit heutigen Maßstäben nicht beizukommen ist. Einerseits werden große Viehzucht- sowie ausgedehnte Ackerbaubetriebe (wie wir sie vor allem in Nordafrika und Sizilien, aber auch in Italien nachweisen können) mit dem Begriff *latifundia* belegt; andererseits wird der Begriff bisweilen verwendet, um ein Konglomerat verstreuter Güter von bescheidenerer Größe zu bezeichnen, die insgesamt den Grundbesitz eines Senators bildeten – etwa in der Größenordnung der «Modell»-Höfe der landwirtschaftlichen Autoren; aber wir finden auch größere. Als Durchschnittswerte gelten 200 Iugera oder 50 Hektar für einen Ackerbaubetrieb, 100 Iugera oder 25 Hektar für ein Weingut, 240 Iugera oder 60 Hektar für einen Olivenhain.

Falls Seneca und Columella ein wirkliches Phänomen ihrer Zeit angegriffen haben sollten, wie rhetorisch und überspitzt sie ihr Mißvergnügen auch ausdrückten, so scheint ihre Kritik jedoch in erster Linie auf Einzelpersonen abzuzielen, die riesige Areale fruchtbaren Landes in den Händen hielten, von dem sie einen Teil als Weideland hatten verkommen lassen. Bei bekannten Großgrundbesitzern finden sich kaum überzeugende Beispiele. Plinius der Ältere nennt zwei Fälle extremen Reichtums, von denen in diesem Zusammenhang einer jedoch nicht anwendbar ist. L. Tarius Rufus, ein Admiral des Augustus, soll in der Region von Picenum 100 Millionen Sesterzen in Grund und Boden investiert und verloren haben (*HN* 18.37). Über Größe und Qualität des gekauften Landes erfahren wir nichts; es sind lediglich Weinkrüge mit seinem Namen gefunden worden. Der belehrende, etwas unklare Text des Plinius ergibt erst dann einen Sinn, wenn der größte Teil dieses Landes dem Weinbau diente. So wissen wir von einem Unbekannten, daß er alles Geld in ein riskantes Unternehmen in irgendeiner Ecke Italiens steckte und bald darauf, durchaus nicht unverdient, seine ganze Habe verlor, was er selbst hätte voraussehen können. Plinius' zweites Beispiel hingegen läßt die Kritik an riesigen Landgütern schon berechtigter erscheinen. C. Caecilius Isidorus, ein Freigelassener, vermutlich ein Erbe der großen Familie der Metelli aus der Zeit der Republik, besaß unter anderem ein riesiges Areal von Acker- und Weideland, das er zum Teil wohl gepachtet hatte. Bei seinem Tod im Jahr 8 v. Chr. hinterließ Isidorus ein Erbe von 3600 Paar Ochsen, 257000 Stück Vieh, 4116 Sklaven sowie 60 Millionen Sesterzen in bar (*HN* 33.135).[8]

Es dürfte nur wenige *latifondisti* gegeben haben, die im gleichen Maßstab wie Isidorus Viehzucht betrieben. Extensive Viehwirtschaft im Mittelmeerraum erforderte den Zugang zu ausgedehntem Weideland in gegensätzlichen Klimazonen, verteilt etwa auf Gebirge und Ebenen, das dem Viehzüchter jedoch nicht unbedingt gehören mußte, sondern gepachtet sein konnte. Viehzucht in großem Stil, zu der auch der Wechsel von Weidegründen über große Entfernungen hinweg gehörte und von der wir bei Varro den ersten Hinweis finden, hat in Italien, vor allem an der Strecke Puglia–Abruzzen, mehr als ein Jahrhundert zuvor begonnen, als kriegerische Erfolge und Konfiskationen dem römischen Staat die Herrschaft über ganz Mittel- und Süditalien gesichert hatten. Auch Varro selbst besaß Land an beiden Enden dieser Viehtriebroute. Seine eigenen 800 Schafe jedoch sowie eine weitere große Herde von 700 Tieren (die er an anderer Stelle erwähnt) lassen vermuten, daß selbst eine Weidewirtschaft mit weiträumigen Herdenwanderungen überwiegend in recht bescheidenem Maßstab betrieben wurde. Aus der Zeit des Kaisertums gibt es keine Daten; aber jeder Versuch, die Bedeutung dieses Wirtschaftszweigs während des Prinzipats höher zu bewerten, dürfte an dem ökonomischen Argument der begrenzten Nachfrage nach Produkten der Weidewirtschaft scheitern. Die Steppen Aragoniens des Mittelalters und der frühen Neuzeit mit ihren Millionen von Schafen, ihren bis zu 111 Meter breiten Wegen, auf denen die Tiere getrieben wurden *(tratturi)*, boten für die Regierung wie für die Exporteure hübsche Einkünfte, stellen aber eine völlig andere Welt dar.[9]

So bleibt nur zu vermuten, daß das Vermögen der meisten reichen Männer nicht in riesigen Landgütern konzentriert war, sondern aus mehreren verstreuten Gütern geringerer Größe bestand. Aber um wieviel kleiner waren sie? Die Annahme, wir hätten es mit riesigen oder bescheidenen Landgütern zu tun, die jeweils nur eine Einheit darstellten und als solche bewirtschaftet wurden, scheint nicht mehr haltbar zu sein. So wird Tarius Rufus wahrscheinlich nicht ein integriertes *latifundium* bewirtschaftet haben, sondern eine Reihe von Gütern in der gleichen Region, vor allem wenn er sich auf den Weinbau spezialisiert hatte: Weinberge haben meist nur bescheidene Ausmaße. Der Vater von Ciceros Klienten Roscius hatte sechs Millionen Sesterzen nicht in einen, sondern in 13 Höfe investiert, die zwar alle in einer Region lagen, aber nicht unbedingt aneinandergrenzten.

Bei den Landgütern des Plinius haben wir es mit einem stabilen Kernbesitz aus ererbten Gütern zu tun, um den herum sich wechselnde Ländereien gruppierten. Sie bestanden aus größeren ererbten Gütern sowie kleineren Höfen, die man ihm vermacht hatte – beispielsweise fünf Zwölftel eines Landguts (*Ep.* 7.11) –, ferner aus gekauften, verkauften und geschenkten Ländereien, zu denen auch ein kleiner Hof *(agellus)* im Wert von 100000 Sesterzen gehörte, den er seiner Kinderfrau vermachte. Dieses «Gütchen» war die kleinste der Plinius nachweislich gehörenden Liegenschaften. Es ist auch der einzige Grundbesitz, der klar als Einzelhof bezeichnet wird (*Ep.* 6.3). Plinius schreibt immer wieder von einer Mehrheit von Pächtern (*coloni*, die er oft einfach nur *rustici* nennt), wenn von seinen transpadanischen und umbrischen Besitzungen die Rede ist, was vermuten läßt, daß die Güter nicht zentral verwaltet, sondern einzeln bewirtschaftet wurden. Kernstück von Plinius' Besitzungen und Quelle seines Reichtums waren die Güter, die er von seinen Eltern geerbt hatte. Plinius schreibt nichts über die Form der Bewirtschaftung dieser Güter, aber wir erfahren, daß sie zu seinen Lebzeiten von jeder Aufstückelung ausgenommen waren (*Ep.* 7.11). Demnach blieben sie im wesentlichen so, wie sie gewesen waren, bevor die Familie in den Senatorenstand aufgenommen wurde, es sei denn, Plinius hätte sie neu gegliedert, worauf sich in seinen *Briefen* allerdings keinerlei Hinweis findet. Wir gehen davon aus, daß diese Güter aus zahlreichen Höfen bestanden, die getrennt bewirtschaftet, wenn auch nicht verwaltet wurden. Wir nehmen ferner an, daß die Hofgrößen sowohl über wie unter dem von den landwirtschaftlichen Autoren empfohlenen Optimum lagen. Diese Annahme beruht auf einer hervorragenden Quelle, in der Größe und Verteilung von Landgütern unter den prominentesten Angehörigen einer lokalen Grundherrenklasse beschrieben wird, nämlich der sogenannten Lebensmittelinschrift von Veleia.

Diese Inschrift von Veleia führt zu sechs Beobachtungen: Erstens war Grundbesitz in Veleia extrem zerstückelt. Der Kreis von Grundherren, die bei der Einkommensschätzung für die Aufnahme in den Senatorenstand veleianisches Land aufführten, Mommeius Persicus, Coelius Verus und die Brüder Annii, besaßen jeweils 35, 26 bzw. 13 Güter.[10]

Zweitens: Die meisten Güter waren klein oder von bescheidener Größe. Persicus besaß 34 Bauernhöfe im Wert von 8000 bis 85 000 Sesterzen.

Drittens: Es gab meist ein ansehnliches Landgut, das alle anderen in den Schatten stellte. Es war ungewöhnlich, daß etwa die Brüder Annii neben Weideland *(saltus)*, das 350 000 Sesterzen wert war, noch drei Landgüter im Wert von 100 000 bis 178 000 Sesterzen besaßen. Coelius Verus und Mommeius Persicus besaßen jeweils nur ein ansehnliches Gut, Coelius Verus ein *saltus* im Wert von 350 000 Sesterzen (das früher zu dem der Brüder Annii und zum Teil der Stadt Lucca gehört hatte), und Persicus besaß ein Landgut *(fundus)* namens *Carbardiacus vetus* im Wert von 210 000 Sesterzen.

Viertens: Wenn wir uns die Lage kleiner Höfe in bezug zu großen Gütern ansehen, stellt sich heraus, daß nur ein geringer Teil des Grundeigentums verstreut lag.[11] Mommeius Persicus besaß vorwiegend in Ambitrebius Land, einer Gemeinde, die die Hügel auf beiden Seiten des unteren Trebbiatals bedeckte, bevor es die Ebene erreicht. Ihm gehörten mehr als 60 Prozent des gesamten Bodens dieser Gemeinde, und trotz der Existenz einiger Grundeigentümer, die auf den Inschriften nur als Nachbarn genannt werden, war Persicus offenkundig der größte einzelne Grundherr der Gemeinde. Ein großer Teil seines Landes muß aus einem oder mehreren großen Landblöcken bestanden haben. Die Ländereien der Brüder Annii und von Coelius Verus waren zwar weniger konzentriert, aber auch nicht zerstreut. Ihre Weidegründe im Bergland, wo Veleia an Lucca angrenzt, waren insgesamt fast eine Million Sesterzen wert. An den *saltus* grenzten mehrere Bauernhöfe (insgesamt elf), die auf dem Boden mehrerer Gemeinden lagen (ebenso wie der *saltus*), so daß der Gesamtwert ihrer Liegenschaften in der Region jeweils 800 000 bzw. 600 000 Sesterzen betrug oder vier und drei Fünftel des Gesamtwerts ihrer Liegenschaften.

Fünftens: Im Lauf der Zeit hatten die Grundherren nicht nur darauf geachtet, die geographische Streuung ihrer Ländereien zu begrenzen, sondern auch die Zahl der Bewirtschaftungs- und Verwaltungseinheiten zu verringern. Drei Faktoren erlauben diese Schlußfolgerung: die Deklaration und Bewertung einzelner Einheiten von *fundi* (Höfe) statt des normaleren *fundus*, was besonders in der Vermögenserklärung der Brüder Annii auffällt; die unmittelbare Nachbarschaft der verschiedenen Höfe und Güter, die sich bei einzelnen Liegenschaften nachweisen oder vermuten läßt, vor allem beim Grundbesitz des Mommeius Persicus; vielleicht auch die Tatsache, daß sehr viele Höfe und Güter mehrere Namen hatten.

Sechstens läßt sich im Gegensatz dazu feststellen, daß Grundeigentum auch aufgeteilt wurde; Mommeius Persicus gab in seiner Vermögenserklärung nicht weniger als neun Landgüter an, die in Wahrheit Anteile (meist die Hälfte) von Höfen waren. Der Grundbesitz der Reichen wurde durch diesen Aufteilungsprozeß erweitert wie auch verringert, was eine Folge des Erbrechts und der Heiratssitten sowie das Ergebnis wirtschaftlicher Abläufe war. Bei jeder neuen Generation setzte der Kampf der einander widerstreitenden Tendenzen in Richtung auf Integration wie Desintegration von neuem ein.

Unter den sonstigen in Veleia deklarierten Landgütern zeigen uns diejenigen, die mindestens 200 000 Sesterzen wert waren, im wesentlichen das gleiche Muster (200 000 Sesterzen waren der Mindestbetrag für eine Bestellung zum Geschworenen in Rom und zweimal soviel, wie für die Aufnahme in den Stadtrat nötig war, sowie die Hälfte dessen, was für die Aufnahme in den Ritterstand an Vermögen nachgewiesen werden mußte).[12] Diese Liegenschaften bestehen beizeichnenderweise aus vielen einzelnen Gütern und Höfen, haben eine nur bescheidene Größe, und eine davon (im Wert von 94 000 bis 150 000 Sesterzen) ist erheblich größer als die übrigen. Auch hier findet sich meist eine Zahl von eng zusammengehörigen Landgütern, die sich um einen großen Hof in einer einzelnen Gemeinde herum gruppieren: so etwa bei Cn. Antonius Priscus in Domitius, Virius Nepos und Dellius Proculus in Iunonius und C. Calidius Proculus in Albensis. Bei den Liegenschaften von M. Antonius Priscus finden wir eine interessante Abweichung: Er hat 14 Landgüter im Gesamtwert von 233 080 Sesterzen, aber kein einziges davon ist mehr wert als 35 000. Der Hauptteil der ererbten Güter der Antonii befindet sich in den Händen eines anderen Familienmitglieds, Antonia Vera (eine Mitgift?), sowie eines Außenstehenden namens Q. Accaeus Aebutius Saturninus. Der eigene Anteil des

Antonius Priscus an einer geteilten Erbschaft besteht aus einer Reihe kleiner Landparzellen. Diese liegen jedoch fast alle in der Gemeinde Albensis und grenzen fast alle aneinander. Hier finden wir einen extremen Fall der Konzentration, die der Zerstückelung zugrunde liegen kann. Mit anderen Worten, die Besitztümer der einigermaßen Wohlhabenden und der «Millionäre» von Veleia bieten in etwa das gleiche Bild. Die Millionäre heben sich jedoch von den anderen Grundeigentümern dadurch ab, daß sie das Weideland kontrollieren und auch in der Lage sind, in weiterer Entfernung von der Masse ihres Grundbesitzes manchmal erheblich Areale hinzuzukaufen, sogar außerhalb des Territoriums von Veleia. So besaß Coelius Verus Land in Parma und Placentia, Mommeius Persicus in Placentia. Das fordert zu einem Vergleich mit einigen reichen Deklaranten in Veleia heraus, die einen erheblichen oder gar den größten Anteil ihres Grundbesitzes anderswo besessen zu haben scheinen und vermutlich in Placentia oder einer anderen Stadt ansässig waren; so ist es kein Wunder, daß sie sich besonders und manchmal sogar ausschließlich für Weideland in Veleia interessierten.[13]

Welche Relevanz hat dieses Muster des Grundeigentums auf dem Territorium einer normalen italischen Stadt bei einer Gruppe «mittelgroßer» Grundherren für die Besitzungen anderer lokaler Eliten und für die Elite Roms? Die Form des Grundeigentums in Veleia gegen Ende des ersten Jahrhunderts war ein Ergebnis zufälliger Ereignisse, etwa von Erbschaften, Eheschließungen und ökonomischen Wechselfällen über einen längeren Zeitraum hinweg. Dieses Muster war in anderen Regionen nicht exakt wiederholbar. Unterschiedliche Gelände- und Klimaformen, Erreichbarkeit von größeren Ballungszentren und Transportwegen sowie Bevölkerungsdichte stellten sicher, daß die städtischen Territorien ein unterschiedliches Bild boten. Gleichwohl waren die gleichen Kräfte, die zu Vermögensbildung und -teilung führten, auch in anderen italischen und nicht-italischen Städten mit deren Territorien am Werk. Das Grundeigentum von Senatoren und Rittern war nicht vor Eingriffen geschützt. Es spielte keine Rolle, daß diese Männer einen höheren gesellschaftlichen Rang, einen größeren Reichtum und einen breiteren Horizont besaßen. Das Grundeigentum der Reichen war weit mehr zerstückelt, als bislang angenommen worden ist, wenn wir in Begriffen von Verwaltungs- und Bewirtschaftungseinheiten denken.

Management und Arbeitskräfte

Auf keinem Feld der antiken Wirtschaftsgeschichte sind die Quellen so auffällig mangelhaft und ist die Wahrheit schwieriger zu erfassen als bei dem Vergleich der historischen Entwicklung von Pachtwesen und Sklaverei. Was gewinnen wir, indem wir Columellas Berichte über das Pachtwesen mit denen von Varro oder Cato oder die von Plinius dem Jüngeren mit Ciceros vergleichen; indem wir Verse von Horaz und Martial, in denen das gleichzeitige Nebeneinander von Sklaverei und Pachtwesen angedeutet wird, nebeneinanderstellen; oder durch ein Nachzeichnen von Wachstum und Verfall einer Handvoll großer Villenbesitzungen?

In Fragen des Managements und der Arbeit hatte die begüterte Klasse mehrere Optionen. Eine war das von Sklaven bewirtschaftete Gut, auf dem Sklaven die ständigen Arbeitskräfte wie auch das Management stellten und auf dem freie Männer oder Sklaven gelegentlich aushalfen, wenn besonders viel Arbeit anfiel, etwa zur Erntezeit. Ließ der Grundherr seinen Besitz nicht «direkt» durch einen Sklavenverwalter *(vilicus)* leiten, dann verpachtete er sein Land (durch *locatio-conductio*). Das Pachtwesen war keine starre Einrichtung. Ein Pächter *(colonus)* konnte grundsätzlich Sklavenarbeiter überwachen (vgl. Columella 1.7.3; Plinius, *Ep.* 9.37), die er entweder selbst oder der Landherr auf einem Gut von beträchtlicher Größe zur Verfügung stellte. Auch einigermaßen wohlhabende und angesehene Männer wie Verus gehörten zu diesen Pächtern. So bedankte sich etwa Plinius bei Verus, weil dieser den Bauernhof übernommen hatte, den Plinius seiner Kinderschwester geschenkt hatte (*Ep.* 6.3). Zu nennen wäre ferner Rufus, der mit dem Sohn des Calpurnius Fabatus befreundet war und als Verwalter von dessen Landgut in Kampanien in Betracht kam (*Ep.* 6.30). Andererseits konnte ein Pächter einen kleineren Bauernhof mit Hilfe seiner Familie auch selbst betreiben. Von den zahlreichen Höfen in Veleia, für die ein niedriger Kapitalwert angesetzt war, wurden wahrscheinlich einige von Kleinpächtern als selbständige ökonomische Einheiten bewirtschaftet. Abgesehen von den offenkundigen Unterschieden bei der Pachtdauer und bei der Höhe des Pachtzinses, unterschieden sich diese Betriebe in der Form der Entrichtung der Pacht, die entweder aus einer festen Summe oder einem vereinbarten Anteil an der Ernte gezahlt wurde (sogenannte Halbpacht, die von Plinius auf einem seiner Landgüter statt eines festen Pachtzinses eingeführt wurde, *Ep.* 9.37).[14]

Die Sklaverei in der Landwirtschaft erreichte in den letzten beiden Jahrhunderten der Republik zumindest in Mittel- und Süditalien einen Höhepunkt. Die Pacht war in der Spätzeit der Republik eine allgemein anerkannte Form der Bewirtschaftung von Landgütern in Italien und herrschte auch im Imperium insgesamt in dieser oder jener Form vor. Die Frage ist, ob man an einen entscheidenden Umschwung in der frühen Kaiserzeit glauben soll, nämlich weg von der Sklaverei und hin zum Pachtwesen, und zwar im Kernland der mit Sklaven betriebenen Landwirtschaft.[15]

Die Verringerung der Zahl der in der Landwirtschaft eingesetzten Sklaven – falls es sie überhaupt gegeben hat – war ein viel längerer und langsamerer Prozeß, als gemeinhin angenommen wird. Es gibt einige Theorien, denen zufolge dieser Wandel beschleunigt und abgekürzt worden sei; aber ihre Autoren versäumen es, ihre Behauptungen zu belegen. Bislang ging man davon aus, daß die Sklaverei in der Landwirtschaft mit dem Ende der Expansionsära zur Zeit des ersten Kaisers Augustus zusammenbrach. Als das Angebot an Sklaven immer mehr zurückging, stiegen deren Preise, und damit wurde die Sklavenarbeit unwirtschaftlich. Nach Augustus kam es jedoch nicht zu einem drastischen Rückgang des Sklavenangebots. Es gab weiterhin Kriege, wenn auch nicht mehr so große Feldzüge wie früher. Der wohlorganisierte, unbehinderte und grenzüberschreitende Sklavenhandel war zu jeder Zeit eine wichtige Nachschubquelle für Sklaven. Daneben wurde das Angebot aus anderen Quellen gespeist, einschließlich der Fortpflanzung; ferner wurden unerwünschte Kinder ausgesetzt oder verkauft. Das Argument, der Rückgang der Sklavenwirtschaft sei auf die gestiegenen Preise für Sklaven zurückzuführen, ist nicht sehr eindrucksvoll. Die Berechnung Jones', auf die sich diese Behauptung stützt, daß nämlich «ein Sklave im zweiten Jahrhundert acht- bis zehnmal so viel kostete wie sein jährlicher Unterhalt, während er im Athen des vierten Jahrhunderts nur etwa den Gegenwert von zwölf oder fünfzehn Monaten Unterhalt kostete», beruht auf mangelhaften und irreführenden Daten. Wie dem auch sei, wenn man alle verfügbaren Quellen sichtet, scheint festzustehen, daß es während der gesamten Kaiserzeit zahlreiche Sklaven gegeben hat. Besonders die juristischen Quellen unterstreichen, wie wichtig die Sklaverei im zweiten und frühen dritten Jahrhundert für die italische Landwirtschaft gewesen ist. Es findet sich keinerlei Hinweis darauf, daß sich nur die Reichsten Sklaven leisten konnten.[16]

Es ist die Ansicht vertreten worden, es habe irgendwann im zweiten

Jahrhundert in der Landwirtschaft (und im Manufakturwesen) eine Krise der Sklaverei gegeben, die sich mit strukturellen Mängeln der «Sklavenwirtschaft» erklären lasse.[17] Dies wird als Problem der Überwachung dargestellt, ausgelöst oder vergrößert durch eine vermutete Umwandlung mittelgroßer Landgüter in *latifundia*, auf denen viele Sklaven beschäftigt wurden. Das Problem wurde durch die weitverbreitete Aufteilung der großen Güter in Pachtbetriebe gelöst, die von Freigelassenen und beförderten Sklaven verwaltet wurden (den sogenannten *quasi-coloni* der juristischen Texte). Diese Rekonstruktion scheitert an der belegbaren Tatsache, daß es in den ländlichen Gebieten Italiens auch während und nach der «Krisenzeit» Sklaven gab. Selbst wenn wir es als gesichert ansähen, daß das «von Sklaven bewirtschaftete Landgut» allmählich verschwand und daß vor allem die Weinerzeugung, das Haupteinsatzgebiet der Sklavenarbeit, in dieser Zeit zum Erliegen kam (beide Annahmen lassen sich mit guten Gründen anzweifeln), müssen Sklaven ohne Statusveränderung in andere Formen der landwirtschaftlichen Produktion umgesetzt worden sein, was durchaus nicht problematisch gewesen sein dürfte. Wenn wir einmal den traditionellen Einsatz von Sklaven in Familienbetrieben außer Betracht lassen, wurden Sklaven auch schon vor dem Aufkommen des «Catoschen» Sklavenlandguts von reichen Italikern bei der Viehzucht und bei der Getreideproduktion eingesetzt. Was die vorgeschlagene Lösung der «Krise» betrifft, sollten wir zweimal nachdenken, bevor wir ohne Beweis die These akzeptieren, es sei in der zweiten Hälfte der Kaiserzeit zu umfangreichen Parzellierungen von Grund und Boden gekommen, ob nun wegen eines Rückgangs des Sklavenangebots, mangelnder Beaufsichtigung der Sklaven oder aus irgendeinem anderen Grund.

Schließlich sei noch kurz die Theorie erwähnt, veränderte ökonomische Verhaltensweisen bei Grundherren hätten in der frühen Kaiserzeit zu einem Umschwung zugunsten des Pachtwesens geführt. Diese Behauptung stützt sich auf die eher unsichere Basis zweier Annahmen, daß sich nämlich Grundherren in der Kaiserzeit weniger für ihre Landgüter interessierten als in der Zeit der Republik und daß ein Grundbesitzer sich um so eher zur Verpachtung seines Landes entschlossen habe, je weniger er sich für seinen Grundbesitz interessierte. Immerhin führt diese These zu der noch nicht angesprochenen Frage, wie Grundherren zu ihren Investitionen auf dem Land standen.[18]

Der Grundherr und sein Land

Läßt die Art und Weise, wie Landgüter organisiert, verwaltet und bewirtschaftet wurden, irgendeine Aussage darüber zu, wie Grundherren in wirtschaftlichen Dingen dachten? Die vor allem von Finley mit Nachdruck vertretene herkömmliche Meinung besagt, der soziale wie politische Wert, den man Investitionen in Grund und Boden beigemessen habe, hätte die Entwicklung neuartiger ökonomischer Konzepte und Einrichtungen in der Antike beeinträchtigt. Grundherren hatten nur sehr unklare Vorstellungen von Gewinn und davon, wie er zu erzielen sei, und sie bedienten sich höchst unzulänglicher Methoden der Gewinnermittlung (was durch Columellas Versuch illustriert wird, die Rentabilität des Weinbaus aufzuzeigen). Meist waren sie in einem Wertsystem befangen, das dem Konsum vor produktiven Investitionen Vorrang einräumte.[19]

Der Kauf eines Landguts durch Plinius ist aufschlußreich, da der fragliche Besitz an sein schon vorhandenes Gut in Tifernum Tiberinum angrenzte (*Ep.* 3.19). Plinius legt hier schon so etwas wie proto-ökonomisches Denken an den Tag. Er ist sich bewußt, welche Risiken es mit sich bringt, ein großes Gut in nur einer Klimazone zu besitzen, und er weiß auch um die Ersparnisse, die es mit sich bringt, wenn er statt zweier nur einen Verwalter beschäftigt und nur ein Wohnhaus in dem Standard unterhält, der von einem Grundherrn im Senatorenrang gefordert war. Obwohl eine einheitliche Verwaltung beider Güter bezüglich deren Ausstattung und Arbeitskräfte mehr oder weniger automatische Einsparungen brachte, gewinnt man den Eindruck, daß sich Plinius nicht viele Gedanken darüber machte und eher nichtwirtschaftliche Faktoren, darunter auch ästhetische Überlegungen, seine Entscheidung bestimmten.

Als Plinius das Gut kaufte, war er wohlbestallter Senator; seine finanzielle Situation war stabil und seine politische Stellung gesichert. Daraus darf man jedoch nicht schließen, daß alle Grundherren zu allen Zeiten in ökonomischen Dingen die gleiche Gelassenheit an den Tag legten. Plinius' Onkel etwa dachte eher konservativ, wenn man sich sein Mißtrauen gegenüber dem Weinbau und seine Vorliebe für Catosche Paradoxa ansieht wie etwa «Nichts könnte unvorteilhafter sein, als ein Landgut so gut wie möglich zu bewirtschaften» (*HN* 18.37). Plinius hat uns aber etliche Anekdoten über spekulative Gewinnsucht hinterlassen, von denen nur ein Fall ein unglückliches Ende fand; dabei ging es um Tarius Rufus und dessen ruinöse Investition in Piceno. Einige Freigelassene hatten einen heruntergekommenen Weinberg in der Nähe Roms gekauft, ihn wieder instand gesetzt und anschließend schnell mit hübschem Gewinn an Seneca verkauft, der den Weinberg für das Vierfache des vorherigen Preises erstand (*HN* 14.48–52). Die Einstellung zum Gewinnstreben in der Landwirtschaft war sogar in der Aristokratie unterschiedlich. Gewinnstreben ist jedoch nicht das gleiche wie Gewinnmaximierung, und ein Wertsystem, das dem Wohlstandskonsum den Vorzug gab, konnte nicht gleichzeitig produktive Re-Investitionen fördern.

So bietet auch die Anordnung von Landgütern in Veleia keinen Beleg dafür, daß man systematisch auf nennenswerte Einsparungen aus war. Es gab zwar Höfe, die durch Verschmelzung mehrerer kleiner Einheiten entstanden waren, aber auch zahlreiche andere, die ausschließlich wegen des Trajanischen Ernährungsprogramms geschätzt und somit als unabhängige Wirtschaftseinheiten betrieben wurden. Manche Höfe, die dem gleichen Eigentümer gehörten, grenzten aneinander, andere wieder nicht. Was mit der Streuung von Landgütern eigentlich bezweckt wurde, entzieht sich unserer Kenntnis, da wir diese Höfe nicht einem bestimmten Areal zuordnen und sagen können, welche Produkte dort angebaut wurden. Die räumliche Verbindung von Akker- und Weideland galt zwar als wünschenswert, dürfte meist aber nicht verwirklicht worden sein. Immerhin wurden diese Vorzüge in den Augen von Grundherren durch die Vorteile einer Streuung von Grundbesitz in verschiedenen ökologischen Zonen mehr als aufgewogen, da dies eine von Landwirten traditionell betriebene Strategie zur Risikominderung darstellt.

Die Wahrheit dürfte recht komplex gewesen sein. Grundherren waren flexibel; das mußten sie auch sein, da selbst der ausgeklügeltste Plan durch Todesfälle – oder Geburten – durchkreuzt werden konnte. Die Grundherren folgten keiner einheitlichen Strategie, sondern nutzten bei der Bewirtschaftung und Verwaltung ihres Grundbesitzes die ganze Bandbreite von Optionen. Bei der Entscheidungsfindung ließen sie sich im wesentlichen von praktischen Überlegungen leiten, bei denen es um die Lage des Landes, die Produkte des Hofes und die Verfügbarkeit geeigneter Verwalter und Arbeitskräfte ging. Die Segnungen klarer Konzepte zur Umgestaltung der Agronomie, wie sie erst mit der landwirtschaftlichen Revolution im achtzehnten Jahrhundert entstanden, standen ihnen noch nicht zu Gebote.

Kleinbauern

In Veleia besaß kein Grundherr ein Gut im Wert von weniger als 50 000 Sesterzen. In der entsprechenden und etwa gleichzeitigen (aber weniger informativen) Inschrift von Ligures Baebiani, einer Kleinstadt in der Nähe von Benevent in Süditalien, heißt es, ein Grundeigentümer besitze und versteuere Grund und Boden, der nur 14 000 Sesterzen wert sei. Das läßt eine Schwelle von 10 000 Sesterzen vermuten, unterhalb derer es Grundeigentümer nicht erlaubt oder schmackhaft gemacht wurde, an Trajans Ernährungsprogramm mitzuwirken.[20]

Theoretisch dürfen wir also von einer Klasse selbständiger Kleinbauern ausgehen, die an beiden Orten entweder reine Subsistenzwirtschaft betrieben oder nur geringe Überschüsse erwirtschafteten. Es könnte sogar sein, daß ihre Kinder zu den Empfängern der Lebensmittelspenden gehörten, nämlich daß sie die Zahlungen erhielten, welche die Grundeigentümer als Zinsen für die Darlehen bezahlen mußten, die ihnen die Regierung gewährt hatte.

Kleinbauern – also Eigentümer von Bauernhöfen, die mehr oder weniger Selbsterhaltungswirtschaft betrieben – treten in der Kaiserzeit kaum in Erscheinung. Es ist symptomatisch, daß ihre Namen in den Inschriften von Veleia und Ligures Baebiani fehlen. Sie tauchen allenfalls als Nachbarn der vielen namentlich genannten Grundeigentümer auf. Die Literatur, das Produkt der sozialen und kulturellen Elite, nimmt die unabhängige Kleinbauernschaft als Klasse gar nicht zur Kenntnis, allenfalls Soldaten, die zu Kleinbauern wurden, und auch das nur eher beiläufig. Die Literatur zeigte sich an Statusgrenzen bei der Landbevölkerung nicht interessiert. So wissen wir zwar, daß Simulus, der Bauer des pseudo-virgilschen *Moretum*, ein armer Mann war, werden aber darüber im unklaren gelassen, ob er ein Sklavenpächter war *(quasi-colonus)*, ein freigelassener Pächter *(colonus)* oder ein selbständig wirtschaftender Eigentümer, ob freigelassen oder frei geboren. Die Archäologie läßt uns in dieser Hinsicht ebenfalls im Stich. Feldvermessungen können, etwa in der Toskana und im Molise, das Überleben von Kleinbauernhöfen belegen; aber damit läßt sich nicht feststellen, ob jemand Eigentümer oder nur Pächter war. Überdies pflegen Kleinbauern keine Denkmäler zu hinterlassen. Ihre Bauernstellen, die aus leichtvergänglichem Material gebaut waren, haben nicht überlebt. Die normale «Kleinbauernstelle» der archäologischen Feldvermessung erweist sich als relativ kunstvolles Bauwerk, in dem kaum Kleinbauern gewohnt haben dürften. Der Eigentümer einer solchen Stelle verfügte vielleicht über 50 bis 80 Iugera oder 12,5 bis 20 Hektar Land und erzeugte gängige Produkte für den lokalen Markt.[21]

Die steuerpflichtigen Kleinbauern in Ligures Baebiani lassen sich dieser Unterklasse von Kleinbauern zuordnen, die oberhalb der Subsistenzebene wirtschafteten. Man kann davon ausgehen, daß 14000 Sesterzen – der Wert der preiswertesten dort versteuerten Bauernstelle – zum Kauf von 56 Iugera oder 14 Hektar anbaubaren Landes ausgereicht haben. 250 Sesterzen pro iugerum waren ein Viertel des Preises, den Columella als Kaufpreis für Land genannt hat, das sich für den Weinbau eignete (3.3.8).

Der Zusammenbruch der unabhängigen Bauernschaft ist ein Klischee der römischen Agrargeschichte. Das Problem ihrer Unsichtbarkeit läßt sich mit einem Schlag lösen, indem man einfach ihre Existenz leugnet oder zumindest abstreitet, daß sie eine gewisse Bedeutung hatte. Dabei ließe sich wie folgt argumentieren: Die Ausbeutung durch den Staat in Form zeitlich ausgedehnter Massenaushebungen zur Armee, durch Bürgerkriege und wirtschaftlichen Druck seitens der Reichen habe die Stellung der freien Kleinbauernschaft der mittleren und späten Republik schwer angeschlagen. Das Italien des Prinzipats habe sich nicht mehr im Aufruhr befunden, und die Anwerber der Armee hätten eher die Provinzen nach Legionären und Hilfstruppen durchstreift, es sei denn, sie waren dabei, eine völlig neue Legion aufzustellen. Der Adel habe auf ihre Kosten Land zusammengerafft und sich die Kleinbauern als Pächter zunehmend untertan gemacht.

Obwohl diese Theorie durchaus plausibel klingt, verkennt diese Ansicht das Leben der Landbevölkerung und ihre Beziehungen zu den Grundbesitzern. Freie Kleinbauern, Pächter und Landarbeiter, die für einen Lohn arbeiteten, waren drei gesellschaftliche Kategorien mit fließenden Grenzen; so waren etwa freie Kleinbauern eine Manövriermasse, aus der sich Pächter gewinnen ließen.[22] Es trifft zwar zu, daß Großgrundbesitzer ihre Pächter und Saisonarbeiter aus einer größeren Gruppe rekrutierten, zu der auch Grundeigentümer mit bescheidenen Mitteln und Stadtbewohner gehörten, die nicht in der Landwirtschaft tätig waren (Columella verrät uns seine Abneigung gegen den Pächter mit Wohnsitz oder Herkunft in der Stadt, *colonus urbanus*, 1.7.3); sie bevorzugten aber dennoch Männer, die in der Nachbarschaft verwurzelt waren (vgl. Columella 1.7.4; Plinius *Ep.* 6.30). Es herrschte zwar Nachfrage nach armen Kleinbauern, aber ebenso wahr ist, daß sie versucht oder gezwungen waren, ihr mageres Einkommen nach Möglichkeit zu steigern. Das hat zur Folge, daß einer zunehmenden Zahl von Pachtverhältnissen, wenn dies durch die Umwandlung des herkömmlichen, von Sklaven bewirtschafteten Landguts in einen oder mehrere Pachthöfe erreicht wurde, die zusätzliche Beschäftigung einer ähnlichen Zahl freier Kleinbauern entspricht.

Natürlich konnten weitere Pachtverhältnisse auch auf andere Weise geschaffen werden, welche die Zahl der freien Kleinbauern verringerte, nämlich durch einfache Verwandlung verarmter Kleinbauern in Kleinpächter, die ihr einstiges oder fremdes Land bewirtschafteten. Das ist ein durchaus vorstellbares Szenarium. Ob Großgrundbesitzer ihre Ländereien auf diese Weise gewohnheitsmäßig erweiterten, ist eine ganz andere Frage. Eigentümer mittelgroßer Güter waren ebenfalls verwundbar, da sie den Schwankungen des Markts und dem Wettbewerb ausgesetzt waren. Kleinbauern, die nur Subsistenzwirtschaft betrieben, stellten für die reichen Produzenten keine Konkurrenz dar.

Es sei hinzugefügt, daß Großgrundbesitzer, die freie Bürger als Landarbeiter und Verwalter beschäftigten, die Kleinbauern in Wahrheit am Leben erhielten, indem sie ihnen zusätzliche Einkommensquellen boten. Das war jedoch Berechnung und keine Wohltätigkeit; wir dürfen nicht einmal sicher sein, daß die zahlreichen Grundeigentümer, die sich an Trajans Ernährungsprogramm beteiligten, dies freiwillig und aus humanitären Motiven taten.[23] Es gab zu allen Zeiten Grundeigentümer, welche die Kleinbauern gnadenlos ausbeuteten, ob nun in einer Patronatsbeziehung oder sonstwie. Eine großangelegte oder systematische Enteignung der Kleinbauernschaft hätte jedoch die Mobilität dieses ländlichen Bevölkerungsteils erhöht und damit auch die ökonomische Stellung des Großgrundbesitzers untergraben. Gleichzeitig lieferte die Armee mit ihrer Politik der Landverteilung an entlassene Soldaten einen Mechanismus zur regelmäßigen Auffüllung des freien Kleinbauernstands.

Den meisten Erörterungen des Schicksals der unabhängigen Bauernschaft liegt die Annahme zugrunde, daß landwirtschaftliche Kleinbetriebe unrentabel gewesen seien, vor allem wegen der primitiven Anbaumethoden und der geringen Produktivität.

Hier müssen wir zunächst einige irrtümliche Annahmen herausarbeiten und behandeln. So gibt es die oft unausgesprochene Annahme, Landwirtschaft müsse kapitalintensiv sein, um erfolgreich zu sein. Dies wird mit der weiteren These verbunden, technischer Fortschritt führe notwendig zu höherer Produktivität. In Wahrheit ist in weiten Teilen des Mittelmeerbeckens keine hochentwickelte Technik nötig, um das Land zu bearbeiten. In halbtrockenen und trockenen Klimazonen sind schwere Maschinen unnütz und manchmal sogar schädlich, was gerade heute in so weit auseinanderliegenden Regionen wie Süditalien, Portugal und im Nahen Osten schmerzlich bewußt wird. Auf einer winzigen Landstelle kann schon eine Hacke oder Haue genügen, um den Boden urbar zu machen und Unkraut niederzuhalten; auf einer etwas größeren Landstelle erfüllt der von Tieren gezogene Pflug den gleichen Zweck. Der schwere Pflug, der den Boden wendet, ist unnötig, wobei das heutige Pflügen mit Hilfe eines Traktors sogar ökologische Schäden verursacht.

Ferner haben unangebrachte historische Vergleiche dazu beigetragen, von dem Dilemma des antiken Bauern ein verzerrtes Bild zu zeichnen. Der Vergleich des Altertums mit dem Mittelalter ist wenig hilfreich, vor allem dort, wo völlig verschiedene Landwirtschaftssysteme und Landschaftsformen einbezogen werden. Es bringt uns nicht weiter, wenn wir etwa sagen, die englische Landwirtschaft habe unter anderem mit der Einführung des schweren Pflugs, die mit anderen Entwicklungen einherging, einen großen Sprung nach vorn gemacht, während die italische Landwirtschaft zurückgeblieben sei, weil sie diesen Pflug noch nicht gekannt hat. Sehen wir uns die Erträge an: Die Erträge[24] im Nordeuropa des Mittelalters (vor allem die Englands, die sich im Rahmen des Zwei- bis Vierfachen hielten, das heißt die Ernte war zwei- bis viermal so groß wie die Saatgutmenge) sind als Maßstab für die antike Landwirtschaft am Mittelmeer ungeeignet, nicht zuletzt weil die dortigen Bauern sich leichter und warmer Böden erfreuen konnten, welche die Keimung begünstigen, während der Norden mit den kalten, schweren Böden zu kämpfen hatte, welche die Keimung verzögern. Wir sollten uns ganz allgemein davor hüten, einer naiv evolutionistischen Annahme zu folgen, daß nämlich die antike Landwirtschaft notwendig unproduktiver gewesen sein müsse als die späteren Landwirtschaftsformen, weil sie zeitlich weiter zurückliegt. Es gibt keinerlei Grund, an einen linearen Fortschritt von der Antike bis in die Neuzeit zu glauben. Nichts rechtfertigt die Annahme, daß Erträge und Effizienz sich generell in einer stetigen Aufwärtsentwicklung befunden hätten.

Der Vergleich der Antike mit der Neuzeit, der zumindest in der Literatur implizit gezogen wird, ist besonders sinnlos. Er ist schon für sich genommen nur von geringem Interesse und hat überdies keinerlei informativen Wert, wenn wir etwas über das Niveau der antiken Landwirtschaft erfahren wollen. Die bloße Feststellung von Selbstverständlichkeiten bringt uns nicht weiter, etwa daß die Bewohner der Antike keine ertragreichen Pflanzen wie Mais und Kartoffeln kannten oder gar die verbesserten Weizensorten, die heutigen Bauern zur Verfügung stehen; man kann die antike Landwirtschaft nicht daran messen, daß ihr moderne Methoden der Landverbesserung unbekannt waren, vor allem der Kunstdünger und moderne Bewässerungstechniken, von den schweren Maschinen, von denen oben gesprochen wurde, ganz zu schweigen. Es zählt nur eins, nämlich inwieweit es einer existierenden Volkswirtschaft gelingt, die Bedürfnisse einer Gesellschaft zu befriedigen. Dies gilt besonders für das vorhandene Landwirtschaftssystem. Effizienz und Produktivität der antiken Landwirtschaft müssen daran gemessen werden, ob es dieser gelang, die antiken Gesellschaften über einen längeren Zeitraum hinweg zu ernähren.

In der Frage der Erträge braucht kaum betont zu werden, daß es im Mittelmeerraum bei Regionen und Geländeformen enorme Unterschiede gegeben haben muß. Dazu haben Agronomen Erkenntnisse zusammengetragen, die längst Allgemeingut sind. Für große Betriebseinheiten sowie für die Neuzeit finden sich in zeitgenössischen Quellen zahlreiche Angaben dazu.[25] Nehmen wir ein paar Daten aus den dreißiger Jahren dieses Jahrhunderts: Die durchschnittlichen Weizenerträge in Kilogramm pro Hektar (kg/ha) bei einer angenommenen Saatgutmenge von 135 kg/ha reichen von 1710 kg oder etwas weniger als der dreizehnfachen Menge in Ägypten bis zu 260 kg oder der zweifachen Menge in der Cyrenaika. Die ebenfalls in Nordafrika gelegenen Staaten Tunesien und Algerien erzielten 400 bzw. 540 kg oder jeweils den drei- und vierfachen Ertrag. Italien einschließlich Siziliens verzeichnete einen Ertrag von 1200 kg/ha, etwas weniger als die neunfache Menge, und Griechenland 620 kg oder etwa das Viereinhalbfache. Schon diese wenigen Zahlen lassen es angeraten erscheinen, für den Mittelmeerraum insgesamt keine verallgemeinernden Feststellungen zu treffen (ob mit oder ohne Ägypten, das Bewässerung praktizierte) oder gar das gesamte Römische Weltreich in einen Topf zu werfen. Die Verallgemeinerung von Erträgen Italiens, Griechenlands oder der nordafrikanischen Provinzen ist jedoch ebenso zweifelhaft. Der Kontrast, der sich in den modernen Zahlen zeigt, etwa der Unterschied zwischen den außerordentlich hohen Erträgen, die aus den Wadi-Tälern und Anschwemmgebieten der Flußmündungen im inneren Tripolitaniens oder aus dem südlichen Numidien gemeldet werden, und den bescheidenen Erträgen der Trockenzone im nördlichen Afrika, würde sich auch in den antiken Quellen wiederfinden, wenn sie sich vollständig erhalten hätten; so wie die Dinge liegen, haben wir aber keine Ertragszahlen aus der Antike, die wir einer Reihe von Notizen über Erträge gegenüberstellen könnten, die man angeblich durch Überflutungspraktiken erreichte, was sowohl antike Schriftsteller wie moderne Kommentatoren für unglaubhaft halten.[26]

Außer diesen Daten aus Nordafrika finden sich in den antiken Quellen ein paar Hinweise auf Italien und Sizilien. Dazu gibt es drei größere Texte. Varro (*Rust.* 1.44.1) sagt in seinen Anmerkungen über die unterschiedlichen Erträge je nach Bezirk und Bodenbeschaffenheit, daß das gleiche Saatgut sowohl den zehnfachen wie den fünfzehnfachen Ertrag bringen könne wie etwa in einigen Teilen Etruriens. Columella stellt fest (3.3.4), daß zumindest im größeren Teil Italiens ein vierfacher Ertrag bei Getreide (*frumenta* und nicht, was festzuhalten ist, bei Weizen, *triticum*) nur selten erreicht werde. Damit wird angedeutet, daß der Ertrag meist unter diesem Niveau blieb. Cicero nennt in den *Verrines* (2.3.112) für das Territorium von Leontini auf Sizilien eine Saatgutmenge von sechs *modii* pro Iugerum oder etwas mehr als 160 kg/ha, was in einem guten Jahr eine Weizenernte von etwa 1300 kg/ha oder die achtfache Menge ergebe; in einem hervorragenden Jahr habe es den zehnfachen Ertrag oder etwa 1625 kg/ha gegeben.

Varros und Columellas Kommentare dazu sind sehr kurz. Varro handelt Gemüse und Getreidearten in einem Kapitel über die Aussaat zusammen ab. Er nennt spezifische Saatgutmengen für Bohnen, Weizen, Gerste und Dinkel (*far*), fügt aber einschränkend hinzu, daß diese Mengen je nach Örtlichkeit und Fruchtbarkeit des Bodens varriiert werden sollten. Es folgt der Bericht aus Etrurien. Er liest sich wie eine authentische Information aus guter Quelle und läßt vermuten, daß dort relativ hohe Erträge selbstverständlich waren. Dabei fällt auf, daß der niedrigere der beiden genannten Ertragswerte immer noch hoch ist. Ein stärkerer Gegensatz hätte Varros Argument noch mehr Gewicht verliehen. Überdies läßt sich in dieser Passage keinerlei tendenziöse Absicht ausmachen, anders als etwa bei Columella. Dieser legt es darauf an, von Produktivität und Rentabilität von Getreidesorten ein unvorteilhaftes Bild zu zeichnen – jedoch nur in einer beiläufigen, wegwerfenden Bemerkung –, was indes nur ein Teil seines detaillierten und ausführlichen Plädoyers für den Weinbau ausmacht. Überdies ist bei Columella aus einem weiteren Grund Zurückhaltung angebracht: Die von ihm genannten Ertragszahlen scheinen eher aus der Luft gegriffen zu sein als das Ergebnis von etwas, was man systematisches Forschen nennen könnte. Die Vorstellung, er habe für Italien insgesamt einen echten Höchst- oder Durchschnittswert genannt, ist unhaltbar; überdies beziehen sich seine Zahlen, wie wir gesehen haben, auf Getreide allgemein.

Ciceros Angaben verdienen eine eingehendere Betrachtung, schon weil er die einzige Quelle darstellt, in der unzweideutig von Weizen die Rede ist. Er nennt zwei Saatgut/Erntemengen-Raten, eine Saatgut-Quote, eine Zahl für als bewirtschaftet gemeldetes Land (30 000 Iugera oder 7500 Hektar), zwei konkurrierende Angebote für die Eintreibung des Zehnten (36 000 *medimnoi* oder 216 000 *modii* sowie 41 000 *medimnoi* oder 246 000 *modii*) sowie andere ausführliche Einzelheiten. Man darf natürlich nicht vergessen, daß er Bevollmächtigter des Kaisers mit dem Auftrag war, die Verbrechen des Statthalters Verres und seiner Gefolgsleute aufzubauschen, in diesem Fall die des Apronius. So ist denkbar, daß er die Weizenernte des Territoriums von Leontini absichtlich geringer ansetzte, um den Anteil an der Gesamternte, den Apronius den Bauern abverlangte, als überhöht darstellen zu können. Bei oberflächlicher Betrachtung deuten seine Saatgut/Erntemengen-Raten, da sie sich auf gute oder hervorragende, nicht aber auf durchschnittliche Jahre beziehen, auf ein Verhältnis von weniger als eins zu acht hin. Die Angebote für den Zehnten aber lassen vermuten, daß ein zwölffacher Ertrag oder 1950 kg/ha von dem Land erwartet wurden sowie der 13,66fache Ertrag für das fragliche Jahr, etwa 2225 kg/ha. Cicero stuft die Angebote als hoch und das des Apronius als künstlich überhöht ein, da er nicht die Absicht hatte, nur den Zehnten einzutreiben. Er dürfte aber weniger bereit gewesen sein, Minucius, der das höhere, aber erfolglose Angebot abgegeben hatte, die gleichen bösen Absichten zu unterstellen. Die Behauptung, daß ein zehnfacher Ernteertrag im Territorium der Leontini «sehr selten» sei, sieht dann nicht mehr ganz so stichhaltig aus. Ein Durchschnittsertrag in Höhe der achtfachen Saatgutmenge scheint für dieses Land eine angemessene Schätzung zu sein.

Das Gebiet von Leontini wurde von Cicero als erstklassiges Ackerland gelobt, und er bezeichnet die Bewohner Leontinis als führende Getreideproduzenten (*Verr.* 2.3.47,109), obwohl ihnen das Land nicht gehörte, wie wir heute wissen. Es wurde von Verwaltern bewirtschaftet, meist von Männern aus Centuripa und im Auftrag abwesender Grundherren, unter denen eine erhebliche Zahl reicher Italiker zu vermuten ist. Angesichts ihres Interesses an sizilianischem Getreide, von dem Interesse des römischen Staates ganz zu schweigen, dürfte das Territorium von Leontini so produktiv gewesen sein, wie es der damalige Stand der Landwirtschaftstechnik erlaubte. Daneben gab es auf Sizilien jedoch noch anderes gutes Ackerland. Zahlen aus dem siebzehnten und achtzehnten Jahrhundert zeigen Durchschnittserträge der sieben- bis zehnfachen Saatgutmenge von großen Gütern in der Umgebung von Palermo, Agrigent und Enna, sämtlich im westlichen Teil der Insel gelegen.[27] Der Durchschnittsertrag ganz Siziliens dürfte nicht wesentlich geringer sein, falls ein solcher Wert überhaupt irgendeinen Sinn oder praktischen Nutzen hat. Der Durchschnittsertrag im Sizilien des neunzehnten Jahrhunderts, zumindest bis zu dessen letztem Viertel, lag bei der sechsfachen Saatgutmenge. Die letzten 25 Jahre brachten wegen Wettbewerbsdruck von außen eine Krise der sizilianischen Landwirtschaft. Dies führte unter anderem dazu, daß ein erheblicher Teil von Getreideland einem anderen Gebrauch zugeführt wurde, was ein Absinken der Durchschnittserträge zur Folge hatte.

Keine der bisher genannten Zahlen bezieht sich auf die selbständigen Kleinbauern oder auf kleine Wirtschaftseinheiten allgemein. Cicero sprach von größeren Landgütern. Unter Hinweis auf Verres' drittes Jahr als Statthalter sagt Cicero, die Bauern auf dem Territorium von Leontini hätten durchschnittlich mehr als 930 Iugera, also mehr als 230 Hektar, bewirtschaftet. Die Kommentare Varros und Columellas dürften auf den Erfahrungswerten von Männern beruhen, die ihnen gesellschaftlich gleichgestellt waren, da ihre Angaben auf persönlichen Verbindungen und Beobachtungen fußten. So gewinnt der jüngst unternommene Versuch von Evans, eine annähernde Ertragszahl für den durchschnittlichen Kleinbauern zu errechnen, zusätzliche Bedeutung.[28] Ausgangspunkt seiner Überlegungen ist die Forderung in Caesars Kampanischem Gesetz von 59 v. Chr., daß Siedler aus Familien mit mindestens drei Kindern in Kampanien zehn Iugera (2,5 Hektar) Land erhalten sollten. Dabei ging man von 230 bis 275 kg Weizen pro Person und Jahr aus, was als Mindestmenge für den Lebensunterhalt galt.[29] So errechnet Evans einen jährlichen Mindestertrag bei Weizen, der bei dem betreffenden Land etwa die viereinhalbfache bis fünffache Saatgutmenge ausmacht (4.4–5.1:1). Da kampanisches Land von besonders hoher Qualität war, wertet Evans diese Ertragszahl als Beweis für die Richtigkeit von Columellas Behauptungen sowie als Anzeichen für «gefährlich niedrige» Durchschnittserträge bei Weizen und anderen Getreidesorten in Italien, Sizilien und weiteren Teilen des Imperiums.

Die Behauptung zeigt Mängel. So soll die genannte Ertragszahl unter der Voraussetzung gelten, daß die gesamten 2,5 Hektar, die jedem Siedler zugeteilt wurden, jedes Jahr mit Weizen bebaut wurden. Diese Berechnung geht jedoch erstens nur dann auf, wenn Kleinbauern eine Getreidemonokultur ausübten. Das ist jedoch für eine reine Subsistenzwirtschaft untypisch, wenn nicht gar mit ihr unvereinbar. Unter diesen Umständen wäre es unangemessen, danach zu fragen, welches Produktivitätsniveau bei Weizen die Bedürfnisse einer Familie decken würde, wenn man das Ganze nur in Weizeneinheiten ausdrückt. Weizeneinheiten sind ein Begriff, den Landwirtschaftsökonomen anwenden, um Subsistenzbedürfnisse zu kennzeichnen, zu denen wesentliche «Non-food»-Posten gehören (Wohnung, Kleidung etc.) und auch Nahrungsmittel, bei denen jedoch die Grundnahrungsmittel einen wichtigeren Wert darstellen als Geld. Dieses Verfahren ist bei einer Gesellschaft zulässig, in der die Erzeuger den größten Teil ihrer Ernte selbst verbrauchten und ihre Steuern und Zinsabgaben oft oder meist in Naturalien zahlten. So gesehen ist der Begriff richtig verwendet; denn wenn man ihn zur Kennzeichnung der Produktion benutzt, wird damit unterstellt, daß der gesamte Lebensunterhalt eines Haushalts nur mit der Weizenernte gedeckt wurde. Nebenbei sei angemerkt, daß Weizen nur einen geringen Ertrag liefert und daß dieses Getreide allein kaum die vorherrschende Feldfrucht des Subsistenzwirtschaft betreibenden Bauern in Kampanien oder sonstwo in Italien oder gar dem Reich ingesamt gewesen sein dürfte. Die Berechnungen der Landwirtschaftsökonomen gehen jedoch ausschließlich vom Weizenanbau aus. Kleinbauern, die im wesentlichen nur Nahrungsmittel für den eigenen Verbrauch anbauten, säten eine ganze Reihe von Getreidesorten und weiteren Feldfrüchten. Das führt zu dem Nettoergebnis, daß die Ertragszahl, die Evans für notwendig hält, um einen ehemaligen Soldaten und Kleinbauern mit seiner Familie in Kampanien überleben zu lassen, unrealistisch hoch angesetzt ist. Zweitens geht Evans davon aus, daß die Bauern ihre Felder durchschnittlich alle zwei Jahre brachliegen ließen, was in der Praxis bedeutet, daß jedes Jahr die Hälfte des Landes nicht bewirtschaftet wird. So ergeben seine Berechnungen einen Ertrag von etwa der neun- bis zehnfachen Saatgutmenge (8.8–10.2:1). Dies ist jedoch keineswegs ein geringer Ertrag und läßt sofort an die von Cicero für Leontini genannten Zahlen denken.

Kurz, die auf das Saatgut bezogenen Ertragsmengen scheinen relativ hoch zu sein, ob nun auf Sizilien, für das Cicero Werte genannt hat, oder in Etrurien, zu dem Varro Daten liefert, oder nach Evans' eigenen Zahlen für Kampanien, bei denen er von einer alle zwei Jahre stattfindenden Brache ausgeht. Columella fällt hier aus der Reihe, und die verschiedenen Versuche, ihn zu rechtfertigen, heben die Unzulänglichkeit seiner Aussagen nur noch mehr hervor. So hat man etwa behauptet, er müsse Getreide gemeint haben, das zusammen mit einer zweiten Feldfrucht gepflanzt worden sei; er habe Etrurien und Kampanien absichtlich ausgelassen und keinen Ernteertrag angegeben, sondern «die produktive Kapazität eines bestimmten Landguts». Damit bleibt bei Columella nur eins – man muß ihm mißtrauen.

Somit ergibt sich folgendes: Die antiken Quellen, wie sie uns überliefert sind, sind kein Beleg für die These von «gefährlich niedrigen» Durchschnittserträgen bei Weizen oder anderen Getreidesorten in Italien, Sizilien oder irgendeinem weiteren Teil des Reiches. Selbst im Fall des Kleinbauern wäre es unangebracht, einfach davon auszugehen oder mit Hilfe anderer Zahlen abzuleiten, er habe nur geringe Erträge erwartet und erhalten. Eine Neubewertung der kleinbäuerlichen Ökonomie der römischen Periode der klassischen Antike ist somit überfällig. Sie müßte den einengenden Effekt der ursprünglichen Prämisse meiden, daß diese Wirtschaftsform unter chronischer Schwäche gelitten habe, die ihren Zusammenbruch garantierte, es sei denn, dem Bauern sei es möglich gewesen, sein Einkommen und seinen Nahrungsmittelbedarf zu erwirtschaften. Man könnte damit beginnen, die Implikationen der bereits von Archäologen der prähistorischen Zeit anerkannten Tatsache zu erforschen, welche auch die Geschichtsschreibung der Antike zu beeinflussen beginnt, daß nämlich Kleinbauern durchaus in der Lage waren, durch intensive Anbaumethoden gute Erträge zu erzielen, vor allem dort, wo das Land nur spärlich besiedelt war und die Bauern auf ihren Höfen oder in der Nähe lebten und arbeiteten.[30]

Anmerkungen

1 Duncan-Jones (1982), Kap. 1; Anh. 7.

2 Cicero, *Rosc. Am.* 18–20; *CIL* XI 1147, *oblig.* 13, 16, 17. Andere Landgüter mit einem Einheitswert von mehr als einer Million Sesterzen lagen nur zum Teil oder gar nicht auf veleianischem Land. Siehe auch de Pachtère (1920); Duncan-Jones (1982), Kap. 7, 211–15; de Neeve (1984), 224 ff. Siehe ferner die vergleichbare Inschrift aus Ligures Baebiani *CIL* IX 1455 bei Veyne (1957) und (1958); Champlin (1981).

3 *CIL* XI 1147, z. B. *oblig.* 6, 9, 30, 31.

4 Duncan-Jones (1982), 324.

5 Plinius, *EP.* 3.19.4; vgl. *SHA MA* 11.8.

6 D. Rathbone (persönlicher Kommentar); Crawford (1976); *PIR*[1] P450; R85; *IG* V 1 1432–33 (Messene), von Giovanni auf die kaiserliche Periode datiert (1978), Anh. II, 115–22; Hatzfeld (1919); Wilson (1966).

7 Columella 1.3.12; Plinius, *HN* 18.35; Seneca, *Ben.* 7.10.5; White (1967 b). Über die Größe von Landgütern Duncan-Jones (1967 a) (1982), Anh. 1.

8 Brunt (1975 c). Pacht ist eine Möglichkeit, da Plinius keine genauen Lagen angibt.

9 Garnsey (1987 b). Das Standardwerk stammt von Pasquinucci (1979).

10 Manche werden zum Zweck der Steuerschätzung zusammengefaßt, wenn auch aus unklaren Gründen, z. B. *oblig.* 13, 16, 17.

11 De Pachtères Rekonstruktion der Zusammensetzung von *pagi* beruhgt auf Mutmaßungen; vgl. Petracco Sicardi (1969). Die ungefähre Lage von Ambitrebius ist jedoch unumstritten. Der fragmentarische Charakter der veleianischen Gutsform ist von de Neeve (1984), 224 ff, gut herausgearbeitet worden.

12 In der Reihenfolge der Erwähnung, *oblig.* 28, 2, 15, 21, 5 (vgl. 20), 25, 41.

13 *Oblig.* 6, 9, 30, 31.

14 Über das Pachtwesen siehe Johne, Köhn und Weber (1983); de Neeve (1984). Die wechselseitige Abhängigkeit von mit Sklaven bewirtschaftetem Landgut und Kleinbauernstelle ist ein Thema von Garnsey (1980 a). Siehe auch Rathbone (1981).

15 Gegensätzliche Ansichten bei Finley (1980), Kap. 4; de St. Croix (1981), 226–59.

16 Harris (1980); Jones (1956), 194, nachgedruckt bei Finley (1968); sowie letzte Anmerkung.

17 Carandini (1981). Siehe Bemerkungen von Rathbone (1983), Tchernia (1986 a),

Kap. 5 und oben S. 60–2. Zu prä-catoschen Formen der Sklavenausbeutung siehe Frederiksen (1981).

18 Brockmeyer (1968).

19 Finley (1985 a), Kap. 4.

20 Veyne (1957) (1958); Champlin (1981).

21 Kenney (1984), z. B. Einführung il-l; Potter (1979); Barker und andere (1978).

22 Garnsey (1980 a), 37–8.

23 Garnsey (1968 a); dagegen Duncan-Jones (1982), 298 ff.

24 Slicher van Bath (1963) führt keine italienischen Ertragszahlen aus dem Mittelalter auf.

25 Hopkins (1983 b), 91.

26 Shaw (1984 a).

27 Aymard (1973).

28 Evans (1980) und (1981). Frühere Erörterungen bei Barbagallo (1904), White (1963), Ampolo (1980).

29 Clark und Haswell (1970), 64 ff.

30 Halstead (1981); Jameson (1977–8).

5

Die Versorgung des Römischen Imperiums

In der Kaiserzeit konnte die römische Regierung das gesamte Mittelmeerbecken, das nordwestliche und Mitteleuropa sowie den Balkan ausbeuten. Die Existenz dieses massiven Weltreichs wirkte sich auf Verteilung und Konsum in Rom, Italien sowie im gesamten Imperium aus. Zum Stichwort Verteilung könnte man fragen: Wie sicherten die Stadt Rom, die Zentralregierung und die römische Armee die benötigten Konsumgüter? Inwieweit war die Regierung an der Versorgung mit Grundnahrungsmitteln beteiligt? Unter dem Stichwort Konsum lauten die Schlüsselfragen etwa: Inwieweit beanspruchten die kaiserlichen Regierungen Roms die Nahrungsreserven der Provinzen für sich und mit welchen Konsequenzen für die Ernährung und die Überlebenschancen von kleinen und großen Gruppen bzw. Gemeinden?

Rom

Das Augusteische Rom war eine Stadt mit rund einer Million Einwohnern; es können aber auch mehr gewesen sein. Die Zahl der Empfänger von Geld- oder Getreidespenden des Augustus belief sich zu verschiedenen Zeiten auf 320000, 250000 und 200000 Menschen – so seine eigenen Berechnungen (*Res Gestae* 15). Dabei handelte es sich ausschließlich um männliche Bürger. Bei einem Mittelwert von 250000 Empfängern läßt das auf eine von der Getreideverteilung betroffene Bevölkerung von etwa 670000 Menschen schließen, wenn die Berechtigung zur Teilnahme an diesem Ernährungsprogramm im Alter von zehn Jahren begann. Setzen wir den Sklavenanteil an der Bevölkerung mit 30 Prozent an, was eine begründete Schätzung ist, dann erreichen wir knapp eine Million Einwohner. Dabei sind die in Rom ansässigen freien Ausländer und Bürger hohen wie niederen Ranges nicht mitgezählt, die von dem Wohlfahrtsprogramm unberührt blieben.[1]

Eine Million Menschen sind eine große Zahl von Verbrauchern. Keine andere Stadt der Welt ist je wieder so groß geworden, bis London im achtzehnten Jahrhundert die Einmillionengrenze erreichte. Rom konnte nur deshalb so groß werden und bleiben, weil es zu seiner Versorgung auf die Ressourcen des gesamten Reiches zurückgreifen konnte.

Versuchen wir einmal, uns vor Augen zu führen, was Rom unter Augustus brauchte. Fast alle Zahlen sind übrigens grobe Schätzungen und stellen nur Größenordnungen dar. Zu nennen sind fünf Stichworte:

1. die zum Lebensunterhalt der römischen Bevölkerung erforderliche Nahrungsmittelmenge in Weizeneinheiten: 200 000 Tonnen pro Jahr;
2. Roms Nahrungsmittelbedarf nur bei Weizen: 150 000 Tonnen pro Jahr, etwa 22,5 Millionen *modii*, ausgehend von der Annahme, daß Weizen 75 Prozent der gesamten benötigten Nahrungsmittelmenge ausmachte;
3. der Bedarf der Getreideverteilung *(frumentatio)* in Form von Weizen: 80 000 Tonnen oder zwölf Millionen *modii* für 200 000 Empfänger; dem liegt ein Bedarf von fünf *modii* pro Person und Monat zugrunde (oder 100 000 Tonnen, 15 Millionen *modii*, für 250 000 Empfänger);
4. tatsächlicher Weizenverbrauch: etwa 200 000 Tonnen oder 30 Millionen *modii* pro Jahr;
5. Weizenimport insgesamt: variabel, etwa in der Bandbreite von 200 000 bis 400 000 Tonnen oder 30 bis 60 Millionen *modii* pro Jahr.

Die erste Zahl bezeichnet den gesamten Lebensmittelbedarf (ohne Wohnung, Kleidung usw.), gemessen in Einheiten des Grundnahrungsmittels Weizen. Es wird dabei von einem Tagesbedarf von rund 1700 Kalorien pro Person ausgegangen. Bei etwa 3000 Kalorien pro Kilogramm Weizen werden pro Jahr mindestens 200 Kilogramm gebraucht, also 200 Millionen kg oder 200 000 Tonnen für eine Million Menschen. Vollständige Daten müßten noch Schätzungen über den tatsächlichen Konsum von Lebensmitteln sowie den Gesamtimport enthalten, beide Angaben in Weizeneinheiten.

Die restlichen Schätzungen beziehen sich auf das Grundnahrungsmittel Weizen. Dessen einzigartige Bedeutung in politischer Hinsicht wie für die Ernährung wird klar, wenn man sich die besondere Aufmerksamkeit ansieht, die er im kaiserlichen Rom ebenso wie im klassischen Athen genoß. Allein Getreide wurde in Rom bis zum Ende des zweiten Jahrhunderts n. Chr. an Bedürftige ausgegeben.

Die zweite Schätzung bezeichnet die Weizenmenge, welche die Bewohner Roms zur Sicherung des Existenzminimums brauchten: Sie beläuft sich auf etwa 75 Prozent der vorhergehenden Zahl oder 150 000 Tonnen. Eventuell ließe sich für Weizen eine etwas niedrigere Prozentzahl ansetzen, was wegen der relativ begünstigten Lage der Verbraucher in Rom gerechtfertigt erscheint. Heutige Erkenntnisse zeigen, daß der Getreideanteil an der Ernährung mit zunehmendem Wohlstand abnimmt. Wurde die Mehrheit der römischen Verbraucher aber tatsächlich wohlhabender, und inwieweit standen ihnen alternative Lebensmittel zur Verfügung, vor allem Fleisch, und zwar zu Preisen, die sie sich leisten konnten? Man darf nicht vergessen, daß die Preise in Rom hoch waren. Löhne und Gehälter waren zwar ebenfalls hoch, aber es gab auch viel Arbeitslosigkeit und Unterbeschäftigung wie in den Städten der Dritten Welt von heute.

Die dritte Zahl, 80 000 Tonnen oder zwölf Millionen *modii*, die Weizenmenge für das Wohlfahrtsprogramm, bedarf keiner weiteren Erklärung.

Die vierte Zahl, 200 000 Tonnen oder 30 Millionen *modii*, bezeichnet den jährlichen Weizenverbrauch. Einige Autoren neigen zu einer viel höheren Menge und vermuten einen Gesamtverbrauch von bis zu 400 000 Tonnen oder das Doppelte unserer Schätzung.[2] Diese Zahl ist ein Produkt der Nebeneinanderstellung zweier isolierter Texte, die beide unzuverlässig sind. Der eine stammt aus der Mitte des vierten Jahrhunderts, der andere aus der Mitte des ersten. Der erste Text (*Caes.* 1.6) nennt eine Zahl von 20 Millionen *modii* ägyptischen Weizens, die unter Augustus nach Rom exportiert wurden (was vielleicht doppelt soviel ist wie die tatsächliche Menge); der zweite Text (Josephus, *BJ* 2.383, 386) nennt ein Verhältnis von zwei zu eins für den Export nordafrikanischen bzw. ägyptischen Weizens nach Rom. Keiner dieser beiden Passagen kann großes Gewicht beigemessen werden, und es ist ein inakzeptables Vorgehen, beide miteinander zu verbinden. Der Zahl von 75 000 *modii* pro Tag, die in einer dritten Quelle genannt wird (*SHA Sept. Sev.* 23, vgl. 8), schenken wir ebensowenig Glauben, obwohl sie als tatsächliche Verbrauchsangabe ungefähr zutrifft, so daß man für die gesamte Regierungszeit des Septimius Severus auf etwa 27,5 Millionen *modii* oder mehr als 180 000 Tonnen kommt. Allerdings hat der Autor diese Angabe nicht als den wirklichen Verbrauch ausgewiesen.

Die tatsächlich importierte Weizenmenge dürfte sich im Rahmen von etwa 200 000 bis 400 000 Tonnen bzw. 30 bis 60 Millionen *modii* bewegt haben, was genug war, um 1,33 bis 2,66 Millionen Menschen zu ernähren, und zwar ohne Abzug durch Schwund oder Verderb. Das Interesse der Regierung und die Initiative privater Händler stellten gemeinsam sicher, daß weit mehr Getreide nach Rom kam, als für das Wohlfahrtsprogramm bestimmt war. Diese Menge blieb deutlich hinter dem Gesamtbedarf der Bevölkerung zurück. Die Regierung ging von einer Knappheit aus, obwohl sie nicht in der Lage war, deren Umfang zu berechnen, und war an einem Ausgleich interessiert. Zudem mußten die Bedürfnisse des kaiserlichen Hofs, der Verwaltung und der in Rom stationierten Soldaten (etwa 21 000 Mann) befriedigt werden. Schließlich mußten Familien von drei oder mehr Personen, die auf der Liste der Wohlfahrtsempfänger standen, eine nur für zwei Personen ausreichende Getreidemenge aus anderen Quellen ergänzen. Anders verhielt es sich nur, wenn in einer solchen Familie mehr als ein Wohlfahrtsempfänger vorhanden war. Augustus war sich dieser Tatsache sehr wohl bewußt, als er in der Zeit der Lebensmittelknappheit, die im Jahr 6 n. Chr. begann (Cassius Dion, 55.26 ff), doppelte Rationen ausgeben ließ. Die Senkung des Berechtigungsalters war eine längerfristige Strategie, die von Trajan und vielleicht einem oder mehreren seiner Nachfolger verfolgt wurde.[3] Und schließlich konnte es sich kein Kaiser leisten, den Rest der Bevölkerung außer acht zu lassen; dazu waren die politischen Risiken zu groß. Die gesamte römische Plebs war ein privilegierter Bevölkerungsteil.

Mit Ausnahme des für das Wohlfahrtsprogramm vorgesehenen Getreides operierten die Regierungen Roms nicht mit den oben genannten Zahlen. Möglicherweise hatten sie ungefähre Importziele im Auge, wohl mit Ausnahme des Augustus. Die überlieferten Quellen aus seiner Zeit lassen vermuten, daß er keinem System folgte und in gefährlichem Umfang improvisierte. Lebensmittelkrisen wurden eher durchgestanden als abgewendet, und das nicht immer schnell (vgl. Cassius Dion 55.33 ff; *Res Gestae* 15). Offenbar hat er nicht immer ausreichende Lebensmittelvorräte in Reserve gehalten; in Notfällen gelang es ihm aber, Getreide herbeizuschaffen, indem er auf private Händler und Lagerhalter Druck ausübte. Allerdings hinterließ er seinen Nachfolgern ein permanentes Amt, dem ein Präfekt der Getreideversorgung vorstand *(praefectus annonae)*.[4] Es gibt auch Anzeichen dafür, daß den etwas verantwortungsbewußteren Kaisern nach Augustus daran gelegen war, in das Versorgungssystem mehr Ordnung und Stetigkeit zu bringen. Tiberius tat einmal alles Krisengerede verächtlich ab und äußerte sich zufrieden, daß es ihm gelungen war, den Zustrom von Getreide aus den Provinzen zu steigern (Tacitus, *Ann.* 6.13). In Tacitus' Bericht über diesen Vorfall sagt Tiberius nicht, wie er das erreicht hat; vermutlich gehörte es zu seinen Vorsorgemaßnahmen, die Zahl der regelmäßigen Großlieferanten zu erhöhen. Insofern war er ein Vorläufer des Claudius, der allerdings in Panik handelte. Diese Politik, die von späteren Kaisern ohne Zweifel noch ausgebaut worden sein dürfte, sowie eine Steigerung der Getreidemengen, die statt Steuer- und Zinszahlungen in die Stadt flossen, verlieh dem Versorgungssystem Stabilität und stellte sicher, daß Rom gefährliche Lebensmittelknappheiten erspart blieben (mit Ausnahme von Bürgerkriegszeiten). Erst in diesem Kontext können wir damit beginnen, von Importzielen der Regierung zu sprechen.

Wie hoch waren diese Ziele angesetzt? Den Kaisern wie den Präfekten der Getreideversorgung war bewußt, daß die Menge des nach Rom strömenden Korns von Jahr zu Jahr variierte, je nach den Fluktuationen der Ernten in den Überschußgebieten und den unsicheren Wetterbedingungen auf See. Um in allen Jahren angemessener Getreidereserven sicher sein zu können und um Transport- oder Lagerschäden auszugleichen, mußte sich die Regierung hohe Importziele setzen, die auf jeden Fall höher zu sein hatten als die Schätzungen des realen Verbrauchs, falls es solche überhaupt gab.

Ob es solche Importziele jedoch gab oder nicht, bleibt sich am Ende gleich: Rom importierte weit mehr Getreide, als es brauchte.

Wir kommen jetzt zu den Versorgungsmechanismen sowie zu der Frage, inwieweit die Regierung an der Lebensmittelversorgung beteiligt war. Zunächst bleibt festzustellen, daß der Staat mit Ausnahme der Getreideeinfuhr in der überwiegenden Zeit des Prinzipats mit dem Import von Konsumgütern nichts zu tun hatte. Septimius Severus (193–212) soll neben Getreide noch Olivenölrationen ausgeteilt haben (*SHA Sept. Sev.* 18.3), und von Aurelian (270–275) heißt es, er habe Schweinefleisch und billigen Wein kostenlos verteilen lassen

(*SHA Aurel.* 35.2, 48.1). Augustus wurde einmal klargemacht, daß Wein in Rom knapp und teuer sei. Seine Antwort lautete, es genüge, daß Wasser in Rom ein «freies Gut» ist: «Mein Schwiegersohn Agrippa hat mit dem Bau mehrerer Aquädukte dafür Sorge getragen, daß die Menschen keinen Durst leiden.» Augustus stand auch der Getreideverteilung grundsätzlich ablehnend gegenüber. Er soll mit dem Gedanken gespielt haben, sie ganz abzuschaffen; aber er wußte, daß dies aus politischen Gründen nicht möglich war (Sueton, *Aug.* 42.1,3). Jedoch verringerte er die Zahl der Berechtigten erheblich. Weniger selbstsichere oder nachgiebigere Kaiser erweiterten allmählich die Liste der Güter, an denen die Regierung interessiert war. So wissen wir aus der ersten Hälfte des zweiten Jahrhunderts (*CIL* Vi 1620, 1625 b), daß Olivenölhändler aus Afrika und Spanien in Rom Gedenksteine für Präfekten der Getreideversorgung errichten ließen. Wir können nur vermuten, daß diese Beamten ermächtigt worden waren, Großlieferanten regelmäßig Olivenöl und Wein abzukaufen. Dieses Vorgehen im Verein mit dem vertraglich geregelten Transport dieser Produkte, vor allem von Olivenöl aus den kaiserlichen Domänen, wird den Weg geebnet haben, als sich die Regierung später verpflichtete, dem Volk von Rom diese Nahrungsmittel auszuhändigen.

Die Regierung übte nicht auf allen Ebenen eine direkte Kontrolle über das Getreideversorgungssystem aus. Erzeugung, Lagerung und Verarbeitung des Getreides lassen sich kurz abhandeln, Eintreibung und Transport sind schon problematischer. Der größte Teil des Getreides, das Rom erreichte, stammte von privaten Gütern. Es wurde von der Regierung (als Steuer oder Requisition) eingetrieben, gekauft oder auf dem Markt verkauft. Der Anteil an Zinsgetreide von staatlichen und kaiserlichen Domänen (nicht belegbar, jedoch wahrscheinlich) dürfte weit geringer gewesen sein. Andererseits kann sich dieser Anteil allmählich gesteigert haben, als Beschlagnahmen und Legate immer mehr wertvolles Ackerland in kaiserlichen Besitz gelangen ließen. Auch in der Frage der Lagerung erscheint eine stetige Ausdehnung von Staatseigentum und -kontrolle auf Kosten privaten Eigentums wahrscheinlich, so daß – anders als zur Zeit des Augustus, als überschüssiges staatliches Getreide in private Getreidevorräte umgeleitet wurde – die staatlichen Kornkammern zur Zeit des Septimius Severus an den Lagern der Privatlieferanten beteiligt waren. War das für die Wohlfahrt vorgemerkte Getreide schließlich den Lagern entnommen und von Regierungsbeamten verteilt worden, lag das gewinnträchtige Geschäft der Verarbeitung des verteilten Getreides sowie anderer ungemahlener Getreidesorten zu Mehl und dann zu Brot in den Händen selbständiger Müller und Bäcker. Einige von ihnen wurden sehr wohlhabend, wovon das eindrucksvolle private Grabmal des Bäckers Eurysaces an der Porta Maggiore in Rom Zeugnis ablegt. Trajan gab sich die größte Mühe, mehr wohlhabende Männer zum Backgewerbe zu überreden oder bereits vorhandene Bäcker zu einer Ausweitung ihrer Unternehmen zu bewegen; wenn der eine Generation später lebende Jurist Gaius Trajan es nicht mißverstanden hat, zielten dessen Aufforderungen aber ausschließlich auf Menschen mit latinischem Bürgerrecht ab (die einen zivilrechtlichen Zwischenstatus besaßen und weder Römer noch Fremde waren). Man bot ihnen das volle römische Bürgerrecht an, wenn sie sich bereit erklärten, für die Dauer von zehn Jahren alljährlich 100 *modii* Getreide zu Brot zu machen.[5]

Der größte Teil des für die Wohlfahrt importierten Getreides war, wie wir gesehen haben, eine Naturaliensteuer. In der späten Republik war das Steuer- und Zinsgetreide von zusammengeschlossenen Staatspächtern *(publicani)* gesammelt worden, denen man zu diesem Zweck staatliche Verträge anbot. Dieses System der Steuereintreibung lief während des Prinzipats allmählich aus; in Ägypten, einer der wichtigsten getreideexportierenden Provinzen, war das System zudem nie angewendet worden. Die staatlichen Behörden erweiterten ihre aktive Beteiligung an der Eintreibung von Steuergetreide jedoch nicht. Das wurde in jeder Provinz lokalen Beamten überlassen, denen man es als eine unbezahlte Dienstleistung für den Staat unter der allgemeinen Oberaufsicht des Provinzstatthalters auferlegte. Überdies gab es keine staatliche Handelsflotte zum Transport des Steuer- und Zinsgetreides an seinen Bestimmungsort. Das blieb privaten Schiffseignern überlassen, die von der Regierung bezahlt wurden. Der Staat bot günstige Konditionen, was diese ohnehin gewinnträchtigen Transporte noch attraktiver machte; so gewährte Claudius beispielsweise Reedern, die staatlichen Weizen nach Rom transportierten, eine Befreiung von der *lex Papia Poppaea* (einem Augusteischen Gesetz, das Unverheiratete und Kinderlose unter Strafe stellte). Ferner gewährte er ihnen die römische Staatsbürgerschaft sowie Konzessionen, die man normalerweise nur Eltern von drei Kindern zugestand. Spätere Kaiser fügten dem noch das wertvolle Privileg der Befreiung von obligatorischen öffentlichen Dienstleistungen hinzu.[6]

Wie umfangreich war dieses Vertragssystem der Regierung? Die Getreideimporte stützten sich nicht ingesamt auf ein solches System. So schloß die Regierung keine Verträge mit den zahlreichen Lieferanten ab, die lediglich kleine Unternehmen besaßen, nur gelegentlich an dem Getreidehandel beteiligt waren oder keinerlei Anreiz brauchten, um dem Markt Getreide zur Verfügung zu stellen – dazu gehörten hochrangige Römer und Italiker, deren Haushalte all das überschüssige Getreide, das sie auf ihren Gütern und Domänen erzeugten, nicht verbrauchen oder lagern konnten. Claudius gewährte nur solchen Reedern Privilegien, die sich bereit erklärten, im Lauf von sechs Jahren 10000 *modii* Weizen, etwas weniger als 70 Tonnen, nach Rom zu bringen. Ein gutes Jahrhundert später hatte man dieses Limit auf 50000 *modii* oder etwa 350 Tonnen erhöht, die in einem oder mehreren Schiffen nach Rom gebracht werden mußten (*Digesten* 50.5.3). Die Kaiser und Präfekten der Getreideversorgung streuten ihre Privilegien also nicht wahllos unter die Leute. Sie waren in erster Linie an Großlieferanten interessiert. Diese waren jedoch nicht unbedingt durch Vertrag an die Regierung gebunden, vor allem nicht in der Frühzeit des kaiserlichen Versorgungssystems. Regierungen, die eine stabile und gleichmäßige Lebensmittelzufuhr sichern wollten, versuchten, die Zahl der Lieferanten langfristig zu erhöhen, und lockten mit Verträgen, die zahlreiche Vergünstigungen, aber auch Auflagen enthielten.

Die Armee

Von einem Tiefstand beim Tod des Augustus mit etwa 300000 Legionären und Auxiliartruppen wuchs die römische Armee beim Tod des Septimius Severus auf einen Höchststand von etwa 400000 Soldaten.[7] Als Verbrauchergruppe war sie, anders als die Stadt Rom, verstreut. In zahlreichen Provinzen waren stehende Kontingente von Legionen oder Auxiliartruppen stationiert. Diese Standortstreuung verhinderte die Schaffung eines einheitlichen Nachschubsystems für die Armee. Man entwickelte Nachschubstrategien, die auf örtliche Besonderheiten Rücksicht nahmen und überdies flexibel genug waren, mit wechselnden Gegebenheiten fertig zu werden, wozu auch Truppenbewegungen und Standortwechsel im Umfang ganzer Garnisonen gehörten. Andererseits muß man davon ausgehen, daß römische Beamte, der Kaiser sowie seine militärischen und zivilen Untergebenen es auf sich nahmen, ein Nachschubsystem zu organisieren. Wir dürfen annehmen, daß es durchdacht und einer sorgfältigen Kontrolle unterworfen war. Schließlich war die Armee das Rückgrat der kaiserlichen Macht. Die Notwendigkeit, ihre Einsatzbereitschaft ebenso zu bewahren wie ihre Loyalität gegenüber den politischen Machthabern, macht verständlich, mit welcher Aufmerksamkeit sich die Kaiser um ihre Bedürfnisse kümmerten. Im Gegensatz dazu versorgte die Regierung das Volk von Rom widerwillig und nur bedingt, hauptsächlich damit es politisch passiv bleibt oder bestenfalls das Regime allgemein unterstützt.

Die Berechnung des Gesamtbedarfs der Armee ist ein schwieriges Unternehmen. Eine vollständige Aufzählung müßte unter anderem Rohmaterialien wie Eisen einbeziehen (so fand man in der vorübergehenden flavischen Festung von Inchtuthil in Schottland ein Lager mit etwa einer Million Nägeln, die rund zehn Tonnen wogen), Bauholz (in Inchtuthil wurden etwa 5000 Festmeter gesägten Holzes allein für den Bau von 28 Kilometern Barackenwänden verwendet), anderes Baumaterial, Tiere für die Kavallerie, für den Transport, für die Gewinnung von Fleisch und Leder (allein für die Ausrüstung einer Legion mit Zelten wurden rund 54 000 Kalbshäute benötigt), Erzeugnisse der Bekleidungsindustrie wie Umhänge, Tuniken und Decken, ferner andere Ausrüstungsgegenstände und Waffen, bevor wir zu den Essensrationen kommen.[8]

Die normalen Essensrationen dürften von Region zu Region verschieden gewesen sein; die Soldaten erhielten indes mindestens Getreide, sauren Wein oder Weinessig, der mit Wasser als *posca* getrunken wurde, und im Regelfall auch Fleisch.[9] In runden Zahlen verbrauchten 300 000 Soldaten etwa 100 000 Tonnen oder 15 Millionen *modii* pro Jahr, wenn man pro Person und Tag ein Kilo Getreide ansetzt. Als die Armee im Verlauf von zweieinhalb Jahrhunderten um ein Drittel wuchs, stieg auch ihr Getreidekonsum und erreichte unter den Severern 150 000 Tonnen oder 22,5 Millionen *modii* pro Jahr. Diese Schätzungen lassen sich möglicherweise als viel zu niedrig oder etwas zu hoch bezeichnen. Sie sind zu niedrig, falls die Kavallerie doppelt soviel Weizen erhielt wie die Infanterie, wie es im zweiten Jahrhundert v. Chr. Polybius zufolge geschah (die städtische Kavallerie erhielt sogar dreimal soviel wie die Infanterie; 6.39.13).[10]

Die Zahl von 100 000 (oder 150 000) Tonnen wird zu hoch sein, wenn die geschätzte tägliche Getreideration von einem Kilo zu hoch angesetzt ist. Diese Verbrauchszahl (es gibt aus der Kaiserzeit keine andere) stammt von spätägyptischen Papyri, auf denen Soldaten zu sehen sind, die Brotrationen von drei römischen Pfund oder etwa einem Kilogramm pro Tag in Empfang nehmen. Dieselben Soldaten erhielten zwei römische Pfund Fleisch, gut einen Liter Wein sowie etwas Olivenöl. Jones bezeichnet diese Rationen als «ungewöhnlich hoch». In Wahrheit liegt die Zahl des Getreideverbrauchs für sich genommen nur unwesentlich höher als Polybius' zwei Drittel *medimnos* Weizen pro Monat, was vier *modii* oder etwa 27 Kilogramm entspricht, die römische und verbündete Infanteristen im zweiten Jahrhundert v. Chr. erhielten. Und dies wiederum ist fast genausoviel wie die normale griechische Militärration von einem *choenix* Weizen pro Tag zur Zeit der klassischen Antike. Die Kettensklaven in Catos Abhandlung *Vom Landbau* aus dem zweiten Jahrhundert v. Chr. verzehrten viel mehr, nämlich vier oder fünf Pfund Brot pro Tag, dafür aßen sie aber kaum etwas anderes (*de agr.* 56).[11]

So dürften 100 000 Tonnen Getreide als grobe Schätzung des Getreideverbrauchs der Armee unter Augustus genügen, aus denen unter Septimius Severus 150 000 Tonnen wurden.

Wenn der Staat die Versorgung der Armee übernimmt, hat das auch Folgen für den geographischen Umkreis, aus dem der Nachschub herangebracht werden muß, ferner für den Rang der Güter, die in Militärlager und Garnisonen gelangten, sowie für die Transportmethoden.

Die meisten Lebensmittel stammten aus der näheren Umgebung einer Garnison. Das bedeutet, daß die Provinzen, in denen Militär stationiert war, und die angrenzenden Regionen den Löwenanteil der Versorgung der Armee übernahmen. Nahrungsmittel, welche die militärische Führung für unerläßlich hielt oder nach denen große Nachfrage herrschte, wurden nur dann aus größerer Entfernung herangebracht, wenn sie in der Nähe des Standorts nicht oder nur in ungenügenden Mengen erhältlich waren. In diese Kategorie fällt auch das spanische Olivenöl, das bis ins Rheinland und nach Britannien gelangte. Für Güter des täglichen Bedarfs waren solche Transporte über große Entfernungen zu kostspielig und ineffizient. Selbst wenn die Regierung in Rom bereit gewesen wäre, die Kosten auf sich zu nehmen, wäre sie mit der mangelnden Effizienz nicht einverstanden gewesen; denn immerhin ging es darum, Armeeregimenter bei Laune und in ständiger Kampfbereitschaft zu halten.

Die Versorgung von Armeeeinheiten in der Umgebung des Standorts war nicht immer eine praktische Lösung. Bei der Wahl der Stationierung waren strategische Überlegungen manchmal weitaus wichtiger als wirtschaftliche, was etwa aus den Standorten der Armee in Syrien, Nordafrika oder Britannien klar hervorgeht. Überdies konnte der Armeebedarf an Nahrungsmitteln, an Rohmaterialien und an zahlreichen Manufakturwaren regional einfach nicht befriedigt werden, vor allem in den frühen Tagen der Eroberung und Befriedung, selbst wenn die betroffenen Stämme und Gemeinden einer ansehnlichen Besatzungsmacht gegenüber Gastfreundschaft zeigten – was in den Regionen an der Nordgrenze eher zutraf als in dem wirtschaftlich höher entwickelten Osten. Als der Prozeß der Befriedung der friedlichen Koexistenz mit der örtlichen Bevölkerung wich, ließ die Anwesenheit einer stehenden Garnison oft eine «Armee» örtlicher Erzeuger und Lieferanten entstehen. Dazu kam es jedoch nicht immer spontan. Die dörfliche Struktur Dobrogeas in der Provinz Moesia Inferior im ersten und zweiten Jahrhundert etwa war das Ergebnis einer Reihe von Zwangskolonisierungen eroberter Stämme, denen auferlegt wurde, die Grenztruppen am Unterlauf der Donau mit Nachschub und Arbeitskräften zu versorgen. Überdies fällt auf, daß in anderen Regionen von Moesia Inferior die römische Besatzung auf die örtliche Siedlungsstruktur nur geringe Auswirkungen hatte. Britische Archäologen haben herausgefunden, daß die Nähe der römischen Armee im englischen Hochland oder in Wales nicht zum Ackerbau anregte; nebenbei sei noch angemerkt, daß die Römer keine neue einheimische Töpferindustrie ins Leben riefen, die es mit importierten Töpferwaren hätte aufnehmen oder diese gar ersetzen können. Im Südwesten Englands sah es anders aus: Hier scheint die nähere Umgebung in einem Radius von etwa 48 Kilometern bei der Belieferung der Garnison von Gloucester eine wichtige Rolle gespielt zu haben. Jedoch zurück zum Norden, wo der größte Teil der Armee stationiert war: Der Süden Britanniens trug die Hauptlast der Versorgung der römischen Armee. Anders ausgedrückt, die Versorgung der römischen Armee über mittelgroße Distanzen hinweg hatte in Britannien große Bedeutung.[12]

Die in Britannien stationierte Armee wurde auch aus Gallien oder noch größerer Entfernung mit Waren beliefert. In der Zeit von der Invasion bis zum Ende des ersten Jahrhunderts wurden auch einfache Gebrauchsgegenstände in großer Zahl importiert, und nicht nur diese: Töpferwaren und andere kleine Manufakturwaren wurden meist hukkepack transportiert, wenn die vorrangigen Güter die Laderäume nicht füllten; sie können daher als Anzeichen für den Massentransport von

Rohmaterialien und leicht verderblichen Waren gewertet werden. Letztgenannte sind nicht mehr aufspürbar, und über ihre Identität und relative Bedeutung können wir nur Vermutungen anstellen: Im Fall Britanniens waren es vielleicht Eisen, Stoffe, Häute und einige Nahrungsmittel. Es fragt sich, ob man auch Getreide in die Liste der von weither transportierten Güter aufnehmen kann. Archäologen haben an britischen Fundorten zwar Getreidekrankheiten wie *Sitophilus granarius* nachweisen können, die es in früheren Zeiten nicht gab und die daher eingeschleppt sein müssen; aber das allein sagt noch nichts über die Stetigkeit von Getreideimporten oder deren Umfang aus. Daher läßt sich grundsätzlich immer noch die Meinung vertreten, Britannien sei selbstversorgend gewesen und habe bei dem wichtigsten Grundnahrungsmittel den eigenen Bedarf voll gedeckt. Für das zweite Jahrhundert ließe sich das noch eher behaupten, wenn es gelingt, den Rückgang des Imports von (sichtbaren) Manufakturwaren und (unsichtbaren) Primärprodukten mit einer gesteigerten Agrarproduktion in Britannien zu korrelieren. Das dürfte jedoch nur teilweise möglich sein. Ein weiterer, vielleicht der Hauptgrund für den Importrückgang war die Verringerung der römischen Truppenstärke in Britannien im zweiten und dritten Jahrhundert.[13]

Britannien belegt, wie schwierig es ist, die relative Bedeutung von lokaler, regionaler und überregionaler Versorgung in einem bestimmten Umfeld abzuschätzen, vor allem weil die Gewichtungen im Lauf der Zeit sich geändert haben dürften. Dennoch können wir auch weiterhin davon ausgehen, daß jede römische Armee es vorzog, aus der Region ihres Standorts versorgt zu werden. Falls nötig, wurden Massengüter bei weit entfernten Lieferanten bestellt, und zu Beginn der militärischen Besetzung Britanniens kann es sich um erhebliche Liefermengen gehandelt haben. Die Importe über große Entfernungen gingen jedoch immer mehr zurück, als näher gelegene Lieferanten zahlreicher und lieferfähiger wurden und die staatlichen Behörden sich diese Quellen besser nutzbar zu machen wußten. Die Bedeutung dieses letzten Faktors, den wir bislang nicht berührt haben, wird sich erweisen, wenn wir die Methoden behandeln, mit denen der Zivilbevölkerung auferlegt wurde, die Besatzungsarmee zu versorgen.

Die Bedeutung der Güter, die an die Armee geliefert wurden, sowie die Methoden, mit denen sie eingeführt wurden, sind ein zweiter Hinweis darauf, inwieweit der Staat an der Versorgung der Armee beteiligt war.

Diese versorgte sich in bestimmtem Umfang selbst.[14] Dem lagen rein praktische Erwägungen zugrunde, etwa wenn das Umfeld unfreundlich gesinnt war, die Ressourcen der Zivilbevölkerung nicht ausreichten und Importe nicht in ausreichender Menge erhältlich waren. So war es im Rheinland üblich, daß die Soldaten selber Kochtöpfe, *mortaria* (Mörser) sowie andere Töpferwaren herstellten, Eisenwaren und Werkzeuge, Lederwaren und bestimmte Waffen. Sie waren sich auch nicht zu schade, auf dem Land, das der Legion zugeteilt war, Tiere weiden zu lassen. Bis zum wohlorganisierten staatlichen Produktionssystem Diokletians ist noch ein langer Weg, aber die Selbstversorgung war in früheren Zeiten durchaus keine *quantité negligeable* und verringerte die Abhängigkeit der Armee von der lokalen Wirtschaft sowie den Austausch mit ihr.

Die Waren, welche die Armee nicht selbst herstellen konnte (oder jedenfalls nicht in genügenden Mengen) – Getreide, Tierfutter, Fleisch, zahlreiche verarbeitete Nahrungsmittel (Getränke, Milchprodukte, Salz usw.), Kleidung, Rüstungen und Waffen –, mußten auf andere Weise beschafft werden. Fast vom ersten Moment der Berührung Roms mit einer Grenzregion an wurden Lebensmittel und Ausrüstungsgegenstände von den besiegten Feinden und anderen Völkern, welche die römische Vorherrschaft anerkannten, in Form von Steuern, als Tribute oder Kontributionen unter irgendeiner anderen Bezeichnung eingetrieben.[15] Eintreibung und Transport wurden wohl von Soldaten oder zivilen Beamten überwacht. Wo die römische Herrschaft schon gefestigter war, wurden diese Forderungen bezeichnenderweise zu Verpflichtungen, die der Zivilbevölkerung von städtischen Beamten auferlegt wurden.

Zu den Steuern sollten noch die Requisitionen hinzugerechnet werden. Wo requirierte Güter bezahlt und nicht einfach beschlagnahmt wurden, etwa zu Zeiten und an Orten, wo man guten Beziehungen zur Zivilbevölkerung einen gewissen Wert beilegte, wurde der Preis wahrscheinlich vom Käufer festgelegt. Er dürfte unter dem Marktpreis gelegen haben. Vermutlich sind Zwangskäufe überall eine wesentliche Voraussetzung für eine stete Versorgung gewesen, wie sich für Ägypten nachweisen läßt. Das ist keineswegs überraschend, und zwar aus folgendem Grund. Steuern in Naturalien, wenn sie als ein bestimmter Prozentanteil an der Ernte festgesetzt waren, ließen sich vorher nie genau abschätzen, und Güter, die aus weiter Entfernung herangebracht wurden, konnten unterwegs aufgehalten werden oder verlorengehen.

Während man bei Grundnahrungsmitteln, besonders bei Getreide, Vorräte einlagerte (so waren die Armeespeicher in Britannien darauf angelegt, einen Vorrat von einem oder zwei Jahren zu speichern), hatte man den Bedarf einer Garnison an anderen Dingen vielleicht unterschätzt. Es muß immer wieder nötig gewesen sein, die Vorräte aufzufüllen; jedenfalls war es weit diplomatischer, etwas zu kaufen, als es in Form einer zusätzlichen Steuer einzutreiben. Genau das taten auch Sonderkommandos aus Stobi am Unterlauf der Donau und aus Dura-Europus am Nordufer des Euphrat, als sie sich auf die Suche nach Getreide für Männer und Tiere oder nach Kleidung oder Pferden begaben. Die dabei zurückgelegten Entfernungen waren meist nicht allzu groß (obwohl der Fall einer Expedition bekannt ist, die von Stobi nach Gallien aufbrach, um dort Kleidung und vielleicht auch Weizen aufzutreiben). Beachtenswert dabei ist, daß solche Missionen höchstwahrscheinlich regelmäßig stattfanden. Requisitionen waren eine Routinesache.[16]

Über weite Strecken herangebrachte Waren gehörten meist den gleichen Kategorien an wie die regional gekauften: Es waren Steuern und Zinsen in Naturalien (von kaiserlichen Domänen) und gekaufte Güter. Der Transport von Massengütern über weite Strecken lag in den Händen privater Händler. Diese Händler führten auch eigene Waren mit, die sie unterwegs und in den Feldlagern auf eigene Rechnung verkauften. Solche Importe brauchten den Wettbewerb mit regionalen Produkten durchaus nicht zu scheuen. Ihr Transport wurde vom Staat sogar subventioniert; er galt als «freie Zuladung» bei den Massengütern, die meist nach vertraglichen Absprachen mit der Regierung befördert wurden.

Daneben verkauften Kaufleute aus der näheren und weiteren Umgebung der Feldlager sowie Marketender aus dem Troß, der um die Lager herum entstand (*canavae* und *vici*), an die Soldaten. Diese hatten nach Abzug der Kosten von Lebensmitteln, Kleidung und Ausrüstung von ihrem Sold noch Geld für weitere Käufe übrig (obwohl manche dieser so gekauften Güter zusammen mit gelegentlichen Sonderzahlungen dem Sold des Soldaten gutgeschrieben wurden). Gleichwohl war diese Art Handel eher unbedeutend, auch wenn er sich für die beteiligten Händler und Erzeuger durchaus gelohnt haben dürfte. Immerhin ging es auch um den Verkauf von Luxusgütern oder «Extras» wie etwa gutem Geschirr, gutem Wein und anderer Lebensmittel, die nicht zu den Standardrationen gehörten, wohingegen die Grundversorgung und die

Ausrüstung eines Regiments von den römischen Beamten auf andere Weise erledigt wurden. Wir haben den Eindruck, daß man die Versorgung der Armee so wenig wie möglich der Initiative selbständiger Händler oder dem freien Spiel der «Marktkräfte» überließ.

Wenn eine Armee über Land zog, wurden Requisitionen und erzwungene Käufe naturgemäß umfangreicher. Das bekamen die Untertanen Roms am stärksten zu spüren, wenn ein großer Feldzug vorbereitet wurde. Dann wurde die Versorgungszone erweitert, und es kam zu systematischeren und umfassenderen Requisitionen, die von Regierungsvertretern angeordnet wurden. Diese unterstanden wiederum der Aufsicht eines Sonderbeamten, der meist dem Ritterstand angehörte *(praepositus annonae)*. Schon in der Regierungszeit des ersten Kaisers hatte man systematisch versucht, die Verpflichtungen von Stadt- und Landbewohnern gegenüber reisenden Vertretern des Staates, Militärs wie Zivilpersonen, ausführlich festzulegen. Es wurde genau vorgeschrieben, was die Zivilbevölkerung an Lebensmitteln, Ausrüstungsgegenständen, Transportmöglichkeiten und Unterkünften bereitzustellen hatte. In einer erst vor kurzem veröffentlichten Inschrift scheint der zweite Kaiser, Tiberius, den Versuch gemacht zu haben, frühere Maßnahmen dieser Art aufrechtzuerhalten und deren Mißbrauch im Namen der Bewohner der Provinz Pisidia einzuschränken.[17]

In den folgenden Jahrhunderten gingen zahlreiche Klagen und Beschwerden bei den Kaisern ein, die gelegentlich verständnisvoll reagierten. Die Ankunft eines Kaisers mit seinem Hofstaat konnte aber für Gemeinden, die auf seinem Weg lagen, auch eine Katastrophe bedeuten. Ehrende Inschriften aus der Kaiserzeit, die einen Wohltäter dafür preisen, daß er die Stadt in der Zeit einer Lebensmittelknappheit gerettet wie auch einen kaiserlichen Besucher versorgt habe, läßt eine Verbindung zwischen den beiden vermuten: «Die Stadt feiert Manios Salarios Sabinos, Gymnasiarchen und Wohltäter, der in Zeiten der Knappheit Getreide sehr oft weit billiger als für den üblichen Preis verkaufte und der die Annona mit 400 *medimnoi* Weizen, 100 *medimnoi* Gerste und 60 *medimnoi* Bohnen versorgte, dazu mit 1000 *metretae* Wein, und auch das viel billiger als üblich, als die kaiserliche Armee durch unsere Stadt kam.» Die Stadt war Lete in Makedonien und der Kaiser Hadrian, dessen zwei Besuche in Sparta in jener Stadt zwei schwere Versorgungskrisen ausgelöst hatten. Andererseits gab es einige glückliche Städte, die von der Großzügigkeit des Kaisers profitierten, wenn dieser in ihren Mauern weilte.[18]

Das dritte Jahrhundert brachte mehr Kriege (Mitte des Jahrhunderts herrschte sogar ständig Krieg). Diese Zeit wird meist als eine Periode des grundlegenden Wandels bei der Versorgung der Armee geschildert. Erstens griff die Armee immer häufiger zu Kontributionen, die überdies bei der Versorgung der Truppen weit wichtiger geworden waren als früher. Da es zudem immer häufiger zu Unruhen kam und die militärische Disziplin zunehmend degenerierte, wurden festgesetzte Obergrenzen oft überschritten. Man darf allerdings nicht vergessen, daß der Wehrsold nur noch sporadisch oder gar nicht mehr ausgezahlt wurde. Zweitens: Zu den Lebensmitteln, die jetzt als Grundrationen ausgegeben wurden, gehörten jetzt auch Olivenöl und Wein, während Getreide nicht mehr vom Sold abgezogen wurde. Diese Entwicklungen (für die es nur sehr wenige Belege gibt) sind möglicherweise von den Severern eingeführt worden, nämlich als Teil ihrer Politik, die materielle Versorgung der Armee zu verbessern. Um die Mitte des dritten Jahrhunderts wurden diese Maßnahmen noch sinnvoller, da die Inflation an Tempo zunahm und der Geldwert des Solds ins Bodenlose fiel. In früheren Zeiten war es den Soldaten möglich gewesen, ihre Grundrationen durch Zukäufe zu erhöhen, was sie jetzt nicht mehr konnten. Die Frage ist, ob diese Entwicklungen es erlauben, von einer neuen Wehrsteuer zu sprechen, die von Septimius Severus eingeführt und später von Diokletian gesetzlich festgeschrieben und systematisiert wurde. Dies ist die *annona militaris*, die in der Literatur als Wehrsold definiert wird, den der Staat als Steuer erhob und den Truppen in Naturalien auszahlte.[19]

Lebensmittelrationen und Ausrüstungsgegenstände wurden den Soldaten schon immer von ihrem Sold abgezogen, der in der jeweiligen Währung errechnet wurde. Unter Diokletian und mehr noch unter Septimius Severus erhielten sie ihr jährliches *stipendium* wie gewohnt in drei Raten.[20] Der Unterschied lag darin, daß die Inflation den Wert des Geldes aufgezehrt hatte und den Soldaten nach den üblichen Abzügen nichts mehr beließ. Was den Soldaten überhaupt noch als «Gewinn» zufloß, bestand aus Geschenken sowie aus Sonderrequisitionen bei der Zivilbevölkerung. Beide wurden im dritten Jahrhundert sehr häufig, da Rom sie stillschweigend duldete oder sogar selbst durchsetzte; und so entwickelten sie sich praktisch zu einer neuen Steuer.

Verteilung der Lasten

Auf die Gefahr einer übermäßigen Vereinfachung hin möchten wir den Provinzen drei grob umrissene Aufgaben zuweisen. Diese drei Funktionen sind: die Lieferung von Weizen für die Stadt Rom, die Lieferung von Weizen und anderen Dingen des täglichen Bedarfs an die Armee sowie die Zahlung von Bargeld für Soldaten und Beamte. Unsere Hypothese lautet, daß es keine Provinz gab, die nicht mindestens eine dieser Funktionen erfüllte. Dabei kommt es auch vor, daß manche Provinzen zwei Rollen erfüllten, wofür Ägypten ein naheliegendes Beispiel ist.

Wenden wir uns zunächst den Weizenlieferanten Roms zu. Dies waren vor allem die wichtigen Überschußgebiete des Westens, nämlich Nordafrika, Sizilien und Sardinien, sowie im Osten Ägypten. Eine Textpassage bei Plinius verrät uns, daß Getreide auch aus Gallien, der Iberischen Halbinsel, aus Zypern und Spanien nach Rom kam. Plinius liefert jedoch keine Aufstellung, und wenn er es getan hätte, wäre sie nicht vollständig. Immerhin wird erkennbar, daß die Lasten bei der letztgenannten Gruppe und den Hauptlieferanten ungleich verteilt waren.[21]

Die ungleiche Lastenverteilung wird deutlich, wenn wir uns den rechtlichen Status des nach Rom gelieferten Getreides ansehen. Die Gruppe der Hauptlieferanten stellte das Steuergetreide zur Verfügung, die wichtigste Einzelkategorie, sowie zusätzlich den größten Teil des Getreides, das durch Zusatzsteuern, Requisitionen und Zwangskäufe aufgebracht wurde. Die gleiche Gruppe lieferte auch den größten Teil des Zinsgetreides von staatlichen oder kaiserlichen Domänen. Mit einer dritten Kategorie, nämlich dem Zinsgetreide von den Gütern und Domänen der römischen Elite, das für ihren privaten Verbrauch sowie für den Vertrieb innerhalb oder außerhalb des Markts geliefert wurde, entfernen wir uns ein wenig von der Gruppe der Hauptlieferanten und wenden uns Regionen zu, in denen die Römer der Oberschicht in nicht allzu großer Entfernung von Rom Güter besaßen: Neben Sizilien und Nordafrika sind dies Spanien, die alte gallische Provinz und nicht zuletzt Italien.[22] Schließlich konnte Getreide, das von privaten Lieferanten gekauft worden war, von denen manche durch Verträge mit der Regierung gebunden waren, von überall her gekommen sein, wo immer die Reeder Geschäftsverbindungen hatten. Wir wissen, daß «die fünf Kollegen der Schiffsreeder aus Arles» für das römische Versorgungssystem *(annona)* arbeiteten, obwohl es keinerlei Beweis dafür gibt, daß die Schiffe immer in Gallien beladen wurden.[23] Die Aufgabe, Rom zu versorgen, fiel nicht nur den wichtigen überschußproduzierenden Provinzen zu, sondern auch solchen Unternehmen.

Nun zu den Provinzen, welche die Armee versorgten. Der Hauptteil dieses Nachschubs war lokaler Herkunft. Dies bedeutet, daß die Hauptlast der Versorgung den nördlichen und nordwestlichen Provinzen zufiel. Wenn wir die Stationierung der Legionen etwa um 150 n. Chr. als Maßstab nehmen, waren etwa zwei Drittel der Armee in diesem Teil des Reiches konzentriert. Die Donau-Balkan-Region versorgte aus eigener Kraft zehn Legionen mit etwa 55 000 Mann und rund 140 Auxiliar-Einheiten mit etwa 80 000 Mann, von denen mehr als die Hälfte Kavallerie waren – kurz, nicht viel weniger als zwei Fünftel der gesamten Armee Mitte des zweiten Jahrhunderts, was allein 50 000 Tonnen Weizen pro Jahr erforderte. Auch der Nordwesten besaß eine erhebliche militärische Präsenz, etwa 50 000 bzw. 45 000 Legionäre und Auxiliartruppen in Britannien und Germanien. Der Norden Galliens war ein Hauptlieferant der Rheinarmeen; Britannien und in gewissem Umfang auch Gallien versorgten die britannische Armee, während die Donaulegionen sich überwiegend aus den Ressourcen der Balkanprovinzen versorgten.[24]

Kein größerer Getreideexporteur Roms mußte daneben noch eine große Garnison versorgen. Mitte des zweiten Jahrhunderts standen in Ägypten zwei Legionen und vielleicht 17 Auxiliareinheiten, insgesamt etwa 20 000 Mann, und in Afrika Proconsularis mit Numidien waren in dieser Zeit etwa halb so viele Soldaten stationiert.

Die dritte Provinzkategorie umfaßt all jene, die Geldsteuern aufbrachten, von denen rund die Hälfte, schätzungsweise 400 Millionen Sesterzen, in Form von Sold, Schenkungen und Entlassungsgeldern an die Armee ging.[25] In solchen Provinzen waren entweder gar keine oder nur wenige Truppen stationiert, und zusammen mit Italien, das allerdings keine Grundsteuer zahlte, stellten sie einen großen Teil der politischen und kulturellen Führung des Reiches: vor allem die Iberische Halbinsel, der Süden Frankreichs und das westliche Kleinasien.[26]

Das alles ergibt, daß sich die Last der Versorgung der römischen Regierung mit Nahrungsmitteln und anderen Versorgungsgütern sowie Bargeld auf das gesamte Imperium verteilte. Rom schreckte nicht davor zurück, sich in allen Winkeln des Imperiums zu bedienen.

Es fällt nur zu leicht, in eine düstere Sprache zu verfallen, wenn es um die Subsistenzprobleme von Roms Untertanen geht. Der Anfang von *Über die gesunden und ungesunden Eigenschaften von Nahrungsmitteln*, einer Abhandlung Galens, des Arztes und Philosophen aus dem zweiten Jahrhundert, wird zwar oft zitiert, aber leider ohne die Einführung, die erst den Kontext liefert:[27]

> «Die Hungersnöte, die sich über eine Reihe von Jahren in ununterbrochener Reihenfolge bei vielen der den Römern unterworfenen Völkern ereignet haben, haben jedem, der nicht vollständig den Verstand verloren hat, klar gezeigt, welche wichtige Rolle der Verzehr ungesunder Nahrungsmittel bei der Entstehung von Krankheiten spielt. Denn bei vielen der den Römern unterworfenen Völker, etwa bei den Stadtbewohnern, war es üblich, unmittelbar nach der Ernte genug Getreide für das ganze nächste Jahr zu sammeln und zu lagern, und das, was übrigblieb, den Menschen auf dem Lande zu überlassen, etwa verschiedene Hülsenfrüchte, und auch davon floß ein großer Teil in die Stadt. Die Landbewohner verzehrten die Hülsenfrüchte im Winter und mußten im Frühjahr folglich auf ungesunde Nahrungsmittel zurückgreifen; sie aßen Zweige und Schößlinge von Bäumen und Büschen sowie Knollen und Wurzeln unverdaulicher Pflanzen; sie füllten sich mit wilden Kräutern und kochten auch frisches Gras» (VI 749 ff).

Die Passage wird meist als Beschreibung normaler Lebensbedingungen gewertet, was jedoch aus zwei Gründen nicht zulässig ist. Der erste ergibt sich aus dem Text selbst, es sei denn, man interpretiert ihn ohne den Sinnzusammenhang. Galen beschreibt nämlich das Verhalten von Stadt- und Landbewohnern in der Bedrängnis einer schweren Hungersnot. Seine Darstellung ist rhetorisch überspitzt. Galen zeigt in einer Reihe farbiger Anekdoten, daß er mit der Schläue und dem Einfallsreichtum von Landbewohnern vertraut war, welche diese bei Naturkatastrophen und in anderen Notzeiten an den Tag legten. Zweitens waren Hungersnöte und die damit zusammenhängende Konfrontation von Stadt- und Landbewohnern keine alltägliche Erscheinung. Falls Galen geglaubt haben sollte, den Normalzustand zu schildern, hat er sich bei seinen ausführlichen Beschreibungen der Ernährung der Landbevölkerung widersprochen, nicht nur in seiner Abhandlung *Über die Eigenschaften von Nahrungsmitteln*, sondern auch anderswo, beispielsweise in der folgenden kurzen Skizze, in der er sich an seine Jugend erinnert:

> «Als ich aber selbst mit zwei Gefährten meines Alters in einiger Entfernung von Pergamon über Land reiste, begegneten wir einigen Bauern, die schon zu Abend gegessen hatten, und die Frauen unter ihnen waren gerade dabei, Brot zu backen – denn sie hatten keins mehr. Eine von ihnen warf sofort etwas Weizen in einen Topf und kochte ihn, und nachdem sie etwas Salz zugegeben hatte, gab sie ihn uns zu essen. Wir mußten ihn natürlich essen, da wir von unserer langen Reise hungrig waren. Aus diesem Grund kam uns das Ganze auch als gute Mahlzeit vor, obwohl uns der Brei schwer im Magen lag. Am ganzen nächsten Tag litten wir unter schweren Verdauungsstörungen und konnten überhaupt nichts zu uns nehmen; wir hatten keinen Appetit und waren voller Wind. Uns wurde auch schwarz vor den Augen, denn nichts von dem, was wir gegessen hatten, konnte entleert werden. Aber das ist der einzige Weg, um sich von Verdauungsstörungen zu erleichtern» (VI 498–9).

Es mag durchaus sein, daß Galens Gastgeber das Unbehagen ihrer Gäste genossen; aber es wäre verkehrt, diese Passage nicht als Beleg für die harmonischen Beziehungen von Stadt- und Landbewohnern zu sehen, zumindest auf einer persönlichen und nicht-offiziellen Ebene. Überdies liefert die Textstelle den Beweis, daß es in ländlichen Haushalten nahrhafte Lebensmittel gab.

Natürlich führten Kleinbauern ein gefährdetes Leben, da sie kaum das Nötigste zum Leben erwirtschafteten, vor allem Pächter, die sowohl von Zinsen wie von Steuern belastet wurden, aber auch Kleinbauern auf eigenem Grund, die leichtverkäufliche Produkte anbauen mußten, um ihre Steuern zahlen zu können. Dabei untergruben sie ihre Existenzgrundlage zusätzlich und setzten sich den unsicheren Marktkräften aus. Die Bauern waren jedoch zäh und unverwüstlich und bedienten sich herkömmlicher, wirkungsvoller Überlebensstrategien. Man darf allerdings nicht vergessen, daß das ländliche Patronatssystem die Konfrontation zwischen Arm und Reich milderte und Landarbeiter, die aus der Stadt stammten, jederzeit Zugang zu den Lebensmittelverteilungen hatten, die inzwischen in den Städten aufgekommen waren.[28]

Wenden wir uns jetzt den Städten zu und beginnen mit einem konkreten Problem. Casson hat die Frage aufgeworfen, welche Auswirkungen die Annexion Ägyptens im Jahr 30 v. Chr. auf die Gemeinden des östlichen Mittelmeers gehabt habe. Der Osten, sagt er, hätte gehungert, wenn Rom nicht schon damals, im letzten Jahrhundert der Republik, die ägyptischen Getreidevorräte regelmäßig angezapft hätte. Diese Behauptung erscheint jedoch in einem zweifelhaften Licht angesichts der Tatsache, daß es für die Spätzeit der Republik keinerlei Beleg für einen Getreideimport aus Ägypten gibt. Das Schweigen Ciceros ist da besonders verblüffend, vor allem in *De imperio Cn. Pompeii*, in dem er Roms drei große Lebensmittelquellen aufzählt, nämlich Sizilien, Sardinien und Afrika. Daher bleibt die Möglichkeit, daß im Osten Hungersnöte und im Westen Überfluß herrschte.[29]

Dem möchten wir noch folgende Überlegungen hinzufügen:

Erstens: Es ist durchaus möglich, daß Rom den Löwenanteil des exportierbaren ägyptischen Überschusses für sich reservierte, aber nicht in dem Wunsch, alles für sich zu verbrauchen. Es gibt vereinzelte Belege aus Griechenland, Kleinasien und Judaea, daß Lebensmittelknappheiten in dem gesamten Zeitraum vom ersten Jahrzehnt des Augusteischen Prinzipats bis zum frühen dritten Jahrhundert mit ägyptischem Getreide begegnet wurde. Wie eine Inschrift aus Ephesos aus dem zweiten Jahrhundert belegt, galt der Grundsatz, daß die Stadt Rom an der Spitze der Schlange stand. Ein unbekannter Kaiser schreibt an die Epheser:

> «Es ist klar, daß ihr von dieser Vereinbarung einen klugen Gebrauch machen werdet, eingedenk der Notwendigkeit, daß zunächst die kaiserliche Stadt einen überreichen Vorrat an Weizen erhalten soll, der für ihren Markt erzeugt und gesammelt worden ist, und dann können auch die anderen Städte reichliche Vorräte empfangen. Wenn, wofür wir beten, der Nil uns mit einer gewohnt starken Flut beschenkt und in Ägypten eine überreiche Weizenernte erzeugt wird, werdet ihr nach der Heimat unter den ersten sein.»[30]

Es wird besonders betont, daß in einem normalen Erntejahr genug Getreide für alle da war, nachdem Roms Bedürfnisse befriedigt wurden.

Zweitens: Das Ägypten des Prinzipats hatte im Vergleich zur letzten Phase der Unabhängigkeit, als das Land von erheblichen Unruhen erschüttert wurde, mehr Getreide für den Export übrig. Schon unter dem ersten Kaiser dürfte es zu einer besseren Verwertung und Verteilung gekommen sein, vielleicht auch zu höheren Erträgen.

Drittens: Der östliche Mittelmeerraum war im letzten Jahrhundert der Republik Schauplatz regelmäßiger und zerstörerischer Kriege und Bürgerkriege gewesen. Viele Städte und Gemeinden hatten nicht nur unter den Kriegsfolgen zu leiden, sondern auch unter immer neuen Requisitionen und direkten Strafaktionen. Man darf vermuten, daß die Region insgesamt durch das Ende dieser Kriege mehr gewann, als sie durch die Annexion Ägyptens verlor.

Viertens: In der frühen Kaiserzeit gab es einige Bevölkerungsumschichtungen von Ost nach West, was die Zahl der Verbraucher im Osten sinken ließ. Die Bevölkerungszahl der Stadt Rom schwoll unter Augustus stark an, was die Bevölkerungsverluste der vorhergehenden zwei Jahrzehnte ausglich und die Einwohnerzahl vermutlich über das Niveau der sechziger und fünfziger Jahre hinaus erhöhte. In der Zeit der Republik entsprach Roms Gewinn an Arbeitskräften dem Verlust Italiens, falls man der herkömmlichen Meinung folgt, obwohl die Sklaven, die in die Stadt strömten, überwiegend aus den Provinzen stammten. In der Kaiserzeit erforderten Sterblichkeit und Lebensbedingungen in der Hauptstadt eine ungebrochen hohe Zuwanderung, einfach nur um die Einwohnerzahl Roms auf dem Stand der Augusteischen Zeit zu halten.[31] Man kann davon ausgehen, daß unter Augustus und seinen Nachfolgern mehr Provinzbewohner als Italiker nach Rom kamen als während der Republik. Die Hauptstadt zog jetzt mehr Menschen an, die von ihr ein besseres Leben erhofften, als Einwanderer, die dort nur das nackte Überleben zu finden suchten. Mit anderen Worten: Im Vergleich zu der Periode eines beschleunigten Bevölkerungswachstums wurden weniger freie Männer durch wirtschaftliche Notwendigkeit in die Stadt getrieben, und viele Menschen wanderten von einem relativ wohlhabenden Hintergrund aus mehr oder weniger freiwillig in Rom ein, um dort noch besser voranzukommen. Besonders der Osten, vor allem die Städte dort, trug zu diesem Bevölkerungswachstum bei. Deren Anteil muß erheblich gewesen sein, denn im Osten kam es zu einem drastischen Absinken der Gesamtnachfrage nach Grundnahrungsmitteln.

Fünftens: All das hatte es schon früher gegeben. Über einen langen Zeitraum hinweg hatte Rom nach und nach die fruchtbarsten und produktivsten Regionen des Mittelmeerraums erobert und eingegliedert. Die Annexionen Kampaniens, Siziliens, Nordafrikas oder Ägyptens sind sowohl Einzelschritte als auch Wendepunkte, die kurze Perioden eines beschleunigten Wandels einläuteten. Jeder Fortschritt löste in der unmittelbar betroffenen Region und in den mit ihr wirtschaftlich verbundenen Gebieten Störungen und Unruhen aus. Die betroffenen Staaten waren gezwungen, ihre Versorgungssysteme an die neuen Gegebenheiten anzupassen, ferner ihre Loyalitäten und den Gebrauch ihres Landes. Manche Staaten behaupteten sich, andere mußten einen kurzfristigen oder stetigen Niedergang hinnehmen. Auf lange Sicht jedoch machte Roms Erstarken die meisten Städte der Region nicht verwundbarer, und deren Überlebenschancen wurden nicht ernsthaft untergraben.

Soweit zu der von Casson aufgeworfenen Frage, ob die Annexion Ägyptens im Osten zu Hungersnöten geführt habe. Um die damit zusammenhängende weitergehende Frage aufzugreifen, ob die kaiserliche Regierung Roms die Zukunft der ihr unterworfenen Städte dadurch in Gefahr brachte, daß sie den Überschuß der reichsten Agrarprovinzen für sich behielt, wenden wir uns jetzt dem Quellenmaterial zu, das uns über Lebensmittelversorgung und Nahrungsmittelknappheit in den betroffenen Regionen zur Verfügung steht. Die vorhandenen Quellen stammen notwendigerweise aus den Städten des griechischen Ostens. Es wäre zwar wünschenswert, wenn wir vergleichbare Dokumente aus allen Provinzen des Imperiums besäßen, die zudem die Besonderheiten von Stadt und Land berücksichtigten; aber das ist leider nicht der Fall. Zunächst drei Belege für eine Kontinuität, das heißt für eine Fortentwicklung der Gegebenheiten in der hellenistischen Zeit, anschließend zwei Indikatoren, die einen Wandel anzeigen.

Erstens: Es kam immer wieder zu Lebensmittelknappheiten, bei denen die Preise stiegen und die Versorgung mit Grundnahrungsmitteln zurückging. Dies war nichts Neues. Ernährungskrisen waren in der Mittelmeerregion endemisch.

Zweitens: Die lokalen und regionalen Einrichtungen zur Bekämpfung von Hungersnöten blieben im wesentlichen die gleichen. Jede Stadt hatte im Lauf der Zeit einfache Mechanismen und Praktiken entwickelt, welche die Versorgung mit Grundnahrungsmitteln, vor allem mit Getreide, zu vernünftigen Preisen sichern sollten. Das Amt des Getreidebeauftragten *(sitones, sitophylax, curator annonae)* wird durch viele Quellen bestätigt und scheint zumindest im Osten ein gewohnter Teil der staatlichen Daseinsvorsorge gewesen zu sein.[32] In der römischen Periode sind institutionelle Veränderungen kaum erkennbar, und was die Möglichkeiten lokaler Behörden angeht, auf Krisen zu reagieren, scheint es gleichfalls kaum zu signifikanten Fortschritten gekommen zu sein. Das Fehlen öffentlicher Gelder in Form ständiger Fonds zum Kauf knapper Güter fällt dabei besonders ins Auge.

Diese Feststellung macht eine Korrektur des Bildes, das wir von den ägyptischen Getreideverteilungen haben, nicht erforderlich (wie sie in den 260er und 270er Jahren für Oxyrhynchos, Alexandria und Hermopolis sowie im Jahr 62 n. Chr. für Hermopolis belegt sind). Es scheint auch nicht nötig zu sein, unsere Ansichten über die «Empfänger kostenlosen Getreides» in manchen lykischen Städten zu ändern. In Ägypten kam es nur vorübergehend und vereinzelt zu Lebensmittelspenden an die Bevölkerung; wir können nicht einmal sagen, daß sie in Lykien regelmäßig erfolgten. In den Quellen findet sich kein Hinweis auf regelmäßige Getreideverteilungen in anderen Provinzen. Falls lokale Regierungen je die Absicht gehabt haben sollten, sich Trajans italischem Beispiel der Gründung von Hilfsprogrammen für die Armen anzuschließen, haben sie diese nicht verwirklicht. Überdies waren ständige Hilfsfonds zur Finanzierung regelmäßiger Lebensmittelspenden im hellenistischen Zeitalter ohnehin eine Seltenheit. Ein weiteres Argument: In Lykien wurden Lebensmittelspenden von privaten Wohltätern finanziert, die nach dem Rotationsprinzip tätig wurden. In einer Inschrift behauptet ein Mann aus Oenoanda, der erste gewesen zu sein, der zweimal Geld gespendet habe. So dürfen wir vermuten, daß es hier keinen permanenten Getreidefonds gegeben hat. Ende des dritten Jahrhunderts v. Chr. war es Samos da schon besser gegangen, denn der Getreidefonds der Insel wurde durch private Schenkungen finanziert.[33]

Drittens: Euergetismus, die offen zur Schau getragene Großzügigkeit einzelner, blieb auch weiterhin der Schlüsselfaktor in der Reaktion lokaler Behörden auf Lebensmittelknappheiten – worauf ja auch die Inschrift aus Oenoanda hindeutet. Die griechisch-römische Spendenfreudigkeit war im wesentlichen die gleiche wie ihr hellenistischer Vorläufer. Sie wurde als Bürgerpflicht angesehen und entsprang nicht humanitären Motiven – nur sehr wenige Wohltäter hätten ihr Handeln als Hilfe für die Armen bezeichnet.[34] Die Grundeinstellung dieser Männer, der Reichen nämlich, war (immer noch) ambivalent: Sie waren Produzenten und daneben gelegentlich Händler, aber auch Wohltäter.

Zwei Indikatoren für einen Wandel lassen sich zusammen abhandeln. Die Reichen waren, wie wir soeben gesehen haben, in der Lage, sich in einer Doppelrolle zu gefallen. Einmal machten sie Gewinne, zum anderen konnten sie sich als Wohltäter darstellen, und das verleiht dem Lebensmittelversorgungssystem, wie es damals vorhanden war, keine große Stabilität. Wir haben den Eindruck, daß es unter der Kontrolle der lokalen Behörden in der römischen Welt weniger häufig zu Spekulationen in Grundnahrungsmitteln kam als in der hellenistischen Welt. Es ist kein Zufall, daß Versorgungskrisen oft von außen ausgelöst wurden, typischerweise durch Intervention römischer Beamter. In Aelium Coela auf der Thrakischen Halbinsel wurde ein Provinzstatthalter dafür gepriesen, daß er «in der Zeit einer sehr ernsten Lebensmittelknappheit mit Eifer für die Bedürfnisse aller gesorgt habe». Im antiochischen Pisidian in der Provinz Kappadokien wurde der Statthalter Antistius Rusticus in den Jahren 92 und 93 n. Chr. von den lokalen Magistraten und Stadträten herbeigerufen, um eine Krise in der Getreideversorgung abzuwenden. Er erließ ein Edikt, mit dem er die Inhaber von Kornspeichern verpflichtete, alle Vorräte, die über ihren persönlichen Bedarf hinausgingen, zu einem Preis von einem Denar pro Tagesration freizugeben, was vermutlich weit unter dem Marktpreis lag. Im zweiten Jahrhundert setzte ein Prokonsul Asiens seine Machtmittel ein, um Bäcker zur Ordnung zu rufen, die kein Brot mehr lieferten. Das hatte in Ephesos zu schweren Unruhen geführt. Kaiser Hadrian verkündete in Athen ein Gesetz, mit dem Händler der Stadt davon abgehalten werden sollten, durch Export von Olivenöl eine künstliche Knappheit auszulösen.[35]

Die Stadträte erwiesen sich in allen diesen Fällen als machtlos. Sie konnten weder die Krisen verhindern noch die Profiteure kontrollieren, unter denen vielleicht sogar manche aus ihren eigenen Reihen saßen. Die Intervention römischer Beamter in solchen Fällen brachte zwar kurzfristig Erleichterung, hatte langfristig jedoch negative Folgen. Moral, Initiative und Autorität der lokalen Behörden wurden untergraben, und damit stieg die Gefahr von Fehlhandlungen. Andererseits muß man der kaiserlichen Macht das Verdienst daran zuschreiben, daß es im zweiten und Anfang des dritten Jahrhunderts überall im Reich zu so außergewöhnlichen Beispielen privater Großzügigkeit kam. Erst das Kaisertum hatte diese Spendenfreudigkeit ermöglicht und vielleicht sogar angeregt. Es unterliegt aber keinem Zweifel, daß sich von diesen beiden Phänomenen, dem Geist privater Großherzigkeit sowie der Untergrabung örtlicher Initiative und Autorität, das zweite als dauerhafter erwies.

Zusammenfassung

Die Städte der römischen Welt waren anscheinend in der Lage, mit den periodischen Lebensmittelknappheiten fertig zu werden, unter denen sie immer wieder zu leiden hatten, obwohl sich auch eine Neigung, vielleicht sogar eine zunehmende Tendenz dazu findet, sich auf die Autorität und die Großzügigkeit der kaiserlichen Macht zu verlassen. Das war eine verhängnisvolle Entwicklung.

Diese allgemeine Feststellung gilt jedoch nicht uneingeschränkt. Das Quellenmaterial ist zu spärlich. Wir haben nur von wenigen Städten ein klares Bild, und wenn wir sie näher betrachten, erhalten wir einen unvollkommenen Eindruck von ihrem damaligen Zustand. Die Inschriften, die von einzelnen Hungersnöten berichten, sind Dankesbezeigungen. Sie dienten dazu, die Großzügigkeit von Männern zu preisen, die durch ihre Wohltaten eine Krise abgewendet hatten. Überdies fanden sie sich nur in Gemeinden, die nicht durch innere Zerrissenheit bedroht oder in langsamem Verfall begriffen waren. Solche Städte dachten nicht daran, ihre Schwächen auch noch durch Gedenksteine auszudrücken.

Das Problem verflüchtigt sich, wenn man anerkennt, daß das Überleben und das Wohlergehen der Städte allgemein der Zentralregierung sehr am Herzen lag, von einzeln begründeten Ausnahmen abgesehen. Immerhin wurden die Städte gebraucht, um grundlegenden Verwaltungsaufgaben nachzukommen, und dazu mußten ihre ökonomische Lebensfähigkeit und demographische Grundlage bewahrt werden. Dieses allgemeine Gefühl der Verpflichtung gegenüber Städten bedeutete jedoch nicht, daß Rom bereit war, jedes Gemeinwesen auf einem bestimmten Wohlstandspegel zu erhalten. So kam es, daß städtische Territorien und damit deren Erträge erweitert oder verringert wurden; manche wurden degradiert und anderen unterworfen, wieder andere wurden befördert oder aus einer Vielzahl von oft trivialen Gründen aus dem Nichts heraus geschaffen. Das in einem steten Wandel begriffene Muster der Urbanisierung im römischen Weltreich darf nicht als endemische Schwäche der verwaltungsmäßigen Infrastruktur des Reiches mißverstanden werden.

Eine zusammenfassende Schlußfolgerung zum Thema Bauernschaft folgt ähnlichen Grundsätzen. Das Auf und Ab der wirtschaftlichen Zustände auf dem Land darf nicht mit der Frage des Überlebens der Kleinbauernschaft als Klasse verwechselt werden. Einzelne Kleinbauernhöfe mußten aufgeben, manche überlebten, einige Bauern zogen um und gelangten zu neuem Wohlstand. Man darf nicht vergessen, daß die Städte, die von den Agrarprodukten des flachen Landes abhängig waren, ihre Lebensform verloren hätten und untergegangen wären, wenn die Landbevölkerung als Gruppe nicht überlebt hätte. Wie es ein Präfekt der Stadt Rom zur Zeit einer Hungersnot in Italien dem römischen Senat im vierten Jahrhundert erklärte: «Wenn so viele Menschen, die das Land bebauen, und so viele Bauern sterben, wird unsere Getreideversorgung endgültig ruiniert sein. Dabei schließen wir diejenigen aus, die uns normalerweise mit dem täglichen Brot versorgen» (Ambrosius, Drei Bücher von den Pflichten, *off.* 3.45 ff).

Bleibt noch, diese Schlußfolgerungen auf die zuvor aufgeworfenen Fragen anzuwenden, nämlich die Ansprüche der Regierung und deren Verteilung auf die Provinzen des Reiches.

Steuern, Tribute und Erhebungen unter irgendeiner anderen Bezeichnung waren keine Neuerung in den Regionen, aus denen das römische Weltreich bestand. Die Eroberungen der Kaiserzeit und die Durchsetzung reichsweiter Steuer- wie Volksschätzungen hatten nur das eine Ergebnis, daß Steuern etwas wirkungsvoller und aus einem größeren Gebiet als je zuvor erhoben wurden. Die Steuersätze blieben verhältnismäßig niedrig, zumindest außerhalb Ägyptens, und Vespasian ist der einzige Kaiser, von dem wir wissen, daß er sie erhöhte. Ein hohes Steuerniveau war unnötig. Die Ansprüche der Regierung hielten sich in engen Grenzen, weil sie nur wenige Aufgaben erfüllen zu müssen glaubte.

Folglich waren die Ansprüche der Zentralregierung nicht geeignet, die Zukunft der Untertanen Roms zu bedrohen oder in Gefahr zu bringen. Mehr noch, obwohl diese Ansprüche insgesamt größer waren, als sie ein vorheriger kaiserlicher Staat in der Mittelmeerregion je gestellt hatte, wurden sie dafür auf das gesamte Imperium verteilt. Und dieses Weltreich war groß genug, sie zu verkraften.

1 Über die Getreideversorgung Roms siehe Rickman (1980); kürzer bei Garnsey (1983 a). Über die Bevölkerung Roms siehe Hopkins (1978 a), 98–99. Über das Berechtigungsalter: Die Untergrenze betrug vielleicht nicht zehn Jahre, vgl. Brunt (1971), 382 (Sueton, *Aug.* 41.2, spricht irrtümlich von elf Jahren), sondern 14, vgl. *Oxy. Pap.* x113 (J. Rea) oder gar, wie Keith Hopkins meint (persönliche Bemerkung), 17 Jahre, was dem Wehrpflichtalter entsprochen hätte; je höher aber die Altersgrenze, desto größer die Bevölkerungszahl.

2 Casson (1980); Rickman (1971), Anh. 3, korrigiert bei Rickman (1980), 231 ff (40 Millionen *modii*, etwa 270 000 Tonnen); vgl. Garnsey (1983 a). Für d'Escurac (1976), 174, sind 30 Millionen *modii* (200 000 Tonnen) die für die Versorgung der Bevölkerung erforderliche Mindestmenge und nicht der tatsächliche Verbrauch.

3 Plinius, *Pan.* 26–28, sagt, Trajan habe 5000 weitere Kleinkinder als Berechtigte in das Versorgungsprogramm aufgenommen. Diese Zahl ist gering und läßt – falls sie zutrifft – vermuten, daß das Berechtigungsalter irgendwann zwischen Augustus und Trajan herabgesetzt worden ist (wie Andrew Wallace-Hadrill in einem persönlichen Kommentar erklärt hat). Es fällt jedoch schwer zu akzeptieren, daß sowohl das Mindestalter herabgesetzt wie die Zahl der Empfänger auf 150 000 verringert worden sein sollen; vgl. Rickman (1980), 181.

4 D'Escurac (1976).

5 Rickman(1971), 164 ff (Getreidespeicher). Über Bäcker siehe *CIL* VI 1958 (Eurysaces); Gaius *Inst.* 1.34, *CIL* VI 1002 (Schenkung der Bäckerinnung an Antoninus Pius, 144 v. Chr.).

6 Sueton, *Claud.* 18.3–4, 19; Gaius, *Inst.* 1.32 c; *Digesten* 3.6 (Claudius), vgl. 50.5.3; 50.6.6.5.

7 Größe der Armee: verschiedene Schätzungen bei MacMullen (1980); ferner bei Campbell (1984), 4–5. Versorgung der Armee: kurz bei Watson (1969), 102 ff; Wierschowski (1984), 151–73. Fallstudien bei Lesquier (1898), Cagnat (1913), Gren (1941), 135–55; Le Roux (1977); zu Britannien und dem Rheinland siehe die folgenden Anmerkungen sowie Whittaker (1986).

8 Richmond und McIntyre (1934); Pitts und St. Joseph (1986), 45 ff; 289 ff.

9 Über Ernährung siehe Davies (1971); Tchernia (1986), (Wein/*posca*).

10 Tierfutter (Gerste oder Heu) muß in jeder umfassenden Berechnung des Lebensmittelbedarfs der Armee enthalten sein. Zu jeder Legion können bis zu eintausend Tiere gehört haben. Siehe Pitts (1986), 181, der Mócsy (1972) zitiert.

11 Jones (1964), 629, 1261–2, Foxhall und Forbes (1982), Tabelle 3 und an mehreren anderen Stellen.

12 Poulter (1980), 735–8; Sommer (1984), 36–9, G. B. D. Jones (1984), 868–9; Davies (1984); Hurst (1985), 123–5 (über Gloucester).

13 Zu den oben genannten Behauptungen siehe Fulford (1984).

14 Z. B. von Petrikovits (1974 a); Darling (1977); Pitts und St. Joseph (1986), 105 ff, 114–15 (der Vegetius 2.11 zitiert; *Digesten* 50.6.7). Zu Agrarprodukten und Tierhaltung siehe Mócsy (1967); Le Roux (1977), 350 ff.

Die Welt des Geistes und des Geldes

ITALIEN

«Um verlorenes Geld und Gut...

…werden die aufrichtigsten Tränen geweint.»

Juvenal (Decimus Junius Juvenalis)
römischer Satiriker, 58–140 n. Chr.

Mit gutem Grund – wird es doch meist teuer, wenn nicht mehr ist, was uns besonders lieb und teuer! Fazit: Auf die sichere Anlage kommt es an.

15 Die Bedeutung von Steuern in Naturalien wird von Gren (1941) 138 ff, Brunt (1981), 161–2 (übervorsichtig) und Wierschowski (1984), 152, eingeräumt (dessen Erörterung sich gleichwohl auf Käufe durch die Regierung konzentriert).

16 Lesquier (1898), 354–6, 363–8, mit Carrié (1977); Gilliam (1950), 180, 243 ff; Fink (1971), 217 ff (Stobi, Dura Europos). Über militärische Getreidevorräte in Britannien Gentry (1976), 28.

17 Mitchell (1976). Über den *praepositus annonae* Bérard (1984). Über die Reaktion einer Stadt auf eine ungewöhnlich hohe *annona*-Forderung siehe Bean und Mitford, *Journeys in Rough Cilicia 1964–68* (1970), Nr. 19, 20, 21 a (Side, E. Pamphylia, Severus Alexander, 233 n. Chr.).

18 *Ann. Brit. Sch. Ath.* 23 (1918–19), Nr. 7, S. 72 ff; *SEG XI* 492, mit *Ann. Brit. Sch. Ath.* 27 (1925–26), 227 ff (Hadrian auf Reisen); Cassius Dion 69. 16.2; Ziegler (1977, 1978) über die Rettung durch die Severer.

19 Van Berchem (1937) (1977); vgl. Tchernia (1986 a), 13 ff; Corbier (1978), 295; Jones (1964), 623 ff.

20 Jones (1964), 623, 1257–8.

21 Plinius, *HN* 18.66. Italien lieferte regelmäßig Getreide, Moesia am Unterlauf der Donau nur selten (vgl. *ILS* 986). Allgemeine Übersicht bei Rickman (1980), 94–119, aber er schließt sizilianisches Steuergetreide aus, 104–6; ebenso Neesen (1980), Gabba (1986), 77 ff; dieser jedoch mit unbefriedigenden Argumenten. *Dagegen* Brunt (1981), 162; Garnsey (1983 a), 120–1. Über sardisches Getreide Rowland (1984).

22 Es wird dabei von der Annahme ausgegangen, daß die beachtlichen *familiae* der Reichen (der Stadtpräfekt Pedanius Secundus etwa hatte in seinem Haushalt 400 Sklaven; Tacitus, *Ann.* 14.43) nicht ausschließlich mit auf dem freien Markt gekauften Lebensmitteln ernährt wurden. Vgl. Whittaker (1985).

23 *CIL III* 14165, 8; XII 672, wozu sich Pflaum (1960), Nr. 186, S. 507, wenig überzeugend äußert.

24 Die Schätzung der Zahl militärischer Einheiten verdanken wir Dr. Roxan.

25 Die Zahlen stammen von Hopkins (1980), 116 ff, vgl. 124–5; siehe auch Campbell (1984), 161 ff.

26 Ägypten und Gallien (das Gallien Caesars) werden bei Velleius Paterculus 2.39 als bedeutende Zahler von Geldsteuern genannt (vgl. Sueton, *Iul.* 25).

27 Wie bei MacMullen (1974), 33. Die Bekanntschaft mit den Qualitäten Galens als Quelle der sozialgeschichtlichen Forschung verdanken wir Vivian Nutton.

28 Garnsey (1979) argumentiert, italische Landwirte hätten teils in der Stadt, teils auf dem Land gewohnt.

29 Casson (1954); dagegen Meiggs (1973), 472–3.

30 Wörrle (1971); vgl. *CIG* 2927, 2938; Josephus, *AJ* 15.299 ff, bes. 305 ff.

31 Über Bevölkerungswachstum und -auffrischung in London siehe Wrighton (1982), 127–8 mit Anmerkungen und Bibliographie.

32 Dazu allgemein Garnsey (1986 a); über *sitonai* etc. im Osten siehe Jones (1940), 217–8.

33 *Oxy. Pap.* xl (J. Rea); Eusebius, *HE* 7.21.9; Wilcken, *Chrest.* 425; Kraut

(1984) (Ägypten); *ZPE* 24 (1977), 265 ff Nr. 1 (Tlos); *TAM* II 2.578 (Tlos); Balland, *Fouilles de Xanthos* 7 (1981), 185 ff, sowie einige unveröffentlichte Inschriften aus Oenoanda (mit freundlicher Genehmigung von Dr. Alan Hall); vgl. Syll[3] 976 (Samos). Einige wenige Hilfsprogramme für die Armen werden bezeugt, etwa von Plinius, *Ep.* 7.18; Balland (oben); siehe auch Duncan-Jones (1982), 341.

34 Über die gesellschaftliche Klasse der Empfänger siehe *Oxy Pap.* xl 8 (J. Rea); Kritik von Rowland (1976); vgl. Finley (1985 a), 201. Die klassische Darstellung des Euergetismus stammt von Veyne (1976).

35 *Forsch. Eph.* III Nr. 48; McCrum und Woodhead, *Documents of the Reigns of the Flavian Emperors* 464; Buckler (1923), 30–3; *SEG* xv 108 = Oliver, *Ruling Power* 960 ff.

DRITTER TEIL

6
Die gesellschaftliche Hierarchie

Dem Prinzipat des Augustus gingen zwei Bürgerkriegsjahrzehnte voraus, in denen Armeen von einer Größe, wie es sie in der römischen Geschichte noch nie gegeben hatte, für die Vorherrschaft ihrer Generäle fochten. Die Verwischung der traditionellen gesellschaftlichen Trennungslinien, die den Zusammenbruch der politischen Einrichtungen der Republik begleiteten, wird an zwei Anekdoten deutlich, die sich auf den ersten Sieger der Bürgerkriege beziehen, Julius Caesar. Caesar soll «Männer ausländischer Herkunft, darunter halbzivilisierte Gallier, denen man die römische Staatsbürgerschaft gewährt hatte», zum römischen Senat zugelassen haben. Diese Männer hätten ihre Hosen jetzt gegen Togen eingetauscht. Zweites Beispiel: Eine Theateraufführung in Anwesenheit Caesars brachte dem Schauspieler Decimus Laberius den Rang eines Ritters ein, den er wegen seines geringgeachteten Berufs verloren hatte, «damit er von der Bühne direkt zur Orchestra hinuntergehen konnte, wo für seinen Stand vierzehn Sitzreihen reserviert waren».[1]

Die gesellschaftliche Umwälzung machte sich sogar in Haushalt und Familie bemerkbar. Appian behauptete, der Druck der Verbote der Triumvirn, deren Einhaltung von dem zweiten Sieger der Bürgerkriege überwacht wurde, nämlich Caesars Erben Oktavian (dem späteren Augustus), habe die Männer dazu gebracht, sogar den Verrat von Ehefrauen, Kindern, Freigelassenen und Sklaven zu fürchten. Das Ergebnis war «ein schockierender Wandel der Lebensbedingungen von Senatoren, Konsularen, Prätoren und Tribunen... die sich laut klagend ihren eigenen Sklaven zu Füßen warfen und dem Diener so den Rang eines Erlösers und Herrn und Meisters zuwiesen. Am beklagenswertesten aber war, daß sie selbst nach dieser Demütigung kein Mitleid errangen» (*BC* 4.13).

Vor diesem Hintergrund gesellschaftlichen Aufruhrs sicherte Augustus seine militärische Vorherrschaft und stellte den Frieden sowie eine verfassungsmäßige Regierung wieder her. Dabei verfolgte er eine Politik, die über einen einfachen sozialen Konservativismus hinausging: Das Grundmuster der sozialen Ungleichheit und Differenzierung, das die Republik gekennzeichnet hatte, blieb zwar erhalten, aber den herkömmlichen Rangunterschieden wurden jetzt durch einige Neuerungen schärfere Konturen verliehen. Die von Augustus etablierte neue Gesellschaftsordnung erwies sich als stabil und dauerhaft. In der Zeit des Prinzipats insgesamt wurden die Statusgrenzen und Spannungen als Ergebnis der ungleichen Verteilung von Wohlstand, Rang und Status durch Kohäsionskräfte wie Familie und Haushalt, wohlstrukturierte vertikale und horizontale Beziehungen zwischen Einzelpersonen und Haushalten sowie durch das ideologische Rüstzeug des Staats zusammengehalten.

Quellen

Über die Gesellschaft der Kaiserzeit gibt es mengenmäßig und qualitativ nur wenige Quellen. Obwohl man diesen Mängeln nicht erlauben sollte zu bestimmen, welche Fragen an die Geschichte zu stellen seien, umschreiben sie doch recht genau die Bandbreite der Fragen, auf die sich überzeugende Antworten geben lassen.

Für den Sozialhistoriker stellen Literatur und Inschriften die beiden Haupttypen überlieferter Quellen dar, die sich außerhalb Ägyptens für das Römische Weltreich erhalten haben. Viele Arten von Quellen, auf die sich Historiker anderer geschichtlicher Perioden verlassen, hat es in der Zeit des Prinzipats entweder nicht gegeben, oder sie haben sich nicht erhalten. Eine systematische, selbstbewußte Beschreibung und Analyse der Gesellschaft der Kaiserzeit mit ihren konstituierenden Elementen wurde nie geschrieben. Die Römer setzten geschriebene Dokumente zwar dazu ein, Rechtsbeziehungen und Verpflichtungen festzuhalten; aber solche Zeitdokumente haben nur in geringem Umfang überlebt; überdies gibt es aus der Kaiserzeit kein verläßliches statistisches Material, etwa Angaben über Bevölkerungszahlen.[2]

Allerdings brachte die Kaiserzeit eine beträchtliche Sammlung von literarischen Werken verschiedener Gattungen hervor, deren Bandbreite von Geschichte und Biographien bis hin zu Briefen, juristischen Abhandlungen, satirischer Dichtung und Prosa reichte, die phantasievoll ausgeschmückt waren. Dieses Spektrum bietet dem heutigen Betrachter so etwas wie einen Schutz vor Verallgemeinerungen, zu denen dieses oder jenes Genre verleiten mag. Bei aller Vielfalt darf man jedoch nicht vergessen, daß Literatur nur von einem winzigen Anteil der Gesamtbevölkerung geschrieben wurde. Die Autoren gehörten unweigerlich der Elite Roms an, der müßiggehenden Klasse, und ihre Arbeiten vermitteln uns Heutigen die Ansichten der oberen Gesellschaftsschichten.

Die uns überlieferten Hunderttausende von Inschriften bilden den größten Quellenblock aus der Zeit des Prinzipats. Jedoch sind nur einige wenige lang genug, um einen verläßlichen Einblick in gesellschaftliche Verhältnisse zu vermitteln; die große Mehrheit dieser Inschriften besteht aus kurzen, formelhaften Grab- oder Laufbahninschriften. Sie stellen keineswegs eine unverfälschte Auswahl der damals errichteten Millionen von Gedenksteinen dar, und man darf nicht vergessen, daß selbst diese ungezählten Gedenksteine keineswegs einen repräsentativen Eindruck von den Populationen des damaligen Imperiums im Verlauf der Zeit, nach geographischem Raum oder gesellschaftlicher Gruppenzugehörigkeit vermitteln.[3] Dies liegt zum Teil daran, daß die üblichen Inschriften und Gedenksteine, die oft nur die Laufbahn eines Mannes betrafen, im Grunde ein Kunstprodukt der Romanisierung sind, das sich nicht gleichmäßig auf alle Regionen des Imperiums verteilte. Gleichwohl erweitert dieses Material den Blick des heutigen Historikers insofern, als es von gesellschaftlichen Gruppen stammte, die nicht zur Führungsschicht des Kaiserreichs gehörten. Die meisten Inschriften waren alltäglichen Menschen gewidmet, die sich keines privilegierten gesellschaftlichen Rangs erfreuten. Die Armen der damaligen Zeit sind natürlich nicht einmal in diesem Quellenmaterial vertreten, das alles andere als umfassend ist.

Schließlich haben die literarischen wie epigraphischen Quellen gemeinsam, daß sie nur höchst sporadisch nachweisbar sind. Gerade dieser Mangel, nämlich das Fehlen vergleichbarer literarischer Arbeiten und eines repräsentativen Querschnitts von Inschriften der damaligen Zeit, deren geographische Verbreitung über die Zeiten hinweg als bedeutsam interpretiert werden könnte, macht es zu einer schwierigen Aufgabe, Trends der damaligen römischen Gesellschaft herauszuarbeiten und zu erklären.

Klassenanalyse

In den letzten Jahren hat sich das Problem der Analyse weiterhin bestehender gesellschaftlicher Ungleichheiten auf die Notwendigkeit beschränkt, die Unterscheidungsmerkmale der römischen Gesellschaft herauszuarbeiten oder mit einem Etikett zu versehen. Sollten diese Unterteilungen als Statusunterschiede wie bei Max Weber gewertet werden? Oder nach Marx als Klassenunterschiede?[4] Nach unserer Ansicht ist dies bei der Analyse der sozialen Ungleichheit und der gesellschaftlichen Struktur der antiken Welt kein hilfreicher Ansatz. Die Klassenanalyse hat unter der Annahme vieler Kritiker wie Anhänger gelitten, sie bestehe im wesentlichen aus der Identifikation bestimmter sozialer Gruppierungen mit einer besonderen Zugehörigkeit. Selbst bei der Analyse der zeitgenössischen Gesellschaft hat dieser Ansatz zu Schwierigkeiten geführt. Der Begriff Klassenzugehörigkeit lädt zu widersprüchlichen Interpretationen ein, allein schon deswegen, weil Klassengrenzen unvermeidlich in einem steten Wandel begriffen sind.[5] Die Probleme verstärken sich noch, wenn dieser Aspekt der Marxschen Analysemethode, die auf die Gesellschaft des 18. und 19. Jahrhunderts angewendet wurde, auf die antike Welt übertragen wird. Stellten Sklaven und Kleinbauern Klassen dar? Wenn ja – bildeten sie eine heterogene Klasse oder zwei Klassen? Probleme dieser Art führen zu endlosen und oft fruchtlosen Debatten. Es gibt jedoch eine Verfahrensweise, bei der die nützlichen Einsichten, die Marx' Analyse ohne Zweifel liefert, nicht unter den Tisch fallen müssen.[6] Marx verwendete spezifische Klassenkategorien – Bourgeoisie, Proletariat usw. –, die im Kontext der Industriegesellschaften des 19. Jahrhunderts entwickelt worden waren und die auf das antike Rom nicht übertragbar sind. Er entwikkelte jedoch auch Begriffe, mit denen sich die grundlegenden Prozesse erkennen lassen, die in der Gesellschaft über längere Zeiträume hinweg Ungleichheiten produziert oder reproduziert haben. Wir können diesen Aspekt der Marxschen Klassenanalyse sinnvoll nutzen, ohne dabei in den Fehler zu verfallen, moderne Begriffskategorien auf soziale Unterschiede im antiken Rom anzuwenden.

Mit anderen Worten: Statt uns zunächst auf die Zugehörigkeit zu sozialen Gruppierungen zu konzentrieren, können wir mit der Untersuchung der Prozesse beginnen, die Ungleichheiten entstehen lassen und bewahren, und diese Analyse anschließend dazu verwenden, die Struktur der gesellschaftlichen Hierarchien der Kaiserzeit zu erhellen.

Bei den Prozessen, die Ungleichheit beibehalten, können wir Marx insoweit folgen, als er da erstens das Eigentumssystem nennt, zweitens das Rechtssystem und drittens das Beschäftigungssystem (oder die Arbeitsteilung). Die Stellung der herrschenden Gruppen hänge von ihrer Kontrolle des Produktionsvermögens (der Produktionsmittel) als der eigentlichen Quelle ihres Wohlstands und ihrer Macht ab. Die Beherrschung des Rechtssystems legitimiere ihre Kontrolle über Vermögen durch Eigentumsrechte und den Einsatz von Sanktionen, zu denen auch Zwang gehört, um so die Vermögensverteilung zu ihren Gunsten durchzusetzen und zu sichern. Die Arbeitsteilung ergebe sich aus der sozialen Hierarchie, stärke diese aber zugleich, da es von der beruflichen Stellung abhängt, ob Individuen und Gruppen Zugang zur Kontrolle von Vermögen und der Produktionsmittel bekommen oder davon ausgeschlossen werden. Die Wechselwirkung dieser Prozesse führe zu Ausbeutung. Der Mehrwert werde durch Ausbeutung abgeschöpft, und so werde Vermögen produktiv.

Das System des Erwerbs und der Übertragung von Vermögen war die Grundlage der römischen Struktur sozialer und ökonomischer Ungleichheit. Rom war eine Agrargesellschaft, in der vor allem Land Reichtum bedeutete, der in der Familie weitervererbt wurde. Im großen und ganzen waren Außenseiter nur dann in der Lage, die Kontrolle über begehrte Ressourcen zu erlangen, wenn eine Familie ausgestorben war und es keine adoptierten Erben gab. Es war eine Besonderheit des römischen Systems, daß die davon profitierenden Außenseiter bezeichnenderweise aus den Reihen von Abhängigen der Unterschicht ausgewählt wurden (Freigelassene, Sklaven), die das Vertrauen oder die Zuneigung ihrer Herren gewonnen hatten. Augustus versperrte diese gesellschaftliche Aufstiegsmöglichkeit nicht, versuchte allerdings, den Umfang von Sklavenfreilassungen zu reduzieren und es Freigelassenen zu erschweren, Vermögen innerhalb der Familie weiterzuvererben.[7]

Im allgemeinen konnten die Kaiser den Aufstieg in die besitzende Klasse nicht genau überwachen und taten dies auch nicht. Dafür führten sie eine neue Aufstiegsmöglichkeit ein, nämlich den Dienst für Regime und Reich. Soldaten wurden für ihre Rolle zur Erhaltung der Gesellschaftsordnung durch angemessene, Offiziere durch großzügige Bezahlung belohnt. Überdies erhielten sie beim Erreichen der Altersgrenze eine beträchtliche Geldsumme, was Veteranen in die Lage versetzte, sich in kleineren Gemeinwesen als wohlhabende Männer niederzulassen.[8] Insoweit, als die Veteranen die Aufnahme in die Oberschicht der Provinzen schafften, profitierten sie auch von der kaiserlichen Gunst, die dieser Gruppe insgesamt gewährt wurde. Als Gegenleistung für ihre Zusammenarbeit mit der Zentralregierung auf den Gebieten der Verwaltung, der Rechtsprechung sowie der Aufrechterhaltung von Gesetz und Ordnung wurden die städtischen Eliten der Provinzen in die Lage versetzt, ihre lokale soziale und ökonomische Macht zu festigen.

Ungleichheiten, welche der ungleichen Vermögensverteilung entsprangen, die durch die kaiserliche Politik noch bestätigt oder gar verstärkt wurden, wurden auch durch das römische Recht gestützt. Tatsächlich waren die Entscheidungen der Kaiser (Satzungen, Reskripte), die noch durch Interpretationen bevollmächtigter Juristen ergänzt wurden, während des Prinzipats eine eigenständige Rechtsquelle und überall dort gültig, wo römische Beamte Rechtsgewalt besaßen. In der Praxis machte der Mangel an Beamten die Durchsetzung eines vereinheitlichten Rechtssystems im gesamten Reich unmöglich, selbst wenn eine kaiserliche Regierung dies gewollt hätte.[9] Wo lokales Recht und rechtliche Verfahrensweisen wohletabliert waren wie in den meisten Teilen des Ostens, erlaubte man ihren Weiterbestand, wobei römische Gerichtshöfe Appellationsmöglichkeiten und im Fall römischer Bürger einen erstinstanzlichen Rechtsweg boten. In dem unterentwickelten Westen jedoch wurde die Einführung römischer Gerichtshöfe, römischen Verfahrensrechts und römischer Rechtsmittel aktiv betrieben. Wie bei anderen Aspekten der Romanisierung wirkte sich auch das zugunsten der von Rom unterstützten lokalen Eliten aus. Diese Männer profitierten von der Ausdehnung des römischen Rechts mit seinen hochentwickelten Eigentumsrechten und von den Sonderrechten, die meist mit der römischen Staatsbürgerschaft verbunden waren, sowie von den legalen Statusprivilegien, die von der Zeit Hadrians an durch kaiserliche Entscheidungen offiziell anerkannt wurden.

Der zweite Aspekt dieser kaiserlichen Verfügungen lag darin, die untergeordnete Stellung der Masse der Bevölkerung zu bestätigen, der *humiliores* im Gegensatz zu den *honestiores*.

Die direkte Ausbeutung von Arbeitskraft durch reiche Eigentümer war ein Kernphänomen der kaiserlichen Gesellschaft Roms. Persönliche Bereicherung nahm in der römischen Welt nicht die Form der Akkumulation von Gewinn durch die Arbeit von Unternehmen an, die Lohnabhängige beschäftigten. Angehörige der besitzenden Klasse kamen weitgehend durch die Arbeit der von ihnen persönlich Abhängigen zu Wohlstand.[10]

Der größte Teil der arbeitenden Massen war in der Landwirtschaft beschäftigt. Die geringe Produktivität stellte sicher, daß nur ein relativ kleiner Bevölkerungsteil von der Erzeugung von Grundnahrungsmitteln befreit werden konnte. Seit dem Beginn der überseeischen Expansion Ende des dritten Jahrhunderts v. Chr. hatten Sklaven in Italien und Sizilien einen großen Teil der Arbeitskräfte gestellt. Der rechtliche Status von Arbeitskräften in den Provinzen ist weniger zufriedenstellend belegt. Natürlich gab es in einigen Teilen des Imperiums Sklaverei in der Landwirtschaft, etwa in Tripolitanien, wo Apuleius' Ehefrau Pudentilla ihrem Sohn unter anderem 400 Sklaven schenkte. In anderen Teilen Afrikas waren die Landarbeiter weitgehend frei, etwa in Ägypten, der zweiten großen Kornkammer des Reiches. In Gallien und Asien gab es andere Formen abhängiger Arbeitsverhältnisse, jedoch keine Sklaverei. Zweifellos stellten überall im Imperium freie Männer niederen Rangs die Mehrheit der Landarbeiter; aber was ihre rechtliche und gewohnheitsrechtliche Stellung in bezug auf die Produktion betrifft, gibt es nur wenige Quellen, so daß sich Verallgemeinerungen verbieten.[11]

Die brutale Effizienz der Sklaverei als einer Form der Ausbeutung bedarf keiner besonderen Erklärung[12], obwohl es durchaus Sklaven gab, denen es besser ging als anderen, wie wir gleich sehen werden. Die Situation der Arbeitskräfte, die keine Sklaven waren, umfaßte eine große Bandbreite von Schuldknechtschaft bis hin zu relativer Unabhängigkeit. Die Schuldknechtschaft blieb in der Frühzeit auch nach der Abschaffung in einer ihrer Formen, *nexum*, erhalten. Die «vielen» *obaerarii*, die Varro mit Asien, Ägypten und Illyrikum (*Rust.* 1.17.2) in Verbindung bringt, sowie die *nexi* mit Bürgerstatus, die zusammen mit Sklaven die riesigen Domänen der Reichen (vermutlich in Italien) bewirtschafteten, wie Columella sagt (1.3.12), waren mit Sicherheit Leibeigene.[13]

Andere Landarbeiter waren «freie» Pächter, von denen allerdings viele wegen ihrer wirtschaftlichen Zwangslage oder machtlosen Stellung nicht in der Lage waren, der intensiven Ausbeutung zu entrinnen. Plinius beschrieb einmal, wie es um die Pächter eines Landguts stand, das er zu kaufen gedachte: «Der frühere Eigentümer verkaufte recht oft die Sicherheiten der Pächter, um ihre Schulden abzudecken; und während er die Schuld der Pächter *(coloni)* so für einige Zeit verringerte, beraubte er sie gleichzeitig ihres künftigen Einkommens, woraufhin ihre Schulden wieder stiegen» (*Ep.* 3.19.6). Obwohl im Rechtssinn frei, waren diese Pächter anscheinend unfähig, sich aus den Krallen ihrer geldgierigen Grundherren zu lösen, ihre Schulden bei ihnen abzutragen und ihre Armut durch Bewirtschaftung rentabler Höfe zu überwinden. Auf einer kaiserlichen Domäne in Nordafrika *(saltus Burunitanus)* griff der Verwalter des Kaisers zur Gewalt, um die Subpächter auch weiterhin durch die wohlhabenden Hauptpächter ausbeuten zu lassen. Als die Subpächter bescheiden einwandten, man verlange ihnen mehr als den vereinbarten Zins und zu viele Arbeitstage ab, ließ der Verwalter Soldaten aufmarschieren, «gab Befehl, einige von uns festzunehmen und zu foltern, andere fesseln zu lassen, und manche, darunter sogar römische Bürger, ließ er mit Ruten und Knüppeln schlagen»[14]. Offenkundig konnten weder Freiheit noch die römische Staatsbürgerschaft Pächter immer vor selbstherrlichen Grundherren schützen.

Kleinbauern mit eigenem Land hatten größere Chancen, ihre Selbständigkeit zu bewahren. Zwar wurde auf mancherlei Weise Druck auf sie ausgeübt, um sie von reicheren und mächtigeren Nachbarn abhängig zu machen. Bisweilen waren Darlehen nötig, oder die Bauern mußten die Reichen um Unterstützung oder um Zusatzarbeiten zur Ergänzung ihres Einkommens bitten. Ferner belastete die Regierung sie mit Steuerforderungen, dem Wehrdienst in der Armee und mit Fronarbeit. Gleichwohl legen vergleichende Studien den Schluß nahe, daß Bauern manchmal einen überraschenden Behauptungswillen besitzen, und die Lebensbedingungen der Kaiserzeit – der langandauernde Frieden sowie die relativ leichte Besteuerung in vielen Regionen – wirkten sich nicht immer zu ihren Ungunsten aus. Die schweren Besteuerungen sowie die Dienstverpflichtungen, die dem ländlichen Patronat in der späteren Kaiserzeit eine so große Bedeutung verliehen und das zweckgebundene Kolonat entstehen ließen, lagen noch in weiter Ferne.

Stände

Stände sind gesellschaftliche Gruppen, die vom Staat durch Verordnungen oder nach Gewohnheitsrecht definiert werden. Augustus stellte das republikanische Ständesystem (*ordo*, Rang) wieder her, jedoch mit klarer umrissenen Definitionen.[15] Der Senatorenstand blieb nach wie vor der angesehenste, ein kleiner Kreis von mehreren hundert Familien, die man aufgrund herkömmlicher Maßstäbe wie Geburt, Reichtum und herausragende Charaktereigenschaften dieser Ehre für würdig hielt. Augustus machte es sich zur Aufgabe, den Senat umzubesetzen und seine erschütterte Moral wiederzubeleben, indem er ihn von Männern mit zweifelhaftem Ruf säuberte, die ihn während der Bürgerkriege unterwandert hatten. Eine Reihe solcher Revisionen ließ den Senat von etwa 1200 auf 600 Mitglieder zusammenschmelzen. Ferner unterschied Augustus stärker zwischen Senatoren und rangniederen Gruppen. In der Spätzeit der Republik mußten Senatoren ein Vermögen von 400 000 Sesterzen nachweisen, was nicht mehr war, als man von Rittern forderte. Augustus setzte eine beträchtlich höhere Qualifikationssumme für Senatoren fest, nämlich eine Million Sesterzen.[16] Überdies wurde das Tragen der Toga mit dem breiten, purpurroten Streifen *(latus clavus)* auf Senatoren, deren Söhne sowie auf Ritter beschränkt, denen man erlaubt hatte, sich um das Senatorenamt zu bewerben.[17] Die Ernennung neuer Senatorenfamilien lag jetzt in den Händen des Kaisers. Ferner erreichten Ernennungshindernisse wie unwürdiges Verhalten formale Gesetzeskraft und waren nicht mehr wie in der Vergangenheit den Launen von Zensoren überlassen. Ehen zwischen Senatoren und freigelassenen Frauen erkannte Augustus nicht an. Ein späterer Senatorenerlaß aus dem Jahr 19 n. Chr. verbot es Senatoren und deren Familien (sowie Rittern), ihren Ruf durch Teilnahme an öffentlichen Spektakeln und Spielen zu schädigen.[18]

Es wurde ausdrücklich festgehalten, daß der Senatorenstand kein erblicher Adel sei. Das Prestige jedoch, das einer hohen Geburt zugeschrieben wurde, brachte Augustus später dazu, das Erblichkeitsprinzip zu fördern, um das politische Gewicht des Senats zu erhöhen. So wurden Senatorensöhne ermutigt, in die Fußstapfen ihrer Väter zu treten, nicht nur durch das Tragen des *latus clavus*, sondern auch durch Teilnahme an Senatssitzungen mit ihren Vätern (Sueton, *Aug.* 38). Zudem wurde verfügt, daß die Zugehörigkeit zum Senatorenstand bei Senatorenabkömmlingen drei Generationen lang gelten solle (*Digesten* 23.2.44 Vorwort); ferner wurden dem Senatorenstand finanzielle Anreize geboten, sich aus sich selbst heraus zu erhalten.[19]

Den zweiten Stand, die Ritter, kennzeichnete ebenfalls ein aristokratisches und kein berufsmäßiges Ethos. Nach Ansicht des Historikers Cassius Dion (52.19.4) ähnelte der Ritter- dem Senatorenstand insofern, als für die Aufnahme gleichartige Kriterien gefordert wurden –

hohe Geburt, hervorragende Charaktereigenschaften und Reichtum; gleichwohl waren Ritter den Senatoren gesellschaftlich untergeordnet. Was die materiellen Voraussetzungen betrifft, so blieb das republikanische Mindestvermögen von 400000 Sesterzen in Kraft. In der Herrschaftszeit des Tiberius mußte zudem der Kandidat zwei vorhergehende Generationen einer freien Geburt nachweisen – ein weiteres Bemühen, die gesellschaftliche Distanz zwischen den privilegierten Ständen und denen bescheidenerer Abkunft zu vergrößern (Plinius, *HN* 33.32). Wie die Senatoren waren auch die Ritter der Gegenstand von Versuchen, sittliche Makellosigkeit zu einer gesetzlichen Forderung zu erheben, etwa bei dem oben erwähnten *senatus consultum*, der es Angehörigen der zwei führenden Stände verbot, sich an öffentlichen Spielen zu beteiligen.

Der Ritterstand war zahlenmäßig weit größer als der Senatorenstand und zählte nach Tausenden. Dementsprechend war er keine homogene Gruppe mehr. Historiker sind unterschiedlicher Ansicht darüber, was genau die Mitgliedschaft im Ritterstand ausmachte – Eigentum in der geforderten Höhe sowie freie Geburt oder der Besitz des «öffentlichen Pferdes», das vom Kaiser gewährt wurde.[20] Das Dekret aus dem Jahr 19 n. Chr. bestimmte vage, nur diejenigen seien Ritter, «die das Recht hätten, bei öffentlichen Schauspielen auf den für Ritter reservierten Plätzen zu sitzen». Plinius dem Älteren zufolge (*HN* 33.32) machte Tiberius aus dem Stand später «eine Einheit»; aber es wird nichts darüber gesagt, welche Verwaltungsprozeduren eingeführt wurden, um das zu erreichen.

Die «Einheit» schloß Vielfalt jedoch nicht aus. Unter der Republik hatten einige Ritter nur bescheidene Vermögen und keinerlei politischen Ehrgeiz besessen, der über ihre jeweiligen Heimatstädte hinausging, während andere, vor allem die führenden Staatspächter *(publicani)*, die von Cicero «als Blüte des Stands» bezeichnet werden, sich eines Reichtums und eines politischen Einflusses erfreut hatten, die mit denen von Senatoren vergleichbar waren (Cicero, *Planc.* 23). Unter dem Prinzipat begannen die Kaiser damit, Rittern nicht nur Verwaltungsaufgaben, sondern auch militärische Verantwortung zuzuweisen; als die Zahl der Rittern vorbehaltenen Ämter immer mehr stieg und sich deren Hierarchie entwickelte, wurden die Amtsträger des Standes, die in ihm eine Minderheit bildeten, insoweit den Senatoren ähnlich, als auch ihre Ehre dem Rang ihres Amts entsprang.[21] Am Ende des Prinzipats war es schon so weit gekommen, daß der führende Ritter, der Präfekt der Prätorianer, nach dem Protokoll des kaiserlichen Hofs sogar über den Senatoren stand. Die statusbewußten Römer waren sehr darauf bedacht, die ungeheure soziale Kluft zwischen dem angesehensten und dem rangniedrigsten Ritter deutlich zu kennzeichnen, und so erfand man Ende des zweiten Jahrhunderts eine neue Hierarchie von Ehrentiteln, mit denen die Amtsträger unter den Rittern ausgezeichnet werden sollten (*egregius* oder «auserlesen» für Prokuratoren, *perfectissimus* oder «höchst vollendet» für hochrangige Präfekten, sowie *eminentissimus*, «von höchster Auszeichnung», für Präfekten der Prätorianer).[22] Diese mehrere hundert besonders ausgezeichneten Ritter bildeten die Minderheit des Standes und gehörten zu der kaiserlichen Elite mit Sitz in Rom; die Mehrheit des Ritterstandes bestand im wesentlichen aus lokalen Honoratioren, die an einem goldenen Ring und einem schmalen purpurfarbenen Streifen auf der Toga erkennbar waren *(angustus clavus)*.

Die Dekurionen oder Ratsherren der Städte überall im Reich bildeten den dritten aristokratischen Stand – «aristokratisch» insofern, als von Dekurionen ebenso wie von Senatoren und Rittern eine ehrbare Herkunft, Reichtum und charakterliche Vorzüge erwartet wurden. Die Bedingung der ehrbaren Herkunft war bei Dekurionen jedoch nicht ganz so streng wie bei Rittern; so wurden oft Söhne von Freigelassenen, jedoch nicht immer Freigelassene selbst, als Stadträte zugelassen. Je nach Größe der Städte war auch der Reichtum ihrer führenden Bürger unterschiedlich groß; in den großen Städten überstieg der Reichtum mancher Dekurionen das Mindestvermögen von Senatoren. Das Mindestvermögen der eher durchschnittlichen Stadt Comum in Norditalien war auf 100 000 Sesterzen oder ein Viertel des für die Aufnahme in den Ritterstand geforderten Mindestvermögens festgesetzt (Plinius, *Ep.* 1.19). Charakterliche Vorzüge ließen sich schon schwerer garantieren; immerhin waren Männer mit einer kriminellen Vergangenheit sowie mit verachteten Berufen, etwa Versteigerer und Bestattungsunternehmer, von der Aufnahme ausgeschlossen.[23]

Diese Mindesterfordernisse wurden festgesetzt, um sicherzustellen, daß Stadträte aus wohlhabenden Männern bestanden, deren gesellschaftliches Ansehen über jeden Zweifel erhaben war. Manchmal wurden jedoch auch Männer aufgenommen, die in dem römischen Wertsystem nicht hoch angesiedelt waren. Der Jurist Callistratus, der im dritten Jahrhundert lebte, schrieb, man solle Händler zwar nicht total von der Aufnahme in den Stadtrat ausschließen, «aber ich halte es für unehrenhaft, Personen dieser Art in den Stand aufzunehmen, besonders in den Städten, in denen ein Überfluß an ehrenhaften Männern *(honesti viri)* herrscht, vor allem weil diese Händler einmal von Ädilen auf dem Marktplatz ausgepeitscht worden sind» (*Digesten* 50.2.12). Reichtum durfte andere Kriterien der gesellschaftlichen Akzeptanz ersetzen, und das aus rein praktischen Gründen. Stadträte und Magistraten wurden nämlich nicht bezahlt; man forderte sogar von ihnen, Beiträge an das Schatzamt zu leisten, wenn sie in den Stadtrat eintraten, ein Amt erhielten oder Priester wurden. Sie mußten ihren Reichtum auch für weitere freiwillige Ausgaben zur Verfügung stellen, um ihren privilegierten Status in der Gemeinde zu rechtfertigen, und letztlich boten sie eine Sicherheit dafür, daß die dem kaiserlichen Schatzamt geschuldeten Steuern auch gezahlt wurden.[24]

Diese drei Elitestände machten nur einen Bruchteil der Gesamtbevölkerung des Reiches aus. Unter ihnen standen in der offiziellen Hierarchie die große Masse der einfachen Freien, und am Sockel der Pyramide fanden sich die Sklaven. Bei den Freien wurde rechtlich vor allem zwischen frei Geborenen und Freigelassenen sowie zwischen römischen Bürgern und Nicht-Bürgern unterschieden. Die formalrechtlichen Behinderungen, denen sich ein Freigelassener ausgesetzt sah, waren in der Praxis jedoch nicht gravierend: Ein Sklave, der von einem Bürger vorschriftsmäßig freigelassen worden war, wurde zwar Bürger, war indessen von der Aufnahme in die Elitestände ausgeschlossen, ferner vom Dienst in den Legionen und von der Einheirat in den Senatorenstand.[25]

Im Verlauf des Prinzipats verlor die Unterscheidung zwischen Bürgern und Nicht-Bürgern viel von ihrer Bedeutung. Zunächst erhielten römische Bürger – zumindest diejenigen, die in Rom wohnten – ein wenig von den Rechten, deren sie sich unter der Republik erfreut hatten, sowie die materiellen Leistungen des Imperiums. Allmählich verschwand die Exklusivität, auf der Privilegien früher basiert hatten, als immer mehr Provinziale Bürger wurden, eine Entwicklung, die unter Caracalla kulminierte, der praktisch allen freien Bewohnern des Imperiums im Jahre 212 n. Chr. die römische Staatsbürgerschaft verlieh. Als die Unterschiede zwischen Siegern und Besiegten immer mehr verschwanden, wurden die rechtlichen Unterschiede innerhalb der Bevölkerung zunehmend durch soziale Unterschiede überschattet, die auf dem Wertvorstellungssystem der Elite beruhten. Das Ergebnis war die unter Hadrian aufkommende formale Unterscheidung zwischen Elite und niederen Massen (*honestiores* und *humiliores*).[26] Zu den privilegierten *honestiores* gehörten die drei aristokratischen Stände und die Veteranen, die für ihren Dienst zum Schutz der Gesellschaftsordnung belohnt wurden. Der Rest der freien Bevölkerung fiel in die Kategorie der *humiliores*, auf deren rechtliche Nachteile wir kurz eingehen werden.

Indem wir diese grobe, binäre Klassifikation der freien Bevölkerung übernehmen, laufen wir Gefahr, übermäßig zu vereinfachen und damit die gesellschaftliche Realität zu verzerren. Es läßt sich vor allem eine ansehnliche, heterogene Gruppe aus frei geborenen Männern ausmachen, die sich sowohl von den Eliteständen wie den niederen Massen unterschied. Die *apparitores*, Liktoren, Schreiber und andere Angestellte der römischen Magistrate, auf die man kürzlich aufmerksam geworden ist, sind nur ein kleiner Teil dieser Gruppe. Die *apparitores* bestätigen jedoch die grundlegende Dichotomie insofern, als sich ihr Rang von ihrer Stellung als Anhängsel der herrschenden Aristokratie ableitete. Es gab keinen echten «Mittelstand» in dem Sinn einer Mittelgruppe mit unabhängigem Vermögen oder gesellschaftlichem Ansehen.[27]

Schließlich noch die Sklaven. Das römische Recht stufte Sklaven als bewegliches Vermögen und nicht als Personen ein, als ein «Sprachrohr» *(instrumentum vocale)*, das nach dem Belieben der Herren gekauft, verkauft oder bestraft werden konnte. Einige kaiserliche Verfügungen erkannten ihr Menschsein nur in begrenztem Umfang an. So entschied beispielsweise Claudius, daß Herren, die kranke Sklaven im Stich ließen, um so die Kosten für deren Heilung zu sparen, sie nicht zurückfordern konnten, wenn sie wieder gesund wurden. Unter der Regierung Hadrians wurden die *ergastula*, die privaten Arbeits- oder Zuchthäuser auf den Gütern, auf denen man Sklaven in Ketten hielt, durch kaiserliches Gesetz verboten. Ferner wurde der als Strafe gedachte Verkauf von Sklaven bestimmten Regeln unterworfen, und das Recht des Herrn, über Leben und Tod seiner Sklaven zu entscheiden, wurde ihm genommen. Solche Gesetze dürften einige der schlimmsten Formen des Mißbrauchs verhindert haben, konnten aber an der totalen Macht- und Ehrlosigkeit des Sklaven gegenüber seinem Herrn nichts ändern. Die mit der fehlenden Freiheit, dem ständigen Leben unter der Knute, dem Auseinanderreißen von Sklavenfamilien und dem sexuellen Mißbrauch einhergehende seelische Unterdrückung blieb ungebrochen.[28]

Wie wurde diese Rangordnung in einer für gesellschaftliche Unterschiede so empfänglichen Kultur in den kulturell so unterschiedlichen

Gemeinwesen der Provinzen bekanntgemacht und durchgesetzt? Der Rang eines Menschen zeigte sich etwa in seiner Kleidung. Für Senatoren und ihre Söhne hatte Augustus die Toga mit dem breiten Purpurstreifen reserviert. Ritter erkannte man an den goldenen Ringen an ihren Fingern und an dem schmalen Purpurstreifen auf ihren Togen. Die Assoziation von Rang und Kleidung war so stark, daß einige Unwürdige zu Beginn des Prinzipats die Privilegien der Ritter usurpierten, indem sie einfach einen goldenen Ring trugen, was Tiberius dazu veranlaßte, den Ritterrang nur den Würdigen vorzubehalten (Plinius, *HN* 33.32). In ähnlicher Weise drohte Claudius Nicht-Bürgern Strafen an, die sich die *tria nomina* gaben, die drei Namen, die neben der Toga auf den Besitz der römischen Staatsbürgerschaft hinwiesen.[29]

Die Römer trugen ihren Rang stolz zur Schau, wann immer sie in der Öffentlichkeit erschienen, und nirgendwo auffälliger als bei den öffentlichen Spektakeln im Theater, im Amphitheater und im Zirkus. In Rom bestätigte Augustus einige Privilegien aus republikanischer Zeit, etwa die Reservierung bestimmter Sitze oder Sitzreihen für Senatoren, Ritter und Bürger:

> «Er erließ besondere Vorschriften, um dem ungeordneten und zufälligen System entgegenzuwirken, mit dem sich Zuschauer für diese Spiele Sitzplätze sicherten. Die Beleidigung eines Senators, dem beim Betreten des überfüllten Theaters von Puteoli kein einziger der Zuschauer einen Platz angeboten hatte, hatte ihn erzürnt. Der darauffolgende *senatus consultum* verfügte, daß bei jeder Aufführung, wo immer sie stattfinde, die erste Logenreihe für Senatoren zu reservieren sei... Zu seinen Vorschriften gehörten die Trennung von Soldaten und Zivilisten, die Zuweisung besonderer Sitzplätze an verheiratete Bürgerliche, an minderjährige Knaben und in der Nähe an deren Tutoren sowie ein Verbot des Tragens dunkler Kleidung, das nur auf den hinteren Sitzreihen erlaubt war.»[30]

In den Stadtgemeinden sah die Sitzordnung eine räumliche Trennung von Angehörigen des Kurienstands und normalen Bürgern vor. Schon Caesars Gesetz für die Kolonie Urso in Spanien hatte detaillierte Vorschriften für die Sitzordnung im Amphitheater und im Theater enthalten und für Übertretungen ungeheure Geldbußen festgesetzt – ein Hinweis darauf, daß weit mehr auf dem Spiel stand als das Ergattern eines guten Sitzplatzes bei den Spielen.[31]

Dadurch, daß man jedem den ihm zugedachten Platz zuwies, bestätigte man für jedermann sichtbar die Vorherrschaft der kaiserlichen Sozialstruktur. Das System war überdies darauf angelegt, die Bevölkerungsmehrheit des Imperiums zu beeindrucken. Daneben gab es noch andere öffentliche Zurschaustellungen des gesellschaftlichen Rangs, etwa bei der alljährlichen Ritterparade in Rom, die Augustus wieder einführte (Sueton, *Aug.* 38.3; Cassius Dion 55.31.2), sowie die öffentlichen Bankette und Lebensmittelverteilungen in den Städten, bei denen Geld oder Lebensmittel dem Rang entsprechend und nicht etwa nach den Bedürfnissen ausgegeben wurden.[32] Die Armen dürften dieses Prinzip verflucht haben, zumal es bei immer neuen öffentlichen Anlässen ins allgemeine Bewußtsein gerückt wurde.

Jedoch waren nicht nur die Vorteile eines hohen gesellschaftlichen Rangs sichtbar und wirksam. Wer nicht zum exklusiven Kreis der Privilegierten gehörte, bekam dies ebenfalls sehr deutlich zu spüren. In der Republik hatten sich die Bürger einen gesetzlich verbrieften Schutz vor Auspeitschung, Folter und Hinrichtung erkämpft und ganz allgemein gegen willkürliche Gewaltanwendung durch Magistrate abgesichert. In der Kaiserzeit hielten sich diese Rechte noch einige Zeit; wie bekannt, wurden sie auch von dem Juristen Julius Paulus bei mehr als nur einer Gelegenheit bestätigt. Als die Unterscheidung zwischen *honestiores* und *humiliores* die zwischen Bürgern und Nicht-Bürgern zunehmend ablöste, war das Privileg der Befreiung von Körperstrafen nur noch für *honestiores* reserviert, und in einer parallellaufenden Entwicklung wurden die bisher nur bei Sklaven vollzogenen grausamen Strafen auch auf niedere Freie ausgedehnt. Nicht nur das Strafrecht war zweigleisig; auch vor Gericht wurden unterschiedliche Maßstäbe angelegt. So sprach man den Aussagen von ranghöheren Bürgern mehr Glaubwürdigkeit zu. Dieses System erlangte am Ende des zweiten Jahrhunderts formale Gesetzeskraft, muß aber von römischen Richtern schon lange praktiziert worden sein, weil es in traditionellen aristokratischen Wertvorstellungen tief verwurzelt war. Einige Jahrzehnte vor dem ersten Auftauchen einer formalrechtlich gültigen Unterscheidung zwischen *honestiores* und *humiliores* riet Plinius der Jüngere einem Provinzstatthalter in Spanien, bei Anhörungen vor Gericht «die Standesunterschiede und die unterschiedliche Würde» zu wahren; denn «wenn man diese Unterschiede durcheinanderbringt, ist nichts ungleicher als die Gleichheit» (*Ep.* 9.5).[33]

Der Status eines Römers beruhte auf der gesellschaftlichen Einschätzung seiner Ehre und darauf, wie sich sein Prestige in den Augen seiner Umgebung ausnahm. Da Statusfragen eher etwas mit Wertvorstellungen und Perspektiven als mit gesetzlichen Vorschriften zu tun haben, sind die Unterschiede hier weniger deutlich als bei den Ständen. Die wichtigsten Voraussetzungen für einen hohen Rang – Geburt und Reichtum – hielten nicht immer miteinander Schritt; einige der reichsten Männer stammten aus sehr bescheidenen Familien, und manche mit den besten Ahnentafeln gerieten in Armut. Andere Faktoren wie Macht, Bildung und erkennbare moralische Statur verliehen ihren Trägern Prestige und waren durchaus nicht ausschließlich Männern von hohem Rang vorbehalten. Widersprüche zwischen Status und Rang führten zu Spannungen, die manchmal an die Oberfläche kamen, wie sich im Fall des Sejanus zeigt. Er war Präfekt der Prätorianer unter Tiberius und ein Mann aus dem zweiten Stand, dessen ungeheure Macht zeitgenössische Senatoren reizte.[34]

In jedem Stand gab es feine Statusunterschiede. Im Senatorenstand, der eine starke Fluktuation von Familien erlebte, ragten die *nobiles*, die sich konsularischer Ahnen rühmen konnten, über die Mehrheit der Emporkömmlinge hinaus.[35] Die Minderheit der Ritter, die man in Diensten des Kaisers in hohe Ämter berief, gehörten dem «Ritter-Adel» *(equestris nobilitas)* an, und das schon lange vor dem Aufkommen zahlreicher abgestufter Ehrentitel (Tacitus, *Agr.* 4.1). Die reichsten und mächtigsten Dekurionen wurden als «erste Männer» bezeichnet *(primores viri)*.[36] Diese standesinterne Schichtung führte meist jedoch nicht zu Problemen. Die frei Geborenen außerhalb der Elitestände bildeten die bei weitem größte Einzelgruppe in der Ranghierarchie; ihr Status wies je nach Beruf und Vermögen eine große Bandbreite auf. Das Fehlen detaillierter Informationen macht es jedoch schwierig, die Komplexität dessen zu durchdringen, was man die «fein abgestufte Statusfolge zwischen Ritter und Sklave» genannt hat, die im Reich außerhalb Ägyptens galt.[37] Eine grobe Unterteilung ist jedoch klar erkennbar: die zwischen städtischen und Landarbeitern. Die römische Zivilisation war ein städtisches Phänomen, das von den Agrarüberschüssen des flachen Landes abhängig war. Die Städte beuteten das flache Land nicht nur aus, um ihre Bewohner zu ernähren und zu kleiden; die Städter, eine kleine Minderheit der Gesamtbevölkerung, verachteten die Massen auf dem Land sogar als «Bauern», die mit der verfeinerten Kultur des Stadtlebens nicht vertraut waren und oft buchstäblich eine andere Sprache sprachen.[38]

Selbst am Fuß der gesellschaftlichen Pyramide gab es zahlreiche Unterschiede der Lebensbedingungen. So hatten viele zu schwerer körperlicher Arbeit verdammte Sklaven, besonders die in den Minen, ein bedauernswertes Schicksal. Apuleius bietet uns einen vielsagenden Einblick in die Lebensbedingungen von Sklaven, die in seinem Roman *Der goldene Esel* in einem Mahlwerk arbeiten:

> «Die ganze Haut voller blauer Striemen, und der blutig geschlagene Rücken mit ein paar lumpigen Fetzen eher beschattet als bedeckt, einige trugen überhaupt nur einen kümmerlichen Lendenschurz, jedenfalls waren alle so angezogen, daß man Haut und Knochen unter den Fetzen sah; alle mit dem Brandmal auf der Stirn, mit halbrasiertem Kopf und mit dem Ring gefesselten Füßen; ferner alle leichenblaß und mit Augenlidern, die von Qualm und Dunst in dem verräucherten Dunkel bis zum Schwinden der Sehkraft entzündet waren, und alle wie die in einer Staubwolke kämpfenden Gladiatoren über und über mit schmutzig weißem Staub bedeckt.»[39]

Im Gegensatz dazu führten Sklaven in städtischen Haushalten ein Leben unter unvergleichlich besseren äußeren Bedingungen. Oft erlaubte man ihnen sogar, *de facto* ein Familienleben zu führen.[40] Sklaven, die zum Vorteil ihrer Herren Werkstätten führten oder kaufmännisch tätig waren, besaßen erhebliche Handlungsfreiheit. Die Einschränkungen ihrer rechtlichen Stellung als bewegliche Habe wurde mit dem Institut des *peculium* umgangen, einem für Sklaven reservierten Sondervermögen, für dessen Rechnung sie finanzielle Verpflichtungen eingehen konnten. Das *peculium* konnte nicht nur Betriebskapital, sondern auch Grundeigentum enthalten – und Sklaven.[41] Selbst bei Sklaven brachte Wohlstand Macht über andere. Verantwortung im Haushalt des Herrn brachte ebenfalls Macht mit sich, die je nach Größe und Status des Haushalts variierte. Die ranghöchsten Sklaven des kaiserlichen Hofs besaßen beträchtlichen Einfluß und erwarben mitunter ansehnlichen Reichtum, was nicht nur durch literarische Anekdoten, sondern auch durch Inschriften belegt ist. Musicus Scurranus, ein Sklave, der in einer gallischen Provinz für Tiberius Schatzmeister des kaiserlichen Schatzamts war, erhielt von den 16 Sklaven seines eigenen Haushalts eine

Dedikation (*ILS* 1514). Ein weiterer wichtiger Bestandteil des relativ hohen Status häuslicher und städtischer Sklaven war die Möglichkeit der Freilassung, die den Sklaven auf dem Land und in den Minen verwehrt blieb.

Trotz all dieser Statusunterschiede war es bei Sklaven wegen ihrer rechtlichen Abhängigkeit weniger schwierig, sie in die römische Hierarchie einzubauen als bei Freigelassenen. Freigelassene – in ihrer Eigenschaft als freie römische Bürger, die theoretisch, manchmal auch in der Praxis großen Reichtum ansammeln konnten, aber dennoch mit dem Makel ihrer Sklavenvergangenheit leben mußten – verkörpern die Widersprüche zwischen Rang und Status, welche die römische Gesellschaft bewältigen mußte.

Die meisten Freigelassenen waren einfache Bürgerliche, heirateten Frauen aus dem gleichen Stand und blieben oft von ihren früheren Herren abhängig. Somit stellten sie keinen unbequemen Widerspruch zwischen Rang und Status dar.[42] Manche stiegen jedoch zu einem gesellschaftlichen Niveau auf, das sich mit ihrem niederen Rang nicht vereinbaren ließ. Die konservativen Adligen, die den römischen Senat im Jahre 56 n. Chr. drängten, die Neuversklavung aufsässiger Freigelassener zu beschließen, reagierten damit auf das Phänomen erfolgreicher Freigelassener und nicht einfach nur darauf, wie diese ihre früheren Herren demütigten (Tacitus, *Ann.* 13.26–7).

Freigelassene des kaiserlichen Hofs konnten den Gipfel der begüterten Klasse erklimmen – vier der zehn reichsten Männer des Prinzipats waren Freigelassene. Manche wurden wegen ihres ungeheuren Einflusses sogar von Angehörigen der Elitestände umworben. Im Gegensatz zu anderen Freigelassenen heirateten sie meist frei geborene Frauen.[43] Dennoch wurde ihre einstige Knechtschaft nicht vergessen, die ihren Aufstieg in die aristokratischen Stände meist verhinderte. Nicht einmal das «Recht der freien Geburt», eine juristische Fiktion, mit der ein Kaiser einem Freigelassenen bescheinigte, frei geboren und für die Aufnahme in den Ritterstand geeignet zu sein, konnte in den Augen der Elite den Makel der Sklaverei tilgen.[44] Die gegen diese Männer gerichtete Feindseligkeit, deren Stellung ausschließlich auf ihrer räumlichen Nähe zu den Kaisern und ihrem Einfluß auf sie beruhte, wird in der beleidigenden Sprache spürbar, die der normalerweise sanftmütige Plinius bei der Beschreibung seiner Reaktion auf eine Inschrift verwendet, die den von Claudius freigelassenen Pallas mit freier Geburt und den Insignien des zweithöchsten Magistrats, des Prätorenamts, ehrt: «Persönlich habe ich noch nie viel von diesen Ehrungen gehalten, deren Verteilung eher zufällig denn aufgrund einer vernünftigen Entscheidung erfolgt; aber diese Inschrift macht mir mehr als irgend etwas sonst klar, eine wie lächerliche Farce es ist, wenn man sie an solchen Dreck und Schmutz wegwerfen kann und daß sich dieses Pack erdreisten könnte, sie anzunehmen und zu verweigern» (*Ep.* 7.29).

Manche Aristokraten versuchten, ihren Zorn mit etwas anderem als dem Zufall der niedrigen Geburt von Sklaven zu begründen. Freiheit, Staatsbürgerschaft und Reichtum, so behaupteten sie, könnten den unkultivierten, servilen Geist eines ehemaligen Sklaven nicht verändern. Petronius' Darstellung des Trimalchio ist die klassische Verkörperung dieser Klischeevorstellung vom flegelhaften Freigelassenen.[45] Seneca beschrieb ein Gegenstück aus dem wirklichen Leben: «Zu unserer Zeit gab es einen gewissen reichen Mann namens Calvisius Sabinus; er besaß den Reichtum und den Geist eines Freigelassenen. Ich habe noch nie einen Mann gesehen, dessen Glück ein größeres Vergehen gegen den Reichtum gewesen wäre» (*Ep.* 27.5). Sabinus, so erfahren wir, habe große Summen für Sklaven ausgegeben, die sämtliche Werke Homers und Hesiods auswendig gelernt hätten. Bei Abendgesellschaften habe Sabinus seine Gäste mit der Wiederholung halbvergessener Zeilen gelangweilt, die er von diesen Sklaven gelernt habe. Der Tirade des Hermeros nach zu schließen, eines ehemaligen Mit-Sklaven des Trimalchio im *Satyricon* (57–8), reagierten Freigelassene höchst empfindlich auf Beleidigungen, die in dieser elitären Ideologie enthalten waren, und neigten dazu, ihre persönlichen Leistungen zu betonen, etwa das Erkaufen ihrer Freiheit und das Anhäufen von Reichtum.

Der durch die Karrieren erfolgreicher Freigelassener ausgelöste ideologische Konflikt wurde nie ganz gelöst, aber von der Zeit des Augustus an wurde in den Städten Italiens und der westlichen Provinzen zumindest ein institutionalisierter Kompromiß erreicht. Freigelassene waren zwar von den lokalen Stadträten ausgeschlossen, konnten aber mit dem Amt des Augustalis geehrt werden. Wie Dekurionen und lokale Magistrate hatten Augustales während ihrer Amtszeit einige Vergünstigungen, etwa besondere Sitzplätze bei öffentlichen Anlässen sowie Autoritätssymbole wie Diener *(lictores)*, Rutenbündel *(fasces)* und Kleidung, die sie von anderen abhob (die *toga praetexta*). Als Gegenleistung zahlten sie eine Gebühr als Anerkennung für ihr Amt und unterlagen dem gleichen Druck wie Dekurionen, sich freiwillig als Wohltäter zu betätigen. So diente das Kollegium der Augustales einem doppelten

Zweck, einmal der Anerkennung der Überlegenheit dieser wohlhabenden Freigelassenen über die Masse der Plebs, zum anderen wurde das grundlegende Statuskriterium der Geburt aufrechterhalten.[46] Die Existenz dieser Augustales läßt sich als Beweis dafür werten, daß in der römischen Gesellschaft keine Gruppe freier Männer von Ehrungen ausgeschlossen war. Es wäre jedoch übertrieben, ihre Stellung als «zweiter Stand» in den Städten mit dem Ritterstand in Rom zu vergleichen. Anders als Ritter konnten sie nicht weiter aufsteigen. Söhne von Freigelassenen waren die wahren Emporkömmlinge, aber nicht die Freigelassenen selbst, da ihre Sklavengeburt sicherstellte, daß sie nie zu den Arrivierten gehören würden.

Wie der Rang wurde auch der Status auf herkömmliche Weise zur Schau getragen. Da Status mit Reichtum verbunden war, ließ er sich etwa durch auffallenden Luxuskonsum demonstrieren. Apuleius' Geizkragen Milo, der die Größe seines Vermögens zu verbergen sucht, indem er mit nur einer Dienerin in einem kleinen Haus lebt, war eine Ausnahme (*Der goldene Esel*, 1.19). Für Seneca gehörten ein schönes Anwesen und zahlreiche schöne Sklaven zu den herausragendsten Symbolen für Reichtum und Status (*Ep.* 41.7). Ein Jahrhundert später setzte auch Apuleius dies als selbstverständlich voraus, als er den Philosophen Crates gegen den Verdacht in Schutz nahm, dieser habe antisoziale Ansichten, die man normalerweise Philosophen zuschrieb; der Redner betonte, Crates unterstütze die herrschenden Wertvorstellungen der Gesellschaft, was durch seinen Reichtum, sein großes Sklavengefolge und sein mit einem erlesen dekorierten Vestibül ausgestattetes Haus belegt werde (*Flor.* 22). Statussüchtige Reiche neigten dazu, sich möglichst viele Sklaven im Haus zu halten. Es galt als geschmacklos, einem Sklaven mehrere Aufgaben zuzuweisen, nur um Geld zu sparen. Folglich schritt die Arbeitsteilung bei diesen Sklaven immer mehr voran, und wo ein Haushalt über Hunderte von Dienern verfügte, kam es zu feinen Differenzierungen. So gab es Sklaven, die nur frisieren durften, und andere, die sich auf das Falten bestimmter Gewänder spezialisiert hatten.[47]

Es wurden Gesetze verabschiedet, die Prasserei verboten, und Moralphilosophen wie Seneca wetterten dagegen, daß man den Wert eines Mannes an der Zurschaustellung seines Reichtums messen solle. Die Kaiser aber verzweifelten an der Aufgabe, mit einer aufwendigen Gesetzgebung gegen diese Statussucht anzugehen, und selbst Seneca wurde beschuldigt, einen unglaublichen Reichtum zusammengetragen zu haben, den er mit Luxusgütern wie den 500 identischen Tischen aus Zitrusholz mit Elfenbeinbeinen zur Schau trage, auf denen er bei seinen Banketten auftragen ließ.[48]

Fand die Zurschaustellung des Rangs vorwiegend in der Öffentlichkeit statt, im politischen und religiösen Leben der Stadt und bei besonderen Anlässen wie Spielen und Banketten, so wurde der Status vor allem im privaten Heim vorgeführt. Das Haus war die Bühne der *salutatio*, zu der sich Klienten und rangniedere Freunde der Großen und Mächtigen am frühen Morgen einfanden, um als Gegenleistung für Lebensmittel, Geld, Kleidung und andere Gunstbeweise ihren Respekt zu bezeigen. Vom späten zweiten Jahrhundert v. Chr. an wurden diese frühmorgendlichen Besucher in Gruppen eingeteilt und je nach Status empfangen. Die *salutatio* war auf zweierlei Weise eine sichtbare Demonstration der gesellschaftlichen Hierarchie. Klienten wurden nach ihrem Platz in der Schlange eingestuft, und den Patron beurteilte man nach Qualität und Zahl seiner Besucher. Das «überfüllte Haus» war Gradmesser und Metapher für Macht und Prestige.[49] Private Diners im Haus erlaubten noch weitere Möglichkeiten, Statusunterschiede zu zeigen. So wie bei öffentlichen Festessen die Sitzordnung je nach Rang der Gäste erfolgte, suchte man bei privaten Essen die Sitzplätze und manchmal sogar die Qualität der Speisen und Getränke dem jeweiligen Rang der Gäste anzupassen (Martial, *Epig.* 4.68, 6.11; Plinius, *Ep.* 2.6.2).

Diese Zurschaustellungen von Rang und Status waren für jedermann sichtbar und machten die Widersprüche zwischen ihnen peinlich offenkundig. Als etwa Sejanus zu fürchten begann, daß seine enorme Macht und sein hoher Status, die angesichts seiner Zugehörigkeit zum zweiten Stand übermäßig waren, ihn in den Augen des Kaisers Tiberius verdächtig machen könnten, zog er aus Rom weg, um die überfüllten *salutationes* zu vermeiden, die seine gesellschaftliche Stellung so überdeutlich hervorhoben (Tacitus, *Ann.* 4.41). So war auch die Anwesenheit des Senators und früheren Herrn des kaiserlichen Freigelassenen Callistus bei der morgendlichen *salutatio* eine offenkundige und abstoßende Umkehrung des normalen Herr-Sklaven-Verhältnisses; die Situation wurde dadurch noch verschlimmert, daß Callistus es ablehnte, seinen früheren Herrn zu empfangen (Seneca, *Ep.* 47.9). Solche Zwischenfälle zeigten, daß Aristokraten manchmal nichts weiter waren als «Sklaven von Sklaven» (Arrian, *Epict. Diss.* 4.1.148, 3.7.31, 4.7.19). In den Augen des Adels war es ein Kennzeichen eines «guten»

Kaisers, wenn er seine Freigelassenen «in die Schranken wies» und die herkömmliche Gesellschaftsordnung so mit fester Hand verteidigte (Plinius, *Pan.* 88.1–2).

Soziale Mobilität

Die starre gesellschaftliche Hierarchie war zum Teil auf die begrenzten Möglichkeiten einzelner und von Gruppen zu sozialer Mobilität zurückzuführen. Der Grad der Mobilität wurde durch mehrere Faktoren beeinflußt, zu denen die durch die Volkswirtschaft gebotenen Chancen zu persönlicher Bereicherung ebenso gehörten wie demographische Trends, von denen es abhing, ob in den höheren Ständen von Generation zu Generation für Neuankömmlinge mehr oder weniger Plätze offenstanden. Es ist die Ansicht vertreten worden, das kaiserliche Rom als traditionelle, vorindustrielle Gesellschaft habe ungewöhnliche Aufstiegsmöglichkeiten geboten. Eine solche Verallgemeinerung bedarf jedoch der Einschränkung: Bei bestimmten Bevölkerungsteilen mag Mobilität an der Tagesordnung gewesen sein, während die Aussichten für andere nahezu hoffnungslos waren.

Die Fluktuation in den Eliteständen des Römischen Imperiums war beachtlich. Aus Gründen, die nicht befriedigend geklärt sind, verschwanden Senatorenfamilien mit einer Durchschnittsrate von 75 Prozent pro Generation – eine Fluktuationsrate, die alles übersteigt, was im europäischen Adel der frühen Neuzeit festzustellen ist. Nehmen wir das Beispiel der Patrizier, eines exklusiven Kreises von Familien im Senat. Von den 39 bekannten Patrizierfamilien der Zeit zwischen den Jahren 70 und 117 n. Chr. waren zur Zeit Hadrians 22 spurlos verschwunden, und von den restlichen 17 Familien gingen die meisten in der Ära des Antoninus Pius unter. Die Fluktuation der großen Mehrheit der Senatorenfamilien von einer Generation zur nächsten muß den Wert der Abstammung im Hinblick auf Rang und Status erhöht haben, da sich nur noch wenige kaiserliche Senatoren (anders als ihre republikanischen Vorgänger) das kollektive Andenken an die Leistungen ihrer Vorfahren zunutze machen konnten. Da es den Senatorenfamilien nicht gelang, die entstandenen Lücken mit ihren Söhnen zu füllen, erhielten die reichsten und prominentesten Angehörigen der lokalen Eliten in jeder Generation Hunderte von Einstiegsmöglichkeiten in den

Senat. Dessen neue Mitglieder stammten zunehmend aus den Provinzen außerhalb Italiens, so daß sich der Anteil der Provinzsenatoren von einigen wenigen unter Augustus auf vielleicht ein Viertel in der flavischen Ära bis hin zu mehr als der Hälfte Anfang des dritten Jahrhunderts steigerte.[50]

Die Aufstiegsmöglichkeiten in den Ritterrang mit allen dazugehörigen Ehren waren noch weit besser als im Senat. Die einfache Zugehörigkeit zum Ritterstand war weder zahlenmäßig begrenzt noch bei denen, welche die notwendigen Voraussetzungen – Reichtum, Geburt und Staatsbürgerschaft – erfüllten, besonders umkämpft. Rittern offenstehende Ämter dagegen gab es nur wenige, die überdies lediglich einer Minderheit der Ritter zugänglich waren. Dafür standen sie in jeder Generation neuen Familien offen, da nur wenige Söhne von Prokuratoren ihren Vätern in ein Ritteramt folgten. Wenn man einmal von demographischen Faktoren absieht, waren sie erstrangige Kandidaten für die Aufnahme in den Senat.

Die soziale Mobilität bei den lokalen Eliten ist bis jetzt noch nicht systematisch erforscht worden. Diese Gruppen, aus denen sich der Nachwuchs für die beiden höchsten Stände rekrutierte, dürften stabiler gewesen sein.[51] Die relativ wenigen Kurien-Familien, die in die kaiserliche Aristokratie aufgenommen wurden, kamen an Reichtum und Wertvorstellungen den Senatoren- und Ritterfamilien schon weitgehend gleich, was ihre geographische Neuorientierung erleichterte. Der Aufstieg in die lokalen Eliten hingegen brachte zunehmenden Reichtum mit sich, und Reichtum wurde normalerweise in der Familie weitervererbt. Gleichwohl konnte die glatte Übertragung von Patrimonium und Rang aus demographischen und anderen Gründen gestört werden, was vielen neuen Männern den Aufstieg in den Kurienstand ermöglichte.

Aus welchen Gesellschaftsschichten stammten die neuen Vertreter der städtischen Aristokratie? In den Quellen lassen sich zwei aufstrebende Gruppen ausmachen: Soldaten und eine bestimmte Kategorie von Sklaven. Der Erfolg eines frei geborenen Landarbeiters, des Erntearbeiters aus Maktar in Numidien, der es bis zum Stadtrat und Magistrat seiner Stadt brachte, war ein ungewöhnlicher Ausnahmefall.[52]

Jedes Jahr wurden einige Zehntausende zur Armee eingezogen. Falls sie die römische Staatsbürgerschaft noch nicht besaßen, erhielten Legionäre sie beim Eintritt in die Streitkräfte, Auxiliartruppen beim Ausscheiden. Wer seine Dienstzeit überlebte, erhielt eine großzügige Entlassungszahlung, die es jedem Soldaten erlaubte, sich als Grundeigentümer niederzulassen und sich in irgendeiner Stadtgemeinde nahe der Grenze um die Aufnahme in den Stadtrat zu bewerben. Die Glücklichen, aus denen die Offizierskaste bestand, stattete die Armee mit den Mitteln für einen spektakuläreren gesellschaftlichen Aufstieg aus. Einige Centurionen wurden direkt aus der begüterten Klasse angeworben, aber die meisten waren aus den Reihen der einfachen Soldaten heraus befördert worden. Mit dem Centurionat waren Autorität und ein Einkommen verbunden, das sich mit denen von Dekurionen messen konnte. Die Minderheit der Centurionen, die anschließend den Rang eines *primuspilus* erreichten, wurden zu Rittern gemacht und erhielten ein entsprechendes Einkommen. Einigen stand die Beförderung zu hohen Ritterämtern offen, etwa dem des Prokurators, und vielleicht einmal in zehn Jahren schaffte es einer, eine der großen Präfekturen zu gewinnen.[53]

In den Städten hatten Sklaven und Ex-Sklaven paradoxerweise bessere Aufstiegsmöglichkeiten als der einfache Freigeborene. Soweit in Handel und Manufakturwesen Geld zu verdienen war, waren die unternehmungsfreudigeren Angehörigen dieser Gruppe gut dafür gerüstet, da ihre Herren sie angespornt, ihnen die nötige Selbständigkeit gewährt, das Startkapital zur Verfügung gestellt und oft sogar die nötige Ausbildung ermöglicht hatten. Überdies eröffnete die Stellung bevorzugter Sklaven in reichen Häusern die Chance, daß sie eines Tages nicht nur die Nutznießer von arbeitendem Kapital, sondern auch beträchtlicher Legate wurden. Beim Prozeß der Vermögensumschichtung spielten nicht nur Freilassung, sondern auch von der Familie ererbtes Vermögen, Adoption und Vermächtnisse bei Männern des gleichen gesellschaftlichen Hintergrunds eine gewisse Rolle. Erhaltene Inschriften sowie (feindselige) literarische Quellen lassen keinen Zweifel daran, daß sich lokale Stadträte in den westlichen Provinzen ständig aus den Reihen der neugegründeten Familien erfolgreicher Freigelassener heraus erneuerten.[54]

Daß es auch in den Städten des griechischen Ostens solch eine Gruppe gab, läßt sich trotz fehlender Quellen nicht ausschließen. Ein in einer Inschrift erhaltener Brief Marc Aurels zeigt, daß beide Athener Stadträte (der Areopag und der Rat der 500) Freigelassene brauchten, um alle freigewordenen Stellen zu besetzen.[55] Dies ist eine Entdeckung, auf die sich in den erhaltenen Ehren- und Grabinschriften aus Athen und allen anderen griechischen Städten keinerlei Hinweis findet. Griechische Namen im Osten sind «statusneutral», während sie in den lateinischen Inschriften des Westens häufig darauf hindeuten, daß der Betreffende als Sklave geboren wurde.[56] Wie immer der gesellschaftliche Hintergrund der aufstrebenden Gruppe ausgesehen haben mag, die wir hier im Auge haben, man wird davon ausgchen können, daß dicse Männer von wohlhabenden Patronen gefördert wurden, die im Osten wie im Westen den städtischen Adel bildeten. Die kontrollierte Aufnahme neuer Angehöriger in die besitzende Klasse war bei der Stabilisierung des römischen Systems der Ungleichheit ein entscheidendes Element.

Anmerkungen

1 Sueton, *Iul.* 76, 80, 39.2; vgl. Cassius Dion 52.42.1 über das zweite Triumvirat.
2 Finley (1985 b), Kap. 3.
3 MacMullen (1982); Saller und Shaw (1984 a).
4 Finley (1985 a), 49–51; de Ste. Croix (1981), 84–96.
5 Poulantzas (1975).
6 Was folgt, ist ein Gedankengang von E. Garnsey, in: Giddens/Held (1982), 427, 631.
7 Kurz bei Treggiari (1969), 15 ff, 30, 73 ff; Brunt (1971), 558–66.
8 Campbell (1984), 181 ff; MacMullen (1963), Kap. 5.
9 Jolowicz und Nicholas (1972), Kap. 21–3; Schulz (1946), 3. Teil, über die Einschränkungen Galster (1986).
10 De Ste. Croix (1981), 49–69, 179–204; siehe Brunt (1980), 90–1 über Lohnarbeit.
11 Apuleius, *Apol.* 93, vgl. 17 mit Garnsey (1978), 236–8; Whittaker (1980); Bibliographie über den Osten bei Finley (1985 a), 222, Anm. 17, 245, Anm. 11.
12 Patterson (1982); Finley (1980), Kap. 3.
13 De Ste. Croix (1981), 165–8.
14 *CIL* VIII. 10570 + 14464, übersetzt bei Lewis und Reinhold (1955), 183–4 mit Rostovtzeff (1910), 370. Über Gewalt auf dem Land McMullen (1974), 5–12.
15 Demougin (1982); über die Republik Nicolet (1977 und 1984); Cohn (1975). Über die Hierarchie der Stände allgemein Alföldy (1985), Kap. 5.
16 Cassius Dion 56.41.3; *Res Gestae* 8; Jones (1960), Kap. 2; Nicolet (1976); Millar (1977), 290–300.
17 Chastagnol (1971) und (1973).
18 *Digesten*, 23.2.4 Vorw., mit Treggiari (1969), 82 ff. Über das Dekret Levick (1983).
19 Hopkins (1983 c), Kap. 3; über die Ehegesetze S. 143.

20 Demougin (1982), 77; Alföldy (1985); Stein (1927); Wiseman (1970); erweiterter Zugehörigkeitsbegriff bei Millar (1977), 280, aber man beachte die Veränderung des Sprachgebrauchs in Inschriften – aus *exornatus equo publico* wurde *eques Romanus*, worauf Duncan-Jones hinweist (1967), 149 f.
21 Sherwin-White (1940); Pflaum (1950); Brunt (1983) und (1969) über Ritter in der Republik.
22 Millar (1964), 21 und (1983 a); Pflaum (1970 b).
23 Duthoy (1974), 147–48; Lex Iulia municipalis 94, 108–23, mit Crook (1967 a), 65–7.
24 Über Dekurionen Garnsey (1970), 242–5; Gagé (1964), Kap. 5; über ihre Pflichten Millar (1983 a).
25 Duff (1928); Buckland (1963), 87–90; Crook (1967 a), 50–5.
26 Garnsey (1970), Kap. 11 und kürzer (1974); de Ste. Croix (1981), 455–62.
27 Purcell (1983); Gérard (1976), Kap. 6.
28 Buckland (1908) bleibt das Standardwerk über die rechtliche Stellung des Sklaven; Finley (1980), Kap. 3; Bradley (1984).
29 Reinhold (1971); Brunt (1961), bes. S. 76; Crook (1967 a), 46–9, über das Quellenmaterial zum Bürgerstatus.
30 Sueton, *Aug.* 44; vgl. Dion 60.7; Sueton, *Claud.* 21; Tacitus, *Ann.* 15.32.
31 Riccobono, *FIRA* no. 21 (Lex col. Gen. Iul. Urs.) 125–7, der eine Geldbuße von 5000 Sesterzen nennt; vgl. Nr. 13 (Lex Iul. mun.) 138–9.
32 Duncan-Jones (1982), 184–8.
33 Garnsey (1970); Millar (1984) über Zwangsarbeit und Körperstrafen.
34 Hopkins (1974), 108–11.
35 Über die umstrittene Definition von *nobilitas* Hill (1969), Barnes (1974).
36 *Digesten*, 50.14.6 Vorw., 50.7.5.5; Garnsey (1974), 232.
37 Purcell (1983), 127.
38 MacMullen (1974), Kap. 2; de Ste. Croix (1981), 9–19; Rostovtzeff (1957), Kap. 11.
39 *Met.* 9.12, mit Millar (1981), 65.
40 Treggiari (1975 a); Flory (1978).
41 Crook (1967 a), 188–9; Buckland (1908), Kap. 8–9.
42 Rawson (1966); Weaver (1974), 126 ff.
43 Duncan-Jones (1982), 343–44; Weaver (1974), 126–9.
44 Duff (1928), 85 f.
45 Die klassische Darstellung stammt von Veyne (1961); vgl. Garnsey (1981); d'Arms (1981), Kap. 5.
46 Duthoy (1974) und (1978).
47 Tacitus, *Ann.* 14.42–5, Treggiari (1975 b), (1979 a), (1982).
48 Gellius, *NA* 2.24.14 (Gesetzgebung des Augustus); Tacitus, *Ann.* 3.52–5 (Tiberius' vergebliche Versuche, die Gesetze durchzusetzen); Cassius Dion 61.10.3 (Senecas Heuchelei); über das Haus als Statussymbol Saller (1984 a).
49 Saller (1984 a), 352; (1982), 127–9; Mohler (1931).
50 Hopkins (1983 c), Kap. 3; Hammond (1957).
51 Champlin (1981).

52 ILS 7457 mit Rostovtzeff (1957), 331.
53 Dobson (1974 a) und (1974 b).
54 Garnsey (1975) und (1981), 369 ff; Gordon (1931).
55 Oliver (1970).
56 Garnsey (1975).

7
Familie und Haushalt

Einführung

Wenn Römer der Augusteischen Ära ihre Zeit mit der idealisierten Vergangenheit verglichen, beklagten sie unter anderem den Verfall der Familienmoral. Im frühen Rom herrschte eine harte Familiendisziplin, und bei der Tugend galten hohe Maßstäbe: Paradigmatische *exempla* zeigen, daß Väter erwachsene Söhne, die in der Schlacht den Gehorsam verweigert hatten, hinrichteten, und tugendhafte Frauen schätzten ihre Keuschheit höher als ihr Leben. Offenkundig maß auch Augustus den Familiensitten *(mores)* erhebliche Bedeutung bei und widmete einen großen Teil seiner Reformgesetzgebung der Ehe und der Mutterschaft.[1]

Die Bedeutung der Familie für die Gesellschaft schätzte der erste Kaiser durchaus richtig ein, war aber allzu optimistisch, was seine Fähigkeit betraf, effektive Reformen durchzusetzen. Die Familie war die wichtigste soziale Einheit, innerhalb derer Reichtum und Status übertragen wurden. Insoweit hingen der Fortbestand des Adels, die Möglichkeit zu sozialer Mobilität, die Verteilung von Grundeigentum mit dem damit verbundenen Reichtum und andere Dinge grundlegend von den Mustern familiären Verhaltens ab. Die Vorstellung von der römischen Familie hat nicht nur auf die sozialen Gegebenheiten der Zeit Einfluß genommen; sie hat auch im politischen, im sozialen und im Rechtsdenken des Westens nachhaltige Spuren hinterlassen. Im Anschluß an die Wiedereinführung des Römischen Rechts im spätmittelalterlichen Europa werteten politische Denker die fast absolute rechtliche Macht des Familienvaters als Modell für die Macht, welche die Natur dem absoluten Souverän des Staates zuschreibe. Noch im 19. Jahrhundert leiteten Theoretiker, die sich mit der Evolution der Gesellschaft befaßten, von der römischen Familie verallgemeinernde Vorstellungen ab und gingen von der Existenz eines universalen Stadiums in der menschlichen Geschichte aus, das durch das Patriarchat charakterisiert werde.[2]

Es gibt guten Grund zu der Annahme, daß diese Vorstellung von einem krassen Patriarchat kein zutreffendes Bild vom Familienleben in der römischen Kaiserzeit liefert; aber sie hat sich gleichwohl erhalten, was zum Teil daran liegen mag, daß moderne Sozialhistoriker dem Thema bislang nur wenig Aufmerksamkeit gewidmet haben.[3] In den wichtigen Sozialgeschichten Roms der letzten Jahrzehnte tritt die Familie nicht einmal in den Registern in Erscheinung. Forschungsarbeiten über die Familie hat man den Historikern des Römischen Rechts überlassen mit dem Ergebnis, daß ein großer Teil des heutigen Bildes von der Familie auf dem Recht beruht, in dem «die Römer... die Dinge bis an die Grenze der Logik trieben», so daß die Grundsätze «in soziologisch irreführender Klarheit» dastünden.[4]

Es ist von besonderer Bedeutung, daß man sich die Grenzen der historischen Quellen klarmacht. Das römische Privatrecht, die umfangreichste Quellensammlung in Familienfragen, ist aus naheliegenden Gründen unverzichtbar; aber gesetzliche Vorschriften sind nicht unbedingt eine direkte Widerspiegelung der täglichen Praxis: Sie konnten durch schriftliche Vereinbarungen modifiziert oder umgangen werden. Obwohl die besitzende Klasse Vereinbarungen meist schriftlich fixierte, haben sich allzu wenige davon erhalten, um dem heutigen Sozialhistoriker ein Gefühl für das zu vermitteln, was damals typisch war. Die literarischen Quellen stellen mit Äußerungen über allgemeine Erwartungshaltungen in Fragen des Familienverhaltens ein Korrektiv dar; sie sind aber meist nur kurz und stammen zudem ausschließlich von männlichen Angehörigen der Oberschicht. Die einseitige Haltung der römischen Elite läßt sich in begrenztem Umfang überwinden, wenn man sich die Zehntausende von Grabinschriften der Römer ansieht, die in etwas bescheideneren Verhältnissen lebten. Sie bieten manch wichtiges Detail über demographische Variablen und Eheformen.

Definitionen

Ein Verständnis der römischen Familie sollte mit den Sprachkategorien der Römer beginnen. Die selbstverständlichen lateinischen Wörter für «Familie» sind *familia* und *domus* («Haushalt»); aber keines der beiden besitzt die semantische Bandbreite oder den Sinngehalt des Worts «Familie», wie wir es heute mit der Standardbedeutung «Vater, Mutter und Kinder» verwenden.[5] Der Jurist Ulpian (*Digesten* 50.16.195) hat die verschiedenen Bedeutungen von *familia* beschrieben. Er beginnt mit der Unterscheidung zwischen *familia* als *res* und als Personen. Wenn der Begriff *familia* Personen bezeichnete, konnte man 1. all diejenigen darunter verstehen, die der väterlichen Gewalt unterstanden *(patria potestas)*, darunter auch die Ehefrau (in einer *manus*-Ehe), Kinder, die Kinder der Söhne sowie Adoptivkinder; oder, 2. in einem weiteren Sinn, sämtliche Verwandten väterlicherseits (das heißt alle, die durch *männliches* Blut aus demselben Haus miteinander verwandt waren, einschließlich der Brüder, deren Kinder und der unverheirateten Schwestern, jedoch nicht der Kinder der Schwestern); 3. alle durch Männer mit einem gemeinsamen Vorfahren Verwandten (mit anderen Worten die *gens* oder Sippe mit einem gemeinsamen *nomen*); 4. die Sklaven eines Hauses, eines Bauernhofs oder einer anderen organisatorischen Einheit.

Die erste Definition sowie die rechtliche Bedeutung von *patria potestas* sind für das herkömmliche Bild von der römischen Familie weitgehend verantwortlich gewesen: ein vom *paterfamilias* (dem ältesten lebenden männlichen Verwandten in aufsteigender Linie) geführter patriarchalischer Haushalt, zu dem seine Frau, seine Söhne und unverheirateten Töchter sowie die Kinder seiner Söhne gehören. Aus einer Reihe von Gründen, wie unten noch zu sehen sein wird, stimmt dieses Bild nicht sehr weit mit der Wirklichkeit überein, und tatsächlich wird diese Schlußfolgerung durch den Sprachgebrauch gestützt: *familia* in Ulpians erstgenanntem Sinn taucht in der Literatur der späten Republik und der frühen Kaiserzeit überhaupt nicht auf. Wenn Cicero etwa in *Über die Pflichten* von familiären Verpflichtungen spricht, meint er Frau, Kinder und Haushalt *(domus)*, aber niemals die so definierte *familia*. Nach dieser Definition gehörten die meisten Ehefrauen der klassischen Zeit nicht zur *familia* ihrer Ehemänner, weil sie durch die Ehe nicht unter die Autorität *(manus)* ihrer Männer gerieten, und ein Junge, dessen Vater gestorben war, konnte in einer eigenen Ein-Mann-*familia*

Autorität besitzen. Eine Definition, welche die Ehefrau ausschließt, zeigt nicht nur, wie sehr *familia* in diesem rechtlichen Sinn von unserer heutigen Vorstellung abweicht, sondern auch, daß sie nicht als Grundlage einer Analyse der römischen Familie als funktionierender sozialer Einheit taugt, sondern eher in die Irre führt. Ulpians weitere Definitionen lassen sich ohne weiteres mit ähnlichen Bedeutungen von *domus* vereinbaren.

Domus im Sinn von Haushalt wurde in bezug auf die Familie häufiger gebraucht als der Begriff *familia*. Obwohl *domus* oft als «Familie» definiert wird, umfaßte der Begriff eine größere Gruppe, als man sie heute gemeinhin mit der Familie verbindet; *domus* umfaßte Ehemann, Ehefrau, Kinder, Sklaven und andere Hausbewohner (dem Wortsinn von «Familie» im England der frühen Neuzeit nicht unähnlich, wo der Begriff nicht nur Diener, sondern auch Blutsverwandte einschloß).[6] Der Unterschied zwischen römischen und heutigen Definitionen sowie Ulpians vierter Bedeutung des Begriffs *familia* unterstreicht eine grundlegende Tatsache bei der römischen Familie: Man muß sie sich stets als Haushalt mit Sklaven vorstellen, zumindest bei den wohlhabenden Klassen. Die Allgegenwart von Sklaven muß für die väterliche Autorität, die Mutterschaft und sexuelle Verhaltensmuster wichtige Folgen gehabt haben.[7]

Sowohl *domus* als auch *familia* konnten sich auf Verwandte außerhalb des Haushalts beziehen und vor allem auf Gruppen von Abkömmlingen. Da manche Kulturen besonders großen Wert auf Abstammung legen, was auch auf Erbfolgestrategien und Eheschließungen Einfluß hat, sollten wir uns den eher verschiedenen Abstammungsbegriffen zuwenden, die in den beiden Wörtern verkörpert sind.[8] Ulpians dritte Definition von *familia* – «alle durch Männer mit einem gemeinsamen Vorfahren verwandten» – bezieht sich auf eine Blutsverwandtschaft absteigender Linie, von der die Kinder einer Tochter oder Blutsverwandte einer Mutter ausgeschlossen sind. *Domus* hingegen umfaßt eine weit größere Gruppe, gerade weil der Begriff auch solche Verwandte einschließt, die durch Frauen an die Familie gebunden sind. Dem Sprachgebrauch in Briefen und Reden nach zu schließen verlagerte sich die Bedeutung des Begriffs Abstammung bei der römischen Elite von *familia* in der Republik zu *domus* in der frühen Kaiserzeit. Wenn Cicero vom familiären Hintergrund seiner Freunde oder Mandanten vor Gericht spricht, erwähnt er ständig deren *familia*, *nomen* (Namen) und *genus* (Geschlecht), sämtlich Begriffe von Verwandtschaft väterlicherseits. Im Gegensatz dazu verwendete Plinius in solchen Zusammenhängen nie das Wort *familia*, sondern sprach immer nur vom *domus* des Mannes, wobei Verwandten väter- wie mütterlicherseits gleiche Beachtung geschenkt wurde. Diese Entwicklung traf zeitlich mit der schnellen Mitgliederfluktuation im römischen Adel der Kaiserzeit zusammen: Da sich die meisten römischen Aristokraten nicht mehr auf eine väterliche, über Generationen zurückreichende Abstammungslinie berufen konnten, die von ihresgleichen aus anderen Regionen des Reichs anerkannt wurde, gewann jetzt die Ehrbarkeit des Verwandtenkreises des neuen Mannes an Bedeutung, mochten diese Verwandten väterlicherseits, mütterlicherseits oder angeheiratet sein.

Die Kernfamilie

Familiengeschichte als Ergebnis einer Evolution, eine Ansicht, die im 19. Jahrhundert beliebt war und auch heute noch Anhänger findet, ist in den letzten Jahrzehnten einer überzeugenden Kritik unterzogen worden. Einige Historiker haben bewiesen, daß die Menschen vergangener Zeiten nicht generell in großen, erweiterten Familienverbänden lebten.[9] Wie begrenzt das literarische wie epigraphische Quellenmaterial aus Rom auch sein mag, es liefert keinerlei Beleg für die traditionelle Annahme, daß der römische Haushalt meist einige Kernfamilien einschloß, die von einem autoritären, mit Vorrechten ausgestatteten Patriarchen beherrscht wurden. Klassische Autoren hielten es für ungewöhnlich, daß erwachsene Söhne bei ihren Vätern lebten und erwachsene Brüder in einem *consortium* einen gemeinsamen Haushalt führten.[10] Eine Durchsicht überlieferter Grabinschriften deutet darauf hin, daß sich die Gültigkeit dieser Schlußfolgerung nicht auf die römische Elite beschränkt: Nicht nur sind Verwandte wie Großväter und Onkel im Vergleich zu Angehörigen der engeren Familie als Gedenkende selten, sondern auch im Vergleich zu Freunden und abhängigen Sklaven. Hätten Großväter, Onkel und Vettern väterlicherseits in erweiterten Haushaltsverbänden mit den Familien zusammengelebt, hätte man erwarten dürfen, daß die Familienbande eng genug waren, um Begräbnisformalitäten eher solchen Verwandten als nicht-verwandten Freunden zu überlassen. Gleichwohl sind Großväter und Onkel väterlicherseits auf Tausenden von Gedenksteinen kaum zu finden.[11]

Da wir glauben, daß für die meisten Römer die Beziehungen innerhalb der Kernfamilie die größte Bedeutung hatten, wird der größte Teil dieses Kapitels der Erörterung der rechtlichen, demographischen, ökonomischen und gefühlsmäßigen Aspekte der Beziehungen Mann/Frau und Eltern/Kind gewidmet sein.

Ehemänner und Ehefrauen

Wenn eine Frau mit der Eheschließung unter die Autorität ihres Mannes geriet (*cum manu*, die wohl häufigste Eheform), verließ sie nach frühem römischem Recht die *potestas* ihres Vaters und dessen Haushalt, um mit ihrem Ehemann zusammenzuleben. Die Ehe konnte nicht ohne schwerwiegende Gründe und große finanzielle Verluste für die schuldige Partei geschieden werden. Solange der Ehemann lebte, fielen Mitgift und jegliches andere Vermögen der Frau in das Eigentum des Ehemannes. Nach dessen Tod war die Frau nach den Regeln der gesetzlichen Erbfolge zusammen mit ihren Kindern zu gleichen Teilen erbberechtigt, da sie genau wie die Kinder als gesetzlicher Haupterbe galt.[12]

Aus dieser recht engen Ehemann/Ehefrau-Bindung machte das Römische Recht in der Spätzeit der Republik allmählich die sehr lose Beziehung, die für die klassische Periode charakteristisch ist. Die Eheform, derzufolge sich die Frau nicht vollständig der Autorität ihres Mannes unterwarf *(sine manu)*, war schon in der späten Republik sehr häufig und hatte um die Zeit, in der der Jurist Gaius (*Inst.* 1.111) Mitte des zweiten Jahrhunderts n. Chr. schrieb, die alte Eheform fast vollständig verdrängt.[13] Bei dieser Eheform blieb die Frau in *familia* und Rechtsgewalt ihres Vaters und war am Vermögen ihrer väterlichen Familie beteiligt und nicht an dem ihres Mannes und ihrer Kinder. Die Mitgift der Frau ging zwar während der Dauer der Ehe in die Hände des Ehemannes über, aber sie blieb Haupterbin ihres Vaters und wurde nach dessen Tod Erbin mit vollem Verfügungsrecht. Die Gütertrennung zwischen Mann und Frau wurde in der Frühzeit des Prinzipats noch stärker in den Vordergrund gerückt: Bislang war es Ehegatten verboten gewesen, sich gegenseitig Geschenke zu machen; jetzt wurde zudem die bisherige Praxis untersagt, daß eine Ehefrau für Schulden ihres Mannes aufkommen müsse.[14] Ferner wurde die Unabhängigkeit der Frau bei der Verwaltung ihres Eigentums gestärkt, nämlich durch die Abschwächung der Vormundschaft *(tutela)* über Frauen. Den ersten Schritt tat Augustus, der Frauen mit drei Kindern von jeder Vormundschaft befreite, den zweiten Claudius, der die Vormundschaft durch männliche Verwandte in aufsteigender Linie insgesamt abschaffte, die einzige Form von Vormundschaft, die sich im täglichen Leben bemerkbar gemacht hatte (Gaius, *Inst.* 1.145.171). Vor dem Gesetz bildete ein Ehepaar keine finanzielle Einheit mehr, sondern sie stellten jetzt zwei selbständige rechtsfähige Personen dar. Eine Ehefrau konnte das Vermögen ihres Vaters nach dessen Tod völlig selbständig verwalten.

Wie lose das klassische Eheband war, zeigt sich auch in anderen Aspekten des Römischen Rechts. Der Ehemann hatte während der Ehezeit keine Rechtsgewalt über seine Frau, die noch ihrem Vater unterworfen war; gleichzeitig war er aber auch nicht verpflichtet, für ihren Lebensunterhalt aufzukommen.[15] In der Spätzeit der Republik wurden kaum noch Geldstrafen verhängt, wenn eine Ehe scheiterte, und von dieser Zeit an genügte eine bloße Absichtserklärung eines der Ehepartner, um die Scheidung rechtswirksam zu machen. Unter Augustus mußte zwar die Absichtserklärung von Zeugen beglaubigt werden; aber diese Regelung dürfte eher der Notwendigkeit entsprochen haben, das Ende der Ehe öffentlich bekannt und einen eventuellen Ehebruch offenkundig zu machen. Ein Scheidungshindernis kann diese Vorschrift jedoch nicht gewesen sein.

Fassen wir zusammen: Römische Frauen genossen in der Ehe eine rechtliche Selbständigkeit, die um so bemerkenswerter erscheint, wenn man sie mit der Rechtsstellung von Frauen in anderen traditionellen Agrargesellschaften vergleicht. Einen auffallenden Beleg dafür können wir an den von Juristen des spätmittelalterlichen Italien eingeführten Änderungen erkennen. Als das Römische Recht wieder Geltung erhielt, wurden auch die klassischen Grundsätze der Ehe meist akzeptiert, denen zufolge eine Frau nicht in die Rechtsgewalt ihres Mannes überwechselte, sondern unter der ihres Vaters verblieb. Daß der Ehemann aber gar keine Autorität über seine Frau haben sollte, war inakzeptabel, und folglich wurde das Recht modifiziert: Die Stellung einer Ehefrau zu ihrem Mann wurde der Unterordnung einer römischen Freigelassenen gegenüber ihrem ehemaligen Herrn angeglichen, dem diese Ehrerbietung und Pflichten schuldig war. Überdies übte der Ehemann über seine Frau nach dem Tod ihres Vaters oft eine Vormundschaft aus (was nach klassischem Römischem Recht ungewöhnlich war).[16]

Diese rechtliche Unabhängigkeit der verheirateten Frau wurde zweifellos durch mancherlei Sitten und Gebräuche eingeschränkt. Das wie üblich unterschiedliche Heiratsalter für Männer und Frauen etwa muß eine psychologische Unterordnung der Frau gegenüber dem Mann gefördert haben. Lateinische Grabinschriften legen die Vermutung nahe, daß Männer im lateinischsprechenden Westen meist Ende Zwanzig oder Anfang Dreißig zum erstenmal heirateten. Bei Grabinschriften für Männer, die in diesem Lebensalter starben, tauchen erstmals Witwen statt Eltern in größerer Zahl als Gedenkende auf; daß tote Männer unter fünfundzwanzig fast nur von den Eltern, so gut wie nie von Ehefrauen betrauert werden, dürfte wohl daran liegen, daß Männer nur selten um die Zwanzig heirateten. Bei Frauen, die um die Zwanzig gestorben sind, fällt hingegen auf, daß Ehemänner die Eltern als Trauernde fast völlig ersetzt haben. Das läßt darauf schließen, daß Frauen früh und Männer später heirateten, was sich auch für spätere mediterrane Gesellschaften belegen läßt. Literarische und rechtliche Quellen deuten darauf hin, daß Männer und Frauen aus dem Senatorenstand etwas früher heirateten, aber auch hier finden wir den ansonsten charakteristischen Altersunterschied zwischen Ehemann und Ehefrau.[17]

Natürlich war nicht jede Frau jünger als ihr Mann, und daß der Ehemann meist älter war, hatte nicht in allen Fällen die gleichen Folgen. Gleichwohl zeigt eine Passage aus Plinius' *Briefen* über seine dritte Ehefrau, zu welchen Ergebnissen der Altersunterschied oft geführt haben dürfte. Plinius, der schon in den Vierzigern war, schrieb an die Tante seiner Frau Calpurnia, die noch keine zwanzig war (*Ep.* 4.19): «Ich zweifle nicht daran, daß es Dir große Freude machen wird zu erfahren, daß sich (Calpurnia) ihres Vaters, Deiner und ihres Großvaters als würdig erwiesen hat. Ihre Klugheit und Sparsamkeit sind höchst lobenswert. Sie liebt mich – ein Zeichen ihrer Reinheit. Neben diesen Tugenden hat sie ein Interesse an Literatur, der sie sich um meinetwillen zugewandt hat. Sie besitzt meine Werke, liest sie mehrmals und lernt sie sogar auswendig. Wie besorgt sie ist, wenn ich vor Gericht sprechen soll! Welche Freude, wenn ich geendet habe! Sie läßt sich durch Boten sagen, ob ich Zustimmung und Beifall gefunden und ob ich den Fall gewonnen habe.» Man könnte diese Ehe in einem gewissen Sinn als «Partnerschaftsehe» bezeichnen, in der Calpurnia die Interessen ihres Mannes teilte; dennoch stand das junge Mädchen offenkundig nicht auf der gleichen Stufe wie ihr Ehemann, der Konsular, dessen Interessen und öffentlicher Stellung sie sich unterordnete.

Plinius' Lob der Calpurnia bietet uns einige Einblicke in die herkömmlichen Wertvorstellungen über die Ehe, zumindest vom Standpunkt eines aristokratischen Mannes aus. Der Hinweis auf Calpurnias Klugheit und Sparsamkeit ist zunächst ein Hinweis auf das traditionelle Ideal, daß Ehemann und Ehefrau Haus und Vermögen gemeinsam verwalten, wobei die Frau für den Haushalt verantwortlich ist, während der Ehemann für die Beziehungen zur Umwelt zuständig ist.[18] In seiner Arbeit über Haushaltsführung spricht Columella zunächst von der traditionellen Rolle der römischen Hausfrau und setzt anschließend seine Idealisierung der Vergangenheit zur Verdammung der Gegenwart ein, in der häusliche Aufgaben und Pflichten Sklaven überlassen werden (12. pr. 8–10). Plinius mag seine Frau wegen der traditionellen Tugenden der Haushaltsführung gelobt haben; in Wahrheit sah es in aristokratischen Haushalten jedoch so aus, daß Sklaven der Ehefrau weitgehend alle Hausarbeiten abnahmen, was der Familie insgesamt zugute kam. Dies erklärt zum Teil, warum Frauen aus der Ober- und Mittelschicht nicht im gleichen Alter heirateten: In kleinbürgerlichen Familien ohne Sklaven hätte die mangelnde Erfahrung einer zwölf- oder dreizehnjährigen Ehefrau verheerende Auswirkungen auf die Haushaltsfinanzen gehabt, während diese fehlende Erfahrung in reichen Häusern folgenlos blieb.[19] Wie dem auch sei, Augustus machte zwar viel Aufhebens von der Tatsache, daß die Frauen seines *domus* traditionelle Hausarbeit verrichteten, womit er dem Adel einen Anstoß geben wollte, zu den alten Tugenden zurückzukehren; aber dieses Bemühen, ein Beispiel zu geben, war genauso wirkungslos wie seine anderen Versuche, die Uhr zurückzudrehen.

Die zweite Calpurnia zugeschriebene Tugend, *amor* (Liebe und Zuneigung) zu ihrem Mann, hängt mit dem Ideal der *univira* zusammen, der Frau, die sich ausschließlich an einen Ehemann bindet.[20] Liebe und Zuneigung lassen sich aus dem vorhandenen Quellenmaterial nur mühsam herausdestillieren, und es ist unmöglich, sie einzuschätzen. Das hat Historikern zahlreiche Interpretationsmöglichkeiten geboten, und so ist es zu radikal unterschiedlichen Schlußfolgerungen über die Qualität ehelicher Ergebenheit und Zuneigung in diesem Zeitraum gekommen.[21] Carcopino glaubte, die Ehe sei schon derart degeneriert, daß sie «zu einer legalisierten Form der Unzucht geworden ist». Ganz anders Veyne, der vor kurzem gemeint hat, der Senatorenstand der frühen Kaiserzeit habe ein proto-christliches Ideal der Liebesehe erfunden und für dessen Verbreitung gesorgt.[22] Beide Ansichten sind mit Vorsicht zu behandeln. Die Vorstellung von der Degeneration der römischen Ehe läßt sich nur dann vertreten, wenn man gleichzeitig akzeptiert, daß die Römer ihre Vergangenheit idealisierten und daß die Äußerungen zeitgenössischer Moralisten über die Allgegenwart von Lastern zutreffend sind – diese Motive sind jedoch historisch kaum zu belegen. Allerdings gibt es überzeugende Beweise dafür, daß es bei den führenden Schichten des klassischen Rom hohe Scheidungsraten gab und die Ehe als Institution instabil war. Eine berühmte Inschrift des Augusteischen Zeitalters rühmt eine lange Ehe, «die durch den Tod und nicht durch Scheidung beendet wurde», was «eine Seltenheit» sei.[23] Viele Römer hatten im Lauf ihres Lebens mehr als nur eine Ehefrau, und manche heirateten nach einer Scheidung oder nach dem Tod ihrer Frau immer wieder neu.[24]

Die «Erfindung» der Liebesehe durch den Adel des Prinzipats läßt sich noch weniger zwingend belegen. Plinius wird manchmal als Prototyp des liebevollen Ehemanns bezeichnet, der einem neuen Gefühl offen Ausdruck gegeben habe, der liebevollen Zuwendung zu seiner Frau. Aber schon anderthalb Jahrhunderte früher schrieb Cicero aus dem Exil an seine Frau, er sehne sich danach, sie zu umarmen, und mache sich Sorgen um ihr Wohlergehen in der Zeit seiner Krise (*Fam.* 14.1.3, 14.4.1). In etwas allgemeineren Formulierungen gab Lukrez in der Spätzeit der Republik einem Gefühl, das man nur als liebevolle Zuwendung zu seiner Familie bezeichnen kann, poetischen Ausdruck. Auf die Frage, was ein Mann nach dem Tod am meisten vermissen werde, gab Lukrez die Antwort: sein Zuhause, seine hervorragende Frau und seine Kinder, die ihm zu seiner Begrüßung entgegenlaufen, weil sie den ersten Kuß ergattern wollen, «und sein Herz so mit Süße rühren» (3.896). Die liebevolle Familie mußte also nicht erst in der Kaiserzeit erfunden werden. Die Suche nach den Ursprüngen der ehelichen Zuneigung, wie sie Historiker der Römerzeit und andere betreiben, ist eine Suche nach einer Schimäre. Man könnte zwar immer noch behaupten, die gefühlsmäßige Bindung von Mann und Frau sei während des Prinzipats stärker geworden; aber entscheidende Beweise dafür lassen sich kaum finden. Plinius' Briefe zeigen, daß Ehen immer noch eher unter dem Gesichtspunkt der Familienehre und des gesellschaftlichen Fortkommens geschlossen wurden als im Hinblick auf die Vereinbarkeit der Charaktere der Ehegatten oder des Glücks der Ehefrau (z. B. *Ep.* 6.26). Daß Ehen arrangiert wurden, schließt natürlich nicht aus, daß sich Eheleute liebten.[25]

Die dritte Tugend, für die Calpurnia Lob erhielt, war ihr Bemühen, Plinius' Streben zu würdigen. Obwohl sie wie viele andere Ehefrauen eher eine jugendliche Bewunderin als eine gleichgestellte Gefährtin gewesen sein dürfte, nahmen die gesellschaftlich höher stehenden Römerinnen lebhafteren Anteil an den Aktivitäten ihrer Ehemänner als etwa Ehefrauen in Athen, die vom politischen und gesellschaftlichen Leben ausgeschlossen waren.[26] Römische Frauen waren gebildet, kümmerten sich mit ihren Männern um große Empfänge und begleiteten in der Kaiserzeit die Ämter ihrer Männer als Provinzstatthalter. Sie waren jedoch keine gleichberechtigten Gefährtinnen, und zwar nicht nur aus dem Grund, daß der Mann meist älter war als die Frau. Calpurnia konnte am öffentlichen Leben ihres Mannes Plinius nur aus der Entfernung als Zuschauerin teilhaben, da es Frauen nicht erlaubt war, an der Politik oder vor Gericht unmittelbar mitzuwirken. Obwohl einige Frauen literarisches Talent zeigten, waren sie in der Regel doch nicht so gebildet wie ihre Männer (so heißt es von Calpurnia, sie habe sich «aus Zuneigung zu Plinius» der Literatur zugewandt).[27] Frauen, die älter waren als Calpurnia, genossen als Gefährtinnen und Ratgeber zweifellos mehr Glaubwürdigkeit. Vor allem aus Ciceros Briefen geht klar hervor, daß einige ältere Frauen, etwa die Mutter des Brutus, allgemein geachtete Teilnehmer an politischen Diskussionen waren (*Att.* 15.10–12, 17). Andererseits hielt man es für unpassend, daß eine Frau in öffentlichen Angelegenheiten Einfluß auf ihren Mann ausübte wie etwa ein Sklave oder ein Freigelassener. Die Ehefrau eines Statthalters begleitete ihren Mann zwar auf seinen Reisen; aber wenn sie tugendhaft war, erlaubte sie es keinem Provinzialen, sich ihr zu nähern, es sei denn, jemand wollte sich durch sie an den Statthalter wenden (Tacitus, *Ann.* 3.33–4).[28] Im Privatleben galt es als lobenswert, wenn die Ehefrau ihren Mann moralisch unterstützte. Plinius (*Ep.* 6.24) erzählt die Geschichte von einer Frau, die ihren todkranken Mann dazu bewegte, Selbstmord zu begehen und seinen Schmerzen durch den Sprung von einem Felsen in den Comer See ein Ende zu bereiten (was nach römischer Ansicht als ehrenvolle Tat galt). Sie überzeugte ihn, indem sie ein Beispiel gab und als erste sprang – was vielleicht die letzte Tat einer Partnerschaftsehe war, aber gleichzeitig Ausdruck eines Ungleichgewichts in der Beziehung (denn wir hören nie von einem Ehemann, der seiner Frau Mut macht, indem er ihr in den Tod folgt).

Das Ideal der Partnerschaftsehe wurde von Plutarch in seinen *Ehevorschriften* (*Mor.* 139 D) formuliert. Er gab den Rat, Ehemann und

Ehefrau sollten im Alltagsleben alle Entscheidungen gemeinsam treffen; der Ehemann hätte aber das letzte Wort. Die Realität der männlichen Vorherrschaft sah nicht immer so liebenswürdig aus. Der Ehemann war Herr des *domus*, der das Recht hatte, seine Autorität bei Sklaven und Kindern geltend zu machen, wenn er wünschte auch durch Körperstrafen. Die Tatsache, daß die Ehefrau nicht der Rechtsgewalt ihres Mannes unterworfen war, mag sie nicht immer davor bewahrt haben, genauso beherrscht zu werden. In seinem Werk *Über den Zorn* (3.35) stellt Seneca die Frage, wie sich ein Mann darüber beklagen könne, daß dem Staat die Freiheit geraubt werde, wenn derselbe Mann in seinem eigenen Haushalt gegen einen Sklaven, einen Freigelassenen, einen Klienten oder eine Frau wütet, weil sie ihm widersprochen hätten. Daß in dieser Aufzählung untergeordneter Angehöriger des *domus* auch die Ehefrau genannt wird, läßt tief blicken. Viel später schrieb Augustinus in deutlicheren Wendungen, seine Mutter habe regelmäßige Schläge seines Vaters über sich ergehen lassen müssen, und auch die meisten anderen Ehefrauen in der alten afrikanischen Stadt Thagaste hätten ähnliche blaue Flecken aufzuweisen (*Bekenntnisse* 9.9).[29] Diese Quelle ist im Korpus der kaiserlichen römischen Literatur einzigartig, was aber nicht heißen soll, daß der Vater des Augustinus der einzige prügelnde Ehemann seiner Zeit war.

Die Reichen der römischen Welt lebten mehr von ihrem Vermögen als von ihrer Arbeit; folglich kam es bei Eheschließungen entscheidend auf «vermögenspolitische» Gesichtspunkte an, was die mehrdeutige Stellung der Frau in der Familie verdeutlicht. Obwohl eine Frau körperlich und gesellschaftlich zur Familie ihres Mannes gehörte, blieb ihr Eigentum getrennt. In Nicht-*manus*-Ehen ging nur die Mitgift der Frau in das Eigentum ihres Mannes über. Die Bereitstellung einer Mitgift galt als Pflicht des Vaters, war aber keine Grundvoraussetzung für eine legitime Ehe (wie etwa in Athen). Die Mitgift war zwar gelegentlich groß und betrug bis zu einer Million Sesterzen; dennoch muß man ihren Wert und ihre Funktion im Zusammenhang sehen. In einigen Gesellschaften der frühen Neuzeit machte die Mitgift den Anteil der Tochter am Familienvermögen oder zumindest den Hauptteil davon aus. Das war in Rom nicht der Fall. Dort konnten Töchter nach dem Tod ihres Vaters den gleichen Anteil wie die Miterben oder zumindest einen angemessenen Anteil am väterlichen Vermögen erwarten. Soweit das beschränkte Zahlenmaterial Rückschlüsse zuläßt, waren Mitgiften in Rom im Verhältnis zum Gesamtvermögen des Vaters relativ bescheiden und bewegten sich in der Größenordnung von einem Jahreseinkommen (fünf bis zehn Prozent des Gesamtvermögens). Obwohl solche Brautgeschenke als Teil des töchterlichen Anspruchs am Familienvermögen gewertet wurden, erreichten sie wohl nur ein Minimum ihres vollen Anteils. Den Rechtstexten zufolge sollte eine Mitgift angemessen groß sein, um der Frau die Beteiligung an den Lebenshaltungskosten des Haushalts zu ermöglichen. Im römischen Kontext früher Eheschließungen bei Frauen und häufiger Scheidungen erscheinen bescheidene Mitgiften durchaus sinnvoll. Kaum ein Vater dürfte bereit gewesen sein, seiner Tochter vor seinem Tod den vollen Anteil am väterlichen Vermögen auszuhändigen oder einem Ehemann, der sich vielleicht schon bald von seiner Tochter scheiden ließ, eine große Mitgift zur Verfügung zu stellen, von der dieser nach der Scheidung einen Teil behalten würde. Die bescheidene Größe von Mitgiften erklärt auch einige auffallende Lükken in unseren Texten: Im Gegensatz zur frühen Neuzeit in Europa beklagten sich nur wenige Römer darüber, extravagante Mitgiften hätten das Familienvermögen ruiniert; ferner finden sich kaum Anspielungen auf Mitgiftjäger, was in auffallendem Gegensatz zu den zahlreichen Hinweisen auf Erbschleicher steht.[30]

Das Recht einer Ehefrau, sich scheiden zu lassen und den größten Teil ihrer Mitgift mitzunehmen, verlieh einigen wohlhabenden Frauen im Verein mit ihrer finanziellen Selbständigkeit in der Ehe erhebliche Freiheit und finanzielles Mitspracherecht. Diese Tatsache sollte man vor dem Hintergrund der Bevormundung sehen, wie sie sich aus dem Altersunterschied der Ehegatten und der Ideologie von der männlichen Überlegenheit ergab. Martial erklärte, er habe kein Interesse daran, eine reiche Frau zu heiraten, es sei denn, sie sei sparsam (*Epig.* 8.12). Juvenal schrieb von der Unfähigkeit eines Ehemannes, seiner ehebrecherischen Frau Herr zu werden, weil er nämlich fürchtete, sie könne ihn verlassen und ihr Geld mitnehmen (*Sat.* 6.136). Diese Verse enthalten zweifellos ein Element satirischer Übertreibung; aber diese Ängste sind ein verständliches Ergebnis römischer Rechtsvorschriften und *mores*, was Ehescheidung und Gütertrennung in der Ehe betrifft, von Regelungen, die in scharfem Gegensatz zu anderen Systemen stehen. Nach dem englischen Recht der frühen Neuzeit «werden Mann und Frau durch die Eheschließung vor dem Gesetz zu einer Person – und diese Person war der Ehemann, (der) über das gesamte persönliche Vermögen, das er nach Belieben veräußern konnte, absolute Verfügungsgewalt gewann»[31].

Mit Ausnahme der Frage des Altersunterschieds hat sich die Darstellung bislang auf Ehemänner und Ehefrauen der müßiggehenden Klassen beschränkt, da die literarischen Quellen so gut wie keine brauchbaren Informationen über Ehen von Römern der niederen Stände bieten. Dieses Schweigen hat vor kurzem zu der These geführt, gewöhnliche Römer hätten überhaupt nicht geheiratet, bis der Adel in der Kaiserzeit für die Verbreitung der Institution Ehe gesorgt habe.[32] Überlieferte Inschriften belegen jedoch schlüssig, daß vom Ende der Republik an, als Grabinschriften üblich wurden, auch Männer und Frauen niederer Herkunft ihrer Ehen und einander gedachten (z. B. *CIL* 1^2.1221). Grabinschriften aus der Kaiserzeit zeigen, daß der gesellschaftliche Rang bei den niederen Ständen die Auswahl der Lebensgefährten beeinflußte: Frei geborene Römer nahmen sich gelegentlich Frauen aus der Sklavenpopulation, mit denen sie *de facto* oder *de iure* eine Ehe führten; aber häufiger lebten Freigeborene und Sklaven mit jeweils ebenbürtigen Partnern zusammen.[33]

Eltern und Kinder

Die Beziehungen der Generationen in römischen Familien waren autoritär geprägt; jedenfalls gewinnt man diesen Eindruck durch das Römische Recht, das dem *paterfamilias* eine umfassende Gewalt über seine direkten Nachkommen gab. Gaius schrieb in seinem Gesetzbuch aus dem zweiten Jahrhundert, die *patria potestas* «ist das besondere Kennzeichen römischer Bürger; denn so gut wie nirgends haben andere Männer eine solche Macht über ihre Söhne wie wir» (*Inst.* 1.55). Obwohl diese Allmacht des Vaters während der Kaiserzeit abgeschwächt wurde, blieb sie im wesentlichen intakt.[34]

Das vielleicht tiefgreifendste Recht war die Macht über Leben und Tod *(vitae necisque potestas)*. Die Rechtmäßigkeit dieser Machtausübung, erwachsene Kinder zu bestrafen, wurde zunächst von Augustus bestätigt, später aber von Hadrian und dann von dem Juristen Ulpian bestritten (*Digesten* 48.8.2). Römische Väter übten diese Macht über Leben und Tod bis Ende des vierten Jahrhunderts aus. Sie entschieden darüber, ob ihre neugeborenen Kinder ausgesetzt oder aufgezogen werden sollten.[35] Wenn sich ein Vater entschloß, ein Kind großzuziehen, behielt er bis zu seinem Tod eine erhebliche rechtliche Gewalt über diesen Abkömmling. So war etwa seine Zustimmung nötig, wenn ein

Sohn oder eine Tochter eine legitime Ehe eingehen wollte, und nur im zweiten und dritten Jahrhundert wurde sein Recht eingeschränkt, die Ehen seiner Kinder zu lösen.[36]

Die im täglichen Leben vielleicht peinlichste und bedrückendste Macht war das allein dem Vater zustehende Recht, in seiner *familia* Eigentum zu besitzen.[37] Söhne konnten ein Unterhaltsgeld oder bei einer eher formalen Regelung ein *peculium* erhalten; aber nach der gesetzlichen Vorschrift hatte der *paterfamilias* das alleinige Recht des formalen Eigentums an seinem gesamten Vermögen, zu dem auch alles gehörte, was seinen Kindern durch Arbeit, Geschenke oder Vermächtnisse zufiel. Auch hier wurden die Vorschriften wieder von den Kaisern kleineren Änderungen unterworfen, vor allem durch Augustus, der für Soldaten einen Fonds gründete, in den der Wehrsold eingezahlt wurde und über den der Soldat verfügen konnte *(peculium castrense)*.[38] Da das Gesetz kein Volljährigkeitsalter festsetzte, erstreckte sich dieses Verbot, eigenes Vermögen zu besitzen, unabhängig von Alter oder Rang auf alle Erwachsenen, deren Väter noch lebten und die durch das besondere Rechtsverfahren der Emanzipation nicht von der väterlichen Obhut befreit worden waren.

Der *paterfamilias* besaß auch einen breiten Ermessensspielraum bei der Verfügung über das Familienvermögen nach seinem Tod. Im Fall der gesetzlichen Erbregelung (wenn kein Testament vorlag) bestimmte das bürgerliche Recht, daß alle ehelichen Kinder Anspruch auf gleiche Erbteile hatten (sowohl Söhne wie Töchter); vermögende Römer setzten jedoch meist Testamente auf, in denen die Höhe der Anteile geändert werden konnte.[39] Die Testamentsfreiheit wurde aber einigen Beschränkungen unterworfen. Wenn ein Römer beschloß, seine Kinder nicht als Erben einzusetzen, mußte er sie in seinem Testament ausdrücklich enterben. Gegen Ende des ersten Jahrhunderts v. Chr. konnte eine solche Enterbung vor Gericht angefochten werden (mit dem *querela inofficiosi testamenti* genannten Verfahren), und zwar mit der Begründung, daß es keinen berechtigten Anlaß gebe, die Kinder ihres Erbteils zu berauben. Der Vater konnte diesem Verfahren jedoch zuvorkommen, indem er seinen gesetzlichen Haupterben nur einen Teil seines Vermögens zukommen ließ, nämlich ein Viertel.[40] Dieser Ermessensspielraum bei der Verteilung des Familienvermögens dürfte einem Vater zweifellos mehr reale Macht über seine Kinder gegeben und damit deren Gehorsam sichergestellt haben als die formal weit härtere Macht über Leben und Tod.

Die Konsequenzen dieser starken väterlichen Autorität sind jüngst von verschiedenen Sozialhistorikern ins Licht gerückt worden. Die drückende Last der *patria potestas* soll Söhne gegenüber ihren Vätern feindselig gestimmt haben mit dem Ergebnis, daß es in Rom immer häufiger zum Vatermord gekommen ist.[41] Glücklich, so heißt es, seien nur die Römer gewesen, deren Väter jung starben. Die *patria potestas* ist auch als Beweis dafür herangezogen worden, römische Frauen wären in Wahrheit nicht gerade frei gewesen: Obwohl sie ihren Männern nicht unterworfen gewesen seien, hätten sie doch immer noch ihren Vätern gehorchen müssen.[42] Diese Darstellungen römischer Familienbeziehungen scheinen uns aus verschiedenen Gründen eher ins Reich der Karikatur zu gehören.

Die Demographie der Familie kann zum Verständnis des Kontextes gesetzlicher Vorschriften und gesellschaftlichen Verhaltens recht hilfreich sein. Vergleichsmaterial aus vorindustriellen Gesellschaften läßt vermuten, daß die durchschnittliche Lebenserwartung von Römern bei der Geburt zwischen zwanzig und dreißig Jahren lag; den spärlichen römischen Quellen kann man entnehmen, daß sie in der Mitte dieser Spanne gelegen haben dürfte.[43] Die Säuglingssterblichkeit muß sehr hoch gewesen sein: Ein Viertel oder mehr aller Neugeborenen überlebten nicht ihr erstes Lebensjahr, und es ist denkbar, daß die Hälfte aller Neugeborenen vor Vollendung des zehnten Lebensjahrs starb. Diejenigen, welche die Kinderkrankheiten ihrer ersten zehn Lebensjahre überlebten, durften auf weitere fünfunddreißig bis vierzig Jahre hoffen. Wegen der hohen Säuglingssterblichkeit mußten römische Frauen, die das Erwachsenenalter erreichten, durchschnittlich fünf oder sechs Kinder zur Welt bringen, sollte es nicht zu einem Bevölkerungsrückgang kommen. Dennoch hatten viele Paare mehr Kinder, als sie großziehen konnten oder wollten. In solchen Fällen bedienten sich Väter meist ihrer gesetzlichen Macht über Leben und Tod und setzten unerwünschte Kinder aus. Andere Völker des Imperiums wie die Juden, die unerwünschte Kinder nicht aussetzten, werden in der römischen Literatur als anomal bezeichnet (Tacitus, *Hist.* 5.5; Strabo 17.824).[44] Wir verwenden hier bewußt den Begriff «Aussetzung» und sagen nicht «Kindesmord», da die literarischen Quellen erkennen lassen, daß die Römer nicht den sofortigen Tod des ausgesetzten Kindes erwarteten, sondern davon ausgingen, daß es gefunden und versklavt werden würde.[45]

Bislang ist nicht richtig eingeschätzt worden, daß das späte Heiratsalter der Männer die Auswirkungen der *patria potestas* milderte. Daß

Männer eher mit Ende Zwanzig als vor Vollendung des zwanzigsten Lebensjahrs heirateten, hatte zur Folge, daß die Alterskluft zwischen den Generationen relativ groß war und nur wenige Väter lange genug lebten, um die Eheschließung ihrer Söhne mitzuerleben. Eine Computersimulation, welche die demographischen Variablen Roms einbezieht, läßt vermuten, daß der durchschnittliche Altersunterschied zwischen Vater und Kind etwa vierzig Jahre betrug. Wenn Kinder um die Zwanzig waren – in dem Alter also, in dem Frauen meist heirateten –, hatten mehr als die Hälfte aller Kinder ihre Väter schon verloren. Es ist also unrealistisch zu behaupten, die fehlende Autorität eines Ehemannes über seine Frau habe ihr normalerweise keine Freiheit gelassen, da sie sich noch in der Gewalt ihres Vaters befunden hätte. Etwa nur ein Fünftel aller Männer unterstanden der Gewalt ihrer Väter, wenn sie Ende Zwanzig oder Anfang Dreißig heirateten; nur sie mußten die väterliche Einmischung in die Entscheidung über die Ehe dulden (beim Adel waren es fünfundzwanzig Prozent aller Männer, da sie jünger heirateten). So dürfte nur ein kleiner Teil der erwachsenen Römer (weniger als fünf Prozent im Alter von vierzig Jahren) noch der Gewalt ihrer Väter unterworfen und damit ohne Recht auf eigenes Vermögen gewesen sein.[46]

Es liegt auf der Hand, daß wir uns nach anderen, konventionelleren Methoden umsehen müssen, um herauszufinden, ob die römische Familie in der Praxis tatsächlich so autoritär geführt wurde, wie das Gesetz dies vorsah, solange der *paterfamilias* noch am Leben war. Die lateinische Literatur bietet uns einen kleinen Einblick – allerdings nicht viel mehr – in die Qualität von Familienbeziehungen in fortgeschrittenen Stadien des Lebenszyklus. Eltern und Kinder in Rom, so ist argumentiert worden, hätten sich aus mehreren Gründen einer hochentwickelten Zuneigung in der Familie nicht erfreuen dürfen. Wegen der hohen Säuglingssterblichkeit hätten sich Eltern kaum erlauben können, viel Gefühl in ein Baby zu «investieren», von dem kaum zu erwarten stand, daß es die Kindheit überlebte.[47] Überdies sei es in der römischen Oberschicht üblich gewesen, schon das Stillen und die Erziehung Sklavinnen zu übertragen, eine Sitte, von der Tacitus schreibt, sie habe zum Niedergang Roms beigetragen (*Dial.* 28–9). Es scheint angebracht, in der Eltern-Kind-Beziehung eine größere emotionale Distanz vorauszusetzen, als wir heute erwarten, und einige Quellen stützen diese Vermutung: So wurden für Kleinkinder nur selten Beisetzungsfeierlichkeiten abgehalten, und einige literarische Passagen lassen gegenüber dem Tod von Neugeborenen sogar Herzlosigkeit erkennen (z. B. Cicero *Att.* 10.18). Andererseits wird von lateinischen Autoren immer wieder die Festigkeit elterlicher Zuneigung bestätigt. Seneca zufolge hätten Väter den Tod ihrer Kinder unmäßig betrauert, und das trotz der Tatsache, daß solche immer wieder vorkommenden Tragödien sie hätten abstumpfen lassen müssen (*Cons. ad Marciam* 9.2). Die Kinder, die am Leben blieben, waren eine Quelle steter Freude (Seneca, *Ep.* 9.7, 99.23; Fronto, *Ad amicos* 1.12).

Einer der offenkundigsten Mängel unserer Quellen – die ja alle von Männern stammen – ist das Fehlen von Informationen über die Mutter-Kind-Bindung aus der Sicht der Mutter. Fronto ging sogar so weit über die Gefühle seiner Frau hinweg, daß er behauptete, er allein habe den Verlust ihrer ersten vier Kinder betrauert (*De nepote amisso* 2.1–2). Es kann folglich kaum überraschen, daß diese aus der Feder von Männern stammenden Quellen uns beispielsweise kaum ein Gefühl dafür vermitteln, wie sich das Muster häufiger Scheidung und Wiederheirat auf das Band zwischen Mutter und Kind auswirkte.[48] Da römische Kinder nach einer Scheidung meist beim Vater verblieben, müssen sie oft mit einer Stiefmutter *(noverca)* und Halbgeschwistern gelebt haben. Der *noverca* wurde unterstellt, sie interessiere sich auf Kosten ihrer Stiefkinder mehr für ihre eigenen, und so wurde sie zum Stereotyp des bösen Willens – zu einer so tief verwurzelten Klischeevorstellung, daß selbst die normalerweise trockenen Rechtsquellen sie wiederholen (*Digesten,* 5.2.4). Wir wissen, daß die Häufigkeit von Scheidungen und neuen Eheschließungen bei der Teilung des väterlichen Vermögens zu komplizierten Rechtsproblemen führten, und man kann davon ausgehen, daß es auch bei den familiären Banden zu ähnlich komplexen Problemen gekommen ist. Wenn ein Witwer oder Geschiedener mit Kindern solchen Unwegsamkeiten aus dem Weg gehen wollte, griff er meist zu der Lösung, sich statt einer neuen Ehefrau eine Konkubine aus der Unterschicht zu nehmen, deren Kinder nicht legitim waren.[49]

Was für eine Beziehung hatten ältere Kinder zu ihren Eltern und vor allem zu ihrem Vater, dessen Rechtsgewalt sie unterworfen blieben, solange er lebte? Diese Frage stellt sich zumindest bei Kindern, deren Eltern sich eine kostspielige Ausbildung leisten konnten. Herrschte zwischen den Generationen tatsächlich eine solche Feindseligkeit, wie die vielen Geschichten vom Vatermord manche Historiker haben vermuten lassen? Töchter heirateten und verließen ihr Elternhaus kurz nach Erreichen des Erwachsenenalters, adlige Mädchen, die oft schon im Alter von zwölf Jahren heirateten, sogar noch früher.[50] Wie schon oben angemerkt, gab das Gesetz dem Vater das Recht, für seine Tochter eine Ehe zu arrangieren, und die Quellen, aus denen wir erfahren haben, wie Ehemänner in den führenden Kreisen Roms bei einer ersten Eheschließung ausgewählt wurden, lassen vermuten, daß die Initiative in der Regel von den Vätern der Braut ausging.[51] Manche Autoren haben gemeint, römische Väter hätten zu ihren Töchtern lebenslang eine besonders innige Beziehung gehabt, was zu einem «töchterbezogenen» Verwandtschaftssystem geführt habe, in der die durch Töchter geschaffenen Familienbande ausnehmend eng gewesen seien. Die Geschichten, die uns von besonders engen Vater-Tochter-Beziehungen überliefert sind, stellen jedoch keinen schlüssigen Beleg für eine solche Verallgemeinerung dar, noch waren wohl die durch Töchter miteinander verbundenen Verwandten begünstigt.[52]

Bei jungen Männern ergab sich eine ausgedehnte zeitliche Differenz zwischen körperlicher Reife und Eheschließung.[53] Diese Periode war jedoch nicht so belastend, wie sie vielleicht hätte sein können; denn viele junge Männer verließen ihr Elternhaus aus mancherlei Gründen. So konnte es vorkommen, daß der Wehrdienst bei reichen wie bei armen Bürgern einen Teil dieser Zeit oder alle diese Jahre ausfüllte. Von reichen Römern wurde erwartet, daß ein junger Mann, der in der Stadt blieb, einen eigenen Hausstand gründete. Auf dem Land wurden erwachsene Söhne örtlicher Notabeln oft beauftragt, ein abgelegenes Landgut zu bewirtschaften. Das gesetzliche Eigentumsverbot für Söhne, die noch ihrem Vater unterworfen waren, wurde auf mancherlei Weise umgangen. Während es gesetzliche Vorschriften zur Verwendung des *peculium* gab, scheinen die literarischen Quellen wie etwa Cicero nahezulegen, daß man die förmlichen Vorschriften des *peculium* oft unbeachtet ließ und dem Sohn einfach einen Unterhalt zahlte, über den er frei verfügen konnte. Fragen nach der Rechtmäßigkeit dieses Eigentums stellte man wohl nur selten: Wenn ein Sohn Geld hatte, ging man zweifellos davon aus, daß er es von seinem Vater hatte und folglich mit dessen Zustimmung handelte. In Ciceros Korrespondenz, in der er davon spricht, wie er seinen in Athen lebenden Sohn mit Geld versorgt, tauchen die rechtlichen Fragen des Eigentums oder des *peculium* an keiner Stelle auf. Es kam nur dann zu rechtlichen und gesellschaftlichen Problemen, wenn ein Sohn mehr Geld ausgab, als ihm an Unterhalt zur Verfügung stand, und er sich ohne Wissen seines Vaters Geld lieh. Mitte des ersten Jahrhunderts wurde mit der Einrichtung des *senatusconsultum Macedonianum* der Versuch gemacht, solche Probleme gar nicht erst entstehen zu lassen: Dieses Gremium sprach Gläubigern von Söhnen, die noch ihrem Vater unterworfen waren, das Recht auf Rückzahlung des Geldes und dessen Einklagbarkeit vor Gericht ab, selbst nach dem Tod des Vaters.[54]

Die finanzielle Abhängigkeit eines erwachsenen Sohns von seinem Vater konnte zu ernsthaften Spannungen führen, vor allem dann, wenn es der Sohn mit einem unehrenhaften Gläubiger zu tun hatte. Spannungen solcher Art sind jedoch keine besondere Folge der *patria potestas*. Wir finden sie in vielen Agrargesellschaften. Das Grundproblem entsprang der Tatsache, daß mitunter mehr als nur eine Erwachsenengeneration für ihren Lebensunterhalt eher auf ein bestimmtes Stück Land als auf die vielfältig einsetzbare Arbeitskraft jedes Familienmitglieds angewiesen war. In verschiedenen Gesellschaften wurden jeweils eigene Strategien entwickelt, um zwischen Vater und Sohn einen *modus vivendi* herzustellen. Eine dieser Strategien – von der die Römer anscheinend keinen Gebrauch machten – bestand für den alternden Vater darin, sich zurückzuziehen und sein Land seinem Sohn zu übergeben. Als Gegenleistung wurde verlangt, daß dieser ihn bis zu seinem Tod unterstützte. Solche Methoden konnten die Spannungen jedoch nicht ganz lösen: Rom ist nicht das einzige Gemeinwesen gewesen, in dem es zu Vatermord oder Berichten über Vatermord gekommen ist.[55] In Wahrheit sind aus dem kaiserlichen Rom nur wenige Fälle belegt, daß Söhne ihre Väter ermordet oder Väter ihre Söhne haben hinrichten lassen. Wie in anderen Gesellschaften dürfte es auch in Rom zu Vatermord gekommen sein, doch Senecas oft zitierte Verallgemeinerung (*Clem.* 1.23) über dessen Häufigkeit ist höchst suspekt.

Da Männer nun einmal später heirateten als Frauen, dürften sie weit unabhängiger gewesen sein und so die Freiheit gehabt haben, selbst zu entscheiden, wann und wen sie heirateten. Es gibt auch einigen Grund zu der Annahme, daß Lebensalter und Geschlecht von Söhnen – selbst bei denen, die noch der Rechtsgewalt ihres Vaters unterstellt waren – ihnen mehr Einfluß auf ihre Eheschließung erlaubten als ihren Schwestern. Der junge Quintus Cicero scheint die möglichen Heiratskandidatinnen selbst in Augenschein genommen zu haben, aber wir können nicht sicher sein, daß alle jungen Aristokraten die gleiche Wahlfreiheit besaßen (*Att.* 15.29). Wie dem auch sei: Wenn das frischgebackene Paar erst einmal verheiratet war, wurde erwartet, daß es einen eigenen Hausstand gründete.

Erbrecht und Abstammung

Die Macht eines römischen Vaters über seine Kinder und sein Interesse an ihnen erloschen nicht mit seinem Tod. Deren künftiges finanzielles Wohlergehen wurde weitgehend durch seinen Willen bestimmt, denn sie waren seine Hoffnung für die Nachwelt. Das gesetzliche Erbrecht ist schon kurz beschrieben worden; aber wie in anderen Gesellschaften ließen sich auch in Rom Vorschriften und Gesetze flexibel handhaben. Man konnte sie manipulieren, um die Ziele einer Familie bei sogenannten «Erbstrategien» zu erreichen – das heißt, es wurde rechtzeitig überlegt, wie eine Familie zu planen sei und wie man das väterliche Erbe an die nächste Generation weitergeben solle. Was das römische Vokabular für Familie und Abstammung betrifft, so haben wir bereits darauf hingewiesen, daß der Schwerpunkt des römischen Denkens sich allmählich von den strikt agnatischen *familia* und *nomen* in der Republik zum *domus* hin entwickelte, was angeheiratete Verwandte und alle Abkömmlinge einschloß, mochten sie aus weiblichen wie männlichen Linien der Familie stammen. Mit diesem Wandel ging ein zunehmendes Interesse an Töchtern einher, die fortan ebenfalls «Stammhalter» sein konnten. Während der Kaiserzeit sprach man erstmals von den Kindern einer Tochter als von der «Nachwelt» eines Mannes, was in der Republik noch nicht vorgekommen war. Fronto, der keinen überlebenden Sohn hatte, schrieb, er habe Aufidius Victorinus als Ehemann für seine Tochter ausgewählt. Es sei eine weise Entscheidung, «sowohl für mich selbst, was meinen Nachruhm betrifft, wie für das ganze Leben meiner Tochter» (*Ad amicos* 2.11). Ähnlich läßt ein Brief des Plinius an den Großvater väterlicherseits seiner Frau, Calpurnius Fabatus, seitens des Fabatus einen dringenden Wunsch erkennen, sein Geschlecht durch die Kinder seiner Enkelin weiterleben zu lassen, deren «Abstammung von uns beiden ihren Weg in ein hohes Amt leicht machen sollte» (*Ep.* 8.10). Der Hinweis auf «den Weg in ein hohes Amt» meint natürlich, daß ein männlicher Nachkomme den Vorzug erhalten hätte; aber Fabatus zeigte sich bereit, seine Hoffnungen auch auf die Nachkommen seiner Enkelin zu setzen, falls kein Sohn oder Enkel geboren werden sollte. Diese Bereitschaft, die Familie durch Frauen fortzuführen, zeigt sich auch in dem Aufkommen von erweiterten Familiennamen in der Kaiserzeit. Immer mehr Kinder gingen dazu über, das Andenken sowohl an das *domus* des Vaters wie das der Mutter am Leben zu erhalten, indem sie die Namen beider annahmen. Ein blaublütiger Senator aus der Mitte des zweiten Jahrhunderts schmückte sich mit nicht weniger als achtunddreißig Namen.[56]

Ein allgemeinerer Wandel bei «Erbstrategien» zeigt sich darin, daß man Frauen bei Abstammungslinien als Bindeglieder anerkannte, die die Familien weitererhielten. Wie schon erwähnt, mußte jede Bevölkerungsgruppe, die ihre Zahl halten wollte, fünf oder sechs Kinder pro Familie hervorbringen, um die verheerende Säuglingssterblichkeit auszugleichen. Eltern mit fünf oder sechs Kindern hatten gute Aussichten auf einen männlichen überlebenden Erben, der die Abstammungslinie und den Namen der Familie fortsetzen konnte. Im europäischen Adel der frühen Neuzeit waren die meisten Familien im Durchschnitt zahlreich, was die Chancen des biologischen Erfolgs steigerte. Todesfälle sind unvorhersehbar, und dennoch lieferten sich Eltern mit einer großen Kinderschar der Gefahr aus, daß zu viele von ihnen überlebten, was zu einer Aufhebung des Patrimoniums geführt hätte. Dieses Dilemma wurde auf mancherlei Weise gelöst. Ein Primogenitur-System bei der Erbfolge stellte sicher, daß der älteste Sohn den größten Teil des väterlichen Erbes erhielt, egal wie viele Kinder da waren. So konnte er den Fortbestand der Familie unter Wahrung von Reichtum und Prestige sichern. Eine weitere Möglichkeit bestand darin, alle Kinder mit Ausnahme eines Sohns und einer Tochter von einer Eheschließung abzuhalten, so daß das Familienvermögen nicht dauernd geteilt werden mußte, um neue Familien zu ernähren.

Weder das Römische Recht noch die gesellschaftlichen Normen scheinen sich dieser beiden Möglichkeiten bedient zu haben. Das System der Erbaufteilung unter männlichen wie weiblichen Nachkommen blieb weiterhin intakt. Obwohl es möglich gewesen wäre, das väterliche Erbe testamentarisch dem ältesten Sohn zu vermachen, scheint dies nicht die Regel gewesen zu sein; das legen zumindest unsere Quellen nahe, in denen die Enterbung eines Sohns als anomal und als Ergebnis erbunwürdigen Verhaltens bezeichnet wird. Überdies ging man davon aus, daß alle Kinder heiraten. Diese Erwartung scheint sich bei Töchtern erfüllt zu haben, und soweit Männer nicht heirateten, gehörte das nicht etwa zu einer bewußten Planung, der Gründung zusätzlicher Abstammungslinien durch jüngere Söhne entgegenzuwirken. In der mittleren Republik setzte das Fehlen solcher Strategien die Adelsfamilien im allgemeinen keinem großen Druck aus: Sie hatten zwar viele Kinder, konnten aber darauf hoffen, sie alle mit Hilfe des infolge der Eroberungen massiv nach Rom verlagerten Wohlstands zu versorgen. Der Strom versiegte in der Kaiserzeit jedoch weitgehend, und diese Tatsache im Verein mit sozialen Veränderungen (etwa dem inzwischen viel höheren Lebensstandard der Aristokraten in Rom) brachte viele Adlige dazu, ihre Familien auf nur wenige Kinder zu begrenzen. Was die durchschnittliche Familiengröße angeht, liegt uns kein verwendbares Zahlenmaterial vor; aber einige Autoren des Prinzipats deuten auf einen weitverbreiteten Glauben hin, daß es wegen der Kosten und Mühen unpopulär war, große Familien zu unterhalten. Plinius pries einen seiner Freunde, Asinius Rufus, wegen dessen tugendhaften Charakters, der sich unter anderem in seiner Entscheidung zeige, mehrere Kinder zu haben, «und das in dieser Zeit, in der die Vorteile der Kinderlosigkeit den meisten Menschen selbst ein Kind als Last erscheinen lassen» (*Ep.* 4.15.3). Auch bei adligen Frauen galt die Mutterschaft als unbeliebt (Seneca, *Cons. ad Helviam* 16.3). Eine Textstelle bei Musonius Rufus (15 b, Hrsg. O. Hense) läßt vermuten, daß es selbst bei wohlhabenden Familien üblich war, Säuglinge auszusetzen, um die Zahl der Kinder aus finanziellen Gründen zu begrenzen.[57]

Ein Hinweis darauf, daß Plinius und Seneca mit ihren Vermutungen über die mangelnde Bereitschaft zum Kind nicht übertrieben haben, findet sich in der Unzufriedenheit, die Augustus' Ehegesetze auslösten. Diese Gesetze schränkten die Geschäftsfähigkeit von Männern und Frauen, die unverheiratet waren oder weniger als drei Kinder hatten, vor allem auf dem Gebiet des Erbrechts ein.[58] Augustus wollte den Adel dazu zwingen, mehr Kinder zu haben; aber der Erfolg blieb ihm versagt, und die Gesetze blieben eine Quelle ständiger Irritationen, bis Konstantin sie aufhob. Einige der Maßnahmen des Augustus sind einer näheren Betrachtung wert. Erstens: Wenn römische Eltern nicht mehr getan hätten, als den gesetzlichen Standard von drei Kindern zu halten, wären Adelsfamilien sehr schnell ausgestorben. Nur vierzig Prozent aller Väter wären von einem männlichen Erben überlebt worden, und fünfunddreißig Prozent hätten überhaupt kein Kind als Erbe gehabt. Diese Zahlen strafen die Ansicht Lügen, Augustus habe gehofft, die Aristokratie durch seine Forderung nach vielen Kindern so zu schwächen, daß die aristokratischen Familienvermögen hätten zerstückelt werden müssen.[59]

Zweitens: Staatliche Interventionen mit dem Ziel, die besitzenden Klassen auf Kinder zu verpflichten und damit zum Fortbestand ihrer Familien, sind ein durchaus unerwartetes Phänomen. In zahlreichen europäischen Gesellschaften in der frühen Neuzeit legten Adlige bei der

Sicherung männlicher Nachfolger für ihre Abstammungslinien eine wahre Besessenheit an den Tag[60], während der Kaiser in Rom mit Zukkerbrot und Peitsche operieren mußte, um Adlige dazu zu bewegen, zumindest drei Kinder zu haben – eine Zahl, die nicht ausgereicht hätte, den Bestand der Familien zu sichern. Es war durchaus nicht so, daß allen Römern der Fortbestand ihrer Familien gleichgültig geworden war, wie die Beispiele von Plinius und Fronto belegen, die sich um die Nachwelt sorgten. Wahrscheinlicher ist vielmehr, daß viele Römer inzwischen eine etwas individualistischere Einstellung zum Leben gewonnen hatten, was zu einer entsprechend geringeren Sorge um den Fortbestand und den Erfolg der Familie führte.[61] Überdies boten in Rom das Recht wie auch Sitten und Gebräuche attraktive Alternativen zu großen Familien, mit denen sich der Fortbestand des *domus* sichern ließ. Wenn sich ein Römer damit zufriedengeben konnte, nur eine Tochter für den Fortbestand seines *domus* zu haben, brauchte er nur die Hälfte der Kinderzahl, die nötig war, um einen Nachfolger zu haben, als wenn er sich einen Sohn gewünscht hätte. Es gab eine noch bessere Möglichkeit: Ein Mann konnte etwa den Fortbestand seines Geschlechts auch ohne die Kosten und den Ärger mit einer Familie sichern, indem er einen meist erwachsenen Sohn testamentarisch adoptierte.[62] Dieses Verfahren bot noch andere Vorteile. Der Erblasser konnte sich einen Sohn auswählen, dessen Charakter bereits gefestigt war, und so die Möglichkeit ausschließen, mit einem mißratenen natürlichen Sohn belastet zu werden. Wenn der Erblasser ferner bis zu seinem Tod kinderlos blieb, würde er die Aufmerksamkeit und die Gunstbeweise der zahlreichen Erbschleicher auf sich ziehen, die in unseren Texten so oft erwähnt werden. Tatsächlich lag den Ehegesetzen des Augustus, welche die Möglichkeit von Kinderlosen und Unverheirateten begrenzten nichtverwandte Erblasser zu beerben, gerade der Gedanke zugrunde, diesen Vorteil des Austauschs von Geschenken und Legaten zu neutralisieren.[63] Die römische Sitte, Vermächtnisse weit außerhalb des Familienkreises zu streuen, statt das Familienerbe auf natürliche Kinder zu konzentrieren, ist ein besonderes Merkmal der römischen Gesellschaft. Sie führte dazu, daß große Vermögen von Adelsfamilie zu Adelsfamilie wechselten. Dieses Verhalten konstrastiert auffallend mit dem Bestreben in anderen Aristokratien, eine Streuung des Familienvermögens zu verhindern. Die Rolle, die dieses Verhalten bei der Zementierung von Beziehungen nichtverwandter Römer spielte, wird im nächsten Kapitel erörtert.

Diese Merkmale von Gesellschaft und Familienleben in Rom – das vergleichsweise geringe Bemühen um natürliche Söhne als Nachfolger, die Akzeptanz von Töchtern in dieser Rolle, der Rückgriff auf Adoptionen, der finanzielle und anderweitige Druck, Familiengrößen in engen Grenzen zu halten, die Vorteile der Kinderlosigkeit in einem Erbschaftssystem, das Familienvermögen weit streute – tragen sämtlich zu unserem Verständnis dessen bei, warum der Adel des Senatorenstandes es nicht schaffte, sich zu reproduzieren (das heißt, die nächste Generation von Senatsangehörigen mit eigenen Söhnen zu füllen). Einige Autoren haben gemeint, die Römer seien in dieser Hinsicht unter das allgemeingültige Gesetz gefallen, daß Aristokratien sich nie selbst reproduzierten. Die statistische Wahrscheinlichkeit spricht in der Tat dafür, daß selbst in einer sich voll reproduzierenden Bevölkerung ein beachtlicher Anteil von Familien in der männlichen Linie aussterben wird.[64] Der römische Adel versagte jedoch in weit größerem Umfang, als es in vielen späteren europäischen Gesellschaften der Fall war. So gehörte in der frühen Neuzeit etwa der englische Adel zu den erfolgreicheren Aristokratien; dennoch schafften es 65 Prozent der Adelsfamilien in den drei Generationen von 1458 bis 1641 nicht, in jeder Generation einen direkten männlichen Nachkommen hervorzubringen, während 33 Prozent in der männlichen Linie ausstarben. Der alte dänische Adel, der zu den erfolglosesten Aristokratien überhaupt gehörte, mußte in den 170 Jahren nach 1550 sogar einen Rückgang an Männern von insgesamt 73 Prozent hinnehmen.[65] Römische Konsularfamilien (etwa die erfolgreichere Hälfte des Senats und diejenigen, von denen wir am meisten wissen) starben mit einer Rate von 75 Prozent in jeder Generation aus. Von vier kaiserlichen Konsuln in Rom hatte nur jeweils einer einen Sohn, der ebenfalls Konsul wurde.[66] Diese Zahlen sind mit Angaben aus späteren europäischen Gesellschaften natürlich nicht direkt vergleichbar – so mußte der römische Sohn das mittlere Lebensalter erreichen und in ein hohes Amt gelangen; aber selbst wenn wir dies berücksichtigen, wird klar, daß die römische Aristokratie insgesamt weit erfolgloser war. Das lag zum Teil daran, daß sich einige Söhne aus dem öffentlichen Leben zurückzogen, in erster Linie aber daran, daß viele Adlige keine erwachsenen Söhne hatten. Was immer sich Augustus gewünscht haben mag, der Senatorenstand war alles andere als erblich. Die logische Folge der massiven Aussterbensrate von 75 Prozent in jeder Generation war, daß 75 Prozent aller konsularischen Ämter Männern aus aufstrebenden Familien offenstanden. Italiker und Provinziale füllten die freigewordenen Stellen im Adel des Senatorenstandes aus und heirateten in etablierte Familien ein.

Erweiterte Familienverbände

In den *Digesten* (38.10.10) findet sich eine lange Textpassage des Juristen Paulus, in der er sich detailliert über römische Verwandtschaftsbeziehungen äußert. Die Liste geht bis zum sechsten Verwandtschaftsgrad, der, wie der Autor sagt, nicht weniger als 448 Verwandtschaftsbeziehungen einschließt, beginnend mit dem ersten Grad von Eltern und Kindern bis hin zum Ur-Ur-Ur-Ur-Großvater *(tritavus)* in aufsteigender und bis zum/zur Ur-Ur-Ur-Ur-Enkel oder -Enkelin (*trinepos* oder *trineptis*) in absteigender Linie. Wie Paulus anmerkte, mußte der Juriskonsultus die Verwandtschaftsgrade kennen, um bei Erbfällen und eventuellen Vormundschaften die nächsten Angehörigen zu identifizieren. Die lateinische Verwandtschafts-Terminologie unterschied klar zwischen Onkeln, Tanten und Cousinen, die durch den Vater miteinander verwandt waren (*patrui, amitae* und *fratres/sorores patrueles*), und denjenigen, die durch die Mutter miteinander verwandt waren (*avunculi, materterae* und *[con]sobrini*).

Auf welchen sozialen Beziehungen die Klassifikationen bei den frühen Latinern auch beruht haben mögen, es gab in der klassischen Periode in römischen Verwandtschaftsbeziehungen kaum ein Muster, das man ein «System» nennen könnte. Das Römische Recht hielt zwar einige alte agnatische Vorschriften aufrecht, die in der Republik jedoch allmählich an Wirkung verloren, was sich im Prinzipat fortsetzte, bis die Verwandtschaftsbeziehung der Mutter zu ihren Kindern in der gesetzlichen, nicht durch Testament geregelten Erbfolge in der Ära des Antoninus volle Anerkennung erfuhr.[67] Um diese Zeit hatten die Römer längst aufgehört, im Alltagsleben zwischen Verwandten väterlicherseits und mütterlicherseits sowie anderen Angehörigen streng zu unterscheiden. Tatsächlich vermitteln uns die literarischen Quellen den Eindruck, daß die Römer sich verpflichtet fühlten, ihren «Verwandten» zu helfen; aber dieses Gefühl der Verpflichtung unterschied nicht zwischen verschiedenen Verwandtschaftskategorien außerhalb der Kernfamilie. Darauf deutet etwa das Fehlen von Unterscheidungsmerkmalen in dem Vokabular der Prosaschriftsteller hin. In den Briefen des Plinius oder den moralphilosophischen Werken Senecas findet sich keines der Wörter für Vetter oder Cousine. Das läßt nicht nur vermuten, daß die Unterscheidung zwischen Cousinen/Vettern väterlicherseits und mütterlicherseits bei den Römern unwichtig war, sondern auch, daß Cousinen und Vettern keine allzu große Achtung genossen, was deren soziales Umfeld betraf. Die Wörter für Onkel und Tante tauchen gelegentlich auf, jedoch ohne erkennbare Unterschiede in ihren gesellschaftlichen Rollen; offensichtlich wird nicht zwischen Onkeln und Tanten väterlicher- und mütterlicherseits unterschieden. Allgemeine Worte für Verwandte (*necessarius, propinquus* sowie *mei, tui* oder *sui*) scheinen öfter verwendet worden zu sein als bestimmte Verwandtschaftsbezeichnungen. Wörter wie «mein» oder «dein» wurden in diesem Zusammenhang besonders häufig gebraucht, aber sie unterschieden nicht zwischen Verwandten und nichtverwandten Abhängigen wie etwa Freigelassenen. Neben der unmittelbaren Familie kamen auch andere Verwandte als Gruppe in Betracht, die des Schutzes und der Hilfe bedurfte, wobei jedoch keine Art von Verwandtschaft bevorrechtigt war.

Die literarischen Quellen lassen verschiedene Dienste erkennen, die Verwandte in römischen Familien gegenseitig leisteten. Die hohe Sterblichkeitsrate brachte es mit sich, daß viele Kinder ihre Väter verloren, bevor sie das Erwachsenenalter erreichten: Die Computersimulation legt den Schluß nahe, daß vielleicht ein Drittel aller römischen Kinder im Alter von zehn Jahren bereits ihre Väter verloren hatten und daß jedes zehnte Kind eine Waise war. Bei solchen Familientragödien war es selbstverständlich, daß Verwandte aller Art die Kinder bei sich aufnahmen und großzogen (Plinius, *Ep.* 2.18, 4.19, 6.20; *FIRA* III, Nr. 69, 11.42 ff). Wenn ein Römer in öffentlichen wie Privatangelegenheiten Hilfe und Unterstützung brauchte, sah er sich natürlich zunächst bei Bluts- oder angeheirateten Verwandten um. Wenn jemand ein Darlehen wünschte, Unterstützung bei einer Kandidatur oder eine persönliche Verbindung, mit der sich die Verleihung der Staatsbürgerschaft durch den Kaiser erreichen ließ, konnte man sich an einen älteren Bruder, eine ehemalige Schwiegermutter, an fast jeden Verwandten wenden (Plinius *Ep.* 3.19.8, 3.8, 10.51). Bei diesen Gunstbeweisen und Hilfen ist vor allem festzuhalten, daß sie nicht dazu dienten, Verwandtschaft von Freundschaft oder Patronat zu unterscheiden. Vielmehr war die Verwandtschaft in ein größeres Netz sozialer Beziehungen und wechselseitiger Verpflichtungen eingebunden.

Die Ausstattung einer Verwandten mit einer Mitgift war eine andere häufig vorkommende Form der Unterstützung (Plinius, *Ep.* 2.4; *FIRA* III, Nr. 69, 11.42 ff). Damit stellt sich die etwas allgemeinere Frage nach dem Standort der Verwandtschaft, wenn es um Ehe und Vermögen ging. Es ist die Vermutung geäußert worden, der Wunsch, Mitgift und Vermögen der Frauen in der Familie zu halten und die Einheit der Sippe zu stärken, habe Römer dazu gebracht, Ehefrauen unter Verwandten, vor allem unter Cousinen ersten Grades auszuwählen. Solche Eheschließungen mit Cousinen ersten Grades waren in Rom bis zum vierten Jahrhundert gesetzlich erlaubt; aber wer das Quellenmaterial genau ansieht, wird entdecken, daß solche Eheschließungen unter engen Verwandten eher die Ausnahme waren. In sämtlichen Stammbäumen der bekannten Adelsfamilien findet sich kein Fall einer Eheschließung unter Vettern, und auch die Briefe Ciceros und Plinius', in denen von arrangierten Eheschließungen die Rede ist, enthalten keinerlei Hinweis darauf, daß der jeweils vorgeschlagene Ehepartner ein Verwandter oder eine Verwandte sein könnte. In dieser Hinsicht gibt es also keinerlei Grund zu der Annahme, daß das Christentum mit seinem weiter gefaßten Inzestverbot für die meisten Römer eine Veränderung des Familienverhaltens erzwungen habe.[68]

Zusammenfassung

In einem klassischen Artikel hat Hajnal eine grundlegende Trennungslinie zwischen zwei verschiedenen Verhaltensmustern gezogen: In Westeuropa hätten Männer und Frauen, die normalerweise in einer Kernfamilie lebten, spät geheiratet, während die Menschen Osteuropas früh geheiratet und in größeren Familienverbänden gelebt hätten. Diese Typologie ist noch durch einen «mediterranen» Ehetypus erweitert worden, der dadurch gekennzeichnet ist, daß Männer weit später als Frauen die Ehe eingehen und daß es zu einer signifikanten Zunahme größerer Familienverbände gekommen sei.[69] Die in diesem Kapitel beschriebene römische Familie scheint dieser mediterranen Einstufung in manchen wichtigen Aspekten zu entsprechen, vor allem die späte Eheschließung bei Männern und die frühe Eingehung der Ehe bei Frauen mit dem dazugehörigen Altersunterschied zwischen Mann und Frau. Die Römer wichen allerdings insofern von diesem mediterranen Ehetypus ab, als familiäre Großverbände mit mehreren Familien weder die Norm noch überhaupt allgemein üblich waren.

Die Familie bietet dem Antikenforscher vielversprechendes Material für eine Analyse der komplexen Beziehung von Recht und sozialem Verhalten. Einerseits hielten die Kaiser und Juristen bei ihren gesetzlichen Neuerungen mit den sich laufend wandelnden gesellschaftlichen Verhaltensweisen und Praktiken Schritt, obwohl in manchen Fällen etwas verspätet, etwa bei der Anerkennung der Verwandtschaft der Mutter mit ihren Kindern und der Beschränkung der väterlichen Macht über Leben und Tod. Andererseits führte ein fundamentaler Konservativismus beim Festhalten an rechtlichen Grundsätzen zu einer beträchtlichen Kluft zwischen diesen und den in der Gesellschaft anerkannten und weitverbreiteten *mores*. Soweit uns die literarischen Quellen überhaupt einen Einblick in die tatsächlichen Verhältnisse gewähren, bleibt nur der Schluß, daß die rechtliche Allgewalt des *paterfamilias*, wie bedrückend sie theoretisch auch gewesen sein mag, die römische Familie nicht unterdrückte. Mehr noch: Wenn schon die *patria potestas* für das Verständnis der römischen Familie von begrenztem Wert ist, ist auch gegenüber umfassenden Behauptungen Skepsis angebracht, welche die grundlegenden Unterschiede zwischen nordeuropäischen und mediterranen Formen des Familienlebens im späteren Europa mit der Wiedereinführung des Römischen Rechts im Mittelmeerraum erklären wollen.

Anmerkungen

1 Brunt (1971), Anh. 9; Csillag (1976). Unsere Erörterung bezieht sich auf Rom, Italien und den Westen. Über *patria potestas* (oder deren Fehlen) in Ägypten siehe Taubenschlag (1955), 130–49; Lewis (1970); *P. Oxy.* 3197, 3289 (Literaturhinweise von D. Rathbone).

2 Saller (1986).

3 Eine willkommene Ausnahme aus jüngster Zeit ist Rawson (1986) mit einer hervorragenden Einführung und einer ausführlichen, mit Anmerkungen versehenen Bibliographie des Herausgebers.

4 Crook (1967b), 114.

5 Zu dem Folgenden siehe Saller (1984a).

6 Flandrin (1979), 4–10.

7 Saller (1987b); über autoritäre Führung der Familie in der Antike siehe Shaw (erscheint demnächst, a).

8 Saller (1984a), 348–9.

9 Wie u. a. von Laslett (1972) sowie von Sieder und Mitterauer (1982) hervorgehoben.

10 Über getrenntes Wohnen von erwachsenen Söhnen siehe unter S. 198. Crook (1967b), 117, merkt an, daß die nur in einigen wenigen literarischen Passagen erwähnten Brüder in einem *consortium* meist aus armen Familien stammten; diese seien besonders bemüht gewesen, das Familienvermögen zusammenzuhalten. Plutarch (*Aem. Paul.*, 5.5) sagt ausdrücklich, die Aelii Tuberones hätten mit ihrem Zusammenleben auf einem einzigen, ungeteilten Landgut antike Tugenden an den Tag gelegt. Plutarch führt fort, zu seiner Zeit würden Brüder alle nur erdenklichen Anstrengungen unternehmen, ihr Vermögen getrennt zu halten, um Konflikten so aus dem Weg zu gehen.

11 Saller und Shaw (1984a), 136–7, mit Anm. 49.

12 Corbett (1930), Kap. 3–4; Watson (1975), Kap. 1–3; (1967), Kap. 3; Crook (1986a).

13 Über die Rechtsfolgen der Ehe *sine manu* siehe Crook (1967a), 99–107, und Corbett (1930), Kap. 3.

14 Crook (1986a) (1986b).

15 Corbett (1930), Kap. 5.

16 Kuehn (1981).

17 Saller (1987a); über das Heiratsalter im Mittelmeerraum siehe Hajnal (1983) und Laslett (1983).

18 Pearce (1974).

19 Treggiari (1976) (1979a); Saller (1987b). Die unterschiedlichen Erwartungen von Frauen aus der Oberschicht und der Arbeiterklasse zeigen sich auch in der Ikonographie von Gedenkschriften, wie Kampen hervorgehoben hat (1981).

20 Humbert (1972), 31 ff; Lightman und Feisel (1977).

21 Die methodologischen Schwierigkeiten bei der Erarbeitung einer Geschichte der familiären Zuneigung werden von Anderson (1980), Kap. 3, einfühlsam erörtert.

22 Carcopino (1940), 100; Veyne (1978).

23 *FIRA* III, Nr. 69, 1.22; übersetzt und kommentiert von Wistrand (1976).

24 Humbert (1972), 72 ff.

25 Treggiari (1982) (1984); Dixon (1985b).

26 Pomeroy (1975), Kap. 5.

27 Marrou (1956), 274; Bonner (1977), 107.

28 Marshall (1975); Saller (1982), 162.

29 Siehe Shaw (erscheint demnächst, a) über Texte des Augustinus zum römischen Familienleben, vor allem über körperliche Züchtigungen in der Familie.

30 Saller (1984b).

31 Stone (1977), 195.

32 Veyne (1978).

33 Rawson (1966); Weaver (1974).

34 Daube (1969), 79 ff.

35 Engels (1980) (1984) sieht die Zahl von Kindesmorden als minimal an; vgl. aber Harris (1980, 1982) und Saller (1987b).

36 Matringe (1971).
37 Besonders hervorgehoben von Daube (1969). Über die Schwierigkeiten, die das Recht Söhnen in öffentlichen Ämtern bereitete, siehe Y. Thomas (1982).
38 Buckland (1963), 280–1; J.A.C. Thomas (1976), 416–7; Crook (1967 a), 110–11.
39 Crook (1973).
40 Buckland (1963), 327–31; J.A.C. Thomas (1976), 495–6; Crook (1967 a), 122–3.
41 Veyne (1978); Y. Thomas (1981). Crook (1967 b) bietet vorzüglich begründete Einwendungen gegen diese Ansichten.
42 Gratwick (1984).
43 Hopkins (1966); Frier (1983).
44 Über die Bedeutung ausgesetzter Kinder für das Sklavenangebot siehe Harris (1980).
45 Bosworth (1984).
46 Saller (1987 a).
47 Bradley (1986), 220; vgl. Hopkins (1983 c), 224–6.
48 Humbert (1972), Kap. 2; Bradley (1985).
49 Saller (1987 b); Treggiari (1981 a).
50 Hopkins (1965 a); Shaw (erscheint demnächst, b).
51 Treggiari (1982) (1984).
52 Hallett (1984), rezensiert von Saller, *CPh* 81 (1986), 354 ff.
53 Zu dem Folgenden siehe Saller (1986).
54 Daube (1947).
55 Gaunt (1983).
56 Saller (1984 a), 349.
57 Hopkins (1983 c), Kap. 2–3; über Empfängnisverhütung siehe Hopkins (1965 b), Eyben (1980–1).
58 Gegenteilige Meinung bei Wallace-Hadrill (1981).
59 Goody (1976), 133–4.
60 Cooper (1976) faßt zahlreiches Material aus späteren europäischen Gesellschaften zusammen.
61 Hopkins (1983 c), 79–81.
62 Crook (1967 a), 111–12.
63 Wallace-Hadrill (1981).
64 Hammond (1957); Wachter u. a. (1978).
65 Stone (1965), 168 f; Hansen (1965), 106.
66 Hopkins (1983 c), Kap. 3.
67 Crook (1986 a), 67–8.
68 Über die Behauptung, Ehen von Vettern und Cousinen seien üblich gewesen, siehe Goody (1983), 51–5; Y. Thomas (1980); dagegen Saller und Shaw (1984 b).
69 Hajnal (1965) (1983); Laslett (1983); Smith (1981).

8
Soziale Beziehungen

Der Platz eines Römers in der Gesellschaft hing von seiner Stellung in der gesellschaftlichen Hierarchie, seiner Familienzugehörigkeit sowie seiner Integration in ein Netz persönlicher Beziehungen im Umfeld seines Haushalts ab. Die Römer konnten Hilfe und Unterstützung von ihren Familien, Verwandten und Abhängigen innerhalb wie außerhalb des Haushalts erwarten, ferner von Freunden, Patronen, Schützlingen und Klienten, denen sie wiederum verpflichtet waren. In den Augen Senecas, dessen längster moralischer Essay diesem Thema gewidmet ist, bildet der Austausch von Gunstbeweisen und Diensten *(beneficia)*, der diesen Beziehungen zugrunde liegt, «das stärkste Bindeglied der menschlichen Gesellschaft» (*Ben.* 1.4.2).[1] Senecas Betonung des wechselseitigen Austauschs ist aus mehreren Gründen gerechtfertigt: Diese Wechselseitigkeit milderte Spannungen und Konflikte, die durch Ungleichheiten und Unterschiede ausgelöst worden waren; sie garantierte zudem zahlreiche Dienstleistungen, derentwegen wir uns heute an unpersönliche staatliche oder private Institutionen wenden.[2]

Ehre, Status und das Ethos der Gegenseitigkeit

Trotz der oben zitierten allgemeinen Bemerkung über die menschliche Gesellschaft ist Senecas *Von den Wohltaten* kein soziologisches oder anthropologisches Werk, sondern eine ethische Abhandlung darüber, wie sich Menschen beim Geben und Empfangen von Gunstbeweisen und Dienstleistungen verhalten sollten. Senecas zentrale Prämisse lautet, daß ein Mann, dem eine Gunst erwiesen wird, seinem Wohltäter

Dankbarkeit und eine entsprechende Gegenleistung schulde. Über den Mann, der diesen ethischen Grundsatz verletzt, schrieb Seneca: «Mörder, Tyrannen und Verräter wird es immer geben; aber schlimmer als sie alle ist das Verbrechen der Undankbarkeit» (*Ben.* 1.10.4). Schon ein Jahrhundert zuvor hatte Cicero die gleiche Ansicht geäußert: «Einen Gunstbeweis nicht zu erwidern, ist einem guten Mann nicht erlaubt» (*Off.* 1.48). Der ideale Wohltäter sollte ohne einen Gedanken daran handeln, was man ihm schuldet, aber diese Ansicht war unrealistisch. Dem Autor des *Handbuchs des Wahlkampfs*, das Q. Cicero zugeschrieben wird, wie auch Tacitus in seinem *Dialog über die Redner* war völlig klar, daß der Redner und Politiker mit der Gewährung von Wohltaten, die ihm irgendwann vergolten werden würden, Erfolg haben mußte. Daher konnte Seneca die Metapher von Schätzen gegen Wohltaten verwenden, die zurückgefordert werden konnten, wenn der Wohltäter ihrer bedurfte (*Ben.* 6.43.3), und bei Gesprächen über den Austausch zwischen Freunden oder Patronen und Klienten war immer wieder von Schuld und Rückzahlung die Rede.[3]

So wie ein Darlehen zwischen Gläubiger und Schuldner eine Beziehung herstellt, ließ auch eine Dienstleistung oder ein Gunstbeweis unter Römern eine soziale Beziehung aufkommen. Weil Gunstbeweis und Gegenleistung Ehrensachen waren, bestimmte die Dynamik dieses wechselseitigen Austauschs zum Teil die gesellschaftliche Achtung der Beteiligten. Ein egalitärer Anschein von Freundschaften wurde kaum erweckt. Ein Mann konnte «höherstehende», «gleichrangige», «unter ihm stehende Freunde» und niedere «Klienten» haben, wobei die Einstufung anderer in eine dieser Kategorien von deren finanziellen Möglichkeiten abhing (Plinius, *Ep.* 7.3.2, 2.6.2; Seneca *Ep.* 94.14). Diejenigen, die sich auf gegenseitig vergleichbarem Niveau fördern konnten, standen gesellschaftlich auf gleicher Höhe, während in den meisten Fällen die Rangordnung in der Hierarchie von der Fähigkeit abhing, höher- oder minderwertige Gegenleistungen zu erbringen. Manche Römer versuchten sogar, die ihnen erwiesenen Gunstbeweise zu verheimlichen, um sich nicht den Anschein gesellschaftlicher Minderwertigkeit zu geben, die unweigerlich daraus folgte, daß sie einen anderen hatten um Hilfe bitten müssen. Ein Empfänger verhielt sich angemessen, wenn er Großzügigkeit und Macht seines Wohltäters anerkannte und öffentlich lobte.

Zu analytischen Zwecken lassen sich drei grobe Kategorien solcher auf Gegenseitigkeit beruhenden Beziehungen ausmachen – je nach relativem Sozialstatus der beteiligten Männer (obwohl die Trennungslinien manchmal nicht deutlich waren und von den Römern gelegentlich sogar verwischt wurden): Patrone und Klienten, höherstehende bzw. rangniedere Freunde (oder Patrone und Schützlinge) sowie gleichrangige Freunde.

Der Kaiser als Patron

Augustus suchte seinen Herrschaftsanspruch nicht nur durch Wiederherstellung der alten Gesellschaftsordnung zu sichern, sondern auch durch die Demonstration seiner Vormachtstellung in ihr, indem er die traditionellen Formen des Patronats und der Wohltätigkeit pflegte. Ein großer Teil der *Res Gestae*, des von seiner Hand stammenden Berichts über seine Regierungszeit, zählte die eindrucksvollen Wohltaten und Dienstleistungen am römischen Volk penibel auf (15–18). In Plinius' *Lobrede* (z. B. 2, 21) wurde der «gute» Kaiser nicht so sehr als effizienter Verwalter gekennzeichnet, sondern vielmehr als väterlicher Beschützer und Wohltäter.[4] Da Untertanen kaiserliche Wohltaten nicht im gleichen Umfang erwidern konnten, diktierte das Ethos der Gegenseitigkeit, ihre Gegenleistung in Form von Ehrerbietung, Respekt und Loyalität zu erbringen. Folglich hatte der Kaiser, der seine Rolle des Schirmherrn gut spielte, keinerlei Wachen nötig, wie Seneca betont hat, denn er wurde «durch seine Wohltaten geschützt» (*Clem.* 1.13.5).

Der Kaiser verteilte seine Wohltaten einmal individuell, nämlich unter denen, die zu ihm Zugang hatten, und etwas allgemeiner an begünstigte Gruppen, vor allem an die römische Plebs und die Armee. Wer zum näheren Umfeld des Kaisers gehörte, befand sich in einem privilegierten Personenkreis, zu dem hochrangige Freunde gehörten, Verwandte sowie Sklaven aus dem kaiserlichen Haushalt. Unter den kaiserlichen Wohltaten sind Ämter und Ehrungen zu nennen, finanzieller Beistand und die Verleihung der Staatsbürgerschaft und des Rechts, das öffentliche Wasserversorgungsnetz anzuzapfen. Die Normen, nach denen die Verteilung dieser Güter und Dienstleistungen erfolgte, waren klar partikularistisch, ganz anders als die allgemeinen Regeln und Vorschriften, die wir von modernen Bürokratien kennen. Wohltaten galten als persönliche Gunstbeweise an loyale Untertanen und nicht als staatliche Dienstleistungen und Ämter, die aufgrund eines unpersönlichen

Wettbewerbs verteilt wurden oder allen qualifizierten Bürgern und Untertanen insgesamt zur Verfügung standen. Als Gegenleistung wurden treue Dienste und Dankbarkeit erwartet. Diese Dankbarkeit konnte sich etwa darin zeigen, daß ein Erblasser den Kaiser in seinem Testament bedachte. T. Marius Urbinas löste einen Skandal aus, als er die Großzügigkeit des Augustus ihm gegenüber nicht in dieser Form bestätigte (Valerius Maximus 7.8.6). Von gewissenhafteren Freunden und Klienten erhielt Augustus in den letzten zwanzig Jahren seiner Herrschaft durch Vermächtnisse 1,4 Milliarden Sesterzen (Sueton, *Aug.* 101).[5]

Zur Aufrechterhaltung von Ordnung und innerer Sicherheit seines Regimes nahm der Kaiser auch die Rolle eines Wohltäters der Plebs auf sich. So wird das Interesse des Augustus am Tribunat erklärlich, dessen Vorrechte er zwischen 36 und 23 v. Chr. nach und nach an sich zog. Er bekleidete zwar nicht das Tribunat selbst, besaß aber wie alle seine Nachfolger die volle tribunizische Gewalt. Der Reiz lag für ihn in der historischen Rolle des Tribuns als Vorkämpfer des gemeinen Volks. Wichtiger noch war, daß Augustus die materiellen Bedürfnisse der Massen befriedigte. Er stellte Lebensmittel, Wasser und Wohnungen zur Verfügung, veranstaltete Spiele und ließ gelegentlich sogar erhebliche Geldsummen an alle männlichen Bürger der Stadt verteilen. Die in den *Res Gestae* genannten Summen entsprachen mindestens den Ausgaben für die Armen von mehreren Monaten (15). Wie immer spätere Kaiser zu diesen Zuwendungen gestanden haben mögen, auch sie fühlten sich genötigt, diese Rolle weiterzuspielen. Obwohl die Plebs mit dem Verlust des Wahlrechts an den Senat im Jahr 14 n. Chr. den letzten Anschein einer verfassungsmäßigen Macht verloren hatte, besaß sie immer noch genug Möglichkeiten, ihre Unzufriedenheit spürbar werden zu lassen. Sie konnte den Kaiser durch Proteste bei öffentlichen Veranstaltungen oder durch Straßenaufläufe jederzeit in schwere Verlegenheit bringen.[6]

Das Patronat wurde von den Kaisern nicht monopolisiert, wozu sie gar nicht in der Lage waren. Sie wollten auch nicht für alle ihre Untertanen Patrone sein; denn diese allumfassende Schirmherrschaft hätte den Untertanen jeden Antrieb zu persönlicher Dankbarkeit genommen.[7] Die Kaiser dachten nicht daran, die Patronatsbeziehungen der aristokratischen Familien Roms zu behindern, sondern unterstützten diese Bemühungen vielmehr, indem sie Geldmittel zur Verfügung stellten, die adligen Patronen wie etwa Plinius halfen, ihre Klienten zu belohnen.

Aus den Briefen des Plinius wissen wir, daß Trajan auf dessen Bitten hin Ämter und die Staatsbürgerrechte gewährte und so Plinius' Status als fähiger Mittler festigte. Erfolgreiche Kaiser zeichneten sich dadurch aus, daß sie den Adel zufrieden hielten. Sie erlaubten den Aristokraten, ihren hohen gesellschaftlichen Rang zu behaupten, und dazu gehörte die Bereitschaft der Kaiser, den traditionellen patronalen Einfluß der großen Familien zu erhalten.

Patrone und Klienten

Tacitus schreibt, «ein Teil des Volks ... fühlte sich an die großen Familien gebunden» (*Hist.* 1.4), und bestätigt so die durch das Patronat geschaffenen Bande zwischen Aristokraten und Angehörigen der niederen Klassen in der Stadt Rom. Die *salutatio* sowie andere republikanische Bräuche, die für das Patronat bezeichnend waren, hielten sich während des gesamten Prinzipats, nahmen jedoch einen anderen Sinngehalt an. In dem *Handbuch des Wahlkampfs* (11) wurde betont, daß ein republikanischer Kandidat für ein hohes Amt alle Anstrengungen unternehmen solle, um Anhänger aller Gesellschaftsschichten zu gewinnen, selbst wenn er sich dazu herablassen müsse, mit Angehörigen der Unterschicht zu verkehren und ihnen zu schmeicheln, was normalerweise unter seiner Würde sei. In der Kaiserzeit beraubte die Ohnmacht der Volksversammlungen das gewöhnliche Volk seines politischen Einflusses und damit auch den Adel jedes Anreizes, seine einfachen Klienten mit einem Mindestmaß von Achtung zu behandeln.[8] Die Arroganz des *patronus* gegenüber seinen Klienten ist in der kaiserlichen Literatur ein ständig wiederkehrendes Motiv (z. B. Martial, *Epig.* 2.68).

Dennoch konnte die Plebs einige Gegenleistungen erbringen, die auch künftig die Grundlage für den patronalen Austausch bildeten. So konnten Klienten, d. h. Hörige, zum sozialen Status ihres Schutzherrn beitragen, indem sie sich frühmorgens in großer Zahl vor seiner Tür zur *salutatio* einfanden (Tacitus, *Ann.* 3.55) oder indem sie ihn tagsüber in der Öffentlichkeit begleiteten und seine Ansprachen vor Gericht mit Beifall bedachten. Dafür durften sie Lebensmittel erwarten oder *sportulae* (kleinere Geldbeträge, zur Zeit Martials etwa sechs Sesterzen), manchmal sogar eine Einladung zum Essen. Die Aufwartung bei einem *patronus* wird von Martial als eine Möglichkeit genannt, mit der sich ein Einwanderer in Rom über die Runden bringen konnte; aber Martial weist vorsorglich darauf hin, daß die *sportulae* nicht ausreichten, den Lebensunterhalt voll zu sichern. Die *sportulae* dürften nur eine der möglichen Zusatzleistungen zu der Getreideverteilung gewesen sein (*Epig.* 3.7 und 8.42). Diese Epigramme wurden nach der Thronbesteigung Vespasians geschrieben, dessen sparsamere Gewohnheiten wohl als Beispiel dafür dienten, daß die großzügig versorgten Klienten der julisch-claudischen Ära jetzt kürzer gehalten wurden (Tacitus, *Ann.* 3.55). Martials Verse lassen jedoch ebensowenig wie andere Quellen einen Zweifel daran, daß die *salutatio* und andere Gebräuche des Patronats auch während der Kaiserzeit das Leben in Rom bestimmten.[9]

Von Rom aus breitete sich das Patronatssystem allmählich in die Provinzen aus. Wie der Kaiser nahmen auch Statthalter und andere Beamte, die imperiale Macht ausübten, eine Patronatsrolle an. So behauptete Apuleius in einer Rede vor einem Statthalter der Provinz Africa Proconsularis, die Provinzbewohner schätzten die Statthalter wegen ihrer Wohltaten (*Flor.* 9). Das wird auch durch eine Reihe nordafrikanischer Inschriften bestätigt, die Provinziale den Statthaltern als ihren «Patronen» gewidmet hatten. Statthalter konnten kraft ihres Amtes Provinzbewohnern bei der Erlangung der Staatsbürgerschaft sowie von Ämtern und Ehren Roms helfen und bei Verwaltungs- und Rechtsfragen zu ihren Gunsten entscheiden. Daß selbst Anwälte *(advocati)* Statthalter in Inschriften als «Patrone» priesen, mag dem heutigen Leser als Anzeichen von Korruption vorkommen; in Wahrheit betonen diese Inschriften die Unterschiede zwischen antiken und heutigen Verwaltungsgrundsätzen (z. B. *CIL* VIII. 2734, 2743, 2393).[10] Nach Beendigung ihrer Amtszeit erhielten Statthalter von dankbaren Provinzialen auch Geschenke (wenn man so will, Bestechungsgelder), und für den Fall, daß sie wegen fehlerhafter Amtsführung vor Gericht gestellt wurden, gewährten ihnen die Provinzialen Hilfe bei der Strafverfolgung. So erhielt T. Sennius Sollemnis von dem früheren Statthalter Galliens ein Tribunat in Britannien (das Gehalt wurde in Gold gezahlt), mehrere luxuriöse Kleidungsstücke, ein Seehundfell sowie Edelsteine (*CIL* XIII. 3162).[11] Das war die Belohnung für seine Mithilfe, ein Strafverfahren gegen den Gouverneur aus dem Senatorenstand abgewendet zu haben. Daß all diese Details auf einem Denkmal verkündet werden, ist ein Beleg dafür, daß das Patronat in Regierungsämtern weder als unehrenhaft noch als korrupt galt.

Als die römische Aristokratie vom Ende des ersten bis Ende des zweiten Jahrhunderts zunehmend mit Provinzialen durchsetzt wurde, ließen immer mehr Provinziale ihre Landsleute nach Rom kommen, die sie in strategisch wichtigen Positionen unterbrachten, um sie als Mittler zwischen sich und den römischen Herrschern einzusetzen. Das gab ihnen alternative Zugangsmöglichkeiten zu den von Rom verteilten Vergünstigungen und erlaubte ihnen auch, die Verwaltungsbeamten zu beeinflussen, die in den Provinzen herrschen sollten. Die Provinzialen wurden nicht mehr von fremden Eroberern regiert, sondern von Freunden von Freunden. Die zunehmende Integration in das Patronatssystem, dessen Mittelpunkt Rom bildete, war für die Männer mit den besten Beziehungen natürlich am vorteilhaftesten – also für die lokalen Eliten. Die Not der Pächter auf den kaiserlichen Domänen des *saltus Burunitanus* zeigt, wie die Patronatsbande zwischen lokalen Großgrundbesitzern und kaiserlichen Beamten zu geheimen Absprachen führen konnten, mit denen die örtlichen Honoratioren sich der Macht der kaiserlichen Beamten bedienten, um die Ausbeutung der *humiliores* noch zu verstärken.

Schutzherren und Schützlinge

Die Beziehung von Patron und Schützling oder höherstehenden und rangniederen Freunden liegt zwischen der Freundschaft auf gleicher Stufe einerseits und der Beziehung von Patron und einfachem Klienten andererseits. Weil die Bezeichnung *cliens* als herabsetzend galt, vermieden es rücksichtsvolle Schutzherren meist, diesen Begriff zu verwenden, wenn sie von rangniederen oder weniger mächtigen Freunden sprachen.[12] Da die vorhandene lateinische Literatur meist von den «ranghöheren Freunden» geschrieben worden ist, taucht das Wort *cliens* kaum auf, wenn von Schützlingen die Rede ist. Das hat manche Historiker dazu gebracht zu argumentieren, die Römer hätten diese Beziehungen nicht als patronale angesehen, und sie sollten auch nicht als solche analysiert werden. Wenn wir Patronat aber als «Beziehung eines gegenseitigen Austauschs unter Männern ungleichen Rangs und mit verschiedenen finanziellen Möglichkeiten» definieren, fallen die Beziehungen von Patronen und Schützlingen ohne jeden Zweifel unter diesen Begriff. Die Vertreter der Gegenmeinung, welche die Abhängigkeit der «rangniederen Freunde» von ihren «ranghöheren Freunden» als minimal ansehen, erliegen einem Irrtum, wenn sie die höfliche Sprache der ranghöheren Freunde wörtlich nehmen. Junge und ehrgeizige Männer verhielten sich wie typische Klienten, wenn sie nach mächtigen Gönnern Ausschau hielten: Aristokraten, die sich um ein hohes Amt bemühten, werden von Plutarch als Männer bezeichnet, «die bei der Belagerung der Häuser anderer Männer alt werden», ein Hinweis auf die Anwesenheit bei den *salutationes* am frühen Morgen (*Mor.* 814 D). Die Behauptung schließlich, das Fehlen der Begriffe *patronus* und *cliens* bei der Beschreibung solcher Beziehungen lasse kein Patronat vermuten, läßt alle gegenteiligen Belege außer Betracht. Höfliche Schutzherren vermieden es zwar meist, den niederen Sozialstatus ihrer Schützlinge durch die Bezeichnung *clientes* zu betonen, aber die Klienten verwendeten das Wort *patronus* bei der Lobpreisung ihrer Wohltäter durchaus. So ehrte etwa C. Vibius Maximus zu Beginn seiner Karriere als Ritter seinen *patronus*, den Statthalter Numidiens, L. Titinius Clodianus, einen Mann aus dem älteren Ritterstand, wegen dessen Unterstützung bei der Erlangung eines Amts (*Ann. Epigr.* 1917–18, 85).

Die Frage, wie man diese Beziehungen einordnen soll, ist mehr als nur Wortklauberei, nämlich insofern, als sie uns zu dem weiteren Streitpunkt führen, ob diese Beziehungen durch die Abhängigkeit und Ehrerbietung bestimmt wurden, die mit dem Patronat verbunden waren. Plinius' Beziehung zu seinem Gönner, dem ranghohen Senator Corellius Rufus, legt diesen Schluß nahe. Corellius Rufus erwies Plinius die Ehre, ihn als seinesgleichen zu behandeln; aber dieses Verhalten wurde nur als Höflichkeit gewertet, da beide Männer tatsächlich nicht auf gleicher Stufe standen (*Ep.* 4.17.4). Plinius legte fast immer eine ehrerbietige Haltung an den Tag, wenn er den Rat seines Gönners suchte und befolgte, und zwar in fast allen Fragen (*Ep.* 9.13.6). In dieser ungleichen Beziehung bot Corellius seine Hilfe an, von der Plinius als Emporkömmling abhängig war, wollte er in seiner Karriere Fortschritte machen, während Plinius Respekt an den Tag legte und den Einfluß seines Schutzherrn steigerte. Nachdem er seine eigene Karriere vollendet hatte, half er schließlich der Familie des Corellius nach dessen Tod. Damit bezeugte Plinius Dankbarkeit dafür, daß die Ratschläge seines Gönners zum Erfolg geführt hatten (*Ep.* 4.17, 4–7). Die fast väterliche Qualität solcher Freundschaften zeigt sich auch in Plinius' Beschreibungen seiner eigenen Schützlinge, die ihn zum Vorbild nahmen; sie begleiteten ihn bei seiner täglichen Arbeit und legten in seinem Haus sogar die Toga mit dem breiten Streifen *(latus clavus)* an (*Ep.* 8.23.2, 6.6.5 f).

Einige Merkmale der kaiserlichen Gesellschaft verliehen dieser Patronatsform während des Prinzipats besondere Bedeutung. Bei der Anwerbung und Ausbildung der kaiserlichen Elite kam man ohne das Patronat nicht aus, da die Verwaltung nicht in der Lage war, eine neue Generation adliger Beamter heranzuziehen. Die Rolle des Kaisers bei diesen Ernennungen wird zwar oft betont; aber da es weder Verwaltungsschulen noch bestimmte Formen der Bewerbung gab, konnte der Kaiser nur diejenigen zu Beamten ernennen, auf die ranghohe Männer wie Corellius Rufus ihn aufmerksam gemacht hatten. Die Mittler, welche die Karrieren junger Senatoren und Ritter förderten, waren im allgemeinen eher Schutzherren als Väter; denn die meisten jungen Anwärter stammten aus «neuen» Familien, und nur wenige von ihnen, die am Anfang ihrer Karriere standen (vielleicht ein Fünftel aller Dreißigjährigen), hatten infolge des relativ späten Heiratsalters von Männern einen noch lebenden Vater.[13] So regenerierte sich die kaiserliche Elite immer wieder, und die neuen Familien, die aus allen Teilen des Imperiums stammten, wurden auf diese Weise in die traditionellen Sitten und Gebräuche Roms eingeführt, vor allem durch das Patronatssystem.

Die Wechselbeziehung von Schutzherrn und Schützling zeigte sich nicht nur in der Politik. Aus den Briefen des Plinius erfahren wir etwa, wie er rangniederen Freunden in einer Erbschaftssache rechtliche Unterstützung gewährte (*Ep.* 6.8), einmal ein Geschenk von 300 000 Sesterzen machte (*Ep.* 1.19) sowie andere finanzielle Zuwendungen gewährte. Die geringeren Möglichkeiten dieser Schützlinge schlossen im Normalfall eine vergleichbare Gegenleistung aus – und genau das machte sie zu «rangniederen Freunden»; aber sie konnten ihren Schutzherrn durch Dankbarkeit und greifbarer nach ihrem Tod mit Vermächtnissen ehren.

Die literarischen Talente einiger Schützlinge verliehen diesen Beziehungen eine kulturelle Dimension. Während manche Autoren und Dichter der Kaiserzeit Männer von erheblichem Vermögen und hohem Rang waren, hofften andere darauf, ihren Lebensunterhalt durch das Schreiben für Schutzherren zu verdienen. Als Gegenleistung für den Ruhm, der dem Förderer eines erfolgreichen Schriftstellers zufallen würde, durfte der Autor darauf hoffen, daß sein Patron das Publikum auf sein Werk aufmerksam machte und seine materielle Lage verbesserte, etwa durch Geschenke. Deren Größenordnung waren kaum

Grenzen gesetzt; so konnte ein Schriftsteller ein Landgut oder eine Wohnung in der Stadt erhalten, ein bezahltes öffentliches Amt, Geld, Kleidung und Lebensmittel. Viele Autoren hatten allen Anlaß, sich über mangelnde Großzügigkeit zu beklagen, während andere ihrer gar nicht bedurften; aber das sollte nicht den Blick dafür verstellen, daß wichtige Literaten von Vergil bis Martial erhebliche materielle Unterstützung erhielten von Männern wie Maecenas, Seneca oder C. Calpurnius Piso, die sich als Gönner der Literatur betrachteten.[14]

Freunde

Römische Philosophen maßen der Freundschaft einen großen Wert bei und betonten, ideale Freunde sollten gemeinsame Interessen und Wertvorstellungen ohne jeden Gedanken an eigene Interessen haben.[15] Obwohl die Philosophen materielle Vorteile als Grund für eine Freundschaft scheuten, legte bei anderen Römern (und auch bei Philosophen, wenn sie etwas pragmatischere Momente hatten) der Austausch von Diensten durchaus den Grundstein zu einer Freundschaft (Fronto, *Ad M. Caesarem* 1.3.4.f). Der wechselseitige Austausch unter Freunden von vergleichbarem gesellschaftlichem Rang und ähnlicher finanzieller Möglichkeiten sah ganz anders aus als bei den oben beschriebenen Beziehungen. Obwohl keine der beiden Parteien in einer ständigen Position der Überlegenheit war, konnte im Einzelfall mal der eine, mal der andere eher in die Lage kommen, einen Gunstbeweis zu gewähren.

Der in der Spätzeit der Republik mit dem Senatorenamt verbundene materielle Glanz war längst erloschen; doch im Wettbewerb um Magistratsämter und andere Posten, in dem der Kaiser zu entscheiden hatte, sowie bei den Senatorenwahlen kam auch weiterhin niemand ohne Gönner aus. Die Statthalter brauchten einen Mitarbeiterstab, den sie nicht nur aus den Reihen ihrer «rangniederen Freunde» füllten, sondern bisweilen auch mit gesellschaftlich gleichrangigen Männern besetzten. Plinius äußerte einmal die Bitte, sein Freund Priscus möge einem Schützling einen solchen Posten freihalten, und verband dies mit der Bemerkung, Priscus habe Zeit gehabt, seine eigenen Freunde zu belohnen, und solle jetzt seine Gunstbeweise etwas weiter streuen (*Ep.* 2.13.2).[16]

Die finanziellen Gunstbeweise, die unter gleichrangigen Freunden ausgetauscht wurden, waren im allgemeinen nicht so häufig wie bei einfachen Klienten und einem Schutzherrn, der sich der ständigen Abhängigkeit seines Hörigen sicher sein konnte. Trotz ihres Reichtums sahen sich manchmal selbst Senatoren vor vorübergehende Liquiditätsprobleme gestellt, die sie mit Hilfe von Freunden und Verwandten lösten, welche sie um Geschenke oder Darlehen angingen. Die von Senatoren ausgerichteten Prätorianerspiele etwa verschlangen erhebliche Summen, zu denen Freunde oft einen Beitrag leisteten (Seneca, *Ben.* 2.21.5). Wurde ein reicher Römer von einer Katastrophe heimgesucht, etwa wenn sein Haus abbrannte, konnte er sich darauf verlassen, daß seine Freunde zum Wiederaufbau des Hauses beitrugen (Juvenal, *Sat.* 3.220). Die reichsten Römer setzten ihre Freunde auch dazu ein, sich um ihr breit gestreutes Vermögen zu kümmern (siehe auch oben, S. 97ff). Als letzte Freundschaftsgeste war es üblich, erwiesene Dienste durch testamentarische Vermächtnisse anzuerkennen. Wer es versäumte, einen Freund im Testament zu bedenken, oder ihn darin gar kritisierte, machte sich einer Beleidigung schuldig, die öffentliches Aufsehen erregte (z. B. Fronto, *Ad Pium* 3.3). Solche Vermächtnisse konnten sehr wertvoll sein. Sie erlaubten es einigen Römern, damit ein Vermögen aufzubauen, und riefen sogar die literarische Gestalt des verachtungswürdigen Erbschleichers hervor, der bei alten und kinderlosen Gönnern um Gunstbeweise einkam (Plinius, *Ep.* 2.20; Seneca, *Ben.* 4.20.3).[17]

Die Sitte, geschätzten Freunden große Vermächtnisse zu hinterlassen, macht verständlich, warum die Rhetorik vor Gericht wie schon in der Republik auch weiterhin den Weg zum Erfolg ebnete. Das neue politische Regime des Kaisertums blieb nicht folgenlos, wenn man etwa Cicero mit dem kaiserlichen Redner M. Aper vergleicht, der mehr als ein Jahrhundert später in Tacitus' *Dialog über die Redner* porträtiert wurde. Aper durfte sich seines Wahlerfolgs keineswegs so sicher sein wie Cicero, nur weil er ein begabter Redner war. Eine wirkungsvolle Rhetorik war gleichwohl immer noch nötig, um in Zivil- und Strafsachen zu gewinnen, und so konnte der erfolgreiche Redner auch weiterhin wertvolle Freunde gewinnen, vor allem unter einflußreichen und kinderlosen Reichen, um seine Karriere zu fördern oder sich zu bereichern. All das muß vor dem Hintergrund gegenseitiger Freundschaften geschehen; denn anders als etwa der Anwalt aus der Unterschicht, der von Honoraren lebte, durfte sich der vornehme Redner darauf verlassen, daß sich seine Freunde für erwiesene Dienste erkenntlich zeigten (Quintilian, *Inst.* 12.7.12).

Die gegenseitigen Gunstbeweise unter Freunden ähneln den Leistungen und Gegenleistungen von Patronen und Schützlingen; bei gleichgestellten Freunden herrscht indes ein anderer Ton. Plinius' Beziehungen zu Männern wie Priscus waren von einer Art höflicher Zusammenarbeit gekennzeichnet. Hinter dieser Fassade jedoch verbarg sich auch ein Kräftemessen: Wer es versäumte, eine gleichwertige Gegenleistung zu erbringen, lief Gefahr, in die Position eines «rangniederen Freundes» hinabzugleiten und dabei seine Ehre zu verlieren. Bei Plinius' Beziehung zu Corellius hingegen waren die Fronten klar abgesteckt; eine echte Gleichrangigkeit war gar nicht möglich. Corellius war der Gönner, und die Rollen der beiden Beteiligten waren unumkehrbar. Plinius ließ seinen Gönner zwar später hinter sich, aber sein Erfolg als Emporkömmling war durchaus nicht vorherbestimmt, und er brauchte alle erdenkliche Hilfe von ranghohen Senatoren wie Corellius und Verginius Rufus, um seinen Weg zu machen.

Die auf wechselseitige Verpflichtungen gegründeten persönlichen Beziehungen, die wir oben beschrieben haben, trugen erheblich dazu bei, Konflikte und Spannungen der verschiedenen Stände untereinander zu mildern. Diese Spannungen sind allerdings oft überzeichnet worden. Vor allem die Ansicht, die Kaiser hätten als Verwaltungsbeamte Ritter vorgezogen, die von ihnen direkt abhängig waren und nur durch sie Ämter und Ehren erlangen konnten, und die Senatoren, die potentielle Konkurrenten um die Macht waren, eher benachteiligt, läßt sich nicht länger halten. Zahlreiche Senatoren waren von der kaiserlichen Gunst ebenso abhängig wie die Ritter. Und viele Ritter waren enger den Fürsprechern aus dem Senatorenstand verbunden, die ihnen Ämter und Ansehen einbringen konnten, als dem Kaiser. Überdies waren Senatoren und Ritter meist durch Verwandtschaft, Freundschaft und Patronatsverhältnisse in ein einziges gesellschaftliches Netz eingebunden. Insofern waren die Ritter als Gruppe dem Kaiser keineswegs loyaler ergeben als Senatoren.

Die Plebs: Patronat, Selbsthilfe und Zwang

Patrone achteten sorgsam darauf, nicht wahllos in Beziehungen zu gesellschaftlich niedriger Stehenden einzutreten. So teilt Tacitus das gewöhnliche Volk der Stadt Rom in gute und schlechte Menschen ein

(*Hist.* 1.4). Die «Guten» seien durch ihre enge Bindung an die großen Familien gekennzeichnet – eine implizite Anerkennung der bestehenden Gesellschaftsordnung.[18] Und die «Schlechten» waren nicht in Patronatsbeziehungen mit den Reichen eingebunden, weil sie nichts zum wechselseitigen Austausch beitragen konnten oder weil sie das demütigende Gefühl der Abhängigkeit zu vermeiden wünschten.

Schriftsteller aus der Oberschicht zeigen nur wenig Interesse an vertikalen Verbindungen zwischen hoch und niedrig, und über horizontale Verbindungen der Unterschicht haben sie noch weniger zu sagen. So sind über die unzähligen informellen Beziehungen etwa zwischen Nachbarn und Arbeitskollegen so gut wie keine Quellen überliefert. Aus den vielen Inschriften und einigen feindseligen Hinweisen in den literarischen Quellen ist nur eine Institution, die Beziehungen regelt, wohlbekannt, das *collegium*.[19]

Die *collegia*, die aus einigen Dutzend oder ein paar hundert Stadtbewohnern bestanden, waren im Kern auf Gegenseitigkeit beruhende Hilfsorganisationen, die bestimmte Grundbedürfnisse ihrer Mitglieder sichern sollten. Diese Gesellschaften waren zur Verehrung bestimmter Schutzgottheiten oder nach Berufsgruppen organisiert und sorgten etwa für eine angemessene Bestattung der Toten, veranstalteten aber auch gelegentlich Festessen für ihre Mitglieder. Viele Römer, die sich nicht auf ihre Familie verlassen konnten, ergriffen schon lange vor dem Tod Vorsichtsmaßnahmen, indem sie durch Eintritt in ein *collegium* und Zahlung kleiner Monatsbeiträge für ihre Beisetzung vorsorgten. In einer langen Inschrift aus der kleinen italischen Stadt Lanuvium kennen wir die detaillierten Vorschriften eines solchen *collegium*. Die Aufnahmegebühr war auf hundert Sesterzen festgesetzt, und die Monatsbeiträge lagen etwas höher als eine Sesterze, was ein Begräbnis garantierte, bei dem die Mitglieder des *collegium* anwesend sein würden.[20] Diese Beiträge waren für Männer von bescheidenem Wohlstand gedacht, genau wie die Vereinsessen, deren Menü aus gutem Wein sowie zwei Laiben Brot und vier Sardinen pro Kopf bestanden. Weiter unten in der sozialen Hierarchie gab es noch eine andere Schicht, nämlich die Armen, die sich die Mitgliedschaft in einem solchen Verein nicht leisten konnten und deren Leichen folglich ohne jede Zeremonie in Massengräber gekippt wurden.

Obwohl diese *collegia* Zusammenschlüsse einfacher Männer waren, zeigen sie einige der hierarchischen Kennzeichen, die für die römische Gesellschaft so typisch sind. Wie größere Gemeinwesen wurden auch die *collegia* von den Reichen gefördert.[21] Im Fall der erwähnten Gesellschaft in Lanuvium stellte Caesennius Rufus eine Schenkung von 15 000 Sesterzen zur Finanzierung von Vereinsessen zu Ehren seines Geburtstages und der Geburtstage seiner Familie zur Verfügung. Überdies verraten die Vereinsregeln eine typisch römische Wertschätzung für Rangordnung und die Autorität eines Amts: Der oberste Magistrat des Vereins, der *quinquennalis* (der Titel ist dem städtischen Amt entnommen), erhielt bei dem Festessen doppelte Portionen und wurde durch eine besondere Geldbuße von zwanzig Sesterzen vor «frechen Redensarten» geschützt.

Trotz der konservativen Grundeinstellung, die sich in solchen Vorschriften zeigt, waren die Behörden diesen Gesellschaften gegenüber stets mißtrauisch und befürchteten, sie könnten zu Unruheherden werden. In der Spätzeit der Republik hatten sich demagogische Tribunen wie P. Clodius im Wahlkampf der *collegia* bedient, um die Autorität der römischen Magistrate durch Gewalttätigkeiten zu untergraben. Während der Kaiserzeit wurde einigen *collegia* eine ungestörte und sogar privilegierte Existenz erlaubt, vor allem solchen, die sich wegen ihrer langen Geschichte Respekt verschafft hatten oder weil sie bestimmte öffentliche Aufgaben erfüllten (etwa bei der Brandbekämpfung, im Bauwesen oder bei religiösen Zeremonien).[22] Religiöse und Bestattungsvereine wurden von den Behörden ebenfalls geschützt. Die Kaiser standen diesen Plebejerorganisationen dennoch weiter mißtrauisch gegenüber, da sie in ihnen einen Nährboden für verbotene politische Tätigkeit sahen. So wurde durch kaiserlichen Erlaß etwa verboten, daß sich diese Gesellschaften mehr als einmal im Monat versammelten. Plinius, der besondere Abgesandte Trajans in Bithynien/Pontus, einer Provinz, die sich wegen innerer Unruhen einen schlechten Ruf erworben hatte, wurde angewiesen, solche Vereine per Dekret zu verbieten. Zusammenkünfte von Christen dürften unter das allgemeine Versammlungsverbot gefallen sein (Plinius, *Ep.* 10.96.7), ebenso Gruppen mit offensichtlich gemeinnützigen Zielsetzungen. So wies Trajan einen Antrag der Bewohner Nicomedias auf Gründung einer Feuerwehr ab. Plinius, der den Vorschlag befürwortet hatte, wurde vom Kaiser daran erinnert, daß «gerade diese Provinz und vor allem diese Städte von solchen Klüngeln in Unruhe versetzt worden sind. Welchen Namen wir aus welchen Gründen auch immer denen geben, die zu einem gemeinsamen Zweck zusammenkommen, rasch entstehen daraus politische Vereine» (Plinius, *Ep.* 10.34).

Die kaiserlichen Vorschriften zur Regelung von Zusammenkünften in Städten sowie der Verteilung von Geld oder Lebensmitteln reichten nicht aus, der Gewalt in den Städten vorzubeugen. Die Magistrate der Republik hatten über keinerlei Polizeikräfte verfügt, um Unruhen in den Städten niederzuschlagen, und den Armeeeinheiten war es traditionsgemäß verboten, die «geheiligte Grenze» *(pomerium)* der Stadt zu überqueren. Inmitten ständiger Unruhen der Stadt im Jahre 52 v. Chr. ließ der Senat Tradition Tradition sein und beauftragte Pompejus, die städtische Ordnung mit Hilfe von Truppen wiederherzustellen.[23] Anschließend stellte Augustus die ersten stehenden Streitkräfte in Rom auf: die Prätorianergarde, die städtischen Kohorten und die Nachtwache *(vigiles)*. Anfänglich hatten diese Organisationen einen eher politischen Auftrag – nämlich Augustus gegen Herausforderungen seiner Herrschaft zu unterstützen; aber im Lauf der Zeit übernahmen sie in der Stadt noch verschiedene polizeiliche Funktionen. Trotz der Anwesenheit dieser Ordnungskräfte führte die allgegenwärtige Straßenkriminalität zu einer ständigen Furcht unter den Stadtbewohnern (Plinius, *HN* 19.59). Die Armee-Einheiten waren erfolgreicher, wenn es darum ging, die Menschenmassen bei öffentlichen Veranstaltungen unter Kontrolle zu halten. Als Tiberius im Jahr 32 n. Chr. von aufgebrachten Theaterbesuchern beschimpft wurde, weil er die Getreidepreise hatte steigen lassen, griff der Kaiser auf das traditionelle republikanische Hilfsmittel zurück, Senat und Magistrat zu bitten, ihre Autorität zur Unterdrückung dieser Mißfallenskundgebungen einzusetzen (Tacitus, *Ann.* 6.15). Um zu verhindern, daß sich solche lautstarken Proteste zu Unruhen auswuchsen, fanden künftig keine öffentlichen Veranstaltungen mehr ohne Anwesenheit einer Kohorte der Prätorianergarde statt. Im Jahr 55 n. Chr. zog Nero versuchshalber die Garde bei den Spielen ab, «um den Spielen einen größeren Anschein von Freiheit zu geben, um die Soldaten weniger zu demoralisieren, wenn sie nicht mehr mit der freizügigen Atmosphäre des Theaters in Berührung kommen, und um herauszufinden, ob die Bevölkerung in Abwesenheit der Garde die Selbstbeherrschung behält» (Tacitus, *Ann.* 13.24–5). Im nächsten Jahr wurden die Soldaten wieder zur Aufrechterhaltung von Ruhe und Ordnung eingesetzt; aber es ist festzuhalten, daß bei Neros ursprünglicher Entscheidung die Überlegung mitgespielt hatte, freie Meinungsäußerungen zu erlauben.

Außerhalb Roms hatten die Behörden den Stadtbewohnern einerseits weniger zu bieten, was Lebensunterhalt und Unterhaltung betraf; andererseits unterhielten sie keine festen Ordnungskräfte, um Unruhen oder andere als unerwünscht eingestufte Aktivitäten zu unterdrücken. Manchmal standen Armee-Einheiten als Polizeikräfte zur Verfügung, vor allem in den Ballungszentren mancher Provinzen und Regionen. So ist in Berichten über das Vorgehen der Behörden gegen Christen immer wieder davon die Rede, daß Soldaten eingesetzt wurden. Im großen und ganzen jedoch überließ man es den Gemeinden selbst, für Ruhe und Ordnung zu sorgen. Viele griechische Städte des Ostens besaßen Magistrate, Schiedsstellen, denen die Aufrechterhaltung von Ruhe und Ordnung oblag; aber ihnen standen nur kleine Ordnungskräfte zur Verfügung, und sie besaßen nicht das Recht, Strafen zu verhängen. Überdies belegen selbst so unterschiedliche Quellen wie das Neue Testament (Apostelgeschichte, 18.12–17) sowie der *Goldene Esel* des Apuleius (10. Buch, S. 226), daß einfache Bürger Verbrecher und Unruhestifter festnahmen und sie römischen Beamten zur Einkerkerung und Bestrafung übergaben. Lokale und kaiserliche Behörden (außerhalb der Regionen, die der Militärverwaltung unterstanden) hatten nur in den Städten und in deren engerem Umkreis volle Kontrolle über die Bürger. Auf dem Land, vor allem in unwegsamem Gelände, war das Banditentum ein ständiges Problem.[24]

Anmerkungen

1 Kaufman (1974), 286–7 über die staatserhaltenden Wirkungen des Patronats.
2 Hands (1968), 32 ff; Michel (1962), 562; Veyne (1976), 17.
3 Saller (1982), 21, sowie allgemeiner in Kap. 1 über den bei diesen wechselseitigen Beziehungen üblichen Sprachgebrauch.
4 Béranger (1953), 259.
5 Millar (1977), S. 153 ff und Kap. 6,8; Saller (1982), Kap. 1–3.
6 Yavetz (1969), Kap. 2,5–6; Kloft (1970).
7 Plinius, *Pan.* 23.1, mit Saller (1982), 68, 73–4, und P. A. Brunt, *TLS* 19. Nov. 1982, 1276.
8 De Ste. Croix (1954), 33, 40.
9 Friedlaender (1908–13), I, 195 ff; Saller (1982), 127–9.
10 De Ste. Croix (1954), 43–4; Saller (1982), 151–2 und Tabelle III.
11 Pflaum (1948).
12 Cicero, *Off.* 2.69; White (1978), 80–1; Saller (1982), 8–15.
13 Saller (1987 a) und (1982), Kap. 4.
14 Plinius, *Ep.* 8.12; White (1978) (1982); Morford (1985); Saller (1983).
15 Brunt (1965).

16 Empfehlungen *(commendationes)*, die übliche Form der patronalen Förderung, werden eingehend bei Cotton (1981) erörtert.
17 Über die Größe der von Plinius und Cicero hinterlassenen Erbschaften Shatzman (1975), 409 ff, und Duncan-Jones (1982), 25 ff.
18 Ein ähnlicher Fall bei Livius 9.46.13.
19 J. P. Waltzing (1895–1900); de Robertis (1955); Ausbuettel (1982); Hopkins (1983 c), 211–17.
20 *CIL* XIV. 2112 = *ILS* 7212, übersetzt in: Lewis und Reinhold (1955), 273–5.
21 Clemente (1972).
22 *AE* 1966, 277.
23 Nippel (1984).
24 Jones (1940), 211–3; Millar (1981), 71; MacMullen (1966), Anh. B; Shaw (1984 b).

VIERTER TEIL

9
Religion

Die offizielle römische Religion war ein Bündel von Glaubensrichtungen, die in einem hochentwickelten System von Institutionen und Ritualen Ausdruck fanden. Die Römer sahen es als gegeben an, daß Sicherheit und Wohlstand ihrer Gemeinwesen von den Göttern abhingen. Deren Gunst wurde durch die strikte Einhaltung sämtlicher kultischer Praktiken gewonnen und bewahrt, die seit altersher überliefert waren. Die Überwachung der Staatsreligion lag in den Händen der politischen Machthaber. Priester waren die gleichen Männer, die auch politische Ämter innehatten. Religiöse Institutionen und Praktiken spiegelten in Rom ebenso wie in anderen Gesellschaften die Machtverhältnisse im Gemeinwesen wider und lieferten die Rechtfertigung der bestehenden Gesellschaftsordnung.[1]

Angesichts der Tatsache, daß die Religion in die politische Struktur des Staates eingebettet war, mußte der Übergang von der Oligarchie zur Monarchie unvermeidbar die offizielle Religion verändern. Wie alle anderen Ämter unterstanden auch die religiösen der Befehlsgewalt des Kaisers. Das lebenslange Amt des Hohepriesters *(pontifex maximus)*, das Julius Caesar im Jahre 63 v. Chr. unter Einsatz großer Bestechungssummen gegen den ranghöheren konservativen Aristokraten Lutatius Catulus gewann, wurde im Jahre 12 v. Chr. von Augustus ohne Gegenkandidaten übernommen; nur sein politisches Feingefühl hielt ihn davon ab, die Stelle vor dem Tod des amtierenden *pontifex* zu übernehmen. Spätere Kaiser wurden schon von Amts wegen Hohepriester. Die Priesterkollegien wurden ihres Einflusses auf die politischen Entscheidungsprozesse beraubt und darauf verwiesen, dem Kaiser zu dienen. So war es beispielsweise die Hauptaufgabe der Brüder Arval, sich bei den Göttern für das Wohlergehen des Kaisers und seiner Familie einzusetzen. Religiöse Praktiken mit politischen Zielsetzungen, wie man sie aus der Zeit der Republik kannte, verschwanden nach und nach. So kamen etwa die öffentlichen Weissagungen außer Gebrauch, und zwar die regelmäßige Konsultation der Götter durch ranghohe Magistrate, die wichtigen Entscheidungen oder Unternehmungen vorausgingen, wie auch die Deutung ungewöhnlicher Naturphänomene durch Berufswahrsager. In der Vergangenheit waren diese Handlungen dem Senat unterstellt. Unter dem neuen Regime schaffte man die Befragung der Auspizien, vor allem durch Generäle, ab; sie galt nunmehr als Vorrecht des Kaisers. Dem Zorn der Götter, wie er sich beispielsweise in den Jahren 23 und 22 v. Chr. in dem plötzlichen Ausbrechen von Epidemien zeigte, die von besorgniserregenden Vorzeichen begleitet waren (Cassius Dion 54.1.1), wurde nicht mehr mit den gewohnten Sühnepraktiken begegnet, sondern mit praktischen Maßnahmen, die auf Initiative des Kaisers hin ergriffen wurden, etwa mit der Wiederbelebung uralter Kulte, durch Gründung von Bruderschaften und mit alten rituellen Praktiken, mit einer Reform der Moralvorstellungen und nicht zuletzt mit einer Machtkonzentration in den Händen des Kaisers.

Diese Entwicklungen waren jedoch insofern von untergeordneter Bedeutung, als sie die religiöse Kultur Roms nicht veränderten. In Fragen der Religion war Augustus ein Konservativer. Traditionelle Formen der Religionsausübung stellten ein Vehikel dar, mit dessen Hilfe er seiner Politik und seinen Vorstellungen von Wiederbelebung und Wiederherstellung alter Tugenden Ausdruck geben konnte. Der Wiederaufbau von Tempeln, die Reorganisation von Priesterkollegien, die noch striktere Begrenzung der Zugehörigkeit zum Priesterstand auf die Elite Roms sowie die Ablehnung neuer Kulte waren Signale, daß sich nichts verändert hatte. Die wichtigste kultische Innovation, die das Prinzipat mit sich brachte, nämlich der Kaiserkult, wurde der herkömmlichen Staatsreligion mühelos aufgepfropft. Der Kaiserkult war ein Ergebnis innenpolitischer Entwicklungen, und seine Einführung bedrohte nur das politische und nicht das religiöse Empfinden der traditionsbewußteren Römer. Aus diesem Grunde wurde er in Rom erst nach dem Tod des Augustus institutionalisiert, obwohl der Kaiser in Italien und im gesamten Reich schon zu Lebzeiten ein Gegenstand der Anbetung gewesen war.

In diesem Kapitel gehen wir auf zwei Hauptthemen ein, nämlich auf den Einfluß Roms auf die lokalen Religionen des wachsenden Imperiums sowie auf die Stabilität der offiziellen Staatsreligion. Inwieweit gelang es den Römern, ihre Religion in dem erweiterten Reich durchzusetzen, auf wessen Initiative und mit welchen Auswirkungen auf angestammte Kultsysteme? Zweitens: Wie kam es, daß die offizielle Religion bis zum Ende des zweiten Jahrhunderts mehr oder weniger undurchlässig und für neue religiöse Bewegungen unempfänglich blieb? Dies trotz der von einigen Historikern aufgestellten Behauptung, daß die «anständige Aufnahmebereitschaft» der Römer für neue Formen der Religionsausübung eines der «am besten belegten allgemeinen Charakteristika» ihres religiösen Lebens sei.[2]

Der Einfluß Roms

Der wichtigste Export Roms in das Imperium war der Kaiserkult. Er stellte die einzige Einmischung Roms auf dem Gebiet der Religion dar, die in der griechischen Welt geduldet wurde. Deren kulturelle Überlegenheit war nicht nur für die Griechen selbstverständlich, sondern wurde auch im überwiegenden Teil der Kaiserzeit von führenden Römern anerkannt. Daß der Kaiserkult im östlichen Mittelmeerraum akzeptiert wurde, heißt jedoch nicht, daß damit die Verehrung der traditionellen Götter verdrängt oder ihm untergeordnet wurde. Den griechischsprechenden Provinzen waren Herrscherkulte schon bekannt, in denen hellenistische Könige verehrt wurden, ferner Kulte einzelner römischer Beamter, bei denen meist Prokonsuln verehrt wurden, und weitere, welche die römische Vorherrschaft anerkannten, von denen der Romkult der bekannteste sein dürfte. Die Beherrschung des Ostens durch Rom und Roms durch Augustus setzte der Entstehung neuer Königs- und Statthalterkulte ein Ende, während sich der Romkult leicht in einen römisch-augusteischen Kult oder in einen reinen Augustuskult umwandeln ließ. Letzterer wurde dem Kaiser von Asien und Bithynien angeboten, nachdem er als Sieger aus dem Bürgerkrieg hervorgegangen war. Obwohl er ablehnte, wurde der Kult eingeführt; der römisch-augusteische Kult, so wurde verkündet, sei nur für nicht-römische Bürger akzeptabel (Cassius Dion, 51.20.7–8; Sueton, *Aug.* 52). Diese Reaktion war typisch. Augustus nahm einerseits auf die Empfindlichkeiten der römischen Oberschicht Rücksicht; zugleich bestätigte er diskret die Untrennbarkeit von Kaiser und Staat. Manche seiner Untertanen hielten es jetzt nicht mehr für sinnvoll, sich in dieser Hinsicht Mäßigung aufzuerlegen. Die außergewöhnlichen Ehren, welche die Griechen Augustus erwiesen, ihr begeistertes Lob für die Segnungen seiner Herrschaft, die unverhüllten und detaillierten Vergleiche zwischen Kaiser und den Göttern sowie die Ausübung des Kults in den Provinzen und auf lokaler Ebene erlauben es, die Regierungszeit des Augustus als Wendepunkt in der Geschichte des Herrscherkults zu bezeichnen. Im Lauf der nächsten beiden Jahrhunderte wurde er immer weiter verbreitet und blühte zunehmend auf. Im Verlauf dieses Prozesses verlagerten sich einige Schwerpunkte und äußerliche Kennzeichen. Die Nachfolger des Augustus, zumindest bis zur Zeit der Severer, empfingen nichtssagendere und kürzere Ehrenbezeugungen und standen weniger im kultischen Mittelpunkt, so daß am Ende der Kaiser vornehmlich als Institution denn als Individuum gefeiert wurde. Dies ist jedoch eher ein Hinweis auf längere Gewöhnung als auf fehlende Lebenskraft dieses Kults.[3]

Augustus und auch späteren Kaisern paßte der Herrscherkult insofern ins Konzept, als er die Loyalität der Provinzbewohner auf die *persona* des Imperators lenkte. Im Osten ging der erste Anstoß von den Provinzialen selbst aus, als zahlreiche Gemeinden, welche die Erinnerung daran auslöschen wollten, daß sie im Bürgerkrieg auf Seiten Marc Antons gestanden hatten, bestehende Kulte und Institutionen veränderten, um den Kaiserkult zu ermöglichen. Man sollte allerdings nicht vergessen, daß römische Statthalter diese Entwicklungen förderten und sogar diskret lenkten, manchmal auch die Behörden in Rom einschließlich des Kaisers, wenn es darum ging, Vorschläge der Provinzen zu billigen oder selbst die Initiative zu ergreifen. Im Westen spielten die römischen Machthaber und ihre Vertreter in den Provinzen bei der Förderung des Kults eine weit größere Rolle. So läßt sich etwa zeigen oder zumindest vermuten, daß sanfter prokonsularischer Druck hinter den öffentlichen Verehrungsbezeugungen für Augustus in Provinz- oder Regionalhauptstädten wie Karthago und Lepcis Magna in Nordafrika gestanden hat.[4] Provinziale im Gegensatz zu kommunalen Kulten des Kaisers im Westen gingen ebenfalls auf kaiserliche Initiativen zurück. Vor allem ist festzuhalten, daß der Kult auf Provinzebene in gerade erst eroberten nicht-romanisierten Provinzen Fuß faßte, bevor man ihn in den befriedeten und relativ romanisierten Provinzen einführte. Das dürfte als Zeichen dafür zu werten sein, daß der Provinzkult des Kaisers vorrangig als Instrument zur Stärkung der militärischen und politischen Macht Roms gedacht war. Auch der erste Kaiser setzte ihn nur so ein.

Die Stiftung der Provinzialkulte in der Nähe von Lyon sowie in Köln markiert die Besonderheiten und die Grenzen der Augusteischen Politik auf diesem Feld. Der Kaiserkult für die Provinzen der Drei Gallien in Condate am Zusammenfluß von Rhône und Saône wurde am Geburtstag des Augustus im Jahr des Antritts seiner Hohepriesterschaft 12 v. Chr. eingeführt. Drusus, der Stiefsohn des Kaisers, war kurz vor Beginn seines germanischen Krieges zur Stelle, um die konstituierende Sitzung des Provinzrats einzuberufen und ihr vorzustehen (Livius, *Epit.* 139), zu dessen örtlichem Leiter und erstem Hohepriester Gaius Iulius Vercondaridubnus ernannt wurde, einer der Notabeln vom Stamm der Aeduer aus Autun. Die Mitarbeit von Stammesführern war jedoch nicht immer gesichert. Im Jahr 9 n. Chr. machte sich das Pendant des Aeduers in der Stadt der Ubier (Köln), Segimundus vom Stamm der Cherusker, heimlich aus dem Staub und schloß sich den germanischen Rebellen an (Tacitus, *Ann.* 139.1, 57.2). Den Häuptlingen der Aeduer und Treverer, welche die Revolte des Jahres 21 n. Chr. anführten, können sich ehemalige Hohepriester Roms und des Augustus in Condate (Londé) angeschlossen haben (Tacitus, *Ann.* 3.41). Auch in Britannien ging die Einführung des Kaiserkults durch Claudius in Colchester (Camulodunum) bei der Gründung der neuen Provinz im Jahre 43 n. Chr. der Befriedung des Volkes und den Loyalitätserklärungen der örtlichen Führung zeitlich voraus. Der später am selben Ort errichtete Tempel des Göttlichen Claudius wurde von Tacitus als Symbol der ewigen Vorherrschaft Roms dargestellt. Diese Beschreibung verkennt weder die Gefühle der rebellischen Briten im Jahr 60 n. Chr. noch die Absichten der Römer. Tacitus plaudert das Detail aus, daß die Priesterschaft ärgerliche Kosten verursache (*Ann.* 14.31). Bei den Führern der Briten hatte sich noch nicht die Erkenntnis durchgesetzt, daß das Prestige des Priestertums dessen Kosten mehr als wettmachte.[5]

Im Gegensatz dazu beließ Augustus die älteren und stärker romanisierten iberischen Provinzen sowie Gallia Narbonensis ohne einen Provinzkult. In Tarraco, der Hauptstadt der Provinz Tarraconensis, wurde etwa um 26 v. Chr. ein städtischer Augustuskult eingeführt. Angesichts der Tatsache, daß Botschafter aus Mitylene mit einem Erlaß, der Augustus göttliche Ehren zuschrieb, den Kaiser in Tarraco vorfanden, ist es der Stadt wohl schwergefallen, sich die Bitte um einen Kult zu versagen, und dem Kaiser dürfte es kaum möglich gewesen sein, das Ersuchen abzulehnen (*IG* IV 39). Dieses glückliche Zusammentreffen erklärt vielleicht auch, daß der Provinz Tarraconensis relativ früh ein Kult des Göttlichen Augustus verliehen wurde, nachdem die Provinzialen im

Jahre 15 n. Chr. am Hof des Tiberius vorstellig geworden waren (Tacitus, *Ann.* 1.78). Eine Generation zuvor hatte Augustus noch nicht daran gedacht, dieser Provinz einen Kult zu gewähren. Trotz Tacitus' Bemerkung, Tiberius habe mit dem Zugeständnis des Kults einen Präzedenzfall geschaffen, ist außer Lusitanien keine Provinz bekannt, die dem Vorbild gefolgt wäre (*AE.* 1966, 177). Es blieb Vespasian überlassen, den Kaiserkult in Baetica, Narbonensis und Africa Proconularis einzuführen. Dieser Schachzug war Teil einer Politik dieses uncharismatischen Emporkömmlings unter den Kaisern, das Reich in Loyalität an ihn und die Familie der Flavier zu binden. Tarraconensis war ein Ausnahmefall.[6]

Am Kaiserkult sind vor allem von Bedeutung seine Originalität und (spätere) Allgegenwart, seine Funktion als Überbringer der imperialen Ideologie und als Zentrum der Loyalität der Massen sowie als Hilfsmittel zum gesellschaftlichen Fortkommen für die wenigen. Die weite Verbreitung der traditionellen Götter Roms hing eng mit dem Kaiserkult zusammen und ergänzte ihn. Diese Entwicklung blieb nicht auf römische Kolonien und Gemeinwesen in den Provinzen beschränkt, obwohl die Verpflanzung von Göttern, Priesterämtern und wichtigen Festen in diese Gemeinden früher dazu diente, sie von anderen Kolonien und Gemeinwesen zu unterscheiden, die einen geringeren Status besaßen. Besonders seit der Zeit Trajans überragt die kapitolinische Triade Jupiter, Juno und Minerva. Die Errichtung von Kapitolen in Nordafrika ist ein Phänomen des zweiten und frühen dritten Jahrhunderts.

Unter dem Einfluß von Trajan und Hadrian sowie späterer Kaiser wurde die Triade zu einem wesentlichen Element der kaiserlichen Ideologie und Propaganda.[7] Das Kapitol auf dem Forum Douggas in Africa Proconsularis, wo eine von Afrikanern gegründete Stadt mit einem neuen urbanen Gemeinwesen koexistierte, war der Sicherheit der Kaiser Marc Aurel und Lucius Verus geweiht. Der Ziergiebel, auf dem ihr Vorgänger Antonius Pius verherrlicht wurde, sollte den jetzigen Status und die Zukunftsaussichten Marc Aurels und Lucius Verus' noch betonen. Vor allem Jupiter wurde eng mit dem Kaiser und dem Kaiserkult verbunden. Ein in London gefundener Vertrag auf einer Holztafel war mit einem Eid an Jupiter Optimus Maximus und den Genius des Kaisers Domitian versiegelt. Als Trajan Münzen prägen ließ, die auf der einen Seite sein Porträt und auf der anderen Jupiter zeigten, hatte er ein Modell geschaffen, dem spätere Kaiser folgten. Ein gewisser Fortunatus ließ in der Zeit der Severer im numidischen Maktar ein Denkmal errichten, das Jupiter und der Sicherheit der Kaiser geweiht war. Im Osten blühte der Kult des Zeus, des griechischen Pendants zu Jupiter. Der Tempel des olympischen Zeus in Athen wurde unter der Oberaufsicht des Kaisers Hadrian fertiggestellt, der als irdischer Stellvertreter dieses Gottes den Titel Olympios annahm.[8]

Wie wirkte sich dieser massive Export römischer Götter auf einheimische Religionen aus? Wenn man die Frage so stellt, hat sie für den Osten außerhalb der römischen Kolonien und der Standorte der römischen Armee nur begrenzte Relevanz, da diese die äußersten Vorposten von römischer Religion und Kultur gewesen sein dürften. Augustus und seine Nachfolger machten sich daran, die unabhängige politische wie ökonomische Macht der großen Heiligtümer zu brechen, aber zumindest in Asia Minor blieben die Kulte selbst unberührt. Angesichts der vielen Gemeinsamkeiten von römischer und griechischer Religion sowie des römischen «Unvermögens», die hellenische Kultur überhaupt zu beeindrucken, überrascht dies keineswegs. Wie sehr sie sich der Verbreitung des Hellenismus verpflichtet fühlten, zeigten die Kaiser überdies, indem sie die Tempel und deren Priesterämter den Städten unterstellten, in denen die hellenische Kultur zu Hause war. Es wurde nicht daran gedacht, sie direkter römischer Kontrolle zu unterstellen, und es war auch keineswegs beabsichtigt, die Kulte durch Einführung augenscheinlich römischer Religionsformen zu verändern oder zu deformieren. In Ägypten wurde den lokalen Kulten erheblicher Schaden zugefügt, als man der Priesterschaft ihren Reichtum, ihre Unabhängigkeit und ihre Privilegien raubte, worauf die weniger mächtigen Tempel rasch an Bedeutung verloren. Bei dieser Entwicklung spielten die Umstände von Augustus' Aufstieg zur Macht, die Abneigung der Römer gegen die Anbetung von Tieren sowie die starke Tradition der bürokratischen Regierungsform im Gegensatz zur Autonomie ägyptischer Gemeinden gleichermaßen eine Rolle.[9]

Was in Ägypten geschah, war kaum weniger als eine Unterdrückung von Kulten, die man als «nicht-römisch» ansah. Im allgemeinen war Roms Kontakt mit fremden Religionen eher durch friedliche Durchdringung als durch Zwang geprägt. Gleichwohl hatte die kulturelle Dominanz Roms außerhalb des Ostens die Auflösung oder bestenfalls Vereinfachung der lokalen Religionen zur Folge. Zwar läßt sich auch die Koexistenz von römischen und einheimischen Kulten nachweisen, etwa in den Hochebenen von Sitifis in Mauretania Caesariensis, wo ein Marktplatz der Protektion Jupiters, des vergötterten Königs Juba und des lokalen Schutzgeistes Genius Vanisnesi unterstellt wurde (*ILS* 4490). Häufiger kam es jedoch zu Verschmelzungen der beiden Religionsformen. In Nordafrika wurde Saturn zunehmend mit Jupiter assoziiert und Caelestis mit Juno. Der römisch-keltische Merkur war Lug in anderer Gestalt, und Taranis war leicht als Jupiter wiederzuerkennen. Minerva fand Pendants in einer Reihe lokaler Gottheiten, zu denen auch Sulis gehörte, die Wassergöttin von Bath (Aquae Sulis). Mars vereinigte sich zunächst mit dem iberischen Gott Cosus und absorbierte ihn dann ganz. Lokale Götter, die nie römische Namen erhielten, verblaßten allmählich, zumindest in den Städten, in denen Religion und Kultur Roms mit den einheimischen Institutionen wetteiferten. Zu den Göttern, die im römischen Gallien verschwanden, gehören auch die, die man mit Souveränität und Krieg in Verbindung brachte und die in der Zeit der Unabhängigkeit eine wichtige Rolle gespielt hatten.[10]

Die Römer stießen jedoch auch auf Kulte und Institutionen, die sie nicht absorbieren wollten. Strabo teilt Kulte und Bräuche in drei grobe Kategorien ein; erstens die *politika*, die für eine *polis* typisch sind, ferner wilde, unzivilisierte und drittens diejenigen, die auf einer Zwischenstufe stünden (165). Die erstgenannten seien zu loben, und die dritten könne man tolerieren. Die zweite Kategorie jedoch sei zu mißbilligen, und Strabo sagt, man habe sie unterdrückt, wo immer dies möglich gewesen sei. Dabei müssen wir an Opferungen, Weissagungen und andere Praktiken einschließlich Menschenopfern denken. Warum wurden sie unterdrückt? Strabo gibt dafür keine Erklärung, sondern stellt nur nüchtern fest, sie seien unrömisch gewesen. Nachdem er die gallische Sitte beschrieben hat, die Köpfe gefallener Feinde an Haustüren zu nageln, fährt er fort: «Die Römer setzten diesen Gebräuchen jedoch ein Ende, ebenso all den Opfern und Prophezeiungen, die unseren Bräuchen entgegenstehen. Sie pflegten einen von ihnen dem Tod geweihten Menschen mit einem Säbel in den Rücken zu stechen und aus seinem Todeskampf zu weissagen. Ohne die Druiden opferten sie jedoch nicht» (198).

Ein Jahrhundert nach Strabo verwendet Tacitus in seiner bemerkenswert sachlichen Darstellung der germanischen Religion in seinem Buch *Germania* die unterschiedlichen Begriffe *religio* und *superstitio*, um römische von nicht-römischen Elementen zu unterscheiden. Seine Sachlichkeit äußert sich etwa darin, daß er sich anerkennend über bestimmte Eigenschaften der Germanen äußert, wie ihre Frömmigkeit, ihre Achtung vor der Tradition und ihre Ehrfurcht vor der Weissagung oder über das Fehlen von Göttern in Menschengestalt. Diese Unterscheidung von *religio* und *superstitio*, die man auch gegen die römische Religion richten könnte, wie es Varro und Seneca getan haben (Augustinus, *de Civ. D.* 6.10), wird jedoch nicht durchgehalten und ist wenig überzeugend.

Schiere moralische Entrüstung, die bei Tacitus stärker in Erscheinung tritt als bei Strabo oder Caesar, trug zu der Entscheidung bei, fremde Kulte zu unterdrücken. So schritten die Römer überall gegen Menschenopfer ein, in Nordafrika, wo dem Saturn (Baal-Hammon) geopfert wurde, wie in Gallien. Doch die eigentliche Erklärung ist im politischen Bereich zu suchen. «Aber ohne die Druiden opferten sie nicht», sagt Strabo. Bei den Kelten und Germanen waren religiöse, gesellschaftliche und politische Macht miteinander verwoben. In der Unterdrückung der Druiden in Gallien und Britannien und in der Feindseligkeit gegenüber den germanischen Wahrsagerinnen zeigt sich die traditionelle römische Politik, mit harter Hand gegen die Elemente einer einheimischen Religion vorzugehen, die der Ausweitung des Imperiums entgegenstehen.[11]

Eine weitere ethnische Religion, deren Unabhängigkeit – wenn auch aus anderen Gründen – in Gefahr geriet, war das Judentum.[12] Auch hier sollten wir wieder dem politischen Aspekt das Hauptaugenmerk widmen. Daß es sich für Rom als unmöglich erwies, mit den Juden friedlich zusammenzuleben, liegt nicht in erster Linie an der Unvereinbarkeit dieser von einem Ausschließlichkeitsanspruch geprägten monotheistischen Religion mit der offiziellen Staatsreligion oder in der Abneigung der kulturellen Elite Roms gegen die religiösen Praktiken des Judentums. In diesem Sinne hatten etwa Cicero, Tacitus und Strabo ihren Widerwillen artikuliert. Strabo allerdings äußerte sich auch lobend über die jüdische Religion und den jüdischen Staat, etwa über die Zeit des Moses. In ähnlicher Weise war die frühere Politik der Duldung, wie sie von Julius Caesar begonnen, von Augustus bestätigt und von Claudius fortgeführt worden war, keineswegs eine Reaktion auf das ehrwürdige Alter der jüdischen Religion und die Beharrlichkeit, mit der ihre Anhänger an ihr festhielten, obwohl diese Merkmale durchaus anerkannt wurden. Es waren politische Überlegungen, die zunächst zur Toleranz führten, später hingegen zur Konfrontation. Die Duldung des Judentums begann, nachdem sich Abgesandte des Judas Makkabäus nach dem beispiellosen Angriff des Antiochus Epiphanes auf die jüdische Religion an die Römer gewandt hatten. Die Römer waren daran interessiert, Syrien Schwierigkeiten zu bereiten und zu schwächen, und erklärten sich mit einer Freundschaftserklärung einverstanden. Ein Jahrhundert später leisteten die Juden in den Bürgerkriegen erst Caesar, anschließend Oktavian wertvolle Militärhilfe, da sie sich durch die Einnahme Jerusalems und die Entweihung des Allerheiligsten durch Pompejus herausgefordert fühlten. Überdies war es eine diplomatische Notwendigkeit, sich dem Sieger von Actium anzuschließen. Das Ergebnis waren eine Reihe offizieller Edikte und Briefe an griechische Städte im Osten, mit denen diese angewiesen wurden, den dort wohnenden Juden die Ausübung ihrer traditionellen Religion zu gestatten. Diese Dokumente waren allerdings das Verdienst einer brillanten Diplomatie der Juden und gingen nicht etwa auf eine Initiative Roms zurück. Im Lauf der Zeit verblaßten jedoch die Erinnerungen an die Unterstützung der römischen Herrscher durch die Juden; an die Stelle des bisherigen Wohlwollens trat das durch Vorurteile genährte Gefühl, die Juden seien sowohl in ihrer Heimat als auch im Imperium so etwas wie «Störenfriede». Aus römischer Sicht erwiesen sich die Juden als fast von Natur aus unfähig, mit den römischen Provinzbehörden in ihrem Heimatland zusammenzuarbeiten oder in den Städten des östlichen Mittelmeerraums friedlich mit den Griechen zu leben.

Kontinuität und Wandel der offiziellen Religion

Zeigten die römischen Machthaber in der Zeit des Prinzipats ein Interesse an der Aneignung fremder Kulte, die grundsätzlich mit ihrem eigenen vereinbar waren? Inwieweit stand die Staatsreligion fremden Einflüssen offen?

Man hält den Römern oft nicht nur ihre Toleranz gegenüber fremden Kulturen in deren angestammten Gebieten zugute, sondern auch eine Bereitschaft, diese Kulte als eigene anzunehmen. In der Kaiserzeit erhielten jedoch keine neuen Götter den offiziellen Status, bis der Kaiser Caracalla zu Beginn des dritten Jahrhunderts die ägyptischen Götter Isis und Serapis anerkannte.

Die Aufnahmefähigkeit Roms für fremde Religionen ist eine Erscheinung der frühen und mittleren Republik und keiner anderen Periode.[13]

Die frühen Römer erweiterten ihr Pantheon auf zweierlei Weise: Sie «nahmen» die Schutzgottheit eines feindlichen Staats «gefangen» (normalerweise mit dem Ritual der *evocatio*) oder «riefen» eine angesehene fremde Gottheit «an» (Asclepius, Magna Mater), die bei einem nationalen Notstand Abhilfe leisten sollte (bei Epidemien oder einer Invasion). Die Reihe der Neuerungen erreichte mit dem Import der großen Göttermutter Cybele oder Magna Mater einen Höhepunkt, als Hannibal in Italien einfiel, fand um diese Zeit aber auch ihr Ende. Die Magna Mater war eine phrygische Göttin, bei deren Anbetung ekstatisch getanzt wurde, und zumindest im Zentrum des Cybelekults in Pessinus kam es dabei zu Selbstkastrationen. Der römische Senat reinigte den Kult schnell von seinen extremen Auswüchsen und verbot römischen Bürgern seine Ausübung.

Danach wurden keine exotischen Kulte mehr zugelassen und diejenigen, die gegen den Willen der Machthaber nach Italien und Rom eindrangen, als subversiv verfolgt. Die fraglichen Kulte – beginnend in den 180er Jahren v. Chr. die Verehrung des Bacchus, später der ägyptischen Götter, dann das Judentum, das Christentum und der Mithraskult, die sich Mitte des zweiten Jahrhunderts n. Chr. schon festgesetzt hatten – waren in zweierlei Hinsicht subversiv. Erstens drohten sie die ausschließliche Oberhoheit der politischen Machthaber über religiöse Tätigkeiten auszuhöhlen. Der Senat und später die Kaiser sahen sich einer Reihe autonomer religiöser Organisationen konfrontiert, die nur dem Gottesdienst geweiht waren. Die Anhänger des Bacchus beispielsweise hatten eine eigene Zellenstruktur, einen Aufnahmeeid, ein dem Kult gehörendes Vermögen sowie eine Hierarchie von Laien und Priestern. Zweitens drohten die neuen Kulte, die althergebrachte Religon eher zu untergraben als zu bereichern. Während die Götter des römischen Staats keinerlei Ansprüche an den einzelnen richteten und ihm keine Belohnungen in Aussicht stellten, es sei denn in seiner Eigenschaft als Mitglied eines politischen Kollektivs, verlangten die sogenannten Mysterienreligionen eine Bekehrung und rituelle Reinigung und boten ihren Anhängern Offenbarung, Erlösung und den wenigen Auserwählten die Aussicht auf tiefere religiöse Erfahrungen. Der Mithraskult befreite die immaterielle Seele von der Gefangenschaft im Körper und erlaubte es ihr, nach und nach durch die sieben planetarischen Sphären bis zum Saturn aufzusteigen und von dort in das Reich der Sterne am Firmament.

Es ist folglich kein Wunder, daß es den römischen Regierungen des

Prinzipats «mißlang», die offizielle Staatsreligion so zu erweitern, daß sie auch fremde Kulte in sich aufnehmen konnte. Mit dem Regierungsantritt eines Kaisers ergab sich hingegen die Möglichkeit zum Wandel. Einfacher ausgedrückt: Eines Tages konnte ein Kaiser mit ausgesprochen monarchischen Tendenzen an die Macht kommen, ein Anhänger einer persönlichen Religion, der vielleicht die offizielle Religion mit seiner eigenen in Einklang bringt. In diesem Zusammenhang sind zwei Fragen von Interesse: Welche Faktoren verzögerten diese Entwicklung, und wie wurden die römischen Regierungen in der Zwischenzeit mit dem Eindringen neuer Kulte fertig, das heißt in der überwiegenden Zeit der von uns untersuchten Periode?

Zur Beantwortung der ersten Frage müssen wir die Politik des Schöpfers des Prinzipats näher untersuchen. In Augustus vereinigten sich ein Gespür für die politischen Traditionen Roms und eine rückwärtsgerichtete Religionsanschauung mit einem sozialen Konservativismus. Die wesentlichen Tatsachen sind wohlbekannt, und so mag hier eine kurze Zusammenfassung genügen: Erstens: Die Augusteische Staatsverfassung war eine Monarchie, die aber auf den politischen Strukturen der alten Republik beruhte. Die Verfassungsmäßigkeit der kaiserlichen Position sowie die weiterhin gültigen Rollen der etablierten Regierungsorgane (mochten sie in der Praxis auch an Bedeutung verloren haben) bildeten die Eckpfeiler des Systems. Die beiden letztgenannten Punkte hängen eng miteinander zusammen. Die Tiefe von Augustus' religiösem Konservativismus steht außer Zweifel. Zudem darf man davon ausgehen, daß der von ihm reorganisierte Senat seine Ansichten teilte; nach sozialer Zusammensetzung und Wertvorstellungen war er dem alten Senat so nahe, wie nach anderthalb Jahrzehnten destruktiver Bürgerkriege erwartet werden konnte.

Das Erbe des Augustus war nicht so leicht abzuschütteln. Vor dem Ende des zweiten Jahrhunderts läßt sich keine durchgreifende Änderung im Status des Kaisers und der kaiserlichen Ideologie feststellen. Wir könnten das Verhältnis der flavischen Dynastie zu den ägyptischen Göttern dem der Severer zu diesen Gottheiten gegenüberstellen. Die Flavier brachten Isis und Serapis ungewöhnliche Verehrung entgegen.[14] Vespasian bezeichnete sich als Auserwählter des Serapis, was sich aus bestimmten wundersamen Erfahrungen ergebe, die er in den kritischen frühen Tagen seines Kampfes um die Macht in Alexandria gemacht habe. Domitian schuldete sein Leben der Isis, nachdem er als Priester der Göttin verkleidet den Schergen des Vitellius entkommen war. Die Flavier jedoch, eine Familie von Emporkömmlingen, der es an Charisma und Autorität fehlte, zog eine feste Trennungslinie zwischen ihren persönlichen religiösen Vorlieben und der offiziellen Staatsreligion. Die Severer waren ebenfalls Emporkömmlinge; aber ihre Vorstellung von sich selbst und von der kaiserlichen *persona* war erhaben genug, die Staatsreligion so zu reorganisieren, daß sie mit ihren privaten Vorlieben im Einklang stand. Das hemmungslose (oder größenwahnsinnige) Verhalten des letzten Antoninerkaisers Commodus am Ende seines Lebens hatte den Weg gewiesen. Commodus hatte sich selbst als Herkules bezeichnet, in aller Offenheit an den Feiern zu Ehren der ägyptischen Götter teilgenommen, ein Gebet an Serapis in die offiziellen Gebete des neuen Jahres aufgenommen und Serapis auf seinen Münzen als *Conservator Augusti* gefeiert. Caracalla mußte die ägyptischen Götter nur noch in die Heiligtümer innerhalb der geheiligten Stadtgrenzen Roms (des *pomerium*) aufnehmen und das offizielle Pantheon für die Götter neu errichten. Wo die Götter Ägyptens Aufnahme gefunden hatten, konnten auch syrische Götter folgen.[15]

Zweitens: Die konservativ gesinnte herrschende Klasse, die Augustus dem römischen Staat hinterließ, erwies sich als Barriere gegen religiöse Erneuerung. In den beiden Jahrhunderten nach dem Tod des Augustus verbreiterten sich zwar die gesellschaftlichen Grundlagen der Oberschicht, jedoch nicht deren soziale Normen und religiöse Vorstellungen. Isis und später Mithras übten als Götter neuer Religionen der Unterschicht auf den Senat des Prinzipats keinerlei Reiz aus.[16] Die Abneigung von Senatoren der späten Antoniner- und Severer-Ära gegen die religiösen Entwicklungen ihrer Zeit läßt sich bei Cassius Dion nachlesen. Der Rat, den «Maecenas» in der Geschichte Dions an «Augustus» richtet, ist ein Plädoyer für den religiösen Konservativismus des Augustus durch einen Severer-Senator, der sich gegen den rapiden politischen und religiösen Wandel seiner Welt wendet:

> «Wenn du daher wahrhaft unsterblich zu werden wünschst, folge meinem Rat; überdies sollst du die Göttliche Macht überall und in jeder Hinsicht in Übereinstimmung mit den Traditionen unserer Väter selbst anbeten und alle anderen verpflichten, sie in Ehren zu halten. Verabscheue alle, die den Versuch unternehmen, unsere Religion mit fremden Riten zu beeinträchtigen, und bestrafe sie, nicht nur um der Götter willen, sondern weil solche Männer, die an die Stelle der alten Gottheiten neue setzen wollen,

viele Menschen dazu bringen, fremde Gebräuche anzunehmen, aus denen Verschwörungen, Parteienhader und Kabale entspringen, die für eine Monarchie alles andere als von Nutzen sind. Erlaube es daher niemandem, ein Atheist oder Hexenmeister zu sein» (52.36).

Was immer Cassius Dion beim Schreiben dieser Passage im Sinn gehabt haben mag; der Maecenas zugeschriebene Handlungsplan ähnelt in Wahrheit der tatsächlichen Religionspolitik des Augustus, der ein Vorkämpfer der traditionellen Religion war. Augustus ging aus zwar ungenannten, aber keineswegs rätselhaften Gründen gegen Isis und deren verwandte Gottheiten vor (Cassius Dion, 53.2.4; 54.6.6). Konservative Kräfte im spätrömischen Senat hatten das Verbot ägyptischer Religionen bei mehreren Gelegenheiten in die Wege geleitet, und deren Anhänger waren in die politischen Unruhen der 50er und vielleicht nochmals Ende der 20er Jahre verwickelt gewesen, dem ersten Jahrzehnt von Augustus' Herrschaft. Schließlich war Augustus in gewisser Weise ein Gefangener seines eigenen Propagandakrieges gegen ägyptische Götter und deren Vorkämpfer oder Verkörperungen Marc Anton und Kleopatra.[17]

Als Abriß der Politik späterer Kaiser ist die Feststellung bei Dion jedoch untauglich. Vor allem die Unterdrückung fremder Kulte fand nur selektiv, sporadisch und vorübergehend statt. Die Kaiser gingen normalerweise nur dann gegen einen verdächtigen Kult oder einen bestimmten religiösen Brauch vor, wenn man sie auf einen tatsächlichen oder drohenden Gesetzesbruch bzw. einen Verstoß gegen die herrschende Ordnung aufmerksam gemacht hatte. Nach der Herrschaft des Tiberius verrauchte der kaiserliche Zorn auf die ägyptischen Götter einfach; einige Kaiser waren sogar von ihnen fasziniert oder beteten sie an. Der Mithraskult, der letzte der Mysterienkulte, der sich in Rom, Italien und in den Provinzen festsetzte, geriet nie in Gefahr, verfolgt zu werden, weil er dazu erzog, den Status quo zu akzeptieren. Er fand vor allem bei Soldaten und kaiserlichen wie privaten Sklaven Anhänger, bei Berufsgruppen also, in denen auf Gehorsam gegenüber der Autorität besonderer Wert gelegt wurde. Wenn wir einmal vom Judentum absehen, das immerhin noch von Augustus und Claudius beschützt wurde, ist kein Kult so aktiv verfolgt worden wie astrologische und magische Praktiken.

Im Gegensatz zu anderen fremden ideologischen Einflüssen drangen

Astrologie und Magie in alle Teile der römischen Gesellschaft ein.[18] Die Kaiser waren über die politischen Folgen der in der römischen Oberschicht beliebten Astrologie höchst besorgt. Wenn sich schon die Kaiser offen der Astrologie bedienten – was sie taten –, um sich so bei ihren Entscheidungen helfen zu lassen oder nach ihrer Lebenserwartung zu erkundigen, konnten sich auch die insgesamt illoyalen Angehörigen der politischen Klassen der Astrologie bedienen, um so die ersten Schritte zu einer Revolution zu unternehmen. Die Magie war und ist ein sehr komplexes Phänomen. Auf der einen Ebene war sie ein Konglomerat von Praktiken, mit denen man Erfolg vor Gericht, in der Liebe oder bei den Rennen anstrebte, auch die Verletzung oder die Vernichtung eines anderen Menschen. In einer «wissenschaftlicheren» Version, wie sie von Angehörigen der kulturellen Elite, etwa dem Afrikaner Apuleius betrieben wurde, scheint sie eine Form praktischer Philosophie gewesen zu sein. Wir wissen allerdings nicht, wer von den Behörden wegen Hexerei mit dem Bann belegt wurde (und die Praktiken sind uns ebenfalls unbekannt). Hinter solchen Zwangsmaßnahmen stand die Furcht vor dem potentiellen Mißbrauch magischer Künste durch Angehörige der Oberschicht, welche die Sicherheit des Kaisers in Gefahr bringen konnten.

Die offizielle Reaktion auf Astrologie, Magie und übrigens auch auf die Philosophie der Stoiker und Kyniker, die sich in den höchsten Schichten der römischen Gesellschaft ebenfalls Anhänger gesichert hatten, war untypisch. Sie hilft uns auch nicht zu erkennen, wie sich die staatlichen Organe zu den fremdartigen Gottesrechtfertigungen in Rom verhielten. Der römische Staat war zwar insofern durchlässig, als er Ausländer als Bürger oder als Soldaten aufnahm und ihnen sogar den Aufstieg in die herrschende Klasse erlaubte; damit ging jedoch keine entsprechende Öffnung der Staatsreligion einher. Die offizielle Reaktion auf religiöse Neuerungen war negativ oder, häufiger noch, rein passiv. Unautorisierte religiöse Kulte und Zusammenschlüsse, die sich nicht kontrollieren oder verhindern ließen, wurden einfach geduldet. Diese Einstellung hat jedoch so gut wie nichts mit der politischen Toleranz zu tun, die man dem römischen Staat normalerweise zuschreibt.[19] Die eisern bewahrte Undurchlässigkeit althergebrachter Religion beraubte sie der Möglichkeit, durch äußere Einflüsse an Stärke zu gewinnen, die nötig war, um einem neuen fremden Kult die Stirn zu bieten, der monotheistisch, universal, exklusiv und intolerant war.

Das Christentum zog den größten Nutzen daraus, daß die Verteidiger der Staatsreligion sich als unfähig erwiesen, die religiöse Erneuerung zu steuern. Die Christen luden geradezu zu Verfolgungen ein, indem sie die Götter Roms verleugneten, was ihnen den Ruf eintrug, Atheisten zu sein.[20] Sie weigerten sich sogar, einen Eid auf den Schutzgeist des Kaisers zu leisten, was den Verdacht aufkommen ließ, sie akzeptierten die irdische Vorherrschaft des Kaisers nicht. Allerdings versuchte es kein Kaiser vor Decius Mitte des dritten Jahrhunderts, die Christen auszurotten. Statt dessen neigten die Kaiser dazu, gemäß der unter Trajan entwickelten Politik die Christen nicht zu verfolgen (*conquirendi non sunt*, Plinius, *Ep.* 10.96). Wenn die Behörden überhaupt in Konfrontationen mit den Christen verwickelt wurden, dann individuell und lokal, wo Recht und Ordnung, die vorrangigen Bedürfnisse Roms, infolge der Agitation von Gegnern unter den Heiden oder seltener unter den Juden in Gefahr gerieten. Der «Märtyrer» Justinus behauptete, die Christen seien harmlos (*Apol.* 1.68). Melito, der Bischof von Sardis, stellte gegenüber Marc Aurel die kühne sophistische Behauptung auf, das Christentum sei schutzwürdig, weil sein Schicksal und das des Kaisertums durch einen gemeinsamen historischen Beginn verbunden seien und sich wechselseitig schützten:

> «Unsere Philosophie entwickelte sich zunächst unter den Barbaren, aber ihre volle Blüte erreichte sie erst in deiner Nation unter der großen Herrschaft deines Vorfahren Augustus; sie wurde zu einem guten Omen für dein Imperium, denn von dieser Zeit an wurde die Macht der Römer groß und herrlich. Du bist jetzt ein glücklicher Nachfolger und wirst es auch zusammen mit deinem Sohn sein, wenn du die Philosophie beschützt, die mit dem Reich entstand und mit Augustus begann. Deine Vorfahren haben sie neben anderen Kulten genährt, und der größte Beweis dafür, daß unsere Lehre mit dem Reich in dessen noblen Anfängen endgültig aufblühte, ist die Tatsache, daß dem Reich unter Augustus nichts Böses geschah, sondern im Gegenteil alles großartig und glorreich verlief nach den Wünschen aller Menschen» (Eusebius, *Hist. Eccl.* 4.26.7 ff).

Gleichwohl standen Christen immer wieder im Mittelpunkt innerer Unruhen. Soweit das Problem religiös bedingt war, herrschte die traditionelle Ansicht vor, daß das Wohlergehen des Staates und seiner Untertanen von der Gunst der Götter abhinge und die *pax deorum* (Frieden mit oder von den Göttern) durch die Befolgung althergebrachter Rituale gesichert werden müßte; ihre Nichtbefolgung gefährde sie und werde düstere Konsequenzen haben. Die Götter zeigten ihren Zorn, indem sie Seuchen, Hungersnöte und andere Naturkatastrophen schickten sowie auf fremdem Boden Bürgerkriege und Kriege auslösten – und die Verantwortung dafür wurde manchmal den Christen zugeschoben.

Vor der Herrschaft des Decius kam es jedoch nicht zu allgemeinen Christenverfolgungen. Was hatte sich geändert? Herkömmlicher Ansicht nach fand die Verfolgung unter Decius vor dem Hintergrund politischer und militärischer Niederlagen statt. Die politische Ordnung war fast zusammengebrochen, und Feinde drangen von allen Seiten in das Reich ein. Das Überleben des Imperiums insgesamt stand auf dem Spiel; als Reaktion darauf suchte der Kaiser die Gunst der Götter zurückzugewinnen, indem er einen massiven Loyalitätsbeweis des Reiches organisierte. Es dürfte aber zweifelhaft sein, ob Decius so genau wußte, daß das Reich dabei war auseinanderzufallen. Die großen Katastrophen einschließlich seines Todes auf dem Schlachtfeld lagen noch in der Zukunft. Man könnte sagen, Decius, der gerade die Nordgrenzen gesichert hatte, wollte jetzt seine Stellung festigen, indem er um die Hilfe des gesamten Imperiums bat. Sein kaiserliches Edikt war jedoch ein durch und durch traditioneller Schachzug, um die tausendjährigen Spiele seines Vorgängers Philipp zu überbieten. Das Volk von Rom wurde zu einer *supplicatio* in der alten Form gerufen, einem Akt gemeinsamer Anbetung der Schutzgötter des Staates.[21] Überdies besaß Decius die Mentalität eines Balkankaisers. Dies waren harte Männer mit einem engen realistischen Blick auf die Prioritäten des kaiserlichen Amts, fest entschlossen, der Welt Ordnung und Disziplin aufzuzwingen. In dieser Hinsicht ist Diokletian das Vorbild, und anders als Decius und Valerian verfolgte er die Christen aus einer Position der Stärke.

Angesichts der zeitlichen Begrenzung unserer Studie liegt unser Hauptinteresse an der Epoche vor den Christenverfolgungen, in der der Kirche ein relativ ungehindertes Wachstum gestattet wurde. Man sollte jedoch das Erstarken der Kirche nicht überbewerten; vor der zweiten Hälfte des dritten Jahrhunderts wuchs das Christentum weder schnell noch besorgniserregend genug, um den Kaisern und anderen Staatsmännern Kopfschmerzen zu bereiten. So erwähnt Marc Aurel in *Die Bücher der Gedanken über sich selbst* die Christen nur einmal, und das auch nicht so, als hielte er sie für eine Bedrohung. Marc Aurel sanktionierte nur kleinere Christenverfolgungen wie die von Lyon im Jahre 177 n. Chr. (Eusebius, *Hist. Eccl.* 5.1.4 ff), aber nur auf Verlangen und ohne dabei von der Direktive Trajans abzuweichen. Es fällt auf, wie wenig wir von nichtchristlichen Schriftstellern über das frühe Christentum erfahren. So wird in der Zeit der Severer, die von manchen als bedeutsame Wachstumsphase angesehen wird, das Christentum weder von Cassius Dion, Herodian noch Philostratus erwähnt, den wichtigen historischen und biographischen Quellen dieser Epoche.[22] Zur Zeit des Decius machten sich die Christen in der Welt stärker bemerkbar, bildeten aber immer noch eine kleine Minderheit von vorwiegend niederem oder bescheidenem Status. Es steht nicht einmal fest, ob das ursprüngliche Edikt des Decius auf die Christen als solche abzielte, obwohl sich die Machthaber darüber klargewesen sein müssen, daß es außerhalb Roms «Atheisten» gab, die sich an dem von dem Kaiser geplanten großen religiösen Rummel nicht beteiligten.

Immerhin war das Christentum bereits erfolgreich. Man hat diesen Erfolg mit der Fähigkeit des Christentums zu erklären versucht, den sozialen und psychologischen Bedürfnissen des Individuums entgegenzukommen[23], ferner mit der Macht des christlichen Gottes, wie sie sich in Wundern gezeigt habe.[24] Diese Erklärungen sind durchaus verdienstvoll, aber man sollte sie gegeneinander abwiegen. Die Rolle der christlichen Gemeinde bei der Seelsorge für den einzelnen und zur Förderung der spirituellen Erbauung sei gern zugegeben. Ebenso unleugbar aber ist, daß auch Wunder eine Rolle gespielt haben. In einem abergläubischen Zeitalter fanden Christen wie Heiden (und Juden) Beweise für die Wechselwirkungen der Welt des Geistes und der irdischen Welt in Zeichen, Symbolen und Träumen; sie verehrten wundertätige Männer oder verdammten sie als Hexenmeister und Zauberer.[25] Andere Interpretationen deuten auf die Schwächen des polytheistischen Heidentums hin, die das Erstarken des Christentums erleichtert hätten. So sei das Heidentum «eine äußerst schwammige, gestaltlose, leicht zu durchdringende Struktur», stets den Angriffen «eines eng umrissenen und unduldsamen Glaubensbekenntnisses» ungeschützt preisgegeben.[26] Gegen diese Behauptung ist nichts einzuwenden, aber ihr fehlt jeder spezifische historische Bezug.

Die Frage, warum das Christentum so erfolgreich war, läßt sich nicht damit beantworten, daß man dem Polytheismus eine Strukturschwäche zuschreibt (beispielsweise eine angeblich zunehmende Neigung zum Synkretismus), die dessen Reiz verringert und dem Christentum weiteren Auftrieb verliehen haben.[27] Ganz im Gegenteil, auf der Ebene der persönlichen religiösen Erfahrung legte das Heidentum beträchtliche Vitalität an den Tag, vor allem gegen Ende des von uns untersuchten Zeitraums. Es wäre mit der These dieses Kapitels vereinbar zu meinen, daß die Quelle des Problems in der ambivalenten Haltung der römischen Machthaber gegenüber religiösen Veränderungen lag, die zwar im privaten Bereich erlaubt waren, jedoch nicht in der Öffentlichkeit. Eine verknöcherte Staatsreligion paßte zu dem Bild von Unwandelbarkeit und Stabilität, das die römischen Kaiser vermitteln wollten. Dabei mißlang es ihnen jedoch, die heidnischen und nicht-heidnischen Innovationskräfte unter Kontrolle zu halten, die auf einer inoffiziellen Ebene am Werk waren, als sich auch diejenigen Kräfte nutzbar zu machen, die innerhalb des heidnischen Glaubens gegen die Herausforderung durch das Christentum wirkten.

Anmerkungen

1 Besonders zu empfehlende Bücher über römische Religion: Beaujeu (1955), Liebeschuetz (1979) und Price (1984). Siehe auch Latte (1960), Bayet (1969), Le Gall (1975), MacMullen (1981) und Wardman (1982). Für fruchtbare Beiträge zu den in diesem Kapitel behandelten Themen sind wir Graeme Clarke, Richard Gordon und Simon Price zu Dank verpflichtet.

2 Siehe North (1976), der das Problem für die Zeit der Republik formuliert und eine Lösung vorschlägt.

3 Price (1984), Kap. 2–3.

4 Smadja (1978) und (o. J.); allgemein: Fishwick (1978).

5 Siehe *ILS* 5163 (177 n. Chr., Gallien) über die spätere Erkenntnis der Kosten des Amts.

6 Fishwick (1978), 1219 ff. Über die Iberische Halbinsel siehe Etienne (1958).

7 Fears (1981), Février (1976); Smadja (1985); Beaujeu (1955), 69 ff.

8 Henig (1984); 84; Fears (1977), 225 ff; *CIL* VIII 6353; Beaujeu (1955), 76 ff, 200 ff.

9 Debord (1982); Whitehorne (1980); Beaujeu (1955), 209 ff, 297 ff.

10 Siehe Février (1976); Henig (1984); Clavel-Lévêque (1972), vgl. Letta (1984); Lambrino (1965); Etienne (1973); Etienne und andere (1976).

11 Druiden: Strabo 197–8; Caesar, *BG* 6.14; Sueton, *Claud.* 25.5.; Tacitus,

Hist. 4.18.3, 54–2; Chadwick (1966). Germanische Priesterinnen: Strabo 298; Tacitus, *Germ.* 8.3; *Hist.* 4.61.2. Saturn: Leglay (1966).

12 Schürer (1973–79); Juster (1914); Smallwood (1976); Rabello (1980); Rajak (1984). Siehe Cicero, *Flacc.* 53 ff; Tacitus, *Hist.* 5.1 ff; vgl. Plinius, *HN* 12.113, 13, 46; Strabo 760–2.

13 Über den republikanischen Hintergrund siehe North (1976) und (1979).

14 Malaise (1972), Teil V; kürzer bei Liebeschuetz (1979), 179 ff.

15 Halsberghe (1972) über Sol Invictus Elagabal.

16 Malaise (1972), 75 ff, Gordon (1972), 103 ff über den jeweiligen gesellschaftlichen Einflußbereich von Isis und Mithras. Eine kurze Einführung in den Mithras-Kult bei Nock (1937), eine vollständige Übersicht bei Beck (1984), bes. S. 2036 ff, wo u. a. unter Hinweis auf Gordon (1975) behauptet wird, Mithras sei nicht «aus dem Osten» gekommen.

17 Quellenhinweise bei Malaise (1972), 378–89, vgl. 244–51.

18 Cramer (1954); Liebeschuetz (1979), 119–39; Xella (1976) (Studien von Garosi und Sabbatucci); Annequin (o. J.).

19 Garnsey (1984), 1–12.

20 Über Atheismus Drachmann (1922); über Christenverfolgungen de Ste. Croix (1974); Barnes (1968); Frend (1965).

21 Eine überzeugende Kritik der herkömmlichen Ansicht bei G. W. Clarke, *The Letters of St. Cyprian of Carthage* (1984), I 21–25.

22 Siehe Brunt (1979) über Marc Aurel sowie Wilken (1984) und ausführlicher Labriolle (1948) über das Christenbild der Heiden. Über die Zeit der Severer als beginnende Blütezeit des Christentums siehe Frend (1984); 272 ff.

23 Nock (1933), z. B. 210; Dodds (1965), an mehreren Stellen; Brown (1978), 1 ff (Kritik an Dodds).

24 MacMullen (1984), 17–24. Belege z. B. bei Origenes, 8.47, vgl. 1.46.

25 Über Aberglauben unter Christen siehe z. B. Cyprian, *Ep.* 16 (eine angemessen fromme Ermahnung), 22 (Märtyrerkult), 39 (eine Erscheinung), sowie Clarke, *Cyprian*, a. a. O. Weitere Hinweise, auch über Juden und Heiden, bei Brunt (1979), 497–8.

26 MacMullen (1984), 16.

27 Frend (1965); z. B. 456.

10
Kultur

Nach dem Sieg des Augustus paßten sich Institutionen, Wertsysteme und das kulturelle Leben in Rom nach und nach der Monarchie an. Das politische Patronat des Augustus zeigte sich entsprechend auch im kulturellen Bereich. Als sich herausstellte, daß nur Loyalität gegenüber dem Kaiser der Schlüssel zu Ämtern und einem hohen Status war, wurde von den Schriftstellern und Künstlern, den Nutznießern des kaiserlichen Patronats, erwartet, daß sie Augusteische Themen in einer dem Kaiser wohlgefälligen Weise behandelten.

Die Provinzen waren den kulturellen Veränderungen, die durch den Machtantritt eines Kaisers ausgelöst wurden, weniger direkt ausgesetzt als die Hauptstadt; überdies fehlte es seitens der Kaiser und ihrer Ratgeber an einem großangelegten Plan, die Kultur Roms im gesamten Reich zu verbreiten. Gleichwohl verstärkten die Kaiser ihre Bemühungen in dem sich ausdehnenden westlichen Imperium, die traditionelle römische Politik fortzuführen, die darin bestand, politische und kulturelle Institutionen der Hauptstadt als wesentliche Ergänzung der militärischen Eroberungen auch in den Provinzen durchzusetzen. Der römische Imperialismus zielte jedoch weniger auf eine durchgehende Romanisierung als auf die Schaffung eigenständiger römisch-iberischer, afrikanischer, gallischer oder britischer Kulturen, nämlich durch die Verschmelzung imperialer mit lokalen Elementen.

Überdies kursierten römische Sitten und Ideen vor allem in den Städten; wo die Urbanisierung sich nicht entwickeln konnte, blieb die kaiserliche Kultur ebenso wirkungslos wie auf dem flachen Land. In den östlichen Provinzen, wo eine einheimische städtische Kultur schon fest verankert war und immer noch blühte, wurde gar nicht erst der Versuch gemacht, sie zu stören. Allgemein läßt sich sagen, daß die Romanisierung nur dort Wurzeln schlug und sich als dauerhaft erwies, wo eine lokale Elite eifrig darauf bedacht war, für die römische Kultur einzutreten; diese Bereitschaft fehlte im östlichen Imperium fast völlig.

Schließlich war die kaiserliche und hauptstädtische Kultur selbst eine Mischung aus einheimischen und fremden Elementen. Die Aufnahmebereitschaft für fremde Kulturen, vor allem die der Griechen, deren kulturelle Überlegenheit von den herrschenden Klassen Roms nicht in Zweifel gezogen wurde, stieg noch an, nachdem Augustus den Mittelmeerraum politisch integriert hatte und philhellenische Kaiser die griechische Kultur gezielt förderten.

Rom

Die Obsession der frühen Kaiser wegen ihrer persönlichen Sicherheit und der ihres Regimes setzte der Gedankenfreiheit neue Schranken. Wir haben gesehen, daß Magie und Astrologie in Mode gekommen waren, um in die Zukunft zu blicken, wegen ihrer Affinität zu Verschwörerkreisen von den Kaisern jedoch mit Mißtrauen betrachtet wurden. Schon unter der Republik hatte man Philosophen bedrängt und schikaniert; die Probleme aber, die manche Kaiser mit den Philosophen, vor allem den Stoikern, hatten, verlangen nach einer besonderen Erklärung.

Die Welt des Geistes wurde im größten Teil des von uns untersuchten Zeitraums vom Stoizismus beherrscht.[1] Es war das ethische System – nicht etwa die theoretischen Spekulationen – des Stoizismus, das den Römern zusagte, vor allem vielen Römern aristokratischer Abstammung und später sogar einem Kaiser, nämlich Marc Aurel. Die Ethik der Stoiker hatte nach einer Zeit des Kompromisses und der Vereinfachung in der Lehre ihre frühere gedankliche Starrheit verloren und stand jetzt auch gewöhnlichen Sterblichen offen. Seneca, Epiktet und andere sahen es als ihre Aufgabe an, jedem zu helfen, der sich ernsthaft um sittliche Läuterung bemühte. Das Ziel war Fortschritt und nicht Vollendung. Der Zustand der Weisheit war jetzt als Ideal anerkannt. Der späte Stoizismus akzeptierte jede einleuchtende Morallehre, aus welcher Quelle sie auch stammen mochte; Senecas *Briefe* sind buchstäblich mit Aussprüchen des Epikur durchsetzt, während Epiktet sogar so weit ging, den Kynikern Beifall zu zollen, vor allem ihrer Freiheitsdoktrin. Sie feierten die Freiheit des Geistes, nicht die freie Geburt, die als reine Äußerlichkeit von nur geringer Bedeutung angesehen wurde. Epiktet, ein ehemaliger Sklave, schrieb: «Zeus hat mich befreit: Glaubt ihr, er hätte die Versklavung seines eigenen Sohnes gewünscht? Aber ihr seid Herren meines Körpers; nehmt ihn» (Arrian, *Epict. Diss.* 1.19.9). Eine Philosophie, für welche die Erlösung der Seele alles bedeutete, festigte unter ihren Anhängern konservative gesellschaftliche Verhaltensnormen. Auch in politischer Hinsicht begünstigte der Stoizismus den Status quo und sorgte für die Übernahme des hellenistischen Königtumgedankens in das römische Umfeld. So hat die Stoa bei der Artikulation und Konsolidierung traditioneller Glaubensvorstellungen und Praktiken insgesamt eine wichtige Rolle gespielt.

Der Stoizismus hätte für die Monarchie folglich akzeptabel sein müssen. Dem standen aber einige Unwegsamkeiten der stoischen Lehre entgegen. Die Doktrinen «der Angemessenheit» *(to kathêkon, officium)* und der «Beständigkeit» *(constantia)*, die zusammengenommen bedeuten, daß jeder fest an seiner vorherbestimmten Rolle im Leben festhalten und sich dementsprechend verhalten müsse, konnten zum Märtyrertum führen. Der Selbstmord Catos, der sich für die Sache des Republikanertums umgebracht hatte, brachte Caesar in Verlegenheit. Die Attacke auf den Stoizismus unter Domitian, die Helvidius Priscus zum Märtyrer machte und Neros Opfer Thrasea Paetus einen stoischen Glorienschein verlieh, muß als ein Aspekt der politischen Konfrontation von Kaiser und Senat gesehen werden. Einem Stoiker war es vielleicht noch erlaubt, seine Opposition zum politischen und ethischen Verhalten eines bestimmten Kaisers (oder sogar zum Kaisertum selbst) in stoischen Begriffen zu formulieren; andererseits genügten schon die stoischen Überzeugungen einer öffentlichen Person, einen mißtrauischen Kaiser in Rage zu bringen, der vor allem bei Angehörigen der Senatorenfamilien, die mit anderen Kaisern bereits in Konflikt geraten waren, nach Anzeichen der Illoyalität Ausschau hielt.

Das Kaisertum setzte auch der Literatur neue Grenzen.[2] So wurden Historiker, mit wenigen Ausnahmen Männer hohen gesellschaftlichen Rangs, für die Politik ein zentrales Thema war, leicht zu Opfern von Kritik oder Angriffen. Augustus ließ die Werke des T. Labienus verbrennen, der ihn wiederholt provoziert hatte; Tiberius übergab die Arbeiten des Cremutius Cordus dem Feuer, eines Zeugen, der von Augustus persönlich (als Oktavian) veranlaßten Proskriptionen. Tacitus zufolge (*Ann.* 1.1; vgl. *Hist.* 1.1) war Zeitgeschichte nach Augustus nur dann erlaubt, wenn sie die Taten eines Kaisers pries.

Die Beziehungen von Kaisern und belletristischen Schriftstellern waren komplex. Autoren brauchten Schutzherren. Ein Kaiser, der die Literatur zu fördern wünschte, war ein *patronus*, der alle Rivalen aus dem Feld schlagen konnte. Und wie jeder *patronus* wollte er Lob und Anerkennung hören. Ein Kaiser bot zwar unvergleichlich viele Möglichkeiten zur Lobpreisung, konnte aber auch ungewöhliche Forderungen stellen. Augustus verlangte von seinen Klienten (und von den von seinem Vertrauten der 30er und 20er Jahre Maecenas, geförderten Schriftstellern) nicht weniger als die gezielte Beeinflussung der öffentlichen Meinung zugunsten seines Regimes. Seine Einstellung gegenüber den Schriftstellern, die nicht zu seinem Patronatsnetz gehörten, ist jedoch unklar. Jagte er Ovid wegen des *carmen* oder des *error* ins Exil, wegen dessen Versepos *(Ars Amatoria)*, das ihm infolge seiner unaugusteischen Ansichten zu Liebe und Ehe mißliebig war, oder wegen irgendeiner Taktlosigkeit, vielleicht weil Ovid in den Skandal um die jüngere Julia verwickelt war? Oder wegen beidem? Das Mindeste, was Augustus von in der Öffentlichkeit stehenden Personen erwartete, mochten es Schriftsteller oder Politiker sein, war, daß sie seine Herrschaft und deren Wertsystem nicht in Frage stellten.

Die Reaktion der augusteischen Dichter auf diesen Druck von oben ist nur schwer abzuschätzen. Schwächten Vergil und Horaz ihre eigenen Lobreden ab (falls es überhaupt Lobreden waren)? Wird uns Properz in seinen Gedichten als Bewunderer oder Dissident enthüllt? Welche Wirkung hatte Ovids Schicksal auf die Schriftsteller der Zeit, und, allgemeiner gesprochen, wie wirkten sich die Erfahrungen kreativer Schriftsteller unter dem Augusteischen Prinzipat aus? Die große Zeit der persönlich gefärbten Elegien endete mit Ovid. Ist dies eine Bestätigung des Urteils von Velleius Paterculus, einem festen Anhänger des Prinzipats und Zeitgenossen, daß sich Literaturgattungen gleichsam durch Naturgesetz nur einer kurzen Blütezeit erfreuen (1.16–17)? Oder starb die Elegie nicht eines natürlichen Todes?

Die Geschichte der lateinischen Literatur des Prinzipats stellt uns vor ein ähnliches Dilemma. Die schöngeistige Literatur, welche durch die augusteischen Schriftsteller Petronius, Lucanus, Martial, Juvenal, Tacitus und weitere beachtenswerte Autoren geprägt war, erreichte gegen Ende der 120er Jahre ihre Blütezeit. Zwischen dem ersten Viertel des zweiten Jahrhunderts und dem letzten Viertel des vierten hat sie indes keinen überragenden Vertreter hervorgebracht (mit der möglichen Ausnahme des Apulejus). Es wäre auch verführerisch zu behaupten, die

Einstellung der Kaiser sowie das veränderte politische Klima im allgemeinen hätte in Rom auf die künstlerische Kreativität eine dämpfende Wirkung ausgeübt. Dennoch erlebte das Zeitalter des Augustus ein bemerkenswertes Aufblühen der lateinischen Literatur, und selbst unter Nero und Domitian, die nicht gerade als Vorkämpfer der Freiheit gelten dürfen, gab es beachtliche Höhepunkte. Segnungen und hemmende Effekte der Monarchie müssen demnach gegeneinander abgewogen werden.

Während die klassischen Gattungen der lateinischen Literatur – Epos, Elegie, Drama, Satire und Geschichtsschreibung – allmählich verkümmerten, blühten Redekunst oder Rhetorik auf. Die Monarchie trug zu dieser Entwicklung sowie zur Umwandlung der Redekunst bei, die nach Ansicht von Kritikern, vom älteren Seneca bis hin zu Quintilian, einen qualitativen Abstieg erlebte.

Die Förderung der Rhetorik durch die Kaiser war ein Bestandteil ihrer Politik, Bildung ganz allgemein zu fördern, was wiederum erkennen ließ, daß sie sich besonders der griechisch-römischen literarischen Kultur verpflichtet fühlten: Die Rhetorik war ein Eckpfeiler des Bildungssystems.[3] Erziehung und Ausbildung, normalerweise eine Privatangelegenheit der Familien, die sie sich leisten konnten, gerieten immer mehr ins Blickfeld der Regierung. Augustus ließ in Rom öffentliche Bibliotheken einrichten, Vespasian finanzierte in Rom Lehrstühle für griechische und lateinische Rhetorik, Marc Aurel in Athen Lehrstühle für Philosophie, und Vespasian begann damit, Lehrer von anderweitigen lokalen Verpflichtungen freizustellen. Die Redekunst blühte zwar, aber man war allgemein der Ansicht, sie habe sich zum Schlechteren verändert. Unter den Kaisern beschleunigte sich die Entwicklung von rhetorischer Theorie hin zu Deklamation in Form von *suasoriae* (Ansprachen mit Ratschlägen an irgendeine historische oder mythologische Gestalt) und von *controversiae* (Plädoyers in imaginären Gerichtsverfahren). Öffentliche Deklamationen sollten unterhalten und nicht überzeugen; die Themen dieser Ansprachen hatten nichts mit dem wirklichen Leben zu tun; sie waren überladen und sentenzenhaft. Schüler ahmten diesen Stil bei ihren Übungen nach und verwendeten ihn später selbst im öffentlichen Leben. Dieses hatte sich jedoch inzwischen grundlegend gewandelt, und für eine Reihe von Schriftstellern lag darin eine Hauptursache des Verfalls der Redekunst. Wichtige politische Fragen wurden nicht mehr öffentlich debattiert. Der harte Konkurrenzkampf unter Politikern, der die großen rednerischen Anstrengungen des letzten Jahrhunderts der Republik in Senat, Volksversammlung und vor Gericht hervorgebracht hatte, verschwand unter dem Prinzipat. Die «freie Redekunst» von Männern wie T. Labienus und Cassius Severus, die unter Augustus erheblich zum Verfall dieser Gremien beigetragen hatten, ging zu Ende. An ihre Stelle traten degenerierte Formen der öffentlichen Rede, was ein direktes Ergebnis des kaiserlichen Patronats war: etwa die Beschuldigung eines Angeklagten in einem politischen Prozeß durch einen Ankläger, der sich davon persönliches Fortkommen und materielle Vorteile versprach, oder die schmeichelhafte Rede an den Kaiser, die ein neuernannter Konsul hielt (Plinius' *Panegyricus* ist ein überliefertes Musterbeispiel).

Soweit die zeitgenössische Kritik an der Rhetorik. Sie ist noch heute von Nutzen, einmal wegen ihrer Dokumentation des Wandels, zum anderen wegen ihrer Begründung dieses Wandels. Vor allem die politische Erklärung scheint noch gültig zu sein (jedoch nicht allein) und für den Gegenstand dieses Kapitels relevant, obwohl wir nicht alle Einzelheiten akzeptieren müssen. So war beispielsweise die politische Rhetorik der Kaiserzeit nicht ausschließlich eigennützig oder absichtlich destruktiv.

Überdies hatte auch die «moderne» Redekunst gleichermaßen Anhänger, etwa M. Aper in Tacitus' *Dialogus*, wie Gegner. Der entschiedenste Kritiker, Quintilian, konzediert zwar die Nützlichkeit von *controversiae* und *suasoriae*, distanziert sich aber von der Ansicht Ciceros, der Rhetorik solle die akademische Philosophie zugrunde liegen. Die Differenzen, die sich zwischen Cicero und dem älteren Seneca oder Quintilian oder auch zwischen Quintilian und den beliebten Rednern seiner Zeit auftaten, sollten nicht in Begriffen des Niedergangs, sondern der unterschiedlichen Vorlieben analysiert werden.

Die Redekunst verfiel nicht; sie blühte auf. Da sie von dem Ausbleiben herausragender Exponenten der herkömmlichen lateinischen Literaturgattungen profitierte, hatte die schmuckvolle Redekunst um die Mitte des zweiten Jahrhunderts sogar den Status der beliebtesten Literaturform erreicht. Fronto, der führende Literat Roms zur Zeit des Antoninus und Lehrer von Kaisersöhnen, war als Redner berühmt. Es ist jedoch symptomatisch, daß Frontos literarischer Ruf anders als etwa der des Tacitus, des größten Redners einer früheren Zeit, nicht weiter reichte und auf die Rhetorik beschränkt blieb.

Die glänzendsten Vertreter der Redekunst des zweiten Jahrhunderts jedoch, die «Sophisten» (auch als Rhetoren oder Philosophen bekannt) der sogenannten Zweiten Sophistik, stammten aus dem griechischen Osten.[4] Diese Wanderredner faszinierten die Menschenmengen mit ihrem verbalen Feuerwerk, kamen so zu Reichtum und wurden zu Freunden der Großen und Mächtigen. Ihre Eloquenz wurde auch für politische Ziele eingespannt, zu denen die Sicherung von Gunstbeweisen und Belohnungen von Einzelpersonen und Gemeinwesen gehörten. Diese Redner leisteten bei den römischen Kaisern und deren Vertretern die Überzeugungsarbeit.

Die Beliebtheit der Sophisten ist ein Beleg für die allgemeine Vorherrschaft der griechischen Kultur im Mittelmeerraum im zweiten und frühen dritten Jahrhundert. Daß der stoische Kaiser Marc Aurel sein Werk *Die Bücher der Gedanken über sich selbst* in griechischer Sprache abfaßte, mag vielleicht als Abweichung abgetan werden, nämlich insofern, als seine tiefe Verbundenheit mit der griechischen Kultur nicht als typisch für die westliche Elite dieser oder irgendeiner anderen Periode der römischen Geschichte gelten sollte; aus diesem Grund wäre es unklug, vom Vorhandensein einer vereinigten griechisch-römischen literarischen Kultur zu sprechen, die für eine zweisprachige Elite charakteristisch sei.[5] Andererseits läßt sich zugestehen, daß die Überlegenheit der griechischen Kultur, die von der Elite Roms direkt oder indirekt längst anerkannt worden war, in der Zeit der Antoniner und Severer klarer hervortrat als je zuvor. Der Tiefstand der lateinischen Literatur fiel zeitlich mit einer besonders vitalen Periode der griechischen zusammen, in der die sophistische Richtung nur ein Teilaspekt war.[6] Diese literarische Renaissance der Griechen brachte wirkliche Literaten wie Lukian, Alkiphron und Philostratos hervor, Historiker vom Rang Arrians und Appians, die Altertumskenner Pausanias und Athenaeus, den Romancier Longus sowie den medizinischen Schriftsteller Galen. Während sich viele dieser Autoren durch ihr selbstbewußtes, demonstratives Desinteresse an Rom auszeichnen, das dem Wunsch entsprang, die Integrität ihres kulturellen Erbes zu bewahren, fanden sich andere, die Rom offen priesen oder ihre Energien zumindest darauf verwandten, Aufstieg und Fortschritt des Römischen Imperiums für die Nachwelt festzuhalten. Fast ein ganzes Jahrhundert lang, von Appian bis Cassius Dion und Herodian, wurde römische Geschichte von Griechen oder griechischsprechenden Autoren auf griechisch geschrieben. Die griechische Schizophrenie beim Thema Rom war nicht neu, erreichte im zweiten Jahrhundert aber neue Höhen. Die Segnungen der römischen Herrscher waren nämlich nie so offenkundig und die Verwundbarkeit der hellenischen Kultur – die Gefahr, daß eine minderwertige Kultur eine höherstehende vertreiben könnte – nie deutlicher wahrzunehmen gewesen. Daß beide Einstellungen nebeneinander und die literarische Kultur Griechenlands ganz allgemein blühen konnten, war eine Folge der wohlwollenden Einstellung und der Politik der römischen Kaiser sowie der von ihnen bewirkten politischen Integration des Mittelmeerraums.

In den bildenden Künsten entwickelte sich ein offizieller kaiserlicher Stil mit einer unverwechselbaren Botschaft und einem eigenen Repertoire von Kunstformen. Indem sie bestimmte Traditionen und Stilkonventionen bereits aus der Spätzeit der Republik zusammenbrachte, stellte die Kunst der Augusteischen Ära eine lebenskräftige Basis für diese neue Bestimmung von offizieller Kunst als Propaganda bereit. Kunstwerke (ob Skulpturen oder «mindere» Kunstwerke wie etwa Silberarbeiten und Kameen) und Architektur dienten der Verstärkung von Zielen und Forderungen des Kaisers. Das verlangte Bild vom Kaiser und seiner Familie wurde durch Porträtmalerei sorgfältig erzeugt. Man zeigte ihn in idealisierter Form als Edelmann, bildete ihn beim Opfern ab, wobei man seine Gnade und Mildtätigkeit betonte und auch andere bedeutsame Handlungen herausarbeitete. Die gegensätzlichen Themen von Sieg und Frieden werden deutlich sichtbar an den Triumphbögen und gedenkenden oder dekorativen Reliefs an Bauwerken sowie der Ara Pacis und auch anderen «minderen» oder «nichtoffiziellen» Kunstwerken. Die Ara Pacis Augustae faßt alle Themen der augusteischen Propaganda zusammen. Dieser Altar suggeriert die Fortsetzung der großen Traditionen der Vergangenheit und weist in allegorischer Form auf die gegenwärtige Rolle der kaiserlichen Familie und auf die allgemeine politische und soziale Lage hin.[7]

Der für diese offiziellen Zwecke verwendete eklektische, klassische Stil findet sich in Rom und Italien auch bei privaten Kunstwerken. Man erkennt ihn beispielsweise an den Dekorationen bestimmter Häuser, die man zu dem spätpompejanischen «zweiten Stil» und frühen «dritten Stil» zählt, etwa am Haus der Livia auf dem Palatin, im Haus der Villa Farnesina in Rom und in der Villa von Boscotrecase außerhalb Pompejis. Der formale Klassizismus des «dritten Stils» ließe sich allgemein mit dem maßgebenden Geschmack des Augustus und seines Kreises in Zusammenhang bringen.[8]

Den Nachfolgern des Augustus ging es darum, mit Hilfe des Mediums Kunst das Prinzip der dynastischen Kontinuität zu betonen. Bei der mit aller Wahrscheinlichkeit postumen Prima-Porta-Statue des Augustus sehen wir eine im wesentlichen klassische Pose (die an den Doryphorus von Polycleitus erinnert), die durch komplexe bildliche Darstellungen auf dem Küraß verstärkt wird, vielleicht eine Anspielung auf den diplomatischen Erfolg des Kaisers auf Kosten der Parther, der hier in einen Sieg umgemünzt wird. Auf den Silberbechern von Boscoreale finden wir historische Szenen mit Aspekten der Herrschaft des Augustus in Krieg und Frieden sowie einen Triumphzug des Tiberius. Auch das Ravenna-Relief aus Claudischer Zeit zeigt Angehörige der kaiserlichen Familie einschließlich des Augustus in göttlicher oder heldenhafter Aufmachung.[9]

Nach Augustus lebten nur wenige hellenisierte Kunstformen wieder auf, die durch die Vorliebe des Augustus für idealisierte klassische Formen an den Rand gedrängt worden waren. Gegenständliche Kunst und Architektur entwickelten sich in dieser Tradition ständig weiter und wurden bis Anfang des zweiten Jahrhunderts zu deren Hauptmerkmal, obwohl gelegentlich die klassische Tradition noch gepflegt wurde. In der Bildhauerei zeigt sich dies in realistischeren und kräftiger modellierten Porträts, an dem zunehmenden Interesse für Hell-Dunkel-Effekte und konstrastierende Materialien sowie in der Vorliebe für kühnere Reliefformen. In der Wandmalerei findet diese Entwicklung eine Parallele in der Einführung des «Vierten Stils», der die Perspektive wiederbelebt; auf einzelnen Wandgemälden sehen wir eine fast impressionistisch anmutende Technik mit weniger durchgebildeten Formen.

Augustus setzte ein großes Wiederaufbau- und Neubauprogramm ins Werk, dessen größte Leistung das Forum Augusti ist und das dem Kaiser wegen seines Bürgersinns das Lob des Vitruvius eintrug. Ganz anders Neros Goldenes Haus, das eher seinen eigenen, ehrgeizigen Geschmack verrät denn irgendwelchen Bürgersinn. Diese phantastische architektonische Anlage umfaßte eine vollständig gestaltete Landschaft mit einem See, ein vielgestaltiges, mit Wandgemälden reich geschmücktes Wohnhaus (wie sie auch in einigen Kampanischen Bildern des «vierten Stils» zu finden sind) und beherbergte nicht nur eine Kunstsammlung, sondern auch eine kolossale Nerostatue. Domitians riesiges Domus Augustana auf dem Palatin (im Jahr 92. n. Chr. eingeweiht), mit dem Teile des Goldenen Hauses ersetzt wurden, steht in der gleichen Tradition kaiserlicher Selbstverherrlichung. Im Gegensatz dazu wurde mit dem Kolosseum (im Jahre 80 n. Chr. von Titus eröffnet), das auf dem Gelände von Neros ehemaligem See steht, sowie den

Thermen des Trajan auf dem Esquilin (im Jahr 109 eröffnet), die einen weiteren Teil des Goldenen Hauses ersetzten, offensichtlich darauf hingearbeitet, die beiden Kaiser beim Volk beliebt zu machen. Daneben gibt es weitere Gebäude, die wegen ihrer formalen Vielgestaltigkeit und kühnen Architektur dem Stadtbild ein neues Aussehen verliehen. Zu diesen Arbeiten der Architekten von Vespasian bis Trajan gehören Vespasians Friedenstempel neben dem Forum des Augustus (ein großer Komplex mit Portiken, einem Tempel und einer Bibliothek), der Markt Trajans auf dem Quirinal und darunter das Trajanforum – ein großer Hof mit Säulengängen, einem Triumphbogen am Südende und der Basilica Ulpia am Nordende, hinter der die Trajanssäule stand und kurze Zeit später auch Hadrians Tempel für den zur Gottheit erhobenen Trajan. Diese Neubauten sollten Macht, Reichtum und Bürgersinn der Kaiser unter Beweis stellen.[10]

Mit Beginn der zweiten Hälfte des ersten Jahrhunderts n. Chr. wurden in der offiziellen Kunst zunehmend standardisierte Motive und Szenen verwendet wie die kaiserlichen *profectio* und *adlocutio*, d. h. der Aufbruch des Kaisers zu einem Feldzug und seine Ansprache an die Soldaten. Dieser Trend sowie eine parallele Entwicklung, nämlich die erstmalige Verwendung allegorischer Figuren zur Unterstützung des Herrschers, zeigt sich etwa in dem Trajansbogen in Benevent und dem Trajansfries an der Trajanssäule, die beide den Dakischen Krieg Trajans in umlaufenden Friesen zeigen.[11] Spätere Kaiser, vor allem Marc Aurel und Septimius Severus, feierten ihre militärischen Erfolge mit Reliefskulpturen, auf denen bereits konventionelle Kriegsszenen auf Bögen oder Säulen abgebildet sind; diese Denkmäler lassen bedeutsame neue Entwicklungen der kaiserlichen Ikonographie erkennen, die sich bis zur Herrschaftszeit des Hadrian oder noch länger zurückverfolgen lassen.

Der hadrianische «Neoklassizismus» war ein Produkt des persönlichen Geschmacks und des Patronats dieses kultiviertesten aller Kaiser.[12] Hadrians Klassizismus entsprach jedoch nicht dem blassen und akademischen Traditionalismus seiner Vorgänger, der Antoniner-Kaiser. Übernommene und neue künstlerische Vorstellungen wurden in der Architektur und Ausschmückung der großartigen, extravaganten «Villa» in Tivoli oder beim Pantheon kombiniert, das als riesiger Dom aus Gußmauerwerk mit Backsteinfassade und einem kunstvoll ausgeschmückten Innenraum wiedererstand. Hadrian («der Grieche») führte ein neues Element in die kaiserliche Porträtkunst ein, nämlich den Kaiser als bärtigen griechischen Helden. Für die künftige Entwicklung der römischen Kunst war seine tätige Förderung des Imports von Techniken der Bildhauerei und der künstlerischen Darstellung, welche die klassische Tradition nach und nach verdrängten, noch bedeutsamer. Ein Vergleich von Trajans- und Severerbögen (und auch von Trajans- und Aureliansäulen) verrät einen Rückzug vom Realismus und läßt erkennnen, daß sich die Kluft zwischen Kaiser und Untertanen verbreitert hatte: So wird der Kaiser auf den späteren Monumenten nicht im Profil, sondern *en face* gezeigt; er überragt Gruppen von Soldaten, die nicht voneinander zu unterscheiden sind. Der unverwechselbar asiatische oder orientalische Stil dieser Reliefs, wie wir sie auf den Severerbögen in Rom und (deutlicher noch) Lepcis Magna finden, drückt in höchster Vollendung aus, wie sich die neue Dynastie sah – in einer alles überragenden religiösen und politischen Machtstellung.

Rom und das Imperium

Wir haben uns bislang auf die Hauptstadt konzentriert. Darüber ist die Ausbreitung der kulturellen Einrichtungen und Praktiken etwas ins Hintertreffen geraten, die sich in Rom durch die Verschmelzung römisch-italischer mit provinziellen, vor allem griechischen, Elementen entwickelt hatten. Die Romanisierung war ein Gemeinschaftswerk von Zentralregierung und lokalen Bemühungen. In viele Teile des Westens wurde ein künstlich geschaffenes städtisches Umfeld aus Sprache, Bildungssystem, Religion, Architektur und Kunst verpflanzt, und zwar mit Hilfe der Kaiser und deren Vertreter in der Hauptstadt. Doch selbst in diesen Regionen des Imperiums hingen Schnelligkeit und Umfang der Romanisierung entscheidend von der Bereitschaft der lokalen Eliten ab, bei der Umwandlung der Institutionen und Wertsysteme ihrer Gemeinwesen die Initiative zu ergreifen. Im übrigen hinterließ der Einfluß Roms auf einheimische Kulturtraditionen unterschiedlich starke Spuren, je nach Entfernung und Erreichbarkeit von Rom, dem Grad der Urbanisierung und der Einwanderung aus Italien, der Nähe eines stehenden Heeres und der Überlebensfähigkeit örtlicher Sitten und Gebräuche.

Die Städte sind der Schlüssel der Entwicklung. Die Romanisierung war gerade in den Regionen am durchgreifendsten und erfolgreichsten, in denen das städtische Wachstum am ausgeprägtesten war: auf der iberischen Halbinsel (besonders im Süden und Osten), in Südfrankreich und Nordafrika. Die Urbanisierung ließ hier eine Politiker- und Beamtenschicht entstehen aus Einheimischen oder Einwanderern, die sich in die überkommene gesellschaftliche Hierarchie Roms einfügen konnten. Die Urbanisierung brachte auch spanische Dichter, gallische Redner und, beginnend mit Sueton, eine erstaunlich große Anzahl afrikanischer Literaten hervor, die auf ihre Latinität stolz waren, welcher Qualität ihre Werke auch sein mochten.

Die römische Verwaltung führte in den im Westen gegründeten Städten Latein als Amtssprache ein und ignorierte alle einheimischen Sprachen, ob Iberisch, Keltisch, Punisch oder Libysch. Man ließ den Städtischen Eliten eine römische Erziehung angedeihen, wie wir aus wichtigen Passagen von Tacitus und anderen römischen Schriftstellern wissen, weitere Quellen sind die den Pädagogen gewidmeten Inschriften (etwa für den *grammaticus* Demetrius von Tarsus, der in York lehrte) und solche, in denen von mißratenen Dichtungen die Rede ist (vor allem in Nordafrika) sowie von den Karrieren und literarischen Schöpfungen der hervorragendsten Absolventen des Bildungssystems.[13]

Die Provinzialen (und Italiker), die den größten politischen Ehrgeiz und Bildungshunger hatten, verlegten ihren Wohnsitz nach Rom, wo die besten von ihnen die intellektuelle Szene beherrschten. In der flavischen Zeit konnten die Römer etwa den Spanier Quintilian bewundern, den führenden Rhetor und ersten Inhaber des staatlichen Lehrstuhls für lateinische Rhetorik, der in Literatur und Bildungswesen die herkömmlichen römischen Maßstäbe gegen die Neuerungen der Silbernen Latinität mit ihrer auf Effekt angelegten, poetisch ausgeschmückten Prosa verteidigte. Zu den Vertretern der Silbernen Latinität gehörten u. a. Seneca und Lucanus, ebenfalls Spanier, die Martial, ein weiterer Spanier, zusammen mit ihrem Vater, dem älteren Seneca, als Ruhm Cordobas bezeichnet (*Epig.* 1.16). Im zweiten Jahrhundert löste Afrika Spanien als Hauptexporteur intellektueller Glanzlichter nach Rom ab: Der Biograph Sueton, der Redner Fronto und der Grammatiker Sulpicius Apollinaris sind die bekanntesten Vertreter. Bei all diesen Männern ist nicht etwa bemerkenswert, daß sie ebenso wie viele andere der magnetischen Anziehungskraft Roms erlagen, sondern daß sie mit Ausnahme Martials in ihren Schriften so wenig von ihrer provinzialen Herkunft erkennen lassen. Aus diesem Grund ist die afrikanische Herkunft Suetons nicht zweifelsfrei geklärt, der in einer ehrenden

Inschrift aus Hippo Regius im östlichen Algerien gefeiert wird; ebenso unklar ist die vermutete südgallische Herkunft des Tacitus, über den wir leider keine vergleichbare Inschrift besitzen.[14]

Zwei Generationen nach Sueton und eine nach Fronto wurde Apuleius geboren, der sich insofern von den anderen Autoren unterschied, als er lesenswerte lateinische Literatur außerhalb Roms schrieb. Das taten ihm später zahlreiche andere Afrikaner nach, etwa Tertullian, Nemesianus und Lactantius bis hin zu Augustin, der Karthago als intellektuelles Zentrum für akzeptabel hielt. Apuleius ist ein Symbol für die Kreativität und das Selbstvertrauen der afrikanischen Gesellschaft in der Zeit der späten Antoniner und der Severer. Der repräsentativste Literat Afrikas in dieser Zeit war jedoch nicht Apuleius, sondern Fronto. Apuleius hielt sich selbst für einen (platonischen) Philosophen; Sophist wäre eine angemessenere Bezeichnung. Allerdings kommt es nicht darauf an, welchen Begriff man verwendet; sie überschneiden sich ohnehin. Bedeutsamer ist, daß diese Interessen in Nordafrika Seltenheitswert besaßen und Apuleius nach Athen führten. Das natürliche Betätigungsfeld des Anwalts Fronto war Rom, und Afrika war, wie Juvenal bemerkte, «die Amme der Anwälte».[15]

Durchschnittliche Prosawerke sind oft genauso aussagekräftig wie die brillanten Ausnahmen. Auf jeden Fronto, Martial oder Favorinus, den Sophisten aus Arles, kamen Tausende uninspirierter Literaten, die «Ciceros» und «Vergils» ihrer Städte, oder ehrgeizige, mittelmäßige Talente, deren Werke in Rom keinerlei Eindruck machten, und Kleinstadtgrößen, die in ihren Heimatprovinzen die Möglichkeiten zu gesellschaftlichem und politischem Fortkommen nutzten, die das Bildungssystem ihnen bot.

Auf einer noch niedrigeren Ebene stand das Bildungsniveau des durchschnittlichen Schulabgängers in den Städten, ob in Apuleius' Heimatstadt Madauros oder im spanischen Isona (*CIL* II 4465). Jede Stadt besaß zwar ihre *grammatici*, welche die Grundzüge einer literarischen Bildung vermitteln konnten; aber Rhetoriklehrer waren nicht überall zu finden, und nur die oberste Führungsschicht konnte sich in den größeren Städten die übliche rhetorische Bildung leisten – von einer juristischen Ausbildung ganz zu schweigen. Die Schulen in Plinius' Heimatstadt Como waren so mangelhaft, daß die begabteren – und wohlhabenderen – jungen Leute in das regionale Zentrum Mailand abwanderten, wenn sie eine klassische Bildung anstrebten (*Ep.* 4.13). Obwohl nicht nur Lateinisch, sondern auch Griechisch unterrichtet wurde, wissen wir aus literarischen Quellen und von Inschriften, daß Gelehrsamkeit und fließende Beherrschung in beiden Sprachen (was durchaus nicht das gleiche ist) Seltenheitswert besaßen, und wer beide Sprachen perfekt beherrschte, konnte sich dessen auf einer Inschrift oder in einer öffentlich gehaltenen Rede rühmen.[16] Man darf freilich nicht vergessen, daß sich zwischen einem Apuleius und dem durchschnittlichen Stadtbewohner eine gewaltige Kluft auftat, denn dieser blieb von dem Bildungssystem weitgehend ausgeschlossen und konnte sich höchstens einige Brocken Latein aneignen.

Architektur und Kunst der Hauptstadt sowie Sprache und Bildungssystem der Römer wurden auf Initiative der Regierung in die unterentwickelten westlichen Provinzen exportiert. Neugegründete Städte, Gemeinwesen, denen man den römischen Status verliehen hatte, und die Stammessitze erhielten, wenn auch nicht alle sofort, ein rechtwinkliges Straßennetz sowie eine Reihe öffentlicher Gebäude für administrative, politische und religiöse Zwecke sowie zur Unterhaltung der Massen.[17] Neubauten und Stadterneuerung gab es so gut wie überall. Nirgends jedoch wurde die Stadtverschönerung mit so großer Begeisterung angegangen wie in der griechischen Welt, in der sich alte Städte mit ehrgeizigen Bauvorhaben gegenseitig auszustechen suchten, die meist durch offizielle Zahlungen und Stiftungen der lokalen Elite unterstützt wurden. Gelegentlich half die Großzügigkeit bekannter Philanthropen, etwa Herodes Atticus aus Athen oder Opramoas aus Rhodiapolis in Lycien Mitte des zweiten Jahrhunderts, bei der Finanzierung aus.[18] Manchmal läßt sich auch direkte Einflußnahme der Kaiser nachweisen. So lösten Hadrians Reisen an allen Orten, die er besuchte, eine lebhafte Bautätigkeit aus; vor allem veränderte er die Stadtlandschaft von Italica in Spanien, seinem Geburtsort, und von Athen, seiner geistigen Heimat. Septimius Severus verschönerte seine Heimatstadt Lepcis Magna. Im allgemeinen genügten jedoch das Beispiel und die grundsätzliche Anregung der Kaiser, um die Führungsschicht der Städte zu einer Tätigkeit anzuregen, die mit deren politischem Ehrgeiz, ihrem Wertsystem und ihrem Lebensstil ohnehin in Einklang stand.

In Regionen mit schnellem urbanem Wachstum wie in Südfrankreich oder dem südlichen und östlichen Spanien machte sich der Einfluß der Hauptstadt und Italiens deutlich bemerkbar, da zugewanderte Künstler und Handwerker Repliken öffentlicher Gebäude Roms im kleinen schufen; ferner wurden Artefakte aus Ton und Metall, die aus italischen Werkstätten stammten, in Umlauf gebracht; bislang unbekannte

Fertigkeiten, etwa Wandmalereien und die Mosaikkunst, wurden gleichfalls heimisch.

Stil- und Kunstformen der Provinzen wurden durch die importierten Elemente nur selten beeinflußt oder erst spät den römischen Mustern angepaßt. Es sind aber Fälle bekannt, in denen bedenkenlos Anleihen gemacht wurden, und so blühten römischen Vorbildern nachempfundene Handwerkskünste auf, etwa die Töpfereien Galliens, die rot glasierte samianische Waren erzeugten, eine Weiterentwicklung der hellenistischen Töpferkunst. Auch vermischten sich fremde und einheimische Elemente, woraus ein unverwechselbar lokaler Stil erwuchs. So werden etwa in der britischen Bildhauerkunst im wesentlichen klassische Gestaltungselemente mit einer stilisierten, «begrifflichen» keltischen Formgebung kombiniert. In der Mosaikkunst, die Mitte des zweiten Jahrhunderts in den nordwestlichen und afrikanischen Provinzen entstand, entwickelten afrikanische Handwerker einen nirgendwo sonst im Imperium anzutreffenden Einfallsreichtum. Während sich Italien nie von den Schwarzweiß-Mosaiken mit traditionellen, rein ornamentalen Mustern lösen konnte, schufen die Mosaikkünstler Afrikas von der Zeit der Severer an freie Kompositionen von prächtiger Farbgebung und gaben bei ihrer Arbeit realistischen Szenen den Vorzug, die Interessen und Beschäftigungen ihrer Schutzherren widerspiegelten (Jagd, Zirkus und Amphitheater sowie Landleben).[19]

Die Grenzen der Romanisierung: die Städte

Römer und Einheimische kamen vor allem im westlichen Imperium so gut wie ausschließlich im städtischen Umfeld miteinander in Berührung und schufen gemeinsam eine römisch-afrikanische, römisch-britische oder irgendeine andere besondere und originale Kultur. Die Städte wurden zwar auch im Osten immer zahlreicher und größer, aber sie blühten in der Tradition der hellenischen und nicht der römischen Kultur. Wenn Dorfbewohner, etwa die Bürger von Tymandeni in Galatien, eine Petition an den Kaiser richteten, um die Stadtrechte zu erhalten, wollten sie eine *polis* und keine *colonia* und kein *municipium*. Wenn die Kaiser im Osten Städte gründeten oder Gemeinwesen von geringerem Status aufwerteten, wie es Septimius Severus in Ägypten machte, gaben sie ihnen griechische und nicht römische Institutionen. Griechisch und nicht Latein war die Amtssprache in Trajans neugegründeter Provinz Arabia, in der das Nabatäische verdrängt wurde.[20]

Die früheren Kolonien, die Caesar für römische Zivilisten und Augustus für entlassene italische Armeeangehörige gegründet hatten, sind anders als die späteren «Titular»-Kolonien, deren Förderung die Romanisierung nicht einschloß, eher die Ausnahme. Die Augusteische Kolonie in Beirut, Colonia Julia Augusta Felix Berytus, wurde, wie Münzen der Zeit belegen, in Übereinstimmung mit einem traditionellen etruskischen Ritus gegründet, dem, wie vermutet wurde, sogar Romulus bei der Gründung Roms gefolgt war. Die Stadt erhielt wie andere Veteranenkolonien ein rechtwinkliges Straßennetz (ein typisches Beispiel ist das numidische Timgad). Sie besaß am Schnittpunkt der beiden Hauptstraßen ein Forum und ein Kapitol und wurde mit einer ansehnlichen Reihe öffentlicher Gebäude geschmückt, zu denen auch die typisch römischen Einrichtungen wie Hippodrome, Theater und Amphitheater gehörten, die mit Hilfe freundlich gesinnter Könige errichtet wurden, unter denen vor allem Herodes der Große und sein Enkel Herodes Agrippa I. zu nennen sind. Die politischen Einrichtungen waren den römischen nachgebildet, und ihre Bürger wurden einem römischen Verwaltungsbezirk zugeordnet, der fabischen Tribus.[21]

Über die kulturelle Entwicklung der frühen Kolonien im Osten, italischen Inseln in griechischen Gewässern, wissen wir immer noch sehr wenig. In den sechs pisidischen Kolonien, die Augustus im südlichen Kleinasien im Binnenland angelegt hatte, blieb Latein zwar die Amtssprache (etwa bei Inschriften für den Kaiser und dessen Vertreter), verlor aber gegenüber dem Griechischen ständig an Boden. Die Augusteische Veteranenkolonie Heliopolis in der Talebene in Baalbek entwickelte sich im großen und ganzen ähnlich, wie wir aus dem weitgehend epigraphischen Quellenmaterial wissen.[22] Inschriften aus dem nahe gelegenen Beirut besitzen wir dagegen kaum. Die Unverwüstlichkeit des römischen Bildungssystems in dieser Stadt wird jedoch durch die Karriere eines ihrer Bürger belegt, M. Valerius Probus, Mitte des ersten Jahrhunderts ein herausragender lateinischer *grammaticus* und Herausgeber von Vergil, Horaz und Terenz. Noch auffallender ist, daß Ende des zweiten Jahrhunderts, wenn nicht schon früher, eine berühmte Rechtsschule hier ihren Sitz hatte. Das römische Recht war im Osten so etwas wie ein Luxusgut, scheint aber eine Spezialität der phönizischen Städte gewesen zu sein, die u. a. die großen Severer-Juristen

Ulpian und Papinian hervorbrachten. Die umfassendere Bedeutung einer Rechtsschule liegt, wie Gregorius Thaumaturgus (etwa 239 n. Chr.) und Libanius (etwa um 370) bezeugt haben, jedoch darin, daß sie in einem weiteren Umkreis den Lateinunterricht förderte. Gregorius erinnert sich, er habe im fernen Kappadokien Latein mit dem Ziel gelernt, römisches Recht zu studieren, «in Berytus, der römischsten aller Städte, dem Zentrum der juristischen Ausbildung».[23]

Die römische Kultur machte im Osten Fortschritte. Unter den bedeutsamen Faktoren lassen sich nennen: die Niederlassung zahlreicher italischer Händler und Finanziers von der zweiten Hälfte des zweiten Jahrhunderts v. Chr. an in den Städten des Ostens; die Präsenz von etwa 25 Siedlungen italischer Kolonisten im Osten von Caesar und Augustus an; das Vorhandensein römischer Bildungseinrichtungen in diesen Kolonien, aber nicht nur dort; die Verwendung von Latein als Amtssprache der Armee sowie von Zivilverwaltung und Justiz; die Einsetzung des Romkults vom frühen zweiten Jahrhundert v. Chr. an und die spätere Verbreitung des Kaiserkults; die Beliebtheit einiger römischer Unterhaltungsformen, vor allem der Gladiatorenspiele und der Spektakel mit wilden Tieren (die normalerweise mit der Ausübung des Kaiserkults zusammenhingen), sowie die weite Verbreitung von Tempeln mit Podiumssockeln römischen Stils, von Thermen, Theatern und Amphitheatern. Gelegentlich wurden römische Gebäude sogar offen kopiert. Die Herodestheater in Jerusalem, Caesarea und anderswo waren dem Pompejustheater in Rom nachgebildet, die der Stifter zwei Jahrzehnte nach ihrer Errichtung zu sehen bekam. Örtliche Initiative, die dem dringenden Wunsch entsprang, die besondere Bindung einer Stadt an Rom zu nutzen, stand hinter der Errichtung des frühen tiberianischen Sebasteion-Komplexes in Aphrodisias. Es handelt sich um einen einzigartigen Prozessionsweg, den man durch eine mit Säulengängen ausgestattete Vorhalle betrat und der zwischen dreistöckigen Wänden hindurch zu einem Tempel führte. Das Sebasteion war äußerlich dem Augustusforum in Rom nachempfunden und erinnerte mit seinen üppigen Reliefs an einige Ereignisse der jünsten Vergangenheit Roms, vor allem an die Beisetzungen des Augustus und des Drusus, Tiberius' Sohn.[24]

Die kulturelle Tradition der Griechen war viel zu stark, um auf heimischem Boden verdrängt werden zu können, obwohl mehrere aufeinanderfolgende römische Regierungen geneigt gewesen wären, einen Frontalangriff zu wagen. So wie die Dinge lagen, zogen es die kaiserlichen Regierungen allerdings vor, die hellenische Kultur auf Kosten lokaler östlicher Kulturen zu schützen und zu fördern. Gerade diese Politik machte für den gebildeten Griechen den wichtigsten Vorzug der römischen Herrschaft aus. Sie erklärt auch, warum die intellektuelle und politische Führung der Griechen den Dauerzustand der politischen Unterordnung akzeptierte und für besondere Direktiven und Initiativen Roms immer ein offenes Ohr hatte – übrigens auch für neue Moden der Hauptstadt. So verbreitete sich die Herstellung von Sarkophagen, die Anfang des zweiten Jahrhunderts in Rom und Ostia aufgenommen wurde, um dem zunehmenden Wunsch der römischen Oberschicht nach Erd- statt der bisher üblichen Feuerbestattung zu entsprechen, sehr rasch auch im Osten; allerdings wurde die große Nachfrage nach diesen kunstvoll gestalteten Särgen dort von lokalen Handwerkern befriedigt (die in Athen und mehreren Städten Kleinasiens tätig waren). Die dekorativen Reliefs dieser Sarkophage zeigen eine rein griechische Formensprache.[25]

Über die Vermischung von Kulturen in den Städten des östlichen Imperiums ließe sich noch weit mehr sagen, aber einer solchen Erörterung müßte eine Untersuchung der Grenzen der Hellenisierung vorangehen. Die Einzigartigkeit und Überlebensfähigkeit der jüdischen und ägyptischen Kulturen sowie das ständig neue Aufkommen einflußreicher orientalischer Kulturen sind dem, der sich mit dem Osten und dem Nahen Osten beschäftigt, wohlvertraut. Die verschiedenen anatolischen Kulturen blieben weitgehend unbeachtet, bis spätere christliche Quellen den Schleier zum Teil lüfteten; aber in den phönizischen Städten läßt sich die Kontinuität der prägriechischen Vergangenheit in Sprache, politischen Institutionen, Kulten, Literatur und Dokumenten sowie im historischen Bewußtsein relativ verläßlich aufzeigen. Mehr noch, gegen Ende des von uns untersuchten Zeitraums gab es Kaiser und Höflinge, die wegen ihrer persönlichen Erfahrungen über die Vitalität der phönizischen und anderer Kulturen des Nahen Ostens besonders gut Bescheid wußten. Der Jurist Ulpian, der stolz darauf war, in Tyrus geboren zu sein, spielte mit dem Gedanken, als alternative Amtssprachen für bestimmte Rechtsgeschäfte Punisch und Aramäisch (‹Assyrisch›) statt Latein oder Griechisch zu wählen (*Digesten*, 45.1.1.6). Aus dem punischsprechenden Tripolitanien stammte die Familie des Septimius Severus und aus einer aramäischsprechenden Region Syriens die seiner zweiten Frau Julia Domna.[26]

Das Überleben der phönizischen Kultur hatte nicht nur für den Umfang der Hellenisierung des Ostens bedeutsame Folgen, sondern auch für die Romanisierung des Westens. Die griechische Kultur blieb wegen ihres anhaltenden Einflusses auf die Kultur Roms und ihres Überlebens in verschiedenen westlichen Vorposten von Sizilien bis Spanien ungeschwächt. Am auffälligsten zeigte sich diese Vitalität in Neapel, «einem nur 230 Kilometer von Rom entfernten griechischen Schaufenster». Das Überleben der zweiten «kolonialen» Kultur, der phönizischen nämlich in Nordafrika, wird durch Hunderte neopunischer Inschriften (von denen viele amtlicher Natur waren, so im Lepcis Magna des ersten und im Maktar des ersten und zweiten Jahrhunderts) und durch literarische Belege aus Statius in der zweiten Hälfte des ersten Jahrhunderts bis hin zu Augustinus Anfang des fünften Jahrhunderts bezeugt. Die abschätzige Bemerkung des Apuleius über seinen aufsässigen Stiefsohn Pudens aus Oea in Tripolitanien, dieser spreche nie anders als punisch, mag gegenüber diesem Pudens zwar unfair sein, läßt aber den Schluß zu, daß das Punische in der Mitte des zweiten Jahrhunderts nicht nur bei den besitzenden Klassen, sondern auch bei ungebildeten Stadtbewohnern noch eine lebende Sprache war. Belege für die Standfestigkeit der phönizischen Kultur in einem städtischen Umfeld sind schon seltener zu finden; die neopunische Inschrift auf Bitia in Sardinien sollte dennoch nicht überraschen. Schließlich dürfte man auch ohne die überlieferten Inschriften in libyscher Sprache, ohne die Bemerkung Ulpians, die keltische Sprache möge im römischen Privatrecht zugelassen werden (*Digesten,* 32.11, Vorwort), oder die zahlreich belegten Eigennamen aus den nördlichen und nordwestlichen Provinzen davon ausgehen können, daß einheimische Sprachen als Alltagssprachen nicht nur bei den städtischen Unterschichten den Druck der Romanisierung überstanden haben.[27]

Die Grenzen der Romanisierung: die ländlichen Gebiete

Stadt und Land bildeten in gewissem Umfang ein Kontinuum. Die Städte dienten normalerweise als geographische und ökonomische Achse eines ländlichen Territoriums, als Wohnort eines Teils der landwirtschaftlichen Arbeitskräfte sowie als gesellschaftliches und religiöses Zentrum für jedermann. In den Augen der städtischen Aristokratie mit Grundeigentum dürften die Stadt und der sie umgebende «Villengürtel» als eine Einheit gegolten haben. In Antiochien und Hippo Regius jedoch hoben sich syrisch- und punischsprechende Bauern von anderen Gemeindemitgliedern des Johannes Chrysostomus bzw. des Augustinus ab.[28] Im folgenden behandeln wir Stadt und Land zu Analysezwecken als verschiedene Kategorien.

Eine gewisse kulturelle Durchdringung des flachen Landes war unvermeidlich. Die Landbewohner kamen durch Besteuerung, Einberufung zum Wehrdienst, Geld, Kulte, ländliche Märkte, Zollstationen sowie reisende Soldaten und zivile Beamte mit römischen Einflüssen in Berührung. Gleichwohl hielten sie den jeweiligen Landessprachen und ihren einheimischen Sitten und Gebräuchen im allgemeinen die Treue. In den Donauprovinzen Pannonien und Moesia Superior verrät das «archäologisch wie epigraphisch nachweisbare» Gebiet der Stammesgemeinwesen (bzw. deren wohlhabenderer Mitglieder) seine Herkunft durch Wagengräber und *tumuli* (die in der römischen Periode viel verbreiteter sind als zuvor), durch Grabsteinskulpturen (auf denen örtliche Kostüme und Sternensymbole abgebildet sind) und Grabinschriften, auf denen sich keltische, illyrische (pannonische) und thrakische Namen in reicher Fülle finden. Schon die Errichtung eines Grabsteins mit einer Inschrift oder die Verwendung des Lateinischen, mochte es noch so schlecht oder rudimentär sein, sind Belege für den kulturellen Einfluß Roms. Dies allein ist jedoch nicht sehr aussagekräftig, vor allem wenn man sich vergegenwärtigt, daß Inschriften vorwiegend in den vergleichsweise wenigen städtischen Zentren der fraglichen Provinzen, in den Grenzgebieten oder an den Hauptstraßen anzutreffen sind. Was die weite Verbreitung lokaler Bestattungssitten betrifft, so zeigt sich darin weniger der kulturelle Einfluß Roms als die politische Leistung der kaiserlichen Macht, der es gelang, in einer Grenzregion für stabile Verhältnisse zu sorgen. Die Romanisierung, die gegen Ende des zweiten Jahrhunderts in den Donauprovinzen plötzlich so etwas wie einen Durchbruch erlebte, wa sich in erster Linie auf die gestiegene politische Bedeutung der Region zurückführen läßt, blieb gleichwohl farblos, oberflächlich und kurzlebig.[29]

Ähnlich wie die Stammesangehörigen Pannoniens und Moesiens nahmen die des tripolitanischen Wüstenhinterlands das Latein zur Kenntnis, die ihre punische Sprache nur auf Inschriften zugunsten des Lateinischen aufgaben. Näher an der Küste, in El-Amronni im südwestlichen Gefara, behauptete ein wohlhabender Bauer auf seiner

Grabinschrift ungesicherten Datums, römischer Bürger zu sein, als er seinen Namen mit Q. Apulejus Maxissimus angab (Rufname Rideus); aber die Namen seines Vaters (Iuzale), Großvaters (Iurath) und seiner Ehefrau (Thanubra) sind libysch, und seine Erben stellten seiner Inschrift eine neopunische Version zur Seite. Im Fall dieses Mannes dürfte die Romanisierung bestenfalls oberflächlich gewesen sein, die seiner Söhne (die lateinische Allerweltsnamen tragen) dürfte nicht tiefer gegangen sein, es sei denn, sie wären in die Stadt ausgewandert (Gigthis und Sabratha waren die nächstliegenden). Auch um Hippo Regius herum, den Bischofssitz des hlg. Augustinus, hatte sich etwas Latein in den Wortschatz der Landbewohner eingeschlichen. In ihrem Sprachgebrauch war das Wort *salus* mit religiöser Symbolik befrachtet, da es das lateinische «Erlösung» oder «Heil» mit dem punischen Wort für «drei» verband (vgl. das hebräische *shalosh*). Dennoch sprachen diese Bauern auch sechs Jahrhunderte nach der römischen Eroberung immer noch punisch.[30]

Der Umfang, in dem ländliche Gebiete romanisiert wurden, hing weitgehend von der kaiserlichen Politik Roms ab sowie von den Besonderheiten und dem eingeschränkten Kontakt, der zwischen den Vertretern Roms in den Provinzen und den unterworfenen Völkern als unumgänglich galt. Der elitäre und vorwiegend städtische Charakter der römischen Zivilisation ist in diesem Buch immer wieder zur Sprache gekommen. Es gab kein zivilisatorisches Sendungsbewußtsein Roms zugunsten der unterworfenen Völker. Dafür ist Agricolas Verhalten als Statthalter in Britannien beispielhaft (Tacitus, *Agr.* 19–21). Es gehörte nicht zu seinen Zielen, das römische Bildungssystem den Briten aller Klassen aufzuzwingen. Dies wäre aus römischer Sicht weder in Britannien noch sonstwo praktikabel gewesen. Wie dem auch sei, Agricola dürfte an ein solches Vorhaben kaum geglaubt haben. Seine zivilisatorischen Bemühungen zielten ausschließlich auf britische Häuptlinge und deren Söhne ab: Sie waren es, die man an ein bequemes Stadtleben gewöhnte, denen man eine römische Ausbildung angedeihen ließ und die man dazu brachte, römische Sitten und Gebräuche anzunehmen. Für die gewöhnlichen Briten hatte er kein Programm vorgesehen, weder für Stadt- noch für Landbewohner. Ihm ging es in dieser Hinsicht nur darum, gleiches Recht für alle gelten zu lassen, Forderungen Roms nach Steuern, Versorgungsleistungen und Soldaten zu mäßigen und das Land durch die Armee überwachen zu lassen. Mit anderen Worten: Wenn die Landbevölkerung Ruhe gab und ihre Verpflichtungen im wesentlichen erfüllte, ließ die kaiserliche Provinzverwaltung sie weitgehend in Ruhe.

Wo die Armee in nennenswerter Truppenstärke präsent war, dürfte sie insofern das wichtigste Instrument des Staates zur Romanisierung auf dem Land gewesen sein, als sie die Bauern wieder in die Pflicht nahm, nachdem sie sie der herrschenden Kultur ausgesetzt hatte. Bei der Armee zeigte sich jedoch verstärkt die Neigung, ihre Reihen aus Soldatenfamilien «im Feld» aufzufüllen und einen geschlossenen Stand zu bilden, der mit der örtlichen Bevölkerung und auch dem Rest der provinzialen Gesellschaft nichts mehr zu tun hatte.[31]

Für die Verbreitung der römischen Kultur jenseits der Stadtgrenzen standen die lokalen Führungsschichten als potentielle Kulturträger zur Verfügung. Wenn überhaupt jemand, hielten sie in ihren Eigenschaften als Grundherren und Arbeitgeber, Patrone, Gläubiger und Vertreter der städtischen Verwaltung enge Verbindung mit der Masse der römischen Untertanen. Ein Anzeichen für die Romanisierung britischer oder gallischer Häuptlinge ist der Ersatz von einheimischen kreisrunden und rechteckigen Holzhütten durch gemauerte, mit Korridoren ausgestattete Villen, die man zunehmend komfortabler gestaltete und mit Bädern, Fußbodenheizungen und Mosaiken ausstattete. Diese im römischen Stil gehaltenen Landhäuser signalisierten die Bereitschaft ihrer Eigentümer, der neuen Ordnung die Treue zu halten, und wiesen auch auf ihren Aufstieg in dieser Gesellschaft hin.[32]

Ebenso symbolisierte die römische Villa, daß die gesellschaftlichen Trennungslinien, die es in der provinzialen Gesellschaft schon vor der Eroberung gegeben hatte, unter römischem Einfluß noch stärker betont wurden. Die Aneignung römischer Kultur wurde bei den lokalen Führungsschichten als zusätzliches Kriterium ihrer sozialen Überlegenheit gewertet und geschätzt. Ihr lag nicht mehr daran als den Beamten der Zentralregierung, den Lebensstil der Masse der Bevölkerung zu verändern. Für diese Einstellung ist symptomatisch, daß im Süden und Südosten Britanniens, einem relativ stark romanisierten ländlichen Gebiet, Villen und einheimische Bauernstellen nebeneinander existierten. Die angestammten Siedlungen waren den großen Villenbesitzungen unterworfen oder bildeten einen Teil von ihnen. Das Überleben dieser einheimischen Siedlungsformen legt die Vermutung nahe, daß die bodenständige Kultur sich nicht im Gleichklang mit der Umwandlung ihrer sozialen und ökonomischen Beziehungen zu den Eigentümern der Villenbesitzungen verändert hatte.[33]

Überdies gab es nicht überall Villen: In Britannien, Gallia Belgica, Mauretania Caesariensis oder Tripolitanien bildeten sie den inneren Ring des ländlichen Territoriums einer Stadt. Jenseits dieser Grenze ging das ländliche Leben relativ ungestört weiter und bewahrte seinen traditionellen Charakter.

Schließlich waren auch Städte und städtische Führungsschichten, die sich der Romanisierung verschrieben hatten, nicht überall anzutreffen. Das von Kelten besiedelte Gebiet, ein breiter Landgürtel, der sich von der Iberischen Halbinsel durch Gallien nach Germanien und Britannien erstreckte, blieb unterdurchschnittlich urbanisiert. Die Städte der nordafrikanischen Provinzen konzentrierten sich auf die Küstenzone und deren unmittelbares Hinterland, und im Inneren Mauretaniens bildete der Stamm nach wie vor die wichtigste gesellschaftliche Organisationsform. Im Inneren Anatoliens sowie in Syrien oder Ägypten lebte die Bevölkerung überwiegend in verstreut liegenden Dörfern, die ihren unverwechselbaren Charakter bewahrten.[34] In Syria Palestina verschwand das alte Jerusalem unter dem rechtwinkligen Straßennetz von Hadrians Aelia Capitolina, während Galiläa wie auch andere ländliche Regionen des Imperiums eigene Entwicklungswege gehen konnten.[35]

Anmerkungen

1 Hicks (1911); Long (1971); Sandbach (1975); Brunt (1975 b); M. Griffin (1976); Shaw (1985).

2 Syme (1939), Kap. 30; Williams (1968), Kap. 2; Johnson (1976), bes. 135–54; J. Griffin (1976); Sullivan (1976); Otis (1970), Kap. 9; Syme (1978); William (1978); Kenney (1982), Kap. 15–42; Gold (1982); Woodman und West (1984). – Für wertvolle Ratschläge sind wir Ian DuQuesnay und Richard Hunter zu Dank verpflichtet. Die Verantwortung für die vertretenen Ansichten liegt jedoch allein bei uns.

3 Das System wird von Quintilian im *Instit. Orat.* beschrieben (frühe 90er Jahre). Siehe Marrou (1956); Bonner (1977). Über Rhetorik/Redekunst siehe Bonner (1949); Syme 1958), Kap. 9; Kennedy (1972); Fairweather (1981), bes. 132–50. Über Entwicklungen des zweiten Jahrhunderts Champlin (1980); Bowersock (1969).

4 Boulanger (1923; Bowersock (1969).

5 Vgl. Kenney (1982), 5 ff.

6 Reardon (1971); Palm (1959); kurze Erörterung bei Easterling und Knox (1985), 642 ff.

7 Strong (1961), Abb. 35; Ryberg (1955), Kap. 4 und an mehreren anderen Stel-

len. Über Entwicklungen in Kunst und Architektur Strong (1961); Brilliant (1963); MacDonald (1965); Pollitt (1966); Boethius und Ward-Perkins (1970); Strong (1976). Für Assistenz bei diesem Thema sind wir Janet Huskinson zu Dank verpflichtet.

8 Was die Porträtkunst betrifft, siehe die Herme des L. Caecilius Iucundus in Pompeji (Museum Neapel 110663); Ward-Perkins und Claridge (1976), Abb. auf S. 39; Silberarbeiten, etwa Becher mit Szenen aus der griechischen Mythologie (etc.), Strong (1966), 136 ff. Über die Wandmalereien Strong (1976), 50 ff.

9 Augustus: Vitruvius 1, Vorw. 2; Sueton, *Aug.* 28.3 ff., 31.5; Pollitt (1966), 104 ff. Nero: Sueton, *Nero* 31; Tacitus, *Ann.* 15.38 ff.; Boethius (1960); Nash (1968), Bd. 1, 339 ff.

10 Über Bauwerke dieser Periode Boethius und Ward-Perkins (1970), 217 ff.; MacDonald (1965), 47 ff.

11 Brilliant (1963), 89 ff., 105 ff., 113 ff., 118 ff.

12 Entwicklungen nach Trajan Strong (1976), Kap. 8–10; Boethius und Ward-Perkins (1970), 264 ff.

13 Siehe z. B. *CIL* II (ein griechischer «Erzieher» in Tarraco), *RIB* 662–3 (Demetrius vgl. Ogilvie und Richmond, Komm. zu Tacitus, *Agricola*, 32 ff); über etwa 300 erhaltene metrische Inschriften aus Nordafrika Champlin (1980), 17, 148, Anm. 86.

14 Spanien: Griffin (1972). Afrika: Champlin (1980), Kap. 1; Sueton: Wallace-Hadrill (1983), mit *CRAI* 1952, 76–85 (Hippo Regius).

15 Apulejus: Tatum (1979); Winkler (1985).

16 Z. B. *ILAlg* I 1363–4 («in beiden Sprachen gebildet»); Apulejus, *Flor.* 9.29.

17 Grew und Hobley (1985).

18 Graindor (19830); Veyne (1976), 279 ff; *Fouilles de Xanthos* VII Kap. 7 (Balland).

19 Oswald und Davies Pryce (1920); Toynbee (1964); Dunabin (1978).

20 Bowman (1971); Millar (1971), 2–3. Trajan gründete am Unterlauf der Donau sowohl römische Kolonien (Ratiaria und Oescus) als auch griechische *poleis* (Nicopolis ad Istrum und Marcianopolis); Gerov (1980), 21 ff.

21 Mouterde (1964).

22 Levick (1967); *IGLS* 6: 34 ff. (Rey-Coquais).

23 Mouterde (1964), 173–4 (Probus), 175–6 (Rechtsschule) mit Migne, *PG* 10, 1065–6 (Gregorius), Libanius, *Or.* 62.21–3, und Collinet (1925).

24 Siehe Hatzfeld (1919); Price (1984); Robert (1941); Frézouls (1959) und (1961); Reynolds (1981). Wir sind Joyce Reynolds für ihre Deutung des Sebasteion sehr zu Dank verpflichtet.

25 Strong (1976), 102–6 etc.; Toynbee (1971), 270–7.

26 Momigliano (1975); Schlumberger (1970), Avi-Yonah (1961); Colledge (1976); Millar (1968), (1971), (1983 b).

27 Zitate aus Hardie (1983), 3 und Kap. 1 durchgehend (Neapel), und Millar (1983 b), 57 (Sardinien), Apulejus, *Apol.* 98.8–9. Allgemein Millar (1968).

28 Johannes Chrysostomus, *Hom. ad pop. Ant.* 19.1 mit Millar (1971), bes. 5–8; Brown (1968), 88, Anm. 22. Es ist eine These Leveaus (1984), daß die Stadt und

deren näheres Umfeld, das durch die Villen gekennzeichnet sei, ein «Ensemble» bildeten, welches man von dem weiteren Umfeld deutlich trennen müsse. Über die kulturellen Unterscheidungsmerkmale von Stadt und Land siehe MacMullen (1974).

29 Móscy (1970) und (1974), z. B. 147 ff, 247 ff; Gerov (1980), 21 ff. Über Spanien siehe Le Roux und Tranoy (1973); Etienne und andere in: Pippidi (1976). – Wertvoll sind in diesem Band auch die Beiträge von Beaujeu, Pippidi und Protase. Über nichtrömische Namen siehe *L'onomastique latine* (1977), Teil 4.

30 Brogan (1965); Brogan und Reynolds (1985); Millar (1968), 132; Brown (1968), 88.

31 Ein Thema von Shaw (1983), 144–8.

32 Miles (1982); Wightman (1970), 139 ff, 150 ff.

33 Branigan (1982), 94.

34 Harper (1928); Boak (1935); Hobson (1985).

35 Goodman (1983).

Zusammenfassung

I

Die Ausbreitung Roms war ein Vorgang, der fast so alt war wie die Stadt selbst. Der Übergang von der Oligarchie zur Monarchie zu Beginn des von uns untersuchten Zeitraums (27 v. Chr. bis 235 n. Chr.) läutete eine neue Phase der Expansion ein, welche die römische Herrschaft über das Mittelmeerbecken hinaus ausdehnte.

Die römischen Herrscher verfolgten in der mediterranen und der jenseits liegenden Welt gegensätzliche Ziele. Im Mittelmeerraum wurde eine politische und kulturelle Einheit erreicht, die es in der Antike noch nie gegeben hatte. Rom versöhnte den griechischen Osten mit seiner Herrschaft, indem es die hellenische Kultur schützte und ihre Verbreitung förderte; gleichzeitig trugen Einwanderung, Kolonisierung und kulturelle Durchdringung, die schon in der republikanischen Periode begonnen hatten, dazu bei, die Kluft zwischen Italien und den Regionen Nordafrikas, Galliens und der Iberischen Halbinsel, die bereits zum Reich gehörten, zu verringern. In den letztgenannten Regionen sah Rom seine Mission eher in Eroberung und Befriedung als in der Verbreitung der griechisch-römischen Zivilisation. Wenn man die Romanisierung daran mißt, inwieweit es kaiserlichen Einrichtungen und der römischen Kultur gelungen war, Urbanisierung und Integration der lokalen städtischen Führungsschichten in die herrschende Klasse Roms zu bewirken, bleibt nur die Feststellung, daß sie in diesen neu eroberten Gebieten die angestammten Strukturen und Lebensformen kaum beeinflußte. Die Hegemonie der politischen und kulturellen Elite des Mittelmeerraums wurde erst im dritten Jahrhundert gebrochen, als die endemische Unsicherheit an den Grenzen die Führung des Römischen Imperiums in die Hände von Militärs aus den Balkanländern geraten ließ. Dieses riesige

Reich wurde von nur wenigen Beamten verwaltet. Die Kaiser veranlaßten zwar eine bescheidene Ausdehnung des Verwaltungsapparates und ermöglichten neuen gesellschaftlichen Schichten den Zugang zu öffentlichen Ämtern, aber das bedeutete kaum eine Abkehr von der Tradition einer Regierung ohne Bürokratie. Amtsträger verdankten ihre Ernennung und ihren Aufstieg ausschließlich persönlichen Faktoren und nicht bestimmten Einstellungs- und Beförderungskriterien und waren dem Kaiser direkt unterstellt. Die Ziele der Regierung blieben auf die Durchsetzung von Recht und Ordnung sowie die Eintreibung von Steuern zum Unterhalt der Hauptstadt, des kaiserlichen Hofs, der Verwaltung und der Armee beschränkt. Um das erste dieser Ziele zu erreichen, ließ Augustus erstmals eine Berufsarmee aufstellen. Die Verwaltungspraxis jedoch blieb gegenüber der Vergangenheit weitgehend unverändert. Die Staatseinnahmen wurden effizienter und aus einem größeren Gebiet eingetrieben; aber es wurde keinerlei Versuch unternommen, ein einheitliches Steuersystem durchzusetzen.

Statt die Zentral- und Provinzverwaltung zu reformieren, setzten die Kaiser die traditionelle Politik fort: Sie errichteten eine Infrastruktur lokaler Regierungszentren, die der kaiserlichen Macht praktische Dienste leisten konnten. Im griechischen Osten mußten dazu Loyalität und Kooperationsbereitschaft einer vorhandenen städtischen Führungsschicht gewonnen oder bewahrt werden, während das unterdurchschnittlich urbanisierte Hinterland einige Neugründungen erhielt. In weiten Teilen des Westens jedoch mußte aus den Überresten der geschlagenen Stammesaristokratien eine neue städtische Elite herausgebildet werden.

Der Ressourcentransfer aus den Provinzen nach Rom blieb auch weiterhin in der Verantwortung der Städte unter der Oberaufsicht der Provinzstatthalter. Die Bedeutung, welche die kaiserlichen Regierungen dieser Aufgabe beimaßen, zeigt sich daran, daß sie nicht die Zahl der Beamten erhöhten, sondern die Überwachung der schon vorhandenen Amtsträger verstärkten. Die Statthalter mußten eine Schmälerung ihrer formalen Rechte und ihres Ermessensspielraums hinnehmen. Einnahmen und Ausgaben der Städte wurden bestimmten Beschränkungen unterworfen (sie durften keine neuen Steuern erheben und ohne Genehmigung keine neuen öffentlichen Gebäude errichten), während die freiwilligen und obligatorischen Kontributionen und Dienstleistungen der lokalen Führungsschichten (das Hauptinstrument, mit dem sowohl lokale als auch zentrale Regierungen die Durchsetzung ihrer Forderungen erreichten) stärker reglementiert wurden. Es ist jedoch nicht davon auszugehen, die Zentralregierung hätte zur Durchsetzung ihrer Interessen den Druck auf die Städte verstärkt. Wenn die Kaiser oder deren Vertreter sich überhaupt einmischten, dann nur sporadisch und ad hoc, etwa wenn sich interessierte Einzelpersonen oder Gruppen in den fraglichen Gemeinwesen um kaiserliche Intervention bemühten. Die Kaiser erließen keine Flut neuer Erlasse und Verordnungen und unterzogen die lokalen Verwaltungen auch keiner systematischen Reorganisation. Wie ineffizient und korrupt diese auch sein mochten, den begrenzten Zielen des Staates dienten sie auch so.

Die begrenzten Erwartungen der Regierung, die schiere Größe des Imperiums, die Zahl und Vielgestaltigkeit seiner Kulturen sowie das relativ unterentwickelte Wirtschaftsleben verhinderten allerdings nicht, daß sich die Gesellschaft Roms und der Provinzen wie auch Wirtschaft und Kultur wandelten. Vor diesem Hintergrund geht es darum, Tempo und Umfang des Wandels realistisch einzuschätzen und zu erklären, wie er zustande kam.

II

Die Wirtschaft war unterentwickelt, was sich etwa an der Armut der Masse des Volks zeigte und daran, daß die Mehrheit aller Beschäftigten in der Landwirtschaft arbeitete, an der Rückständigkeit der Technik, an der Bedeutung von Grund und Boden als Quelle von Reichtum und Macht sowie an der Vorherrschaft des Wertsystems der adligen Grundeigentümer. Der anhaltende innere und äußere Frieden sowie eine stabile Regierungsform ermöglichten ein bescheidenes Aufblühen und Wachsen der Wirtschaft. Zweifellos wirkten sich Einwanderung, Urbanisierung, militärische Besetzung und die fiskalischen Forderungen der Regierung auf die Wirtschaft der «Schwellen»-Provinzen des Westens aus. Die kühneren Schätzungen zu Umfang und Folgen der Monetarisierung und des Wachstums von Handel und Wandel akzeptieren wir jedoch nicht; wir gehen davon aus, daß die gestiegene Agrarproduktion in den westlichen Provinzen durch Intensivierung (höherer Einsatz von Arbeitskraft pro Anbaueinheit) und Spezialisierung auf bestimmte Pflanzensorten erreicht wurde und nicht durch technische Innovationen; und wir meinen, daß die italische Landwirtschaft (einschließlich des Weinbaus) trotz des «Wettbewerbs» der Provinzen eine bescheidene Prosperität erlebte und während der Kaiserzeit erheblich zur Versorgung Roms beitrug.

In dieser Agrargesellschaft fallen reiche Grundherren natürlich mehr auf als arme Kleinbauern, so daß man versucht sein könnte, die Existenz einer beträchtlichen Zahl von Kleinbauern zu leugnen, die reine Subsistenzwirtschaft betrieben oder nur geringe Überschüsse erwirtschafteten. Daraus jedoch zu schließen, wegen der geringen Produktivität und primitiven Anbaumethoden wäre die sich selbst versorgende Landwirtschaft nicht lebensfähig gewesen, ist unzulässig. Die allgemein akzeptierte Lehrmeinung von einem schnellen und entscheidenden Umschwung von Sklavenarbeit und -verwaltung zu Pachtverhältnissen als Folge der «inneren Widersprüche» der Sklaverei oder eines abnehmenden Interesses von Grundherren an ihren Gütern ist gleichfalls zweifelhaft. Zunächst war der zahlenmäßige Rückgang der Sklaven in der Landwirtschaft ein weit längerer und langsamerer Prozeß als gemeinhin angenommen. Des weiteren deuten die Quellen darauf hin, daß sich die Reichen aktiv um ihre Investitionen auf dem Land und das daraus gezogene Einkommen kümmerten, dem sie durchaus nicht gleichgültig gegenüberstanden. Was die Struktur des Grundeigentums betrifft, so besaßen nur wenige reiche Grundherren Ländereien in Form riesiger Domänen mit ehemaligem Ackerland, das sie in Weideland verwandelt hatten – die *latifundia* der moralisierenden Literatur der frühen Kaiserzeit. Meist war Grundeigentum verstreut und unzusammenhängend, eine Folge des Erbrechts, der Ehegewohnheiten sowie ökonomischer Zwänge.

Eine «unterentwickelte» Agrarwirtschaft war durchaus in der Lage, den Forderungen der römischen Regierung zu entsprechen, ohne dabei die Überlebenschancen ihrer Untertanen zu gefährden. Die auferlegten Lasten waren zwar größer als je zuvor, dafür aber gleichmäßiger auf das Imperium verteilt. Die Gebiete wurden je nach Aufgabenstellung dreigeteilt, ohne daß es zu wesentlichen Überschneidungen kam: Einige mußten Rom Steuer- und Zinsgetreide liefern, eine zweite Gruppe Lebensmittel und Ausrüstung für die Armee, eine dritte Geld zur Bezahlung von Zivilverwaltung und Armee sowie für andere Ausgaben. Gleichwohl waren die Untertanen wie früher in der Lage, mit den endemischen Lebensmittelknappheiten ihrer Region fertig zu werden. Subsistenzbauern waren zwar gefährdet, aber auch einfallsreich und von einem zähen Überlebenswillen beseelt. In den Städten sorgte die

Bereitschaft der lokalen Führungsschichten («Euergetismus») trotz des Fehlens staatlich organisierter Hilfsprogramme bei Hungersnöten auch weiterhin dafür, daß Katastrophen abgewendet wurden: Die Reichen stellten Geld, Güter und Dienstleistungen zur Verfügung. Gleichwohl gab es in den lokalen Führungsschichten nicht nur Wohltäter, sondern auch Spekulanten. Offenbar kamen Bereicherungen an Grundnahrungsmitteln häufiger vor als in der Vergangenheit, wobei die örtlichen Verwaltungen sich als zunehmend unfähig erwiesen, diese Spekulation zu unterbinden, dafür aber eher bereit, um Intervention von außen zu bitten. Das waren verhängnisvolle Entwicklungen; aber nicht die normale Verwaltungstätigkeit Roms in der Kaiserzeit hatte den Lokalpatriotismus ernsthaft untergraben, sondern der Zusammenbruch der Zentralgewalt im Gefolge der chronischen regionalen Unruhen Mitte des dritten Jahrhunderts.

III

Augustus stellte die Stabilität der römischen Gesellschaft wieder her. Soziale Unterschiede und Spannungen gab es zwar auch weiterhin; aber die Gesellschaftsordnung insgesamt wurde durch die Familie, durch andere vertikale und horizontale Beziehungen sowie durch die ideologische und rechtliche Macht des Staates mit seinen Zwangsmitteln zusammengehalten.

Bei der Analyse der gesellschaftlichen Unterschiede im klassischen Rom kann der Historiker gleichermaßen den Begriffsapparat von Marx und Weber mit Nutzen verwenden. Bei der Klassenanalyse ist die Suche nach genauer Klassenzugehörigkeit, begriffen als spezifische soziale Gebilde, ein weniger fruchtbarer Ansatz als die Herausarbeitung der Prozesse, mit denen gesellschaftliche Ungleichheiten erzeugt und perpetuiert wurden. Das Eigentumssystem stellte sicher, daß der Zugang zum Produktivvermögen (den Produktionsmitteln) beschränkt blieb und in der Familie weitervererbt wurde. Das Rechtssystem entwickelte das Eigentumsrecht und stärkte allgemein die Vorherrschaft der besitzenden Klassen. Das soziale System zeichnete sich durch die unmittelbare Abhängigkeit der Arbeiter (ob Sklaven oder Freigeborene) von ihren Arbeitgebern aus, was eine Ausbeutung der Arbeitskräfte ermöglichte. In unserem Zeitraum sind die wichtigsten Entwicklungen das Auftreten ehemaliger Soldaten in den Reihen der Besitzenden unter der Schirmherrschaft der kaiserlichen Regierung und die Stärkung der lokalen Eliten, bedingt durch die (ungleichmäßige) Ausdehnung des römischen Rechtssystems über Rom und Italien hinaus. Das Kolonat, zu dem auch die radikale Entrechtung der freien Kleinbauern gehörte, führte die späte Kaiserzeit ein.

Status- und Rangzugehörigkeit waren eine Obsession der römischen Gesellschaft; die Stellung eines Römers in der sozialen Hierarchie zeigte sich in seiner Kleidung, an dem Platz, den er bei öffentlichen Veranstaltungen einnahm, in der Zahl und dem gesellschaftlichen Ansehen seiner Klienten und Gefolgsleute sowie an seinen privaten Ausgaben für Sklaven, Wohnen und Festessen. Status- und Ranghierarchien waren nicht absolut deckungsgleich; im Status zeigten sich Wertsystem und Zukunftsperspektiven, im Rang zeigten sich Unterschiede, die durch gesetzliche Vorschriften oder durch Gewohnheitsrecht gegeben waren. Bei ranggleichen Gruppen gab es beträchtliche Statusunterschiede auf allen Ebenen, selbst unter Sklaven, die in ihren Berufen und ökonomischen Möglichkeiten eine alles andere als homogene Gruppe bildeten. Als diese Unterscheidungsmerkmale die Rangpyramide zu gefährden drohten, kam es zu ideologischen Konflikten, etwa als Ritter und vor allem Freigelassene Reichtum und Macht anhäuften, die manche mit ihrer gesellschaftlichen Stellung für unvereinbar hielten.

Das republikanische Rangsystem (oder Ständesystem) wurde von Augustus übernommen, erweitert und klarer bestimmt. Augustus gab dem Senat seine alte Würde wieder und stärkte seine soziale Überlegenheit, indem er die Aufnahme vom Nachweis eines bestimmten Vermögens, von besonderer Kleidung und der Einhaltung restriktiver Ehe- und Verhaltensmaßregeln abhängig machte. Als zweiter aristokratischer Stand wurden die Ritter zugelassen mit vergleichbaren Aufnahmekriterien (Geburt, Reichtum) und Ansprüchen an die Lebensführung (die jedoch nicht für die Eheschließung galten). Die diesem Stand übertragenen militärischen und administrativen Aufgaben ließen innerhalb der Ritterschaft mit der Zeit eine Hierarchie entstehen und an deren Spitze vom Rang abgeleitete Ehrerbietung, die es mit der führender Senatoren aufnehmen konnten. Die Dekurionen, denen man die Gemeindeverwaltungen übertragen hatte, bildeten eine dritte Adelskaste. Nach diesen drei aristokratischen Ständen kamen die Plebs und die Sklaven. Innerhalb der Plebs unterschied das Gesetz nach Geburt (ob Sklave oder Freigeborener) und Rechten (ob Bürger oder Ausländer). In diesem Zeitraum ereignete sich jedoch eine bemerkenswerte Entwicklung, für welche die Kaiser verantwortlich zeichneten: Der althergebrachte rechtliche Abstand wurde allmählich durch eine Statusverwischung zwischen *honestiores* und *humiliores* überlagert, die seit kaiserlichen Erlassen Anfang des zweiten Jahrhunderts oder noch früher galt. Sklaven waren bewegliche Habe; das Recht erkannte zwar in beschränktem Umfang ihre Menschenwürde an, aber auch das nur durch kaiserlichen Entscheid.

Die Fluktuation bei Senatoren- und Ritterfamilien war extrem hoch, welche historischen Maßstäbe man auch anlegt; diese Stände und in geringerem Umfang auch die städtischen Führungsschichten mußten sich stets von unten her erneuern. Ehemalige Soldaten und Sklaven bildeten zwei gesellschaftlich aufstrebende Gruppen. Der soziale Aufstieg der Veteranen war ein Ergebnis der Umwandlung der Streitkräfte in ein Berufsheer. Sold und Entlassungszahlen reichten aus, um Veteranen einen bescheidenen und Offizieren einen wohlhabenden Ruhestand zu gewähren, wobei letztere gern verantwortliche Stellungen in örtlichen Verwaltungen anzunehmen bereit waren. Im Gegensatz dazu war die Emanzipation der Sklaven eine Privatangelegenheit; Augustus erließ dazu zwar Vorschriften, behinderte die Freilassung aber nicht. So wurden ehemalige Sklaven von wohlhabenden Männern ohne natürliche Erben oder adoptierte Söhne als würdige Nachfolger akzeptiert, wodurch sich der regionale Adel stets regenerieren konnte. Auch bei der Vermögensumschichtung spielte die Freilassung von Sklaven eine Rolle. Im Osten, wo als Sklaven geborene Männer genaugenommen weniger leicht auszumachen sind, da die fraglichen Dokumente in griechischer Sprache abgefaßt sind, kann man ebenfalls davon ausgehen, daß die lokalen Eliten sich durch ausgewählte Klienten, Freigelassene oder Freigeborene erneuerten. In einer Gesellschaft, die Reichtum vor allem nach Grundeigentum maß und diesen im Familienverband weitervererbte, ergänzte sich die besitzende Klasse, die sich nicht selbst reproduzieren konnte, durch gezielte Zuwahl ihrer Mitglieder.

Augustus war sich der Bedeutung der Familie für die Gesellschaft bewußt; er versuchte die soziale Mobilität an der Spitze der gesellschaftlichen Hierarchie dadurch zu verringern, daß er Senatoren ermutigte zu heiraten, Kinder zu bekommen und ihr Vermögen in der Familie zu halten. Das war jedoch ein aussichtsloses Unterfangen, vor allem weil die Senatoren der Zeit sich etwas ausgedacht hatten, was ihnen eine zufriedenstellende Alternative zu ständiger Kinderaufzucht bot, nämlich den Rückgriff auf natürliche Töchter als Nachfolgerinnen sowie auf die Adoption erwachsener Söhne. Allgemein läßt sich sagen, daß die Kaiser nicht bereit waren, das römische Familienrecht mit den sozialen Gegebenheiten in Einklang zu bringen. Der Gegensatz zwischen Rechtsgrundsätzen und sozialen Realitäten wird nirgendwo deutlicher als in der Frage der väterlichen Autorität, obwohl die Spanne dieses Gegensatzes der heutigen Forschung weitgehend entgangen zu sein scheint. Das herkömmliche Bild von der römischen Familie als eines patriarchalischen Haushalts, der von einem autoritären, älteren *paterfamilias* geleitet wurde und dessen Ehefrau, Söhne und unverheiratete Töchter sowie die Kinder seiner Söhne einschloß, ist unhaltbar. Die Auswirkungen der väterlichen Autorität über Söhne wurde vor allem durch die niedrige Lebenserwartung bei der Geburt (etwa fünfundzwanzig Jahre), das späte Heiratsalter von Männern (Ende Zwanzig) und die daraus folgende Alterskluft zwischen den Generationen (etwa vierzig Jahre) erheblich verringert. Nur wenige Väter erlebten den Zeitpunkt der Eheschließung ihrer Söhne, etwa zwanzig Prozent (bei adligen Männern fünfundzwanzig Prozent). Frauen heirateten in einem jüngeren Alter, mit dreizehn oder vierzehn, wenn sie zum Adel gehörten, sonst um die Zwanzig. Viele dieser Frauen hatten keine Väter mehr, die ihre Eheschließung noch miterlebten (bei nichtaristokratischen Frauen traf dies für mehr als die Hälfte zu). Was die Beziehungen von Ehemann und Ehefrau betrifft, so müssen die ideologiebedingten Auswirkungen der Unterlegenheit und der Altersunterschied zwischen Ehepartnern gegen die Selbständigkeit der Frau in wirtschaftlichen Angelegenheiten nach dem Tod ihrer Väter, ihr Recht auf Scheidung und die Rückzahlung eines großen Teils der (meist bescheidenen) Mitgift abgewogen werden.

Angesichts der hohen Elternsterblichkeit gewinnen erweiterte verwandtschaftliche Bande und auf gegenseitigen Austausch gegründete persönliche Beziehungen außerhalb der Familie erheblich an Bedeutung. Die Letztgenannten können wir in drei Hauptkategorien einteilen: die Beziehungen Patron/Klient, Patron/Schützling (oder die Beziehung von gesellschaftlich höherstehenden zu rangniederen Freunden) sowie die Beziehungen von Freunden gleichen Rangs und Status. Der Kaiser war Schutzherr von Einzelpersonen, die zu ihm wie zu der Armee und der Plebs Roms allgemeinen Zugang hatten. Die Kaiser versuchten keineswegs, traditionelle Patronatsbeziehungen zu entwurzeln, sondern gaben sich vielmehr Mühe, deren Erhalt zu fördern, zum

Teil deshalb, weil sie zur Rekrutierung neuer Angehöriger der kaiserlichen Elite unentbehrlich waren. Eine Besonderheit des Prinzipats lag in der Ausdehnung von Patronatsbeziehungen auf die Provinzen, in denen kaiserliche Beamte und erfolgreiche Provinziale für die jüngere Generation potentieller römischer Adliger als patronale Mittler dienten. Vertikale patronale Bande umfaßten auch die «ehrbaren» Teile der Plebs und deren gesellschaftliche Vereine oder *collegia* (die ihren Mitgliedern in bestimmten Fällen Hilfe boten); aber Arbeitslose und unterbeschäftigte Arme blieben von diesem sozialen Netz ausgeschlossen. Gleichwohl erwies sich der Umfang dieses Netzes von Patronatsbeziehungen als machtvolle Kraft des gesellschaftlichen Zusammenhalts.

IV

Die Religionsgeschichte des Kaisertums umfaßt drei Themenkreise: die Stabilität der Staatsreligion, die Konfrontation von offiziellen und einheimischen Göttern bzw. Kulten in den Gemeinwesen außerhalb Roms sowie den Aufstieg des Christentums. Rom, die zunehmend kosmopolitische Hauptstadt eines riesigen Reiches, wurde für religiöse Einflüsse von außen immer aufnahmebereiter. Augustus war wie manche seiner Nachfolger und der Senatorenadel insgesamt in religiöser Hinsicht konservativ eingestellt. Dennnoch zogen manche Kaiser, die fremde, vor allem ägyptische Gottheiten anbeteten (beispielsweise die Flavier), eine feste Trennungslinie zwischen ihren persönlichen religiösen Vorlieben und der Staatsreligion Roms. Bis Anfang des dritten Jahrhunderts wurden mit Ausnahme der zu Gottheiten erklärten Kaiser, deren Deifikation ein natürliches Ergebnis des Übergangs zur Monarchie war, keine neuen Götter in das römische Pantheon aufgenommen. Als Caracalla die ägyptischen Götter Isis und Serapis anerkannte, war dies in der kaiserlichen Tradition eine wichtige Neuerung. Sie verrät, daß die Dynastie der Severer von ihrem religiösen und politischen Status erhabenere Ansichten hatte als andere Kaiser. Für den größten Teil der Kaiserzeit gilt jedoch, daß die Herrscher uneingeschränkt an einer unveränderten Staatsreligion festhielten, die dem Volk ein Bild der Stabilität vermittelte.

Der Herrscherkult war als einziger römischer Kult mehr oder weniger allgemeingültig. Er diente drei Hauptzwecken: der Verbreitung der kaiserlichen Staatsidee, der Bündelung der Ergebenheit der Untertanen auf den Kaiser sowie dem gesellschaftlichen und politischen Aufstieg der Provinzialen, die den Kaiserkult durchsetzten. In den westlichen Provinzen wurden überdies die traditionellen römischen Götter heimisch gemacht, vor allem die Kapitolinische Triade (Jupiter, Juno und Minerva), die in enger Verbindung mit den Kaisern und dem Herrscherkult gesehen wurde. Einheimische Religionen lösten sich unter der Einwirkung der römischen Staatsreligion auf, wurden vereinfacht oder einer Neudeutung unterzogen, vor allem in den Städten, den wichtigsten Schauplätzen der Konfrontation von kaiserlicher Macht und regionalen Sonderinteressen. Insgesamt jedoch war der religiöse Wandel eher das Ergebnis einer langfristigen, friedlichen Durchdringung als von Zwang. Die Römer gingen nur dann gewaltsam gegen Kulte und Priesterschaften vor, wenn sie diese für politisch subversiv hielten oder wenn ihr Moralempfinden verletzt wurde wie in dem extremen Fall der Menschenopfer. Politische Erwägungen brachten einige römische Herrscher (Caesar, Augustus, Claudius) dazu, die Juden zu begünstigen, andere wiederum (Vespasian, Titus, Hadrian) dazu, sie zu unterdrücken. Das Christentum, das zwar als subversive Kraft, aber nicht als gefährlich galt, war der Hauptnutznießer der passiven Einstellung der römischen Regierung gegenüber religiösen Neuerungen und ihrer Toleranz gegenüber dem einzelnen, der seinen persönlichen religiösen Vorlieben folgen durfte. Die Kaiser «tolerierten» das Christentum nicht, sie zogen es vor, einfach nicht hinzusehen. Das Christentum wurde offiziell erst nach der sogenannten Christenverfolgung geduldet, die es in der Zeit des Kaisertums jedoch nicht gab.

Als die Monarchie aus den Trümmern der Republik erstand, bekam Rom die volle Wucht dieser Neuerung auf allen Ebenen zu spüren. Im Bereich der Kultur bedienten sich die Kaiser der Schriftsteller, Künstler, Erzieher, Philosophen und vor allem ihrer Klienten, um ihre Herrschaft und deren Wertsystem zu fördern oder zumindest nicht untergraben zu lassen. Die Ergebnisse zeigen sich in der Dichtung von Vergil und Horaz, in der Redekunst des Plinius, den Schicksalen Ovids, des Kynikers Demetrius und des Stoikers Helvidius Priscus, in der Verbrennung der Bücher des T. Labienus, der Karriere des Rhetoriklehrers Quintilian sowie dem unverhüllten Einsatz der offiziellen Staatskunst als Propaganda. Die Geschichte von Literatur, Bildungswesen oder Architektur läßt sich jedoch nicht auf eine Studie der persönlichen Vorlieben und Beziehungen der Kaiser reduzieren.

Die römischen Kaiser besaßen keinen großangelegten Plan zur Verbreitung der römischen Kultur im gesamten Reich. Die Romanisierung, die man besser als Verschmelzung kaiserlicher mit regionalen Institutionen und Kulturen bezeichnen sollte, war eine Gemeinschaftsleitung von Aktionen der Zentralgewalt und regionalen Initiativen. Im Westen hing der Erfolg der Romanisierung entscheidend vom Umfang und der Tiefenwirkung der Urbanisierung ab. In afrikanischen, spanischen und gallischen Städten brachte das römische Bildungssystem zahlreiche kultivierte Männer hervor. Viele der Fähigsten und Ehrgeizigsten unter ihnen gingen nach Rom, um dort als Literaten, Redner und Politiker ihren Weg zu machen. Die Laufbahn des Apuleius, der in einer römischen Provinz lateinische Literatur schrieb, deutet auf die besondere Vitalität der römisch-afrikanischen Zivilisation gegen Ende der Kaiserzeit hin – den brillanten Neuerungen afrikanischer Mosaikkünstler beispielsweise durchaus vergleichbar.

Wo lagen die Grenzen der Romanisierung? Die vorwiegend städtische hellenische Kultur des Ostens bietet eine erhellende Parallele. Sie hinterließ bei den einheimischen Kulturen auf dem Land nur wenige Spuren. Ihre Ausbreitung wurde überdies durch die einzigartigen und lebenskräftigen Kulturen der Juden, der Ägypter und des Orients sowie die widerstandsfähigen einheimischen Traditionen Phöniziens gebremst. In begrenztem Umfang war die griechische Welt auch für kulturelle Einflüsse Roms aufnahmefähig. Auf die westlichen Provinzen nahm Rom zwar großen Einfluß; dieser konnte sich jedoch bei weitem nicht überall durchsetzen. Die kulturelle Hegemonie Roms zeigte sich im wesentlichen in den Städten und in deren unmittelbarem Hinterland. Die Aneignung der römischen Kultur gehörte zu den Statussymbolen eines Gemeinwesens und dessen Führungsschicht; doch viele Angehörige dieser Elite bedienten sich im Alltagsleben auch weiterhin der Landessprache. Die Unterschiede zwischen Stadt und Land, Reich und Arm, lokalen Führungsschichten und den Massen in Stadt und Land wurden durch die römische Herrschaft eher akzentuiert als abgeschliffen.

V

Der begrenzte Kulturtransfer Roms und die kulturelle Vielfalt des Imperiums, selbst im Westen, belegen ein wichtiges Merkmal der römischen Herrschaft. Ihrer traditionellen Staatsidee zufolge war die Rolle der Regierung für die Römer eingeschränkt. In dieser Hinsicht gab es zwischen Republik und Kaisertum eine bemerkenswerte Kontinuität. Die Kaiser waren im Kern konservativ; ihre Verwaltungsreformen waren nur begrenzt und verraten, daß sie eher ihre Beamten kontrollierten als in das Leben ihrer Untertanen eingreifen wollten. Die Eroberungen des Augustus wurden mit der Einrichtung ständiger Garnisonen und der zunehmenden Urbanisierung konsolidiert. Diese Faktoren bewirkten vor allem den Wandel in den fraglichen Gebieten, während Schnelligkeit und Umfang dieses Wandels entscheidend von lokalen Initiativen abhingen. Nachdem Rom die Initialzündung ausgelöst hatte, blieb der Fortschritt der Romanisierung weitgehend sich selbst überlassen. Die regionalen Führungsschichten reagierten auf die Aussichten, die der Schutz der kaiserlichen Autorität bot: höherer Status, Reichtum und Macht. Schließlich waren römische Soldaten, Beamte sowie romanisierende Führungsschichten nicht überall anzutreffen. Zahlreiche Bewohner des Imperiums hatten mit Rom nur wenige Erfahrungen gemacht und wußten kaum, was sie sich unter dem Begriff «Rom» vorzustellen hatten.

Die römischen Kaiser des Prinzipats

Von Augustus bis Severus Alexander:

Augustus (Imp. Caesar Augustus)	27 v. Chr. – 14 n. Chr.
Tiberius (Ti. Caesar Augustus)	14–37 n. Chr.
Gaius (C. Caesar Augustus Germanicus)	37–41
Claudius (Ti. Claudius Caesar Augustus Germanicus)	41–54
Nero (Imp. Nero Claudius Augustus Germanicus)	54–68
Galba (Ser. Sulpicius Galba Imp. Caesar Augustus)	68–69
Otho (Imp. M. Otho Caesar Augustus)	69
Vitellius (A. Vitellius Augustus Germanicus Imp.)	69
Vespasian (Imp. Caesar Vespasianus Augustus)	69–79
Titus (Imp. Titus Caesar Vespasianus Augustus)	79–81
Domitian (Imp. Caesar Domitianus Augustus)	81–96
Nerva (Imp. Caesar Nerva Augustus)	96–98
Trajan (Imp. Caesar Nerva Traianus Augustus)	98–117
Hadrian (Imp. Caesar Traianus Hadrianus Augustus)	117–138
Antoninus Pius (Imp. Caesar T. Aelius Hadrianus Antoninus Augustus Pius)	138–161
Marc Aurel (Imp. Caesar M. Aurelius Antoninus Augustus)	161–180
Lucius Verus (Imp. Caesar L. Aurelius Verus Augustus)	161–169
Commodus (Imp. Caesar M. Aurelius Commodus Antoninus Augustus)	176–192
Pertinax (Imp. Caesar P. Helvius Pertinax Augustus)	193
Didius Julianus (Imp. Caesar M. Didius Severus Julianus Augustus)	193
Septimius Severus (Imp. Caesar L. Leptimius Severus Pertinax Augustus)	193–211
Clodius Albinus (Imp. Caesar D. Clodius Septimius Albinus Augustus)	193–197

Pescennius Niger (Imp. Caesar C. Pescennius Niger Justus Augustus)	193–194
Caracalla (Imp. Caesar M. Aurelius Antoninus Augustus)	198–217
Geta (Imp. Caesar P. Septimius Geta Augustus)	209–211
Macrinus (Imp. Caesar M. Opellius Macrinus Augustus)	217–218
Diadumenianus (Imp. Caesar M. Opellius Antoninus Diadumenianus Augustus)	218
Elagabal (Imp. Caesar M. Aurelius Antoninus Augustus)	218–222
Severus Alexander (Imp. Caesar M. Aurelius Severus Alexander Augustus)	222–235

Einige spätere Kaiser, auf die im Text hingewiesen wird

Maximinus (Imp. Caesar C. Julius Verus Maximinus Augustus)	235–238
Philipp (Imp. Caesar M. Julius Philippus Augustus)	244–249
Decius (Imp. Caesar C. Messius Quintus Traianus Decius Augustus)	249–251
Valerian (Imp. Caesar P. Licinius Valerianus Augustus)	253–260
Gallienus (Imp. Caesar P. Licinius Egnatius Gallienus Augustus)	253–268
Aurelian (Imp. Caesar Domitius Aurelianus Augustus)	270–275
Diokletian (Imp. Caesar C. Aurelius Valerius Diocletianus Augustus)	284–305
Konstantin (Imp. Caesar Flavius Valerius Constantinus Augustus)	307–337

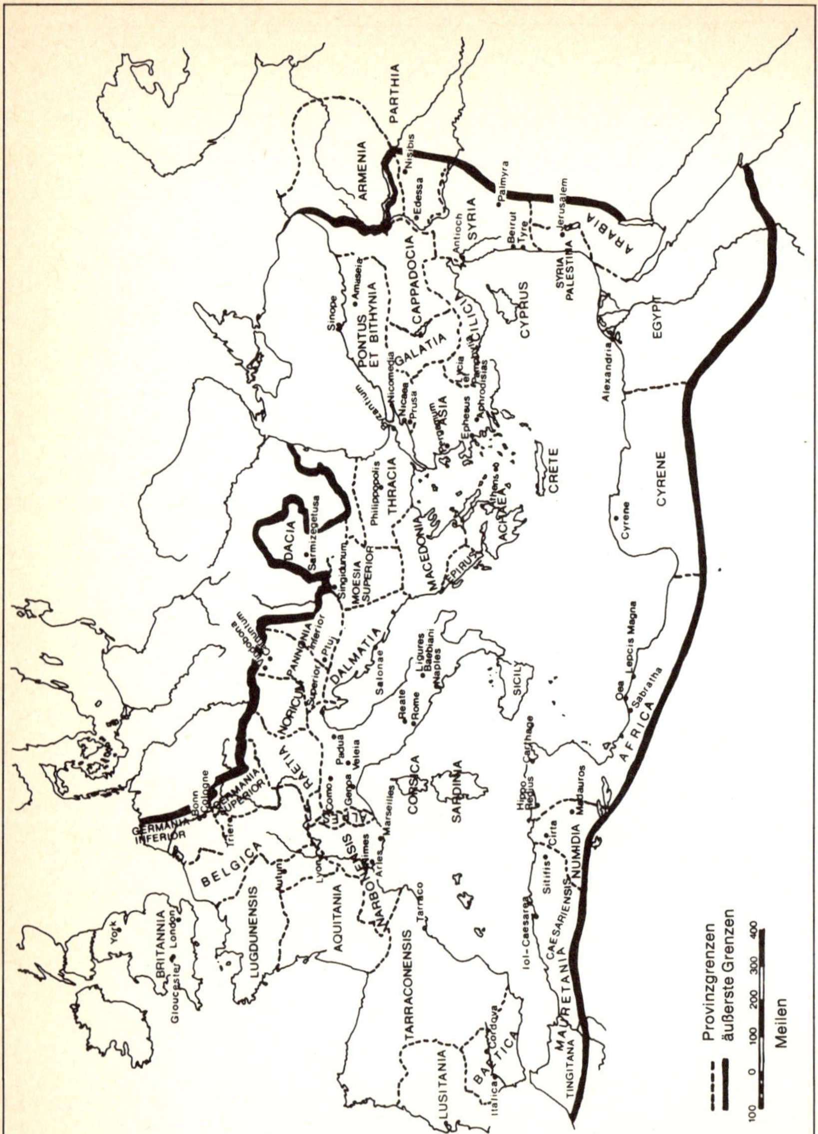

DAS RÖMISCHE KAISERREICH
zur Zeit des Septimius Severus

Abkürzungen

Die meisten Abkürzungen folgen der in *L'Année Philologique* verwendeten Schreibweise. Die folgenden mögen manchen Lesern nicht vertraut sein.

AE	L'Année Epigraphique
Acta Ant.	Acta Antiqua Academiae Scientiarum Hungaricae
BAR	British Archaeological Reports
CIG	Corpus Inscriptionum Graecarum
CIL	Corpus Inscriptionum Latinarum
EMC/CV	Echos du Monde Classique. Classical News and Views
IG	Inscriptiones Graecae
IGBulg.	Inscriptiones Graecae in Bulgaria repertae
ILAlg.	Inscriptions Latines de l'Algérie
ILS	Inscriptiones Latinae Selectae
P&P	Past and Present
PIR	Prosopographia Imperii Romani
RHDFE	Revue Historique de Droit Français et Étranger
RIB	The Roman Inscriptions of Britain
SEG	Supplementum Epigraphicum Graecum
SHA	Scriptores Historiae Augustae
Syll^{3}	Sylloge Inscriptionum Graecarum, 3. Aufl.
TAM	Tituli Asiae Minoris
ZSS	Zeitschrift der Savigny-Stiftung für Rechtsgeschichte (Romanistische Abteilung)

Literaturverzeichnis

Alföldy, G. (1968), *Die Hilfstruppen der römischen Provinz Germania Inferior. Epigr. Stud. 6*, Düsseldorf.

Alföldy, G. (1980), «Die Stellung der Ritter in der Führungsschicht des Imperium Romanum», *Chiron* 11: 169–215.

Alföldy, G. (1985), *The Social History of Rome*, London.

Ampolo, C. (1980), «Le condizioni materiali della produzione. Agricoltura e paesaggio agrario», *Dial. d. arch.* 1: 15–46.

Anderson, M. (1980), *Approaches to the History of the Western Family, 1500–1914*, London.

Andreau, J. (1985), «A propos de la vie financière à Pouzzoles: Cluvius et Vestorius», in: *Le dernier siècle de la République romaine et l'époque augustéenne*, Straßburg, 47–96.

Andreau, J. (1985), «Les financiers romains entre la ville et la campagne», in: Leveau (1985), 177–96.

Annequin, J. (o. J.), «Magie et organisation du monde chez Apulée» in: *Religions, pouvoir, rapports sociaux*. Centre de recherches d'histoire ancienne, 32, Nr. 237: 173–208.

Armées et Fiscalité (1977), *Armées et fiscalité dans le monde antique, Paris 14–16 Octobre* 1976, Paris.

D'Arms, J. H. (1981), *Commerce and Social Standing in Ancient Rome*, Cambridge, Mass.

D'Arms, J. H. und Kopff, E. C., Hrsg. (1980), *Roman Seaborne Commerce, MAAR* 36, Rom.

Ausbuettel, F. (1982), *Untersuchungen zu Vereinen im Westen des Römischen Reiches*, Frankfurt.

Avi-Yonah, M. (1961), *Oriental Art in Roman Palestine*, Rom.

Aymard, M. (1973), «Mesures et interprétations de la croissance: Rendements et productivité agricole dans l'Italie moderne», *Annales ESC* 28: 475–98.

Baillie-Reynolds, P. K. (1926), *The Vigiles of Imperial Rome*, Oxford.

Barbagallo, C. (1904), «La produzione media relativa dei cereali e della vite nella Grecia nella Sicilia e nell'Italia antica», *Riv. Stor. Ant.* 8: 477–504.

Barker, G. W., Lloyd, J., Webley, D. (1978), «A classical landscape in Molise», *PBSR* 46: 35–51.

Barnes, T. D. (1968), «Legislation against the Christians», *JRS* 58: 32–50.
Barnes, T. D. (1974), «Who were the nobility in the Roman empire?», *Phoenix* 28: 444–9.
Bayet, J. (1969), *Histoire politique et psychologique de la religion romaine*, 2. Aufl., Paris.
Beaujeu, J. (1955), *La religion romaine à l'apogée de l'empire I: La politique religieuse des Antonins (96–192)*, Paris.
Beck, R. (1984), «Mithraism since Franz Cumont», *ANRW* II 17.4: 2002–2115.
Benabou, M. (1976), *La résistance africaine à la romanisation*, Paris.
Béranger, J. (1953), *Recherches sur l'aspect idéologique du Principat*, Basel.
Bérard, F. (1984), «La carrière de Plotius Grypus et la ravitaillement de l'armée impériale en campagne», *MEFR* 96: 259–324.
Bernhardt, R. (1971), *Imperium und Eleutheria*, Hamburg.
Bird, H. W. (1984), *Sextus Aurelius Victor. A Historiographical Study*, Liverpool.
Birley, E. (1953), «Senators in the emperor's service», *PBA* 39: 197–214.
Blagg, T. F. C. und King, A. C., Hrsg. (1984), *Military and Civilian in Roman Britain, BAR* 136.
Boak, A. E. R. (1935), *Soknopaiou Nesos: the University of Michigan Excavations at Dime in 1931–32.* Ann Arbor, Michigan.
Boethius, A. (1960), *The Golden House of Nero*, Ann Arbor, Michigan.
Boethius, A., Ward-Perkins, J. B. (1970), *Etruscan and Roman Architecture*, London.
Bonner, S. F. (1949), *Roman Declamation in the Late Republic and Early Empire*, Liverpool.
Bonner, S. F. (1977), *Education in Ancient Rome*, London.
Boswell, J. E. (1984), «*Expositio* and *oblatio:* the abandonment of children and the ancient and medieval family», *AHR* 89: 10–33.
Boulanger, A. (1923), *Aelius Aristide et la sophistique dans la province d'Asie au IIe siècle de notre ère*, Paris.
Boulvert, G. (1970), *Esclaves et affranchis impériaux sous le Haut-Empire romain: rôle politique et administratif*, Neapel.
Boulvert, G. (1974), *Domestique et fonctionnaire sous le Haut-Empire romain: la condition de l'affranchi et de l'esclave du prince*, Neapel.
Bowersock, G. W. (1965), *Augustus and the Greek World*, Oxford.
Bowersock, G. W. (1969), *Greek Sophists in the Roman Empire*, Oxford.
Bowman, A. K. (1971), *The Town Councils of Roman Egypt*, Toronto.
Bowman, A. K. (1983), *The Roman Writing Tables from Vindolanda*, London.
Bradley, K. R. (1984), *Slaves and Masters in the Roman Empire*, Brüssel.
Bradley, K. R. (1985), «Child care at Rome: the role of men», *Historical Reflexions – Reflexions historiques* 12: 485–523.
Bradley, K. R. (1986), «Wet-nursing at Rome: a study in social relations», in: Rawson (1986).
Branigan, K. (1982), «Celtic Farm to Roman Villa» in: Miles (1982), 81–95.
Braudel, F. (1975), *The Mediterranean and the Mediterranean World in the Age of Philip II*, London.

Brilliant, R. (1963), *Gesture and Rank in Roman Art*, New Haven.
Brockmeyer, N. (1968), *Arbeitsorganisation und ökonomisches Denken in der Gutswirtschaft des römischen Reiches*, Bochum.
Brogan, O. (1965), «Henscir El-Ausaf by Tigi (Tripolitania) and some related tombs in the Tunisian Gefara», *Libya Antiqua* 2: 47–56.
Brogan, O., Reynolds, J. M. (1985), «An inscription from the Wadi Antar», in: Buck, D. J., Mattingley, D. J., Hrsg. *Town and Country in Roman Tripolitania: papers in honour of Olwen Hackett, BAR* 274: 13–21.
Brown, P. (1968), «Christianity and Local Culture in Late Roman Africa», *JRS* 58: 85–95.
Brown, P. (1978), *The Making of Late Antiquity*, Cambridge, Mass.
Brunt, P. A. (1961), «The lex Valeria Cornelia», *JRS* 61: 71–83.
Brunt, P. A. (1965), «‹Amicitia› in the late Roman Republic», *PCPhS* 11: 1–20 (nachgedr. in: Seager, R., Hrsg., *The Crisis of the Roman Republic*, Cambridge, 1969, 199–218).
Brunt, P. A. (1966 a), «The ‹Fiscus› and its Development», *JRS* 56: 75–91.
Brunt, P. A. (1966 b), «Procuratorial Jurisdiction», *Latomus* 25: 161–89.
Brunt, P. A. (1969), «The equites in the late Republic», in: Seagar, R., Hrsg., *The Crisis of the Roman Republic*, Cambridge, 83–115.
Brunt, P. A. (1971), *Italian Manpower, 225 BC – AD 14*, Oxford.
Brunt, P. A. (1975 a), «The Administration of Roman Egypt», *JRS* 65: 124–47.
Brunt, P. A. (1975 b), «Stoicism and the Principate», *PBSR* 43: 7–35.
Brunt, P. A. (1975 c), «Two great Roman landowners», *Latomus* 34: 619–35.
Brunt, P. A. (1976), «The Romanization of the Local Ruling Classes in the Roman Empire», in: Pippidi (1976), 161–74.
Brunt, P. A. (1978), «Laus Imperii» in: Garnsey und Whittaker (1978), 159–92.
Brunt, P. A. (1979), «Marcus Aurelius and the Christians», in: Deroux, D., Hrsg., *Studies in Latin Literature and Roman History I:* 483–520.
Brunt, P. A. (1980), «Free labour and public works at Rome», *JRS* 70: 81–100.
Brunt, P. A. (1981), «The Revenues of Rome», Rezension von Neesen (1980), *JRS* 71: 161–72.
Brunt, P. A. (1983), «Princeps and Equites», *JRS* 73: 42–75.
Buckland, W. W. (1908), *The Roman Law of Slavery*, Cambridge.
Buckland, W. W. (1963), *A Text-book of Roman Law from Augustus to Justinian*, 3. Aufl., bearbeitet von P. Stein, Cambridge.
Buckler, W. H. (1923), «Labour disputes in the province of Asia», in: Buckler, W. H., Calder, W. M., Hrsg., *Anatolian Studies presented to W. M. Ramsay*, Manchester, 27–50.
Burnand, Y. (1982), «Senatores Romani ex provinciis Galliarum orti», in: *Atti del Colloquio Internazionale AIEGL su Epigrafia e ordine senatorio*. Rom, 14.–20. Mai 1981, 2 Bde., Rom.
Burton, G. P. (1975), «Proconsuls, Assizes, and the Administration of Justice under the Empire», *JRS* 65: 92–106.
Burton, G. P. (1976), «The issuing of mandata to proconsuls and a new inscription from Cos», *ZPE* 21: 63–8.

Burton, G. P. (1979), «The curator rei publicae», *Chiron* 9: 465–88.
Cagnat, R. (1913), *L'Armée romaine d'Afrique*, Paris.
Campbell, J. B. (1975), «Who were the ‹Viri Militares›?», *JRS* 65: 11–31.
Campbell, J. B. (1984), *The Emperor and the Roman Army, 31 BC – AD 235*, Oxford.
Carandini, A. (1981), «Sviluppo e crisi delle manifatture rurali e urbane», in: Giardina and Schiavone (1981), II 249–60.
Carandini, A. (1983), «Columella's Vineyard and the Rationality of the Roman Economy», *Opus 2*, 1: 177–204.
Carandini, A., Ricci, A. (1984), *Sette Finestre: una villa schiavistica nell'Etruria Romana*, 3 Bde., Modena.
Carandini, A., Tatton-Brown, T. (1980), «Excavations at the Roman villa of ‹Sette Finestre› in Etruria, 1975–9: First Interim Report», in: Painter, K., Hrsg. *Roman Villas in Italy*, London.
Carcopino, J. (1940), *Daily Life in Ancient Rome*, New Haven.
Carrié, J.-M. (1977), «Le rôle économique de l'armée dans l'Egypte romaine» in: Armées et Fiscalité (1977), 373–93.
Cartledge, P. A., Harvey, F. D., Hrsg. (1985), *Crux: Essay presented to G. E. M. de Ste. Croix on his 75th birthday*, Sidmouth, Devon.
Cary, M. (1949), *The Geographic Background of Greek and Roman History*, Oxford.
Casson, L. (1954), «The grain trade of the Hellenistic World», *TAPA* 85: 168 ff.
Casson, L. (1971), *Ships and Seamanship in the Ancient World*, New Jersey.
Casson, L. (1980), «The Role of the State in Rome's Grain Trade» in: D'Arms und Kopff (1980), 21–33.
Chadwick, N. K. (1966), *The Druids*, Cardiff.
Champlin, E. (1980), *Fronto and Antonine Rome*, Cambridge, Mass.
Champlin, E. (1981), «Owners and Neighbours at Ligures Baebiani», *Chiron* 11: 239–64.
Champlin, E. (1983), «Figlinae Marcianae», *Athenaeum* 61: 257–64.
Chastagnol, A. (1971), «Les modes d'accès au sénat romain au début de l'Empire», *Bull. Soc. Antiq. France*, 283–310.
Chastagnol, A. (1973), «La naissance de l'ordo senatorius», *MEFR* 85: 583–607.
Chastagnol, A. (1975), «Latus clavus et adlection. L'accès des hommes nouveaux au sénat romain sous le Haut-Empire», *RHD* 53: 375–94.
Clark, C., Haswell, M. (1970), *The Economics of Subsistence Agriculture*, 4. Aufl., London.
Clarke, M. L. (1971), *Higher Education in the Ancient World*, London.
Clavel-Lévêque, M. (1972), «Le syncrétisme gallo-romaine, structures et finalités», in: F. Sartori, Hrsg., *Praelectiones Patavinae*, Univ. Padua, Pubbl. Ist. di Storia antica, 9: 51–134.
Clemente, G. (1972), «Il patronato nei collegia dell'Impero Romano», *SCO* 21: 142–229.
Cohen, B. (1975), «La notion d'‹ordo› dans la Rome antique», *Bull. Assoc. Budé*, 4. Folge, 1: 259–82.

Colledge, M. A. R. (1976), *The Art of Palmyra*, London.
Collinet, P. (1925), *Histoire de l'école de droit de Beyrouth*, Paris.
Cooper, J. P. (1976), «Patterns of inheritance and settlement by great landowners from the fifteenth to the eighteenth centuries», in: *Family and Inheritance: Rural Society in Western Europe, 1200–1800*, Hrsg. J. Goody u. a., Cambridge.
Corbett, P. E. (1930), *The Roman Law of Marriage*, Oxford.
Corbier, M. (1978), «Dévaluations et fiscalité (161–235)», in: *Les Dévaluations à Rome: époque républicaine et impériale* (Rom, 13.–15. Nov. 1975), 227–48.
Cotton, H. (1981), *Documentary Letters of Recommendation in Latin from the Roman Empire*, Königstein.
Cramer, F. H. (1954), *Astrology in Roman Law and Politics*, Philadelphia.
Crawford, D. J. (1976), «Imperial Estates», in: Finley (1976), 35–70.
Crawford, M. H. (1970), «Money and Exchange in the Roman World», *JRS* 60: 40–48.
Crawford, M. H. (1978), «Greek Intellectuals and the Roman Aristocracy in the first century BC», in: Garnsey und Whittaker (1978), 193–208, 330–8.
Crawford, M. H., Hrsg. (1983), *Sources for Ancient History*, Cambridge.
Crawford, M. H. (1985), *Coinage and Money under the Roman Republic: Italy and the Mediterranean Economy*, London.
Crawford, M. H., Hrsg. (1986), *L'Impero Romano e le strutture economiche e sociali delle province*, Como.
Crook, J. A. (1955), *Consilium Principis*, Cambridge.
Crook, J. A. (1967 a), *Law and Life of Rome*, London.
Crook, J. A. (1967 b), *«Patria potestas»*, *CQ* 17: 113–22.
Crook, J. A. (1973), «Intestacy in Roman society», *PCPhS* 19: 38–44.
Crook, J. A. (1986 a), «Women in Roman Succession», in: Rawson (1986).
Crook, J. A. (1986 b), «Female inadequacy and the *Senatusconsultum Velleianum*», in: Rawson (1986), 83–92.
Csillag, P. (1976), *The Augustan Laws on Family Relations*, Budapest.
Darling, M. J. (1977), «Pottery from early military sites in West Britain», in: Dore and Greene (1977), 57–100.
Daube, D. (1947), «Did Macedo murder his father?», *ZSS* 65: 261–311.
Daube, D. (1969), *Roman Law: Linguistic, Social and Philosophical Aspects*, Edinburgh.
Davies, J. L. (1984), «Soldiers, peasants and markets in Wales and the marches», in: Blagg und King (1984), 93–127.
Davies, R. W. (1971), «The Roman Military Diet», *Britannia* 2: 122–42.
Debord, P. (1982), *Aspects sociaux et économiques de la vie religieuse dans L'Anatolie Gréco-Romaine*, Leiden.
Demougin, S. (1982), «Uterque ordo: les rapports entre l'ordre sénatorial et l'ordre équestre sous les Julio-Claudiens», in: *Epigrafia e ordine senatorio, Tituli* 4: 73–104.
Den Boer, W. (1972), *Some Minor Roman Historians*, Löwen.
Devijver, H. (1976–80), *Prosopographia Militiarum Equestrium quae fuerunt ab Augusto ad Gallienum*, 3 Bde., Löwen.

Dilke, O. A. W. (1985), *Greek and Roman Maps*, London.
Dixon, S. (1985 a), «Polybius on Roman women and property», *AJP* 106: 147–70.
Dixon, S. (1985 b), «The marriage alliance in the Roman elite», *Journal of Family History*, 10: 353–78.
Dobson, B. (1974 a), «The centurionate and social mobility during the Principate», in: Nicolet, C., Hrsg., *Recherches sur les structures sociales dans l'antiquité classique*, 99–115.
Dobson, B. (1974 b), «The significance of the centurion and ‹primipilaris› in the Roman army and administration», *ANRW* II 1: 392–434.
Dodds, E. R. (1965), *Pagan and Christian in an Age of Anxiety*, Cambridge.
Dore, J., Greene, K., Hrsg. (1977), *Roman Pottery Studies in Britain and Beyond*, *BAR* 30.
Drachmann, A. B. (1922), *Atheism in Classical Antiquity*, London.
Drinkwater, J. F. (1979), «A note on local careers in the Three Gauls under the early Empire», *Britannia* 10: 89–100.
Drinkwater, J. F. (1983), *Roman Gaul. The Three Provinces, 58 BC – AD 260*, London.
Duff, A. M. (1928), *Freedmen in the Early Roman Empire*, Oxford.
Dunbabin, K. M. D. (1978), *The Mosaics of Roman North Africa: Studies in Iconography and Patronage*, Oxford.
Duncan-Jones, R. P. (1963), «Wealth and munificence in Roman Africa», *PBSR* 31: 159–77.
Duncan-Jones, R. P. (1967), «Equestrian rank in the cities of the African provinces under the Principate: an epigraphic survey», *PBSR* 35: 147–88.
Duncan-Jones, R. P. (1972), «Patronage and city privileges – the case of Giufi», *Epigraphische Studien* 9: 12–16.
Duncan-Jones, R. P. (1976 a), «Some Configurations if Landholding in the Roman Empire», in: Finley (1976), 7–34.
Duncan-Jones, R. P. (1976 b), «The Price of wheat in Roman Egypt under the Principate», *Chiron* 6: 241 ff.
Duncan-Jones, R. P. (1982), *Economy of the Roman Empire*, neue, durchgesehene Aufl., Cambridge.
Durry, M. (1938), *Les Cohortes prétoriennes*, Paris.
Duthoy, R. (1974), «La fonction sociale de l'Augustalité», *Epigraphica* 36: 135–54.
Duthoy, R. (1978), «Les Augustales», *ANRW* II, 16.2: 1254–1309.
Duthoy, R. (1979), «Curatores rei publicae en Occident durant le Principat», *Ancient Society* 10: 171–239.
Easterling, P. E., Knox, B. M. W., Hrsg. (1985), *The Cambridge History of Classical Literature, I: Greek Literature*, Cambridge.
Eck, W. (1974), «Beförderungskriterien innerhalb der senatorischen Laufbahn, dargestellt an der Zeit von 69 bis 138 n. Chr.», *ANRW II* 1 158–228.
Eck, W. (1979), *Die staatliche Organisation Italiens in der hohen Kaiserzeit*, München.
Engels, D. (1980), «The problem of female infanticide in the Greco-Roman world», *CP* 75: 112–20.

Engels, D. (1984), «The use of historical demography in ancient history», *CQ* 34: 386–93.
D'Escurac, P. (1974), «Pour une étude sociale de l'Apologée d'Apulée», *Ant. Afr.* 8: 89–101.
D'Escurac, P. (1976), *La préfecture de l'annone, service administratif impérial d'Auguste à Constantin*, Paris.
Etienne, R. (1958), *Le culte impérial dans la péninsule ibérique d'Auguste à Dioclétien*, Paris.
Etienne, R. (1973), «Les syncrétismes religieux dans la péninsule ibérique à l'époque impériale», in: *Les Syncrétismes dans les religions grecque et romaine (Kolloquium in Straßburg, 9.–11. Juni 1971)*, Paris, 153–63.
Etienne, R., Fabre, G., Le Roux, R., Tranoy, A. (1976), «Les dimensions sociales de la romanisation dans la péninsule ibérique des origines à la fin de l'Empire», in: Pippidi (1976), 95–107.
Evans, J. K. (1980), «Plebs rustica II», *Am. Jl. Anc. Hist.* 5: 134–75.
Evans, J. K. (1981), «Wheat production and its social consequences in the Roman world», *CQ* 31: 428–42.
Eyben, E. (1980–81), «Family planning in Graeco-Roman antiquity», *Ancient Society* 11–12: 5–82.
Fairweather, J. (1981), *Seneca the Elder*, Cambridge.
Fears, J. R. (1977), *Princeps a diis electus, MAAR* 26, Rom.
Fears, J. R. (1981), «The cult of Jupiter and Roman imperial ideology», *ANRW* II 17.1: 3–141.
Février, P.-A. (1976), «Religion et domination dans l'Afrique romaine», *DHA* 21: 305–36.
Fink, R. O. (1971), *Roman Military Documents on Papyri*, American Philological Association.
Finley, M. I. (1965), «Technical Innovation and Economic Progress in the Ancient World», *Ec. Hist. Rev.* 18: 29–45, Neudruck mit Korrekturen bei Finley (1981).
Finley, M. I., Hrsg. (1968), *Slavery in Classical Antiquity*, Cambridge.
Finley, M. I., Hrsg. (1974), *Studies in Ancient Society*, London.
Finley, M. I., Hrsg. (1976), *Studies in Roman Property*, Cambridge.
Finley, M. I. (1980), *Ancient Slavery and Modern Ideology*, London.
Finley, M. I. (1981), *Economy and Society in Ancient Greece*, Shaw, B. D., Saller, R. P., Hrsg., London.
Finley, M. I. (1985 a), *The Ancient Economy*, neue, durchgesehene Aufl., London.
Finley, M. I. (1985 b), *Ancient History: Evidence and Models*, London.
Fishwick, D. (1978), «The development of provincial ruler worship in the western Roman empire», *ANRW* II 16.1, 1201–53.
Flandrin, J.-L. (1979), *Families in Former Times*, Cambridge.
Flory, M. (1978), «Family in *familia*: kinship and community in slavery», *Am. Jl. Anc. Hist.* 3: 78–95.
Foxhall, L., Forbes, H. A. (1982), «Sitometreia: the Role of Grain as a Staple Food in Classical Antiquity», *Chiron* 12: 41–90.
Frederiksen, M. W. (1976), «Changes in the patterns of settlement», *Hellenismus in*

Mittelitalien, Koll. in Göttingen, Juni 1974, Abh. Akad. Wiss. Gött., Phil. Hist. Kl., Dritte Folge, 97: 341–55.
Frederiksen, M.W. (1981), «Icambiamenti delle strutture agrarie nella tarda repubblica; la Campania», in: Giardina und Schiavone (1981), 265–88.
Freeman, D. (1973), «Kinship, attachment behavior and the primary bond», in: Goody, J., Hrsg., *The Character of Kinship*, Cambridge, 109–19.
Frend, W. H. C. (1965), *Martyrdom and Persecution in the Early Church*, Oxford.
Frend, W. H. C. (1984), *The Rise of Christianity*, London.
Frere, S. (1978), *Britannia*, 2. Aufl., London.
Frézouls, E. (1959) (1961), «Recherches sur les théâtres de l'Orient Syrien», *Syria* 36: 202–27; 38: 54–86.
Friedlaender, L. (1862–1871), «Darstellungen aus der Sittengeschichte Roms in der Zeit von Augustus bis zum Ausgang der Antonine», 4 Bde., Leipzig (Nachdruck Aalen 1963).
Frier, B.W. (1982), «Roman Life Expectancy: Ulpian's evidence», *HSCP* 86: 213–51.
Frier, B. W. (1983), «Roman Life Expectancy: the Pannonian evidence», *Phoenix* 37: 328–44.
Fulford, M. (1984), «Demonstrating Britannia's economic dependence in the first and second centuries», in: Blagg und King (1984), 129–42.
Gabba, E. (1986), «La Sicilia Romana», in: Crawford (1986), 71–86.
Gagé, J. (1964), *Les classes sociales dans l'Empire romain*, Paris.
Galsterer, H. (1986), «Roman Law in the Provinces: some problems of transmission», in: Crawford (1986), 13–28.
Garnsey, P. (1968 a), «Trajan's Alimenta. Some problems», *Historia* 17: 367–81.
Garnsey, P. (1968 b), «The Criminal Jurisdiction of Governors», *JRS* 58: 51–9.
Garnsey, P. (1970), *Social Status and Legal Privilege in the R.E.*, Oxford.
Garnsey, P. (1971), «Taxatio and Pollicitatio in Roman Africa», *JRS* 61: 116–29.
Garnsey, P. (1974), «Aspects of the Decline of the Urban Aristocracy in the Empire», *ANRW* II 1 229–52.
Garnsey, P. (1975), «Descendants of Freedman in Local Politics: some criteria», in: Levick, B., Hrsg., *The Ancient Historian and his Materials. Essays in honour of C. E. Stevens on his 70th Birthday*, Farnborough, 167–80.
Garnsey, P. (1976), «Urban Property Investment», in: Finley (1976), 123–36.
Garnsey, P. (1978), «Rome's African Empire under the Principate», in: Garnsey und Whittaker (1978), 223–54, 343–54.
Garnsey, P. (1979), «Where did Italian Peasants Live?», *PCPhS* 29: 1–25.
Garnsey, P. (1980 a), «Non-Slave Labour in the Roman World», in: Garnsey, Hrsg. (1980 b), 34–47.
Garnsey, P., Hrsg. (1980 b), *Non Slave Labour in the Greco-Roman World*, Cambridge.
Garnsey, P. (1981), «Independent freedmen and the economy of Roman Italy under the Principate», *Klio* 63: 359–71.
Garnsey, P. (1983 a), «Grain for Rome», in: Garnsey, Hopkins & Whittaker (1983), 118–30.

Garnsey, P. (1983b), «Introduction» und «Famine in Rome», in: Garnsey und Whittaker (1983), 1–5, 56–65.
Garnsey, P. (1984), «Religious Toleration in Classical Antiquity», in: W. J. Sheils, Hrsg., *Persecution and Toleration. Studies in Church History* 21: 1–28.
Garnsey, P. (1986a), «Famine in the ancient Mediterranean», *History Today* 36: 24–30.
Garnsey, P. (1986b), «Mountain Economies in Southern Europe: Thoughts on the early history, continuity and individuality of Mediterranean upland pastoralism», in: Mattmüller, M., Hrsg., *Wirtschaft und Gesellschaft in Berggebieten, Itinera* 5/6 (1986), Basel, 7–29.
Garnsey, P., Hopkins, K., Whittaker, C. R., Hrsg. (1983), *Trade in the Ancient Economy*, London.
Garnsey, P., Saller, R. (1982), *The Early Principate, Augustus to Trajan. Greece and Rome: New surveys in the classics*, Nr. 15, Oxford.
Garnsey, P., Whittaker, C. R., Hrsg. (1978), *Imperialism in the Ancient World*, Cambridge.
Garnsey, P., Whittaker, C. R., Hrsg. (1983), *Trade and Famine in Classical Antiquity*, Cambridge.
Gascou, J. (1972), *La politique municipale de l'empire romain en Afrique proconsulaire de Trajan à Septime-Sévère*, Paris.
Gaunt, D. (1983), «The property and kin relationships of retired farmers in northern and central Europe», in: Wall u. a. (1983).
Gauthier, Ph. (1985), *Les cités grecques et leurs bienfaiteurs*. BCH Suppl. XII, Paris.
Gentry, A. P. (1976), *Roman Military Stone-built Granaries in Britain, BAR 32*, Oxford.
Gérard, J. (1976), *Juvenal et la réalité contemporaine*, Paris.
Gerov, B. (1980), *Beiträge zur Geschichte der römischen Provinzen Moesien und Thrakien*, Amsterdam.
Giaccero, M. (1974), *Edictum Diocletiani et collegarum de pretiis rerum venalium*, 2 Bde., Genua.
Giardina, A., Schiavone, A., Hrsg. (1981), *Società romana e produzione schiavistica*, 3 Bde., Rom.
Giddens, A., Held, D., Hrsg. (1982), *Classes, Power and Conflict*, London.
Gilliam, J. F. (1950), «Some Latin military papyri from Dura», *YCS* 11: 171–252.
Giovannini, A. (1978), *Rome et la circulation monétaire en Grèce au IIe siècle avant Jésus-Christ*, Basel.
Gold, B. K., Hrsg. (1982), *Literary and Artistic Patronage in Ancient Rome*, Austin.
Goodman, M. (1983), *State and Society in Roman Galilee, AD 132–212*, Totowa, New Jersey.
Goody, J. (1976), *Production and Reproduction*, Cambridge.
Goody, J. (1983), *The Development of the Family and Marriage in Europe*, Cambridge.
Gordon, M. L. (1931), «The freedman's son in municipal life», *JRS* 21: 65–77.
Gordon, R. L. (1972), «Mithraism and Roman Society», *Religion* 21: 65–77.
Gordon, R. L. (1975), «Franz Cumont and the doctrines of Mithraism», in: J. R.

Hinnells, Hrsg., *Mithraic Studies: Proceedings of the First International Congress of Mithraic Studies*, 2 Bde., Manchester: 215–48.
Goudineau, Chr. (1980), «Sources et problèmes», in: Duby, G., Hrsg., *Histoire de la France urbaine*, I: *La ville antique*, Paris.
Graindor, P. (1930), *Hérode Atticus et sa famille*, Kairo.
Gratwick, A. S. (1984), «Free or not so free? Wives and daughters in the Late Roman Republic», in: E. M. Craik, Hrsg., *Marriage and Property*, Aberdeen: 30–53.
Gren, E. (1941), *Kleinasien und der Ostbalkan in der wirtschaftlichen Entwicklung der römischen Kaiserzeit*, Uppsala.
Grew, F., Hobley, B. (1985), *Roman Urban Topography and the Western Empire, CBA Res. Rept.* Nr. 59, London.
Griffin, J. (1976), «Augustan Poetry and the Life of Luxury», *JRS* 66: 87–105.
Griffin, M. (1972), «The Elder Seneca and Spain», *JRS* 62: 1–24.
Griffin, M. (1976), *Seneca, a philosopher in politics*, Oxford.
Hajnal, J. (1965), «European marriage patterns in perspective», in: Glass, D. V., Eversley, D. E. C., Hrsg., *Population in History*, London: 101–43.
Hajnal, J. (1983), «Two kinds of pre-industrial household formation system» in: Wall u. a. (1983): 65–104.
Hallet, J. P. (1984), *Fathers and Daughters in Roman Society: Women and the Elite Family*, Princeton.
Halsberghe, G. H. (1972), *The Cult of Sol Invictus*, Leiden.
Halstead, P. (1981), «From determinism to uncertainty; social storage and the rise of the Minoan palace», in: A. Sheridan, G. Bailey, Hrsg., *Economic Archaeology, BAR* Int. Ser. 96: 187–213.
Hammond, M. (1957), «Composition of the senate, AD 68–235», *JRS* 47: 74–81.
Hands, A. R. (1968), *Charities and Social Aid in Greece and Rome*, London.
Hansen, S. A. (1965), «Changes in the wealth and the demographic characteristics of the Danish aristocracy, 1470–1720», in: *The Third International Congress of Economic History* III, München: 91–102.
Hardie, A. (1983), *Statius and the Silvae: Poets, Patrons and Epideixis in the Graeco-Roman World*, Liverpool.
Harper, G. M. (1928), «Village Administration in the Roman province of Syria», *YCS* 1: 105–68.
Harrauer, H., Sijpesteijn, P. J. (1985), «Ein neues Dokument zu Roms Indienhandel. P. Vindob. G 40822», *Anz. d. Öst. Akad. d. Wiss.*, Phil.-Hist. Kl. 122: 124–55.
Harris, W. V. (1980), «Towards a study of the Roman slave trade», in: D'Arms und Kopff (1980): 117–40.
Harris, W. V. (1982), «The theoretical possibility of extensive infanticide in the Graeco-Roman world», *CQ* 32: 114–16.
Hatzfeld, J. (1919), *Les trafiquants italiens dans l'Orient hellénique*, Paris.
Helen, T. (1975), *The Organization of Roman Brick Production in the First and Second Centuries AD. Annales Academiae Scientiarum Fennicae.*
Henig, M. (1984), *Religion in Roman Britain*, London.
Hicks, R. D. (1911), *Stoic and Epicurean*, London.
Hill, H. (1969), «Nobilitas in the imperial period», *Historia* 18: 230–50.

Hobson, D. W. (1985), «House and Household in Roman Egypt», *YCS* 28: 211–29.
Hopkins, K. (1965 a), «Age of Roman girls at marriage», *Population Studies* 18: 309–27.
Hopkins, K. (1965 b), «Contraception in the Roman empire», *Comparative Studies in Society and History* 8: 124–51.
Hopkins, K. (1966), «On the probable age structure of the Roman population», *Population Studies* 20: 245–64.
Hopkins, K. (1974), «Elite mobility in the Roman empire», in: Finley (1974), 103–20.
Hopkins, K. (1978 a), *Conquerors and Slaves*, Cambridge.
Hopkins, K. (1978 b), «Economic Growth and Towns in Classical Antiquity», in: Abrams P., Wrigley, E. A., Hrsg., *Towns in Societies*, Cambridge: 35–77.
Hopkins, K. (1980), «Taxes and Trade in the Roman Empire (200 BC–AD 400)», *JRS* 70:101–25.
Hopkins, K. (1983 a), «Introduction», in: Garnsey, Hopkins & Whittaker (Hrsg.) (1983), ix-xxv.
Hopkins, K. (1983 b), «Models, ships and staples», in: Garnsey, Whittaker (1983), 84–109.
Hopkins, K. (1983 c), *Death and Renewal*, Cambridge.
Humbert, M. (1972), *Le remariage à Rome: Etude d'histoire juridique et sociale*, Mailand.
Humphreys, S. C. (1978), *Anthropology and the Greeks*, London.
Hurst, H. R. (1985), *Kingsholm*, Gloucester.
Huvelin, P. (1929), *Etudes d'histoire du droit commercial romain*, Paris.
Jacques, F. (1984), *Le privilège de liberté: politique impériale et autonomie municipale dans les cités de l'Occident romain*, Paris.
Jameson, M. H. (1977–78), «Agriculture and Slavery in classical Athens», *CJ* 73: 122–45.
Johne, K.-P., Köln, J., Weber, V. (1983), *Die Kolonen in Italien und den westlichen Provinzen des Römischen Reiches*, Berlin.
Johnson, W. R. (1976), *Darkness Visible, a Study of Virgil's Aeneid*, Berkeley.
Jolowicz, H. F., Nicholas, B. (1972), *Historical Introduction to the Study of Roman Law*, Oxford.
Jones, A. H. M. (1940), *The Greek City from Alexander to Justinian*, Oxford.
Jones, A. H. M. (1956), «Slavery in the ancient world», *Ec. Hist. Rev.* 9: 185–99, Nachdruck in: Finley (1968), 1–15.
Jones, A. H. M. (1960), *Studies in Roman Government*, Oxford.
Jones, A. H. M. (1964), *The Later Roman Empire*, Oxford.
Jones, A. H. M. (1971), *Cities of the Eastern Roman Provinces*, 2. Aufl., Oxford.
Jones, A. H. M. (1974), *The Roman Economy. Studies in ancient economic and administrative history*, Hrsg. P. A. Brunt, Oxford.
Jones, C. P. (1971), *Plutarch and Rome*, Oxford.
Jones, C. P. (1978), *The Roman World of Dio Chrysostom*, Cambridge, Mass.
Jones, G. B. D. (1978), «Concept and Development in Roman Frontiers», *Bull. Ryl. Libr.* 60: 116–44.

Jones, G. B. D. (1984), «Becoming different without knowing it. The role and development of vici», in: Blagg and King (1984), 75–91.
Jones, M. K. (1981), «The development of crop husbandry», in: Jones, M. K. und Dimbleby, G. W., *The Environment of Man: The Iron Age to Anglo-Saxon Period, BAR* 87: 95–127.
Jones, M. K. (1982), «Crop Production in Roman Britain», in: Miles, D., Hrsg., (*The Romano-British Countryside: Studies in Rural Settlement and Economy*, Teil I, *BAR* 103: 97–108.
Juster, J. (1914), *Les juifs dans l'empire romain: leur condition juridique, économique et sociale*, Paris.
Kampen, N. (1981), *Image and Status: Roman Working Women in Ostia*, Berlin.
Kaser, M. (1971–5), *Das römische Privatrecht*, 2 Bde., 2. Aufl., München.
Kaufmann, R. (1974), «The patron-client concept and macropolitics: prospects and problems», *CSSH* 16:284–308.
Kennedy, G. (1972), *The Art of Rhetoric in the Roman World*, Princeton.
Kenney, E. J., Hrsg. (1982), *The Cambridge History of Classical Literature, II: Latin Literature.*
Kenney, E. J., Hrsg. (1984), *The Ploughman's Lunch: Moretum; a poem ascribed to Virgil*, Bristol.
Keppie, L. (1983), *Colonisation and Veteran Settlement in Italy 47–14 BC*, London.
Kloft, H. (1970), *Liberalitas Principis*, Boehlau.
Klotz, A. (1931), «Die geographischen commentarii des Agrippa und ihre Überreste», *Klio* 24: 38–58, 386–466.
Kolendo, J. (1980), *L'agricoltura nell'Italia romana. Tecniche agrarie e progresso economico dalla tarda repubblica al principato*, Rom.
Kraut, B. H. (1984), «Seven Heidelberg papyri concerning the office of exegetes», *ZPE* 55: 167–90.
Kuehn, T. (1981), «Women, marriage, and patria potestas in late medieval Florence», *RHDFE* 49: 127–47.
Labriolle, P. de (1948), *La réaction paienne. Etude sur la polémique antichrétienne du Ier au VIe siècle*, 2. Aufl., Paris.
Lambrino, S. (1965), «Les cultes indigènes sous Trajan et Hadrien», in: *Les empereurs romains d'Espagne (Colloques Int. du CNRS)*, Paris: 223–39.
Landels, J. G. (1978), *Engineering in the Ancient World*, London.
Langhammer, W. (1973), *Die rechtliche und soziale Stellung der Magistratus municipalis und der Decuriones*, Wiesbaden.
Laslett, P., Hrsg. (1972), *Household and Family in Past Time*, Cambridge.
Laslett, P. (1983), «Family and household as work group: areas of traditional Europe compared», in: Wall u. a. (1983), 513–63.
Lasserre, Fr. (1982), «Strabon devant l'Empire romain», *ANRW* II. 30: 867–96.
Latte, K. (1960), *Römische Religionsgeschichte*, München.
Le Gall, J. (1975), *La religion romaine de l'époque de Cato l'Ancien au règne de l'empereur Commode*, Paris.
Leglay, M. (1966), *Saturne Africaine*, Paris.

Le Roux, P. (1977), «L'armée de la péninsule ibérique et la vie économique sous le Haut-Empire», in: *Armées et fiscalité* (1977), 314–72.
Le Roux, P., Tranoy, A. (1973), «Rome et les indigènes dans le nord-ouest de la péninsule ibérique. Problèmes de l'epigraphie et d'histoire», *Mel. Casa Vel.* 9: 177–231.
Lesquier, J. (1898), *L'armée romaine d'Egypte d'Auguste à Dioclétien*, Paris.
Letta, C. (1984), «Amministrazione Romana e culti locali in età altoimperiale: il caso della Gallia», *Riv. Stor. Ital.* 96: 1001–24.
Leveau, Ph. (1983), «La ville antique, ‹ville de consommation›? Parasitisme social et économie antique», *Etudes rurales* 89–91: 275–89.
Leveau, Ph. (1984), *Caesarea de Maurétanie: Une ville romaine et ses campagnes*, Rom.
Leveau, Ph., Hrsg. (1985), *L'origine des richesses depensées dans la ville antique. Actes du colloque Aix-en-Provence 11.–12. Mai 1984*, Aix-en-Provence.
Levick, B. (1967), *Roman Colonies in Southern Asia Minor*, Oxford.
Levick, B. (1982), «Domitian and the provinces», *Latomus*, 41: 50–73.
Levick, B. (1983), «The Senatus Consultum from Larinum», *JRS* 73: 97–115.
Lewis, N. (1970), «On paternal authority in Roman Egypt», *RIDA* 17: 251–8.
Lewis, N., Reinhold, M. (1955), *Roman Civilization*, New York.
Liebenam, W. (1900), *Städteverwaltung im Römischen Kaiserreiche*, Leipzig.
Liebeschuetz, J. H. W. G. (1979), *Continuity and Change in Roman Religion*, Oxford.
Lightman, M., Feisel, W. (1977), «Univira: an example for continuity and change in Roman society», *Church History* 46: 19–32.
Lo Cascio, E. (1981), «State and Coinage in the Late Republic and Early Empire», *JRS* 71: 76–86.
Long, A. A., Hrsg. (1971), *Problems in Stoicism*, London.
Lopuszanski, G. (1951), «La police romaine et les Chrétiens», *Ant. Class.* 20: 5–46.
Luttwak, E. N. (1976), *The Grand Strategy of the Roman Empire from the First Century AD to the Third*, Baltimore.
MacDonald, W. (1965), *The Architecture of the Roman Empire I*, New Haven.
MacMullen, R. (1963), *Soldier and Civilian in the Later Roman Empire*, Cambridge, Mass.
MacMullen, R. (1966), *Enemies of the Roman Order*, Cambridge, Mass.
MacMullen, R. (1971), «Social history in astrology», *Ancient Society* 2: 105–16.
MacMullen, R. (1974), *Roman Social Relations, 50 BC to AD 284*, New Haven.
MacMullen, R. (1980), «How big was the Roman Imperial Army?», *Klio* 62: 451–60.
MacMullen, R. (1981), *Paganism in the Roman Empire*, New Haven.
MacMullen, R. (1982), «The epigraphic habit in the Roman empire», *AJP* 103: 233–46.
MacMullen, R. (1984), *Christianizing the Roman Empire (AD 100–400)*, New Haven.
Macve, R. H. (1985, «Some glosses on Greek and Roman Accounting», in: Cartledge und Harvey (1985), 233–64.

Magie, D. (1950), *Roman Rule in Asia Minor to the end of the Third Century after Christ*, 2 Bde., Princeton.
Malaise, M. (1972), *Les conditions de pénétration et diffusion des cultes Egyptiens en Italie*, Leiden.
Mann, J. C. (1983), *Legionary Recruitment and Veteran Settlement during the Principate*, Hrsg. M. M. Roxan, London.
Marrou, H. I. (1956), *A History of Education in Antiquity*, übers. v. G. Lamb, New York.
Marsden, P. (1977), «Celtic Ships of Europe», in: McGrail, S., Hrsg., *Sources and Techniques in Boat Archaeology, BAR* 29: 281–8.
Marshall, A. J. (1975), «Tacitus and the governor's lady: a note on *Annals* iii. 33–4», *G & R* 22: 11–18.
Martin, R. (1971), *Recherches sur les agronomes latine et leurs conceptions économiques et sociales*, Paris.
Martin, R. (1984), *L'urbanisme dans la Grèce antique*, 2. Aufl., Paris.
Matringe, G. (1971), «La puissance paternelle et le mariage des fils et filles de famille en droit romain», in: *Studi in Onore di Eduardo Volterra*, Mailand, Bd. 5: 191–237.
Meiggs, R. (1973), *Roman Ostia*, 2. Aufl., Oxford.
Michel, J. (1962), *Gratuité en droit romain*, Brüssel.
Middleton, P. (1979), «Army supply in Roman Gaul», in: Burnham, B. C. und Johnson, H. B., Hrsg. *Invasion and Response, BAR* 73: 81–97.
Middleton: P. (1983), «The Roman Army and Long-Distance Trade», in: Garnsey und Whittaker (1983), 75–83.
Miles, D. (1982), *The Romano-British Countryside: Studies in rural settlement and economy, BAR* 103, Oxford.
Millar, F. G. B. (1963), «The Fiscus in the First Two Centuries», *JRS* 53: 29–42.
Millar, F. G. B. (1964), *A Study of Cassius Dio*, Oxford.
Millar, F. G. B. (1966), «The Emperor, the Senate and the Provinces», *JRS* 56: 156–66.
Millar, F. G. B. (1967), *The Roman Empire and its Neighbours*, London.
Millar, F. G. B. (1968), «Local Cultures in the Roman Empire: Libyan, Punic and Latin in Roman Africa», *JRS* 58: 126–134.
Millar, F. G. B. (1971), «Paul of Samosata, Zenobia and Aurelian: The Church, local culture and political allegiance in third-century Syria», *JRS* 61: 1–17.
Millar, F. G. B. (1977), *The Emperor in the Roman World*, London.
Millar, F. G. B. (1981), «The world of the Golden Ass», *JRS* 71: 65–75.
Millar, F. G. B. (1982), «Emperors, Frontiers and Foreign Relations, 31 BC to AD 378», *Britannia* 13: 1–23.
Millar, F. G. B. (1983 a), «Empire and city, Augustus to Julian: obligations, excuses and status», *JRS* 83: 76–96.
Millar, F. G. B. (1983 b), «The Phoenician Cities: a case-study of Hellenisation», *PCPhS* 29: 55–71.
Millar, F. G. B. (1984), «Condemnation to hard labour in the Roman empire, from the Julio-Claudians to Constantine», *PBSR* 52: 128–47.

Millar, F. G. B., Segal, E., Hrsg. (1984), *Caesar Augustus: Seven Aspects*, Oxford.
Mitchell, S. (1976), «Requisitioning transport in the Roman Empire: A new inscription from Pisidia», *JRS* 66: 106–31.
Mócsy, A. (1967), «Zu den Prata legionis», *Studien zu den Militärgrenzen Roms*: 211–14, Köln–Graz.
Mócsy, A. (1970), *Gesellschaft und Romanisation in der römischen Provinz Moesia Superior*, Amsterdam.
Mócsy, A. (1972), «Das Problem der militärischen Territorien im Donauraum», *Acta Ant.* 20: 131 ff.
Mócsy, A. (1974), *Pannonia and Upper Moesia: A History of the Middle Danube Provinces of the Roman Empire*, London.
Mócsy, A. (1983), «The civilized Pannonians of Velleius», in: Hartley, B., Wacher, J., Hrsg., *Rome and her Nothern Frontiers: Papers presented to Sheppard Frere*, 169–78.
Mohler, S. L. (1931), «The cliens in the time of Martial», in: Hadzsits, G. D., Hrsg., *Classical Studies in Honor of John C. Rolfe*, Philadelphia, 239–63.
Momigliano, A. (1975), *Alien Wisdom: the limits of Hellenisation*, Cambridge.
Morford, M. (1985), «Nero's patronage and participation in literature and the arts», *ANRW* II 32.3: 2003–31.
Morris, J. (1964) (1965), «Leges Annales under the Principate», *Listy Fil. 87*: 316–37; 88: 22–31.
Mouterde, R. (1964), «Regards sur Beyrout Phénicienne, Hellénistique et Romaine», *Mél. Univ. St. Joseph* 40: 149–90.
Nash, E. (1968) *Pictorial Dictionary of Ancient Rome*, London.
Neesen, L. (1980), *Untersuchungen zu den direkten Staatsabgaben der römischen Kaiserzeit* (27 v. Chr.– 284 n. Chr.), Bonn.
de Neeve, P. W. (1984), *Colonus: Private Farm-Tenancy in Roman Italy during the Republic and the early Principate*, Amsterdam.
Newbold, R. F. (1974), «Social tension at Rome in the early years of Tiberius' reign», *Athenaeum* 52: 110–43.
Nicholas, H. (1962), *An Introduction to Roman Law*, Oxford.
Nicolet, Cl. (1976), «Le cens sénatorial sous la République et sous Auguste», *JRS* 66: 20–38.
Nicolet, Cl. (1977), «Les classes dirigeantes romaines sous la République: ordre sénatorial et ordre équestre», *Annales ESC* 31: 726–55.
Nicolet, Cl. (1984), «Augustus, government, and the propertied class», in: Millar und Segal (1984), 89–128.
Nippel, W. (1984), «Policing Rome», *JRS* 74: 20–9.
Nock, A. D. (1933), *Conversion: the old and the new in religion from Alexander the Great to Augustine of Hippo*, Oxford.
Nock, A. D. (1937), «The Genius of Mithraism», *JRS* 27: 108–13.
Nörr, D. (1966), *Imperium und Polis in der hohen Prinzipatszeit*, München.
North, J. (1976), «Conservation and change in Roman religion», *PBSR* 44: 1–12.
North, J. (1979), «Religious Toleration in Republican Rome», *PCPhS* 25: 85–103.

Nutton, V. (1971), «Two notes on immunities: *Digest* 27, 1, 6, 10 und 11», *JRS* 61: 52–63.
Nutton, V. (1978), «The Beneficial Ideology», in: Garnsey und Whittaker (1978), 209–21.
Oliver, J. H. (1970), *Marcus Aurelius; Aspects of civic and cultural policy in the East*, Hesperia Supplement XIII.
L'onomastique latine (1977), *L'onomastique latine, Paris 13.–15. Okt. 1975: Colloques internationales du centre national de la recherche scientifique*, Nr. 564, Paris.
Oswald, F., Davies Pryce, T. (1920), *An Introduction to the Study of Terra Sigillata from a Chronological Standpoint*, London.
Otis, B. (1970), *Ovid as an Epic Poet*, 2. Aufl., Cambridge.
de Pachtère, F. G. (1920), *La table hypothécaire de Veleia*, Paris.
Palm, J. (1959), *Rom, Römertum und Imperium in der griechischen Literatur der Kaiserzeit*, Lund.
Pasquinucci, M. (1979), «La transumanza nell'Italia Romana», in: Gabba, E. und Pasquinucci, M., *Strutture agrarie e allevamento transumante nell'Italia Romana (III–I sec. A. C.)*, 79–182, Pisa.
Patterson, O. (1982), *Slavery and Social Death*, Cambridge, Mass.
Pearce, R. (1974), «The role of the wife as *custos*», *Eranos* 72: 16–33.
Pédech, P. (1976), *La géographie des grecs*, Paris.
Petracco Sicardi, G. (1969), «Problemi di topographia Veleiate», *Atti del III Cenvegno di Studi Veleiati, 3. Mai–2. Juni 1967*, Mailand, 207–18.
Peyre, C. (1970), «Tite-Live et la ‹férocité› gauloise», *REL* 48: 277–96.
Pflaum, H.-G. (1948), *Le Marbre de Thorigny*, Paris.
Pflaum, H.-G. (1950), *Les procurateurs équestres sous le Haut-Empire rom.*, Paris.
Pflaum, H.-G. (1960), *Les carrières procuratoriennes équestres sous le Haut-Empire romain*, 3 Bde., Paris.
Pflaum, H.-G. (1970 a), «La Romanisation de l'ancien territoire de la Carthage punique», *Ant. Afr.* 4: 75–117.
Pflaum, H.-G. (1970 b), «Titulature et rang social sous le Haut-Empire», in: Nicolet, Cl., Hrsg., *Recherches sur les structures sociales dans l'antiquité classique*, Paris.
Pippidi, D. M., Hrsg. (1976), *Assimilation et résistance à la culture gréco-romaine dans le monde ancien: Travaux du VIe Congrès International d'Etudes Classiques (Madrid, Sept. 1974)*, Bukarest und Paris.
Pitts, L., St. Joseph, J. K. (1986), *Inchtuthil: the Roman legionary fortress*, Britannia Monograph Series Nr. 6, London.
Pleket, H. W. (1983), «Urban elites and business in the Greek part of the Roman Empire», in: Garnsey, Hopkins, Whittaker (1983), 131–44.
Polanyi, K. (1957), *Trade and Market in the Early Empires: economies in history and theory*, Polanyi, K., Arensberg, C., Pearson, H. W., Hrsg., Chicago.
Polanyi, K. (1968), Primitive, *Archaic and Modern Economies: Essays of Karl Polanyi*, Dalton, G., Hrsg., New York.
Pollitt, J. J. (1966), *The Art of Rome c. 753 BC to 337 AD: Sources and Documents*, New Jersey.

Pomeroy, S. (1975), *Goddesses, Whores, Wives and Slaves: Women in Classical Antiquity*, New York.
Pomeroy, S. (1976), «The relationship of the married woman to her blood relatives in Rome», *Ancient Society* 7: 215–27.
Pomey, P., Tchernia, A. (1978), «Le tonnage maximum des navires de commerce romains», *Archaeonautica* 2: 233–5.
Potter, T. W. (1979), *Changing Landscapes in Southern Etruria*, London.
Poulantzas, N. (1975), *Classes in Contemporary Capitalism*, London.
Poulter, A. (1980), «Rural communities (vici and komai) and their role in the organisation of the Limes of Moesia Inferior», in: Hanson, W. W. und Keppie, L. J. F., Hrsg., *Roman Frontier Studies* XII. 1979 *BAR* 71: 729–44.
Price, S. R. F. (1984), *Rituals and Power: The Roman imperial cult in Asia Minor*, Cambridge.
Purcell, N. (1983), «The Apparitores: A Study of social mobility», *PBSR* 51: 125–73.
Purcell, N. (1985), «Wine and Wealth in Ancient Italy», *JRS* 75: 1–19.
Rabello, A. M. (1980), «The legal condition of the Jews in the Roman empire», *ANRW II* 13: 662–762.
Rajak, T. (1984), *Josephus*, London.
Rathbone, D. W. (1981), «The Development of Agriculture in the ‹Ager Cosanus› during the Roman Republic: Problems of Evidence and Interpretation», JRS 71: 10–23.
Rathbone, D. W. (1983), «The Slave Mode of Production». Rezension von Giardina und Schiavone (1981) in *JRS* 73: 160–8.
Rawson, B. M. (1966), «Family life among the lower classes at Rome in the first two centuries of the Empire», *CP* 61: 71–83.
Rawson, B. M. (1974), «Roman concubinage and other *de facto* marriages», *TAPA* 104: 279–305.
Rawson, B. M., Hrsg. (1986), *The Family in Ancient Rome: New Perspectives*, Ithaca, N. Y.
Rea, J. R. (1972), *Public Documents; the corn dole in Oxyrhynchus, and kindred documents. Pap. Oxy.* XL.
Reardon, B. P. (1971), *Courants littéraires grecs des IIe et IIIe siècles après J-C.*, Paris.
Reinhold, M. (1971), «Usurpation of status and status symbols in the Roman empire», *Historia* 20: 275–301.
Reynolds, J. M. (1981), «New evidence for the imperial cult in Julio-Claudian Aphrodisias», *ZPE* 43: 317–28.
Reynolds; J. M. (1982), *Aphrodisias and Rome*, London.
Richmond, I. A., McIntyre, J. (1934), «Tents of the Roman army and leather from Birdoswald», *Trans. Cumb. Westmor. Arch. Soc.*: 62–90.
Rickman, G. E. (1971), *roman Granaries and Store Buildings*, Cambridge.
Rickman, G. E. (1980), *The Corn Supply of Ancient Rome*, Oxford.
Robert, L. (1941), *Les gladiateurs dans l'Orient grec*, Paris.
Robert, L. (1974), *«Des Carpathes à la Propontide», Studii Clasice* 16: 1–36.

Robertis, F. M. de (1955), *Il fenomeno associativo nel mondo romano*, Neapel.
Rodriguez-Almeida, E. (1984), *Il monte Testaccio*, Rom.
Rostovtzeff, M. (1910), *Studien zur Geschichte des römischen Kolonates*, Leipzig.
Rostovtzeff, M. (1957), *The Social and Economic History of the Roman Empire*, 2. Aufl., Oxford.
Rougé, J. (1966), *Recherches sur l'organisation du commerce maritime en Méditerranée sous l'empire romain*, Paris.
Rougé, J. (1980), «Prêt et sociétés maritimes dans le monde romain», in: D'Arms und Kopff (1980).
Rousselle, A. (1984), «Concubinat et adultère», *Opus* 3: 75–84.
Rowland, R. J. (1976), «The very poor and the grain dole at Rome and Oxyrhynchos», *ZPE* 21: 69–72.
Rowland, R. J. (1984), «The case of the missing Sardinian grain», *The Ancient World* 10: 45–8.
Ryberg, I. S. (1955), *Rites of the State Religion in Roman Art, MAAR* 22, Rom.
de Ste. Croix, G. E. M. (1954), «Suffragium: from vote to patronage», *Brit. Jl. Soc.* 5: 33–48.
de Ste. Croix, G. E. M. (1956), «Greek and Roman Accounting» in: Littleton, A. C., Yamey, B. S., Hrsg., *Studies in the History of Accounting*, 14–74, London.
de Ste. Croix, G. E. M. (1974), «Why were the early Christians persecuted?» in: Finley (1974), 210–49, 256–62.
de Ste. Croix, G. E. M. (1981), *The Class Struggle in the Ancient Greek World*, London.
Saller, R. P. (1980), «Patronage and Promotion in Equestrian Careers», *JRS* 70: 44–63.
Saller, R. P. (1982), *Personal Patronage under the Early Empire*, Cambridge.
Saller, R. P. (1983), «Martial on patronage and literature», *CQ* 33: 246–57.
Saller, R. P. (1984a), «*Familia, domus*, and the Roman conception of the family», *Phoenix* 38: 336–55.
Saller, R. P. (1984b), «Romand dowry and the devolution of property in the Principate», *CQ* (n. s.) 34: 195–205.
Saller, R. P. (1986), «Patria potestas and the stereotype of the Roman family», *Continuity and Change* 1: 7–22.
Saller, R. P. (1987a), «Men's age at marriage and its consequence in the Roman family», *CP* 82.
Saller, R. P. (1987b), «*Slavery and the Roman family*», Slavery and Abolition 8.
Saller, R. P., Shaw, B. D. (1984a), «Tombstones and Roman family relations in the Principate: Civilians, soldiers and slaves», *JRS* 74: 124–56.
Saller, R. P., Shaw, B. D. (1984b), «Close-kin marriage in Roman society», *Man* 19: 432–44.
Salmon, E. T. (1971), *Roman Colonisation under the Republic*, London.
Sandbach, F. H. (1975), *The Stoics*, London.
Sasel, J. (1982), «Senatori ed appartenenti all'ordine senatorio provenienti dalle province romane di Dacia, Tracia, Mesia, Dalmazia e Pannonia», in: *Atti del*

Colloquio Internationale AIEGL, Rom, 14.–20. Mai 1981, su Epigrafia e ordine senatorio, Bd. 2, 553–81, Rom.
Schlumberger, D. (1970), *L'Orient hellénisé*, Paris.
Schneider, H. (1974), *Wirtschaft und Politik; Untersuchungen zur Geschichte der späten römischen Republik*, Erlangen.
Schürer, E. (1973–79), *The History of the Jewish People in the Age of Jesus Christ (175 BC–AD 135)*. Durchgesehene Neuaufl., hrsg. v. Vermes, G., Millar, F., Black, M., Edinburgh.
Schulz, F. (1946), *Roman Legal Science*, Oxford.
Semple, E. C. (1932), *The Geography of the Mediterranean Region. Its relation to Ancient History*, Constable.
Setala, P. (1977), *Private Domini in Roman Brickstamps of the Empire, Annales Academiae Scientiarum Fennicae.*
Shatzman, I. (1975), *Senatorial Wealth and Roman Politics*, Brüssel.
Shaw, B.D. (1983), «Soldiers and Society: the Army in Numidia», *Opus* 2, 1: 133–60.
Shaw, B. D. (1984a), «Water and Society in the Ancient Maghrib: Technology, Property and Development», *Ant. Afr.* 20: 121–73.
Shaw, B. D. (1984b), «Bandits in the Roman empire», *P & P* 105: 3–52.
Shaw, B.D. (1985), «The Divine Economy: Stoicism as Ideology», *Latomus* 44: 16–54.
Shaw, B. D. (demn. ersch. a) «The family in late antiquity: the experience of Augustine».
Shaw, B. D. (demn. ersch. b), «The age of Roman girls at marriage: some reconsiderations».
Sherwin-White, a. N. (1939), «Procurator Augusti», *PBSR* 15: 11–26.
Sherwin-White, A. N. (1967), *Racial Prejudice in Imperial Rome*, Cambridge.
Sherwin-White, A. N. (1973), *The Roman Citizenship*, 2. Aufl., Oxford.
Sieder, R., Mitterauer, M. (1982), *The European Family*, Cambridge.
Sirago, A. (1958), *L'Italia agraria sotto Traiano*, Louvain.
Slicher van Bath, B. H. (1963), *Yield Ratios 810–1820.*
Smadja, E. (o. J.), «Remarques sur les débuts du culte impérial en Afrique sous le règne d'Auguste», *Religions, pouvoir, rapports sociaux*, Centre de Recherches d'Histoire ancienne 32: 149–70.
Smadja, E. (1978), «L'inscription du culte impérial dans la cité: l'exemple de Lepcis Magna au début de l'empire», *DHA* 4: 171 ff.
Smadja, E. (1985), «L'Empereur et les dieux en Afrique romaine», *DHA* 11: 541–55.
Smallwood, E. M. (1976), *The Jews under Roman Rule*, Leiden.
Smith, R. M. (1981), «The people of Tuscany and their families in the fifteenth century: medieval or Mediterranean?», *Journal of Family History* 6: 107–28.
Sommer, C. S. (1984), *The Military Vici in Roman Britain*, *BAR* 129, Oxford.
Staerman, E. M. (1964), *Die Krise der Sklavenhalterordnung im Westen des römischen Reiches*, Berlin.
Staerman, E. M. (1975), *La schiavitù nell'Italia imperiale*, Rom.

Starr, C. G. (1982), *The Roman Empire, 27 BC–AD 476: A Study in Survival*, New York und Oxford.
Stein, A. (1927) *Der römische Ritterstand*, München.
Stone, L. (1965), *The Crisis of the Aristocracy 1558–1641*, Oxford.
Stone, L. (1977), *The Family, Sex and Marriage in England, 1500–1800*, London.
Strong, D. E. (1961), *Roman Imperial Sculpture*, London.
Strong, D. E. (1966), *Greek and Roman Gold and Silver Plate*, London.
Strong, D. E. (1976), *Roman Art*, London.
Sullivan, J. P. (1976), *Propertius*, Cambridge.
Syme, R. (1939), *The Roman Revolution*, Oxford.
Syme, R. (1958), *Tacitus*, 2 Bde., Oxford.
Syme, R. (1971), *Emperors and Biography: Studies in the Augustan History*, Oxford.
Syme, R. (1978), *History in Ovid*, Oxford.
Tatum, J. (1979), *Apuleius and the Golden Ass*, Ithaca, N. Y.
Taubenschlag, R. (1955), *The Law of Greco-Roman Egypt in the Light of the Papyri*, 2. Aufl., New York.
Tchernia, A. (1980), «Quelques remarques sur la commerce du vin et les amphores», in: D'Arms und Kopff (1980), 305–12.
Tchernia, A. (1985), «Rêves de richesse, emprunts et commerce maritime», *Kolloquium in Antibes, Okt. 1985* (demn. ersch.)
Tchernia, A. (1986 a), *Le vin de l'Italie romaine: essai d'histoire économique d'après les amphores*, Paris.
Tchernia, A. (1986 b), «Amphores et textes: deux exemples», in: Empereur, J.-Y., Garlan, Y., Hrsg., *Recherches sur les amphores grecques, BCH* Suppl. 13: 33–6.
Thomas, J. A. C. (1976), *Textbook of Roman Law*, Amsterdam.
Thomas, Y. (1980), «Mariages endogamiques à Rome: patrimoine, pouvoir et parenté depuis l'époque archaique», *Revue d'Histoire Français et Etranger* 58: 345–82.
Thomas, Y. (1981), «Parricidium I. Le père, la famille et la cité», *MEFR* 93: 643–713.
Thomas, Y. (1982), «Droit domestique et droit politique à Rome. Remarques sur la pécule et les honores des fils de famille», *MEFR* 94: 527–80.
Thomson, J. O. (1948), *History of Ancient Geography*, Cambridge.
Toynbee, J. M. C. (1964), *Art in Roman Britain*, Oxford.
Toynbee, J. M. C. (1971), *Death and Burial in the Roman World*, London.
Treggiari, S. (1969), *Roman Freedmen during the Late Republic*, Oxford.
Treggiari, S. (1975 a), «Jobs in the household of Livia», *PBSR* 43: 48–77.
Treggiari, S. (1975 b), «Family life among the staff of the Volusii», *TAPA* 105: 393–401.
Treggiari, S. (1976), «Jobs for women», *Am. Jl. Anc. Hist.* 1: 76–104.
Treggiari, S. (1979 a), «Questions on women domestics in the Roman west» in: *Schiavitù, manomissione, e classi dipendenti nel mondo antico*, 185–201.
Treggiari, S. (1979 b), «Lower class women in the Roman economy», *Florilegium* 1: 65–86.

Treggiari, S. (1980), «Women as property in the early Roman empire» in: D. Kelly Weisberg, Hrsg., *Women and the Law: A social history perspective*, 2. Bd., 7–33.
Treggiari, S. (1981 a), «*Concubinae*», *PBSR* 49: 59–81.
Treggiari, S. (1981 b), «*Contubernales*» in *CIL* 6», *Phoenix* 35: 42–69.
Treggiari, S. (1982), «Consent to Roman marriage: some aspects of law and reality», *EMC/CV* (o. Ang.) 1: 34–44.
Treggiari, S. (1984), «*Digna condicio*: betrothals in the Roman upper class«, *EMC/CV* (n. s.) 3: 419–51.
van Berchem, D. (1937), *L'annone militaire dans l'Empire romain au III*[e] *siècle*, Paris.
van Berchem, D. (1977), «L'annone militaire est-elle un mythe?», in: *Armées et fiscalité* (1977): 331–9.
Veyne, P. (1957, 1958), «La Table des Ligures Baebiani et l'institution Alimentaire de Trajan», *MEFR* 69: 81–135; 70: 177–241.
Veyne, P. (1961), «Vie de Trimalchio», *Annales ESC* 16: 213–47.
Veyne, P. (1976), *Le pain et le cirque*, Paris.
Veyne, P. (1978), «La famille et l'amour sous le Haut-Empire romain», *Annales ESC* 33: 35–63.
Vitucci, G. (1956), *Ricerche sulla Praefectura Urbi in Età Imperiale*, Rom.
Volterra, E. (1948), «Quelques observations sur le mariage des filiifamilias», *RIDA* 1: 213–42.
von Petrikovits, H. (1974 a), «Römisches Militärhandwerk», *Anz. d. Ost. Akad. d. Wiss.*, Phil. Hist., Kl. 111: 1 ff.
von Petrikovits, H. (1974 b), «Militärische Fabricae der Römer», in: *Actes cu IX*[e] *Congrès International d'Etudes sur les Frontières Romaines 1972*: 399 ff.
Wachter, K. W., u. a. (1978), *Statistical Studies of Historical Social Structure*, New York.
Walker, D. S. (1965), *The Mediterranean Lands*, London.
Wall, R., u. a., Hrsg. (1983), *Family Forms in Historic Europe*, Cambridge.
Wallace-Hadrill, A. (1981), «Family and inheritance in the Augustan marriage laws», *PCPhS* 27: 58–80.
Wallace-Hadrill, A. (1983), *Suetonius: The Scholar and his Caesars*, London.
Waltzing, J. P. (1895–1900), *Etude historique sur les corporations professionelles chez les Romains*, Löwen.
Wardman, A. (1982), *Religion and statecraft among the Romans*, London.
Ward-Perkins, J. B., Claridge, A. (1976), *Pompeii AD 79*, Ausstellungskatalog, London.
Watson, A. (1967), *The Law of Persons in the Later Roman Republic*, Oxford.
Watson, A. (1975), *Rome of the XII Tables*, Princeton.
Watson, G. R. (1969), *The Roman Soldier*, London.
Weaver, P. R. C. (1972), *Familia Caesaris*, Cambridge.
Weaver, P. R. C. (1974), «Social mobility in the early Roman empire: the evidence of the imperial freedmen and slaves», in: Finley (1974), 121–40.
Wells, C. (1972), *The German Policy of Augustus*, Oxford.
Wells, C. (1984), *The Roman Empire*, Glasgow.

White, K. D. (1963), «Wheat Farming in Roman times», *Antiquity* 37: 207 ff.
White, K. D. (1967 a), *Agricultural Implements of the Roman World*, London.
White, K. D. (1967 b), «Latifundia», *BICS* 14: 62–79.
White, K. D. (1970), *Roman Farming*, London.
White, K. D. (1984), *Greek and Roman Technology*, London.
White, P. (1978), «Amicitia and the profession of poetry in early imperial Rome», *JRS* 68: 74–92.
White, P. (1982), «Positions for poets in early imperial Rome», in: Gold (1982), 50–66.
Whitehorne, J. E. G. (1980), «New light on Temple and State in Roman Egypt», *JL. Relig. Hist.* 11: 218–26.
Whittaker, C. R. (1978), «Land and Labour in North Africa», *Klio*. 60: 331–62.
Whittaker, C. R. (1980), «Rural Labour in three Roman provinces, in: Garnsey (1980), 73–99.
Whittaker, C. R. (1985), «Trade and the Aristocracy in the Roman empire», *Opus* 4: 1–27.
Whittaker, C. R. (1986), «Supplying the System: Frontiers and Beyond».
Wierschowski, L. (1984), *Heer und Wirtschaft: Das römische Heer der Prinzipatszeit als Wirtschaftsfaktor*, Bonn.
Wightman, E. M. (1970), *Roman Trier and the Treveri*, London.
Wilken, R. L. (1984), *The Christians as the Romans saw them*, New Haven.
Wilkes, J. J. (1969), *Dalmatia*, London.
Williams, G. (1968), *Tradition and Originality in Roman Poetry*, Oxford.
Williams, G. (1978), *Change and Decline: Roman Literature in the Early Empire*, Berkeley.
Wilson, A. J. N. (1966), *Emigration from Italy in the Republican Age*, Manchester.
Winkler, J. J. (1985), *Auctor and Actor: a narratological reading of Apuleius, The Golden Ass*, Berkeley.
Wiseman, T. P. (1970), «The definition of ‹eques Romanus› in the late Republic and early Empire», *Historia* 19: 67–83.
Wistrand, E. (1976), *The So-called Laudatio Turiae. Introduction, text, translation and commentary*, Lund.
Wörrle, M. (1971), «Ägyptisches Getreide für Ephesos», *Chiron* 1: 325–40.
Woodman, T., West, D. (1984), *Poetry and Politics in the Age of Augustus*, Cambridge.
Wrightson, K. (1982), *English Society 1580–1680*, London.
Xella, P. (Hrsg.) (1976), *Magia: Studi in memorie di Raffaella Garosi*, Rom.
Yavetz, Z. (1969), *Plebs and Princeps*, Oxford.
Ziegler, R. (1977), «Münzen Kilikiens als Zeugnis kaiserlicher Getreidespenden», *Jahrbuch für Numismatik und Geldgeschichte*, 27–67.
Ziegler, R. (1978), «Antiochia, Laodicea und Sidon in der Politik der Severer», *Chiron* 8: 493–514.

Personenregister